PLANTES
DE LA MAISON

PLANTES DE LA MAISON

Jiří Haager

LA NATURE À LIVRE OUVERT

Gründ

Garantie de l'éditeur

Pour vous parvenir à son plus juste prix, cet ouvrage a fait l'objet d'un gros tirage. Malgré tous les soins apportés à sa fabrication, il est malheureusement possible qu'il comporte un défaut d'impression ou de façonnage. Dans ce cas, ce livre vous sera échangé sans frais.
Veuillez à cet effet le rapporter au libraire qui vous l'a vendu ou nous écrire à l'adresse ci-dessous en nous précisant la nature du défaut constaté. Dans l'un ou l'autre cas, il sera immédiatement fait droit à votre réclamation.

Libraire Gründ – 60, rue Mazarine – 75006 Paris

Huitième tirage 1989
Traduction de Barbora Faure
Illustrations de Zdeněk Berger, Jiřina Kaplická,
František Severa et Ladislav Urban

Arrangement graphique par Zdeněk Berger

ISBN 2-7000-1505-3
Imprimé en Tchécoslovaquie par TSNP, Martin
3/13/03/53-08

TABLE

LES PLANTES, C'EST LA SANTÉ !

L'homme vit avec les plantes depuis toujours. On rencontre des végétaux dès le début de l'histoire humaine. Il ne s'agit pas uniquement de dates, puisque les différentes civilisations ne sont guère apparues au même moment. Nombreuses sont celles qui n'auraient pu naître sans l'existence de certains végétaux : pensons à l'importance des agaves et des cactées telles que les opuntias pour la vie des Indiens d'Amérique... Rien d'étonnant à ce que de nombreuses plantes aient été déifiées. En visitant le musée de Bogota, capitale de la Colombie, on peut admirer une collection de récipients précolombiens en or, en forme de courges, provenant du site archéologique de Quimbaya ; ces végétaux tenaient une grande place dans l'alimentation des habitants de cet endroit ; mais il ne s'agissait pas d'une représentation purement utilitaire, car la forme, la valeur esthétique du fruit, semblent revêtir également une grande importance. Chez des dizaines de peuples de cultures primitives apparaissent des motifs floraux – et voici que nous pénétrons déjà dans un domaine purement esthétique. Tantôt, l'histoire humaine voit la fleur comme symbole (la fleur de lotus des bouddhistes par exemple), tantôt comme une offrande, comme un signe accompagnant la naissance ou la mort, ou comme un moyen d'embellir l'environnement humain. Chez les groupes humains qui vivent en contact étroit avec la nature, l'auteur a pu rencontrer, par exemple, des orchidées fleuries aux abords des plus pauvres huttes indiennes sur le cours du Rio Pastaza dans l'Équateur, comme au voisinage des constructions lacustres de la tribu Muong au Viêt-nam.

Les jardins de la reine Sémiramis auraient été créés en Mésopotamie par Nabuchodonosor, il y a plus de 2000 ans. On a retrouvé des relevés de milliers de gerbes nouées pour les fêtes des pharaons égyptiens. Quant aux Grecs et aux Romains, aucune de leurs fêtes ne se passait sans fleurs. En Asie orientale et méridionale, l'horticulture est une tradition millénaire. Les Chinois et les Japonais surtout sont d'extraordinaires amateurs de fleurs : il n'existe sans doute pas de poète, de peintre, d'architecte dans ces pays, qui ne se soit attentivement penché sur l'art floral. Cette tradition nous a légué des formes esthétiques aussi absolues que les compositions des jardins japonais, les bonsaï et les ikebana.

Mais l'homme d'aujourd'hui, est-il encore sensible à la présence des plantes ? Dans une maison, la plante vient procurer aux habitants un contact indispensable avec le règne végétal. Cet effet ne doit en aucun cas être sous-estimé. Un intérieur moderne, essentiellement fonctionnel, nécessite des éléments végétaux. De plus, un véritable problème médical entre en ligne de compte : les matières plastiques, esthétiques et hygiéniques, présentent l'inconvénient de porter une charge d'électricité statique que l'homme accumule comme un condensateur à leur contact. La charge électrique inverse des végétaux nous permet littéralement de nous « décharger » à leur contact. Notons le sentiment de soulagement, de relaxation psychique, que tout le monde ressent par exemple lors d'une promenade en forêt. De plus, toute une série de plantes sécrètent des substances capables de détruire les micro-organismes de leur entourage (ce phénomène, bien connu pour les résineux et les eucalyptus est en fait bien plus général). Les plantes abaissent d'une manière importante le taux d'empoussièrement de l'air (savez-vous qu'un hectare de forêt retient 40–70 tonnes de poussière par an ?), elles servent d'évaporateurs, humidifient l'atmosphère et la rendent plus respirable. Un grand nombre de propriétés bénéfiques pourraient ainsi être énumérées.

L'importance des végétaux pour l'homme est particulièrement bien mise en évidence dans le tableau suivant, établi en 1970 par Aleksić, d'après une étude portant sur 1200 personnes dont il a comparé les capacités biologiques (l'optimum se chiffrant à 100), selon qu'ils étaient ou non en contact quotidien avec des végétaux verts (tableau simplifié).

Capacité	âge 10—18 ans		âge 25—35 ans	
	contact	non-contact	contact	non-contact
Résistance globale immuno-biologique	91	69	88	68
Capacité motrice	85	68	85	66
Capacité respiratoire	90	73	81	67
Activité cardiaque	89	76	80	69
Capacité visuelle	90	70	87	69
Capacité auditive	93	79	88	78
Stabilité émotionnelle	83	79	80	71
Absence de troubles neurotiques	89	72	81	68

L'effet éducatif n'est également pas négligeable : l'enfant qui fait pousser un haricot à cinq ans et soigne régulièrement « sa plante » dans la maison, lorsqu'il est plus grand, développera sa capacité créative. De plus, le sens esthétique se forme en même temps que le respect de la vie. L'horticulture a toujours été un art au vrai sens du terme.

Cultivons donc les fleurs, car elles nous aident à embellir notre intérieur et ont des effets bénéfiques sur notre état physique et mental.

LE MONDE DES PLANTES BOUGE

Les dernières décennies ont apporté de profonds changements dans le niveau de notre habitat. Les petites fenêtres furent remplacées par des parois vitrées ou des baies s'étendant sur toute la largeur d'un mur, les cheminées et les poêles à bois et à charbon furent supplantés par le chauffage central, ou électrique, doté de thermostats de contrôle. Tout cela a pour conséquences un afflux de lumière solaire, une élévation de la température des pièces et sa stabilisation en hiver, enfin, une atmosphère nettement plus sèche, ne dépassant souvent pas 20–40 % d'humidité relative. Il est évident que ces modifications de notre environnement influent sur le choix des végétaux susceptibles d'être cultivés dans un appartement moderne et se traduisent dans l'éventail proposé par les maisons horticoles.

C'est à la fin du XVIIe et pendant le XVIIIe siècle que l'horticulture connut un grand développement : dans les jardins botaniques et les collections particulières, qui apparaissaient un peu partout, affluèrent des centaines de nouvelles espèces originaires de tous les continents. Les plus belles de ces espèces finirent ensuite par arriver dans les orangeries des châteaux et dans les catalogues des maisons horticoles. Dans les années qui suivirent, on assista à la sélection à proprement parler, qui fut guidée par des impératifs économiques autant qu'esthétiques. Les espèces privilégiées furent bien entendu celles qui se multipliaient facilement et rapidement, étaient de culture facile et fleurissaient régulièrement, donc celles qui ne souffraient pas d'une culture en appartement.

Les modifications de l'habitat et du mode de vie marquèrent une véritable révolution dans la production horticole. Les azalées et les cyclamens traditionnels, comme toutes les autres espèces inadaptées aux intérieurs modernes durent céder la place à des végétaux plus appropriés. De plus, l'homme aujourd'hui manque de temps et a rarement des moments à consacrer aux plantes. Quant aux vacances, elles se passent de plus en plus souvent en voyages. C'est dire qu'un pot de fleurs sur le bord de la fenêtre n'a pas grande chance de survivre et surtout, il est esthétiquement inadapté. Les habitations modernes, nettes, divisées par des partitions claires nécessitent des arrangements d'accessoires, y compris de végétaux, parfaitement adaptés à leur caractère. L'éventail des plantes cultivées actuellement disponibles a donc été poussé à s'enrichir de végétaux épiphytes (croissant sur d'autres végétaux sans leur nuire), de lianes et de plantes paludéennes. Les vitrines florales qui permettent de recréer sans grand mal les conditions de vie nécessaires aux végétaux les plus fragiles ont également ouvert des possibilités nouvelles.

Notre ouvrage veut se faire l'écho de ces transformations survenues dans nos intérieurs et familiariser le lecteur avec des espèces peu traditionnelles (épiphytes, plantes pour bonbonnes ou paludariums). Bien entendu, l'auteur est conscient du fait que tout le monde ne vit pas dans un appartement moderne avec chauffage central et présente donc également les principaux représentants de l'éventail horticole « traditionnel ».

CONNAISSEZ-VOUS VOTRE MAISON ?

Cette question est plus précise qu'on ne pourrait le supposer, car pour réussir dans la culture des plantes d'appartement, il est nécessaire de réfléchir aux conditions que l'on peut leur offrir.

Les plantes d'appartement aspirent à retrouver à peu près le même milieu que celui de leur patrie d'origine. Il est important de leur fournir une terre, une température, un éclairement, une humidité du substrat et de l'atmosphère convenables. Certaines de ces conditions sont très faciles à maîtriser : c'est le cas du type de sol et de son humidité. Quant aux autres facteurs, leur adaptation est plus complexe et n'est souvent réalisable qu'à l'aide d'équipements techniques relativement complexes. Rares sont les amateurs de végétaux d'appartements qui ont la possibilité de modifier l'éclairement par l'installation d'une rampe d'éclairage, d'installer un dispositif de nébulisation automatique des végétaux ou des humidificateurs d'atmosphère. Il est souvent tout aussi malaisé d'égaliser les écarts de température ou d'obtenir la température exacte nécessaire à la culture d'espèces provenant des plaines tropicales.

La solution à ces questions s'offre sous la forme d'une vitrine climatisée à éclairage incorporé, disposant de ses propres installations de chauffage et d'aération, qui permet de cultiver même les espèces les plus fragiles. Lorsqu'on dispose d'une habitation assez spacieuse, on peut souvent répondre aux exigences des plantes habituées aux basses températures en fermant le chauffage dans une pièce. Pour le reste, il faudra le plus souvent se contenter des conditions normales de l'appartement et choisir des végétaux capables de s'y adapter.

Un autre fait important doit être rappelé ici : aucun facteur du milieu n'agit isolément, mais en corrélation avec les autres facteurs. Si on modifie par exemple l'éclairement, il faudra adapter en conséquence la température et l'arrosage. D'une façon générale, on peut dire que la lumière et la température agissent en corrélation directe : si on augmente l'intensité lumineuse, les plantes ont besoin (ou du moins bénéficient) d'une augmentation de température. L'humidité atmosphérique agit souvent en rapport inverse avec la lumière. La température joue ici de nouveau un rôle important : si l'air d'une pièce à 10 °C se trouve saturé en eau (humidité relative de 100 %), l'élévation de la température de 10 °C fera tomber l'humidité relative à 55 %. A ce compte, on arrive aisément à comprendre que des espèces d'exigences écologiques radicalement différentes puissent coexister dans la nature en un même site. Imaginons un arbre gigantesque dans une plaine tropicale : au sommet de sa ramure, une broméliacée se chauffe au soleil, à son pied s'épanouit une touffe de fougère. Dans la cime, en pleine lumière solaire, la température atteint souvent des valeurs extrêmes et l'humidité atmosphérique peut descendre à un très faible niveau. Pareille station convient à une broméliacée parfaitement adaptée à la dessication. Au pied du géant forestier règne évidemment l'ombre : la température y est donc plus basse, l'humidité relative plus forte. On peut alors fort bien cultiver une fougère à une forte température, à condition de la placer à l'ombre et de nébuliser les frondes plusieurs fois par jour, traitement qui mettrait radicalement fin à la vie de la broméliacée. Lorsqu'on veut cultiver une plante, il faut donc non seulement avoir une idée de sa patrie d'origine et des conditions climatiques qui y règnent, mais avoir de plus une indication sur le site qu'elle occupe dans la nature.

Il n'est évidemment pas de règle sans exception, et les exceptions sont monnaie courante dans le monde végétal. Certaines espèces appartenant à la mangrove, bordant les rives des eaux tropicales au point de leur passage à l'eau marine (genres *Avicennia, Rhizophora*) peuvent croître à la fois en plein soleil et à forte température, et dans les marais ou les berges inondées, sites bénéficiant par excellence d'une forte humidité atmosphérique.

Mais revenons aux conditions de nos appartements. Le plus souvent, on peut subdiviser les intérieurs en groupes selon leurs conditions thermiques. On distingue trois catégories d'intérieurs : les « frais », les « assez chauds » et les « chauds ». Les habitations du premier groupe se caractérisent par une température hivernale de 10–15 °C, celles du deuxième de 14–20 °C, celles du troisième, par une température de 15 °C et jusqu'à 25–30 °C. Les intérieurs les plus frais, d'ailleurs, disparaissent. Les espèces cryophiles ne trouvent plus leurs conditions de culture que dans les jardins d'hiver, les couloirs de certaines habitations, les foyers ou les patios couverts. Pour cultiver des plantes dans de tels lieux, on puisera dans le riche trésor de l'éventail classique de l'horticulture : genres *Azalea, Bouvardia, Cissus, Clianthus, Euonymus, Fuchsia, Hedera, Mikania, Pelargonium,* ou parmi les orchidées *Cattleya citrina, Coelogyne cristata,* certains odontoglosses et cymbidiums. La plupart des bulbeuses et des tubéreuses se plairont également dans ces conditions.

Dans les autres catégories d'appartements, ces espèces sont désormais incultivables. Les intérieurs chauds accueilleront un grand nombre d'espèces tropicales et subtropicales, à condition toutefois de satisfaire leurs autres exigences. Si le milieu s'échauffe bien au-dessus du niveau de la température nécessaire, on augmentera l'aération. On peut également compter sur le fait que toutes les espèces supportent à court terme d'importants écarts de température, dans l'un ou l'autre sens.

Un autre facteur capital est la lumière. C'est en effet la lumière solaire qui permet le merveilleux mécanisme de l'assimilation photosynthétique, processus grâce auquel des substances inorganiques sont transformées en matières organiques entrant dans la constitution du corps végétal.

L'intensité de l'éclairement se mesure en lux, soit

Distribution de l'éclairement d'une pièce regardant au :
a) sud
b) sud-ouest et nord-ouest
c) nord-ouest et nord-est.

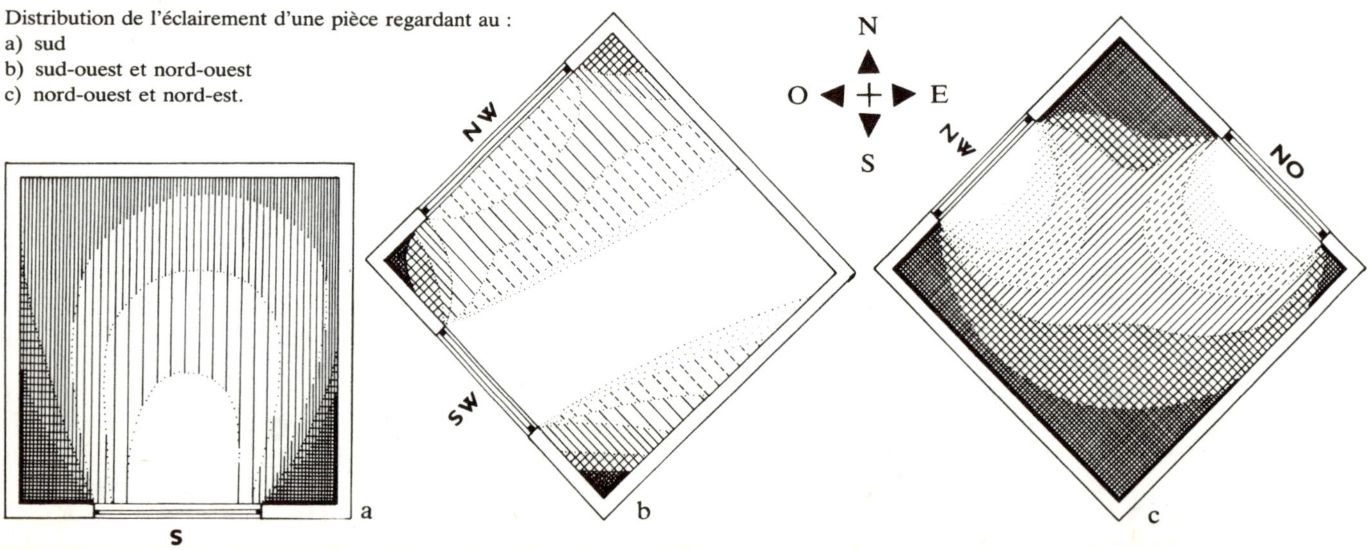

à l'aide d'un luxmètre, soit à l'aide d'un exposimètre photographique doté d'une échelle graduée en lux. Ce qui nous intéresse ici, plus que la définition du lux (1 lux (lx) est l'unité d'éclairement équivalant à l'éclairement d'une surface qui reçoit normalement et d'une manière uniforme un flux lumineux de 1 lumen par mètre carré), c'est le fait que l'intensité de l'éclairement solaire varie dans la nature de 0 à 100 000 lx. La première valeur est celle d'une obscurité totale, la seconde celle d'un plein soleil arrivant à midi sur la Terre, par un temps absolument clair.

Il est difficile d'établir exactement la quantité d'éclairement nécessaire à la mise en route de la photosynthèse ; cette valeur diffère de plus selon qu'il s'agit d'espèces héliophiles (poussant au soleil) ou sciaphiles (poussant à l'ombre). L'assimilation commence le plus souvent dès que l'éclairement atteint quelque 100−1000 lx, et le processus assimilateur augmente également avec l'éclairement, jusqu'à une valeur de 10 000 lx environ. Bien évidemment, ces données ne sont qu'indicatives, car comme les autres processus vitaux, l'assimilation dépend elle aussi de bien d'autres facteurs, et notamment de la température.

Les valeurs limites de l'éclairement, tant vers le haut que vers le bas, nuisent aux végétaux si elles leur sont appliquées pendant de longues périodes. Des exceptions existent ici aussi dans les deux directions. Les fougères et les sélaginelles qui vivent dans la pénombre perpétuelle des forêts ombrophiles tropicales se contentent pour vivre d'un éclairement réduit au minimum (mais sont fortement sensibles aux écarts importants de température et à l'abaissement de l'humidité atmosphérique). Si les cimes des arbres géants reçoivent en effet dans ces forêts un éclairement maximal, l'épaisseur du couvert laisse passer jusqu'au sol 1 % seulement de l'éclairement total. Les nombreuses broméliacées épiphytes qui occupent par contre les étages les plus élevés d'un tel couvert sont, quant à elles, adaptées à ces valeurs limites et demandent, comme les cactées, les echeverias et les sédums saxicoles vivant en plein soleil, ces valeurs extrêmes pour arriver à leur plein développement. Avec une certaine expérience, on arrive à deviner une partie de ces exigences d'après l'allure de la plante : les espèces à feuillage fin, vert clair ou bleuté demandent souvent de l'ombre. Les espèces à cuticule épaisse teintée d'un reflet rougeâtre, violacé ou argenté peuvent être exposées à un fort éclairement sans grands risques. Plus généralement, on peut dire que la plupart des plantes cultivées à fleurs ornementales ont besoin du plein soleil, de même que les plantes grasses et les broméliacées sclérophylles. Des endroits fortement ombrés en permanence conviennent aux fougères à feuilles molles, à la plupart des sélaginelles, à certaines espèces de *Ficus (F. villosa)* au genre *Costus* parmi les zingibéracées et à presque tous les végétaux au stade de plantules ou de jeunes sujets. Ce dernier fait résulte à nouveau des conditions naturelles : la plupart des espèces végétales germent et passent leur jeunesse dans l'ombre épaisse des autres végétaux ligneux et herbacés.

Mais quelle est la quantité de lumière qui entre dans l'appartement, et où vaut-il le mieux placer les plantes ? Prenons comme exemple une pièce de 4 m de longueur, dotée d'une fenêtre occupant la majeure partie de la surface centrale d'un des murs. Les moins recommandables sont les deux coins situés de chaque côté de la fenêtre : c'est là que règne l'ombre la plus profonde. De 40 à 60 % de l'éclairement pénètrent par la zone centrale de la fenêtre à 1,50 m dans la pièce. A 2,50 m, cette valeur tombe à 20−40 %, puis à environ 15 % en pénétrant encore plus loin dans la pièce. Les coins les plus éloignés de la fenêtre ne conviennent pas non plus aux végétaux, car l'éclairement y atteint seulement 5 % environ de la valeur initiale. Evidemment, tout dépend aussi de l'orientation de la fenêtre par rapport aux points cardinaux. Le plus intense éclairement est celui qui pénètre par une fenêtre orientée au sud, sud-est, sud-ouest (60−80 %). Pour les fenêtres au nord-est et au nord-ouest, on assiste à un abaissement rapide de l'intensité lumineuse lorsqu'on s'éloigne de la fenêtre vers l'intérieur de la pièce. Il est impossible de placer des végétaux demandant une lumière solaire directe (donc la plupart des plantes à fleurs) devant des fenêtres ouvertes au nord et au nord-ouest.

Presque tous les végétaux s'accommodent bien évidemment d'une lumière solaire diffuse. Cette situation se reconnaît facilement : en passant la main ou un objet entre la fenêtre et le feuillage de la plante, on doit projeter sur celui-ci une ombre nette. Mais la plante vous avertira d'elle-même ! Si sa tige s'étire vers la lumière, si ses feuilles pâlissent et s'étiolent, si les espaces entre les feuilles caulinaires (entre-nœuds) s'allongent, c'est qu'elle manque de lumière.

Un mot enfin sur l'humidité de l'air et du substrat. Cette dernière est conditionnée par l'arrosage ; certaines plantes ont besoin d'avoir leurs racines en permanence en contact avec l'eau, chez d'autres, les racines ne supportent pas d'être à sec et le sol doit rester toujours légèrement humide, pour d'autres, il faudra toujours laisser le sol se dessécher légèrement avant d'effectuer un nouvel arrosage approfondi. Un domaine très particulier est celui des cultures hydroponiques qui font appel à des solutions nutritives liquides, fixées sur un substrat neutre (gravillons ou sable siliceux, granules de divers matériaux). Nous ne nous étendrons pas ici sur ce mode de culture auquel est consacrée une littérature spécialisée. Nous nous contenterons de noter que la plupart des plantes d'appartement se plaisent en milieu hydroponique et qu'il représente la solution idéale pour certaines espèces très difficiles.

Chaque plante doit bénéficier d'un arrosage individuel qui tient compte de son origine, donc des conditions des précipitations, au cours de l'année, de son site naturel, en même temps que des conditions thermiques de la pièce. En température basse, l'arrosage doit être réduit et vice versa. Mais il est impossible de généraliser.

Sur un bord de fenêtre placé au-dessus d'un radiateur, les plantes demandent un arrosage quotidien même en plein hiver sous peine de dessication rapide du sol et de flétrissement du feuillage, tandis que la plupart des plantes d'intérieur se satisfont d'un arrosage réduit.

Dans les habitations modernes, l'humidité atmosphérique est généralement faible. On corrige le plus souvent ce défaut en accrochant des évaporateurs aux corps chauffants, ou en vaporisant de l'eau sur les plantes. Une grande variété de nébulisateurs sont disponibles sur le marché et l'amateur n'a que l'embarras du choix dans ce domaine. En hiver, cette brumisation sera limitée, voire complètement supprimée sur les végétaux originaires de régions tropicales et sub-tropicales avec hiver sec. Lorsqu'on cultive plusieurs plantes à la fois, on améliore les conditions d'humidité en les regroupant sur une tablette ou dans une coupe commune dont l'évaporation du sol sera plus importante. Certaines espèces de régions tropicales toujours humides demandent une forte humidité atmosphérique en permanence, impossible à assurer dans une pièce normale. Il faut alors soit renoncer à leur culture, soit les placer au sein de vitrines florales fermées. Heureusement, de tels cas sont relativement rares : citons ici l'intéressant népenthès *(Nepenthes)* qui arrive à croître en milieu relativement sec, mais cesse alors de produire ses urnes.

LA DÉCOUVERTE SUR PLACE

Même une vaste bibliothèque ne peut remplacer l'expérience directe acquise en quelques semaines de séjour dans une région tropicale ou subtropicale. Partons donc ensemble faire une petite excursion pour voir sur place comment vivent en réalité les plantes.

Commençons par exemple en Équateur, en suivant les eaux du petit cours Rio Negro, affluent du Rio Pastaza dont les eaux commencent dès ici à s'étaler en s'écoulant lentement vers l'Amazonie. Nous nous trouvons à quelque 600 m d'altitude à peine ; la température comme l'humidité atmosphérique sont toujours élevées. C'est uniquement pendant la nuit que la température descend à 15 °C « seulement », ce qui signifie qu'au matin, toute la végétation est baignée d'une rosée abondante. Evidemment, celle-ci ne persiste pas longtemps sur le feuillage. Un grand nombre d'espèces tropicales possèdent un épiderme lisse et comme ciré, sur lequel l'eau s'écoule rapidement. De plus, de nombreuses feuilles se terminent par une longue pointe qui facilite l'évacuation rapide de l'eau qui s'égoutte du limbe foliaire, de la même manière que s'écoule par exemple le révélateur photographique d'un cliché lorsqu'on le suspend la pointe vers le bas. Cette pointe d'écoulement apparaît par exemple chez le populaire *Ficus elastica,* ou, dans le site étudié, chez le végétal le plus caractéristique de la strate basse, *Philodendron verrucosum.* Cette espèce se plaît sur les berges toujours humides de la rivière, dans un sol riche en humus. Certains sujets âgés grimpent sur les troncs des arbres voisins pour tresser avec les ignames (genre *Dioscorea*) et des lianes appartenant aux familles *Vitaceae* et *Leguminosae* un impénétrable tunnel de verdure, dans lequel règne la pénombre. De nombreuses plantes « d'intérieur » croissent dans la strate inférieure. A la lisière de la forêt, voici le *Costus comosus* ; à quelques pas de lui, on trouve un *Heliconia wagneriana,* et juste à son pied, un merveilleux bégonia, blotti dans l'ombre profonde.

Sur les troncs lisses des arbres, la vie bat également son plein : plusieurs broméliacées en entonnoir y ont élu domicile. Les entonnoirs foliaires accumulent la rosée et l'eau de pluie de la veille ; grâce à cela de minuscules rainettes parviennent à élever leur progéniture dans ces « baignoires suspendues ». La cuvette de la broméliacée sert aussi de milieu favorable aux larves de moustiques et à d'autres insectes aquatiques. Les deux parties concernées y trouvent leur compte : les insectes, un approvisionnement assuré en eau, la plante, une source de matières organiques provenant de leurs corps décomposés et dont elle trouverait difficilement l'équivalent à plusieurs dizaines de mètres au-dessus du sol. Les racines des broméliacées jouent en effet uniquement un rôle de fixation : elles sont rigides, comme faites de fil de fer, et se contentent de se cramponner à l'écorce de la branche. C'est par l'intermédiaire du feuillage que se fait l'approvisionnement de la plante, tant en eau qu'en substances nutritives. L'écorce craquelée des branches porte également de nombreuses espèces du genre *Peperomia* qui conservent ici leur forme compacte caractéristique, bien plus intéressante que celle qu'ils prennent sur les substrats courants où leur taille s'accroît et leurs entre-nœuds s'allongent. Les orchidées ne manquent pas non plus à l'appel : une généreuse cascade jaune doré nous fait reconnaître de loin la floraison de l'*Oncidium varicosum.* Les racines en brosse de cette orchidée pointent vers le ciel et retiennent la moindre feuille tombée, le moindre caillou échappé aux fourmis et aux termites dans leur ascension du tronc. Au bout d'un grand nombre d'années, l'orchidée arrive ainsi à accumuler une petite poignée d'humus qui lui permet de vivre. Elle trouve également quelques matières nutritives dans la poussière captée par la pluie : une pellicule absorbante spéciale, recouvrant les racines (velamen) boit la moindre trace de cette modeste alimentation.

Revenons un moment au ruisseau où des marantas prospèrent à l'ombre et à l'humidité, parmi les fougères et les sélaginelles, et suivons son cours jusqu'à la route voisine. Les accotements sont des talus abrupts, hauts de 2 m, servant de site à une broméliacée du genre *Pitcairnia.* Celle-ci croît à même le sol et ses racines conservent leur fonction originelle. Elle se prémunit d'autre part contre une période de sécheresse imprévue, non cette fois par une réserve dans l'entonnoir de la rosette, mais par la présence d'une sorte de bulbe basal. Sa magnifique inflorescence, jadis considérée comme la plus belle de sa famille, est malheureusement fugace. D'autres végétaux de belle venue nous attendent près de la route, et tout particulièrement un anthurium, dont le feuillage est suspendu dans le vide sur une pente presque verticale. Ces anthuriums caractérisés par leurs limbes foliaires de grandes dimensions, souvent plus longs que leur pétiole, sont soit épiphytes, soit géophytes ; ils s'installent dans ce dernier cas sur des rocailles abruptes, souvent couvertes de mousse, sur lesquelles l'eau ruisselle longtemps après une pluie. C'est la mousse gorgée d'eau qui alimente les racines en humidité. Celles-ci trouveraient en effet difficilement de l'eau sans elle, sur ce rocher vertical. C'est dire qu'il est absolument inutile de cultiver dans les jardins botaniques ce genre de plantes en pleine terre ou en plates-bandes : au contact avec le sol, la pointe de leurs feuilles est souvent attaquée par la pourriture.

Transportons-nous maintenant à la frontière entre l'Amérique du Nord et l'Amérique Centrale, dans un pays auquel l'horticulture est redevable de plusieurs dizaines de plantes magnifiques : le Mexique. Nous sommes dans une station semi-désertique, au voisinage de la ville de Tehuacán, dans l'état de Puebla, à une altitude d'environ 1670 m. C'est le mois d'octobre, les pluies estivales sont terminées. Nous sommes donc en présence d'une végétation relativement riche : voici les fleurs jaunes de l'arbuste *Gymnosperma glutinosum,* voilà des cactées en fleurs et notamment les immenses coussins de l'espèce *Ferocactus robustus,* formés de centaines d'individus. On rencontre bien entendu toute une série de cactées : les *Ferocactus* dont nous venons de parler, mais aussi *Cylindropuntia* ou encore *Mammillaria.* Le reste de la végétation présente également un caractère xérophile. Au sol rampe une courte tige portant quelques feuilles – une plante du genre *Cissus.* Des représentants du même genre poussant dans la forêt tropicale ombrophile, elle diffère par de menues feuilles charnues et couvertes d'une épaisse toison tomenteuse. Mais c'est l'examen des racines qui s'avère le plus révélateur : l'espèce tropicale qui croît à l'humidité permanente présente des racines « normales », relativement courtes. L'espèce semi-désertique qui doit économiser la moindre goutte d'eau, rapidement absorbée par un sol gypseux, nous étonnera par son tubercule gigantesque (par rapport à la partie aérienne) d'où partent seulement les radicelles. La plante croît donc surtout sous terre et ne laisse paraître qu'une petite partie de ses organes au-dessus du sol. La même disproportion entre les parties aériennes et souterraines apparaît chez de nombreuses cactées. En grattant le sol, on découvrira peut-être quelques bulbes du genre *Zephyranthes* déjà entrés en repos après la saison des pluies. De tels végétaux reçoivent l'épithète d'éphémères, plantes qui mettent à profit la courte saison favorable pour germer, fleurir, produire des graines, et passer ensuite la mauvaise saison (sèche le plus souvent), soit sous forme de graines (annuelles), soit à l'état de bulbe ou de tubercule dormant. Dans ce merveilleux semi-désert dominé par les végétaux sclérophylles comme les genres *Yucca, Agave,* ou l'espèce *Beaucarnea gracilis,* on trouve également, en fleurs, bon nombre de plantes cultivées comme annuelles dans nos jardins. C'est par exemple l'omniprésent *Tagetes,* ou encore, sur un rocher brûlé par le soleil, *Zinnia,* dont les fleurettes rouges sont déjà presque fanées, de manière à avoir encore le temps de produire leurs graines. Bien entendu, les épiphytes ne manquent pas ici : sur un vieil opuntia ligneux, voici la broméliacée *Tillandsia recurvata,* l'une des plus modestes plantes qui soient. Protégée du soleil par un manteau d'écailles argentées qui retiennent la moindre goutte d'humidité due aux brouillards nocturnes ou aux pluies, la transmettant ensuite aux cellules des tissus profonds, elle se caractérise par de longues feuilles étroites à section arrondie, donc à évaporation réduite. On rencontre souvent cette plante le long des routes, où elle s'accroche en touffes aux fils télégraphiques... De telles conditions de vie exigent évidemment une économie draconienne d'eau et de matières nutritives. D'ailleurs, tous les végétaux locaux sont ici contraints à économiser l'eau et souvent, seules les dernières années ont permis de mettre en lumière un grand nombre de mécanismes pour la capter. Ainsi, les épines de nombreuses cactées arrêtent les gouttelettes de brouillard ; elles sont capables de les absorber et de les transmettre aux tissus internes de réserve.

La localité mexicaine semi-désertique dont il est ici question se caractérise par ses faibles précipitations (480 mm par an environ, avec un maximum de 120 mm et un minimum de 2 mm par mois) et des températures relativement stables (la moyenne annuelle est de 18,6 °C avec un minimum à 15 °C et un maximum de 21,5 °C, mais les écarts entre les températures diurnes et nocturnes sont évidemment importants !). Ces données climatiques permettent de conclure que les plantes locales ne poseront pas de grandes difficultés de culture dans un appartement moderne, à condition de leur offrir un éclairement suffisant sur un rebord de fenêtre orientée au sud.

La dernière localité que nous visiterons ensemble est le village vietnamien de Tam Dao à quelque 100 km au nord de Hanoï, à une altitude voisine de 1000 m. Les montagnes sont densément boisées : le couvert végétal présente des caractères de transition entre la forêt tropicale de plaine et la forêt subtropicale toujours verte. La région se caractérise surtout par un bon approvisionnement en humidité sous forme de brouillards et des températures relativement basses à longueur d'année, sans qu'elles descendent toutefois notablement sous

10 °C. La forêt se compose d'un nombre incalculable d'espèces ligneuses, les plus courantes appartenant à la famille des *Dipterocarpaceae* ou aux genres *Castanopsis, Podocarpus* et *Bucklandia.* De nombreux épiphytes peuplent également les arbres. Il ne s'agit évidemment pas ici de broméliacées, qui sont presque exclusivement liées au continent américain, mais de fougères appartenant aux genres *Pyrrosia* et *Drynaria,* d'orchidées appartenant aux genres *Dendrobium, Bulbophyllum* et *Coelogyne,* ainsi que du genre épiphyte *Aeschynanthus,* caractéristique de l'Asie. Les berges du ruisseau méritent notre attention : ses pierres humides (et non sa vase) portent un dense couvert d'acores *(Acorus gramineus).* Les arbres ne servent pas uniquement de tuteur aux épiphytes, mais soutiennent également un grand nombre de lianes, telle *Rhaphidophora decursiva* et d'autres espèces du même genre, de nombreuses espèces appartenant au genre *Pothos, Ficus pumila* (synonyme *F. stipulata*) et de nombreuses vitacées (genres *Cissus, Ampelopsis, Vitis, Tetrastigma, Cayratia*). Des fougères arborescentes, *Cyathea spinulosa,* qui atteignent presque trois mètres de hauteur, produisent un effet majestueux. Sous le couvert de la forêt, les endroits obscurs sont le refuge des sélaginelles et des fougères, les endroits un peu plus éclairés sont peuplés de bégonias, et le soleil fait chatoyer les poils (trichomes) violacés du populaire *Gynura.* Mais Tam Dao se caractérise surtout par ses végétaux de la famille des araliacées, que ce soient des robustes et relativement communs représentants du genre *Schefflera* (synonyme *Brassaia*), ou le fragile *Aralia armata,* couvert d'épines acérées. Près du village on rencontre également quelques arbustes de l'espèce *Tieghemopanax fruticosus,* mais il s'agit sans doute de végétaux naturalisés dans un site qui leur est favorable. Certaines plantes constituent un reproche vivant pour les horticulteurs : on ne comprend pas pourquoi elles ne sont pas encore en culture. C'est le cas par exemple du magnifique *Ficus semicordata* au feuillage très décoratif, dont les intérieurs modernes n'auraient qu'à se féliciter. Un bon nombre de végétaux de cet endroit se plairait dans une habitation moderne, à condition de recevoir un bassinage occasionnel, ou de voir quelque peu augmentée l'humidité de l'air.

Il reste à espérer que, loin d'être lassé par une telle expédition au royaume des plantes, le lecteur désirera à son tour rencontrer les plantes dans la nature. Si tel est le cas, il ne lui restera plus qu'à apprendre à transporter une plante sans l'endommager jusqu'à chez lui, surtout lorsqu'il s'agit d'une espèce dont les graines ne sont justement pas mûres au bon moment. Le prochain chapitre traite de cette question délicate du transport, souvent négligée.

LES SOUVENIRS VIVANTS

Dans notre monde qui voit les distances s'amoindrir, un voyage dans les tropiques en avion dure quelques heures. Le lendemain même, on peut se trouver à des centaines de kilomètres de la ville, en pleine nature, au volant d'une voiture de location qui vous conduit vers l'endroit de votre choix.

Il ne faudra pas omettre de vous renseigner, avant le départ, sur la législation du pays en ce qui concerne l'exportation de végétaux. Dans un grand nombre de pays, la flore est protégée et son exportation est complètement ou partiellement interdite (surtout pour ce qui est des cactées et des orchidées). Ces interdictions sont bien légitimes : quelque 20 000 espèces végétales se trouvent actuellement menacées de disparition par le monde moderne et son agriculture, dont l'expansion traîne avec elle son cortège d'exhalaisons, d'engrais, de pesticides et son exploitation intempestive des zones forestières. Face à une interdiction absolue, on se contentera de s'armer d'un carnet et d'un appareil photographique, choix que l'on adoptera aussi lorqu'il n'y a pas d'interdiction, mais que l'espèce est rare sur son site et qu'on pourrait mettre son existence en danger, même en ne récoltant que des graines. Aimer les fleurs, n'est-ce pas aussi aimer et protéger la nature ? De même, on n'oubliera pas de se renseigner sur l'importation de végétaux chez soi. La plupart des pays se protègent contre l'introduction de maladies en demandant au pays d'origine un certificat phytosanitaire.

Supposons toutes ces difficultés réglées et les formulaires remplis. Nous voici donc sur le terrain. Avec quel matériel ? Rien de bien compliqué : de grands sacs de matière plastique, une quantité d'enveloppes et de sachets en papier, un crayon, des élastiques, une bonne pelle de jardinage (assez solide de préférence pour s'attaquer même à un substrat aussi résistant que le roc), un sécateur, une serpette et une petite bouteille d'eau. Il n'est pas inutile d'emporter dans la voiture une boîte en carton et une bonne provision de vieux journaux, pour le cas où on aurait affaire à des cactées ou d'autres plantes grasses.

Si notre séjour parmi les verdures tropicales doit durer plusieurs semaines, il est tout à fait raisonnable de commencer à récolter des spécimens dès le début. Il arrive en effet qu'une espèce pléthorique au début du voyage disparaisse tout à coup, nous laissant le vain regret de ne pas l'avoir inclus dans la collection dès les premiers jours. Quels soins apporter aux végétaux récoltés, pour qu'ils arrivent à passer cette période ?

Le plus facile est le ramassage de fruits ou de graines mûrs. Pour ces dernières, il suffit de les égrener simplement dans un sachet en papier, comme on le fait en récoltant au jardin les graines de plantes annuelles. Quant aux fruits, s'ils ne sont pas encore secs, impossible de les stocker tels quels : dans les régions tropicales, et surtout en climat chaud et humide, les fruits risquent de moisir ou de pourrir, ce qui aboutirait à une destruction probable des graines. On veillera donc à les suspendre, dans un sachet de toile ou de papier, sur l'appareil de climatisation de la chambre où vous logez, où ils finiront de sécher dans un courant d'air tiède. Le temps d'une nuit suffira pour les fruits qui ne dépassent pas la taille du cynorrhodon. Après cette opération, on les place dans un sachet propre sur lequel on note immédiatement toutes les indications sur le site originel et sur la plante : nom de l'espèce, nom de la localité, orientation par rapport aux points cardinaux, altitude, substrat ou plante-support pour les épiphytes, les conditions hygrométriques et la date. Ne vous fiez pas à votre mémoire : vous vivrez tant de choses sous les tropiques que vous ne saurez plus, au bout de quinze jours, où vous avez trouvé telle ou telle espèce ! De la même façon que les graines seront traitées les spores des fougères : les frondes fertiles sèchent généralement sans problème à mi-ombre, car elles ne sont le plus souvent pas sujettes à la pourriture.

Rappelons aussi un point important : ne ramassez jamais que des fruits de plantes que vous connaissez bien, ne touchez pas à main nue une plante ou un arbuste inconnu, ne portez rien à la bouche dans une nature étrangère ! Lorsqu'on s'avise, les mains pleines de cloques, qu'on a touché une espèce du genre *Rhus* ou qu'on passe un moment désagréable (au mieux) avec un mauvais goût dans la bouche, il est un peu tard... Une infime trace de poisons végétaux ou de substances irritantes transmise à la bouche par une main non lavée suffit parfois à gâcher un séjour.

La conservation de cactées, d'euphorbiacées succulentes, des genres *Echeveria, Cotyledon, Sedum, Senecio, Stapelia, Caralluma* et d'autres végétaux à feuilles charnues est relativement simple. On les extrait soigneusement de leur substrat (autant que possible sans léser les racines), puis on les laisse sécher à mi-ombre plusieurs jours. On les enveloppe ensuite dans des journaux et on les range sans les tasser dans un carton. Tout trempage pendant cette période entraînerait la perte du spécimen. Cette période de sécheresse totale sera prolongée pendant quelques semaines après le retour au pays : les plantes seront plantées telles quelles dans un sol perméable et sec et laissées sans arrosage pendant une à deux semaines.

On adoptera la même tactique générale vis-à-vis des autres végétaux xérophiles (aimant la sécheresse), y compris les populaires broméliacées du genre *Tillandsia*. On commence par les étendre à la lumière, de préférence à mi-ombre, en les protégeant de la pluie et des autres précipitations. L'enroulement des feuilles « en pelotons » ou la contraction des rosettes sont des phénomènes naturels qui ne nuiront en rien à la croissance ultérieure de la plante. Ces joyaux du monde végétal seront de préférence prélevés avec un fragment d'écorce de leur support : les racines seront ainsi conservées intactes et la transplantation pourra être remise au moment où le *Tillandsia* se sera complètement acclimaté.

Les broméliacées à feuilles molles des stations humides (genres *Vriesea, Guzmania, Catopsis,* par exemple) et la plupart des orchidées recevront un traitement quelque peu différent. On les conservera presque complètement à sec, en versant l'eau des entonnoirs, mais en les étalant dans un endroit aussi frais que possible et clair (sans être en plein soleil) ; on les nébulisera finement à peu près une fois tous les trois jours. Bien évidemment, évitez de faire ruisseler l'eau sur les feuilles et former des flaques, sinon vous n'éviterez pas la pourriture. Lorsque le voyage ne dure que 10–14 jours, il vaudra encore mieux laisser ces végétaux complètement à sec, ce qui leur sera moins nocif qu'un excès d'humidité. Avant le transport, on les laisse sécher à fond, on les enveloppe également dans du papier journal et on les range sans tasser dans le carton. Un empilement lâche et aéré est un gage de succès. Les orchidées reçoivent les mêmes soins et le principe de la sécheresse est ici doublement appliqué. Ce traitement est réservé aux épiphytes et aux pétrophytes (espèces croissant dans les rochers).

Les espèces croissant dans le sol (géophytes) forment souvent à la base des feuilles à la fois des pseudo-bulbes et des bulbes véritables (genre *Bletia*) ou du moins des racines charnues (genres *Habenaria, Spiranthes, Sobralia*). Chez ces végétaux, les organes souterrains ne doivent sécher en aucun cas. Les plantes sont extraites du sol avec une extrême prudence, leurs racines ou leurs tubercules débarrassés des restes de substrat (attention à ne pas endommager les racines cassantes), les racines blessées sont recoupées obliquement au couteau et la coupe saupoudrée de charbon de bois ou au moins de cendre de cigarette. Toute la partie souterraine peut être pulvérisée avec un produit anti-moisissure, à base de thirame, manèbe, etc.

Les plantes sont ensuite rangées dans des sachets de chlorure de polyvinyle entre deux couches de mousse qui assurent le maintien d'une légère humidité pendant le transport.

Il arrive souvent qu'on soit attiré par une plante qu'on aurait bien du mal à transporter entière, ce qui ne présenterait d'ailleurs aucun intérêt. Philodendrons, monstéras, syngoniums, poivriers et lianes vitacées atteignent en pleine nature plusieurs mètres de longueur, mais se multiplient aisément par boutures. Les lianes ne sont pas seules dans ce cas : les genres *Ixora, Jasminum, Ficus, Columnea, Aeschynanthus,* ...constituent le début d'une longue liste de végétaux transportables sous forme de boutures. Mais comment conserver celles-ci pendant plusieurs semaines sans les endommager ?

On se munit d'abord d'un grand sac en plastique que l'on rince à l'eau. On égoutte ensuite le sachet de manière que seules ses parois restent humides. Les boutures prélevées seront toujours un peu plus grandes que pour la multiplication habituelle. Pour les espèces à grandes feuilles *(Monstera, Philodendron)*, on coupe les feuilles sur place en ne conservant que la tige. Lorsqu'on projette de passer la journée sur le terrain, il peut être utile d'aspirer l'air du sachet, une fois la plante en place, de manière que les parois s'appliquent au moins partiellement l'une sur l'autre. On ferme ensuite avec un élastique. Le transport se fait soit dans une valise, soit par terre dans la voiture ; ainsi les plantes seront à l'abri du soleil. Le soir, au retour, on étale les plantes (les boutures comme les petites espèces herbacées ramassées entières, telles les menues fougères ou les bégonias) et on les douche à l'eau tiède au moins pendant une heure. Ce traitement a pour but de débarrasser les racines des restes de terre et de faire absorber aux végétaux une quantité suffisante d'eau. Les plantes sont ensuite rangées dans des sachets plastiques propres, rincés à l'eau, que l'on étend à l'ombre, mais à la lumière sur un sol frais, en aplatissant légérement les parois à la main pour ne pas laisser partir l'humidité, voire en repliant l'ouverture vers le bas, sans toutefois fermer. Dans les jours suivants, on se contentera de rincer les plantes à l'eau tous les soirs, de les égoutter, puis de les ranger à nouveau. Une fois par semaine, on douche à fond en éliminant les feuilles ou les racines qui commenceraient à pourrir. Dans un milieu tropical humide, les boutures se conservent ainsi intactes quelque quatre à cinq semaines. Alors que les broméliacées et les orchidées épiphytes doivent se transporter à sec, les fougères épiphytes (genres *Platycerium, Drynaria, Pyrrosia*), le genre rare *Utricularia* et les lycopodiales épiphytes seront transportés comme les boutures dans des sachets humides.

Le transport des plantes bulbeuses ou tubéreuses n'offre guère de difficultés : on les laisse sécher, on coupe la partie aérienne et on range le bulbe propre à sec dans un sachet de toile ou de papier.

Une fois de retour, on attache les orchidées et les broméliacées sur leurs troncs ou leurs branches-perchoirs et on les place dans un endroit clair à mi-ombre. Au début, on n'effectue pas d'arrosage régulier, mais on bassine prudemment le feuillage pendant les premières semaines d'acclimatation. On n'augmente les arrosages qu'au moment où les rosettes des broméliacées se redressent ou que de nouvelles pousses apparaissent chez les orchidées.

Les boutures forment souvent des racines à l'intérieur du sachet. Si tel n'est pas le cas, on rafraîchit la surface de coupe et on plante dans un bac à multiplication chaud et humide, à l'abri des rayons directs du soleil.

LE POT ET LES AUTRES POSSIBILITÉS

Généralement, on commence de la même façon : on installe sur le bord de la fenêtre un pot avec une plante qu'on vient de recevoir, puis un autre et encore un autre, jusqu'à ne plus savoir où les poser. De plus, si les plantes sont belles en elles-mêmes, la maison en profite assez peu : tout ce que l'on gagne, c'est d'avoir transformé le bord de la fenêtre en une exposition de plantes.

Il est vrai que le pot de terre cuite convient assez peu aux intérieurs modernes, bien que ce soit justement dans ce récipient qu'on rapporte le plus souvent la plante de chez le fleuriste. La terre perméable évapore beaucoup d'eau, la terre s'assèche et se refroidit, les sels minéraux sont rapidement lessivés. Les pots en matière plastique offrent déjà de meilleures conditions : ils évaporent 4 à 10 fois moins d'eau que les pots classiques (attention à moduler l'arrosage en conséquence !), leurs couleurs et leurs formes sont généralement bien étudiées et ils présentent l'avantage d'être faciles à laver. Mais lorsqu'on les multiplie, le résultat n'est guère esthétique. Alors, où est la solution ?

Une des possibilités les plus simples, mais d'un bon effet esthétique, est la coupe de céramique contenant plusieurs espèces regroupées. Le matériau peut être vernissé, ce qui réduit le risque de le voir transpirer et endommager le mobilier sur lequel il repose, ou non vernissé, avec ou sans orifice d'évacuation (penser à adapter l'arrosage à chacun de ces cas !). De telles coupes ont souvent des formes assez bien comprises du point de vue esthétique. Au moment de la plantation, on veillera à respecter un certain nombre de principes : la forme et la taille de la coupe doivent être adaptées aux végétaux auxquels elle est destinée. Des plantes de forme originale seront placées dans un récipient aussi simple que possible, sans ornementations, et on fera de même pour celles à feuillage coloré, de manière à faire ressortir la beauté du végétal. N'oublions pas non plus que les plantes sont amenées à croître et que la coupe ne doit donc pas être pleine dès sa plantation. On se rappellera que toutes les plantes ne croissent pas à la même vitesse et on ne plantera dans le même récipient que des plantes à vitesses de croissance voisines, sous peine de voir les espèces les plus lentes étouffées par les plus vigoureuses. Plus important encore est de respecter le milieu vital des végétaux : on ne plantera ensemble que des espèces qui présentent les mêmes besoins de lumière, de température, d'humidité, de composition du substrat. Les espèces les mieux adaptées à ce genre de compositions sont celles à feuillage décoratif, qui sont d'un bel effet ornemental à longueur d'année. La disposition des plantes se fait au goût de chacun. On pensera toutefois à créer un milieu marqué par une certaine disparité : dans une grande vasque, on pourra par exemple installer *Dieffenbachia* × *bausei* (en guise d'« arbre »), *Aglaonema oblongifolium* ou *A. modestum* (« arbustes »), le « tapis » étant constitué par le généreux *Maranta leuconeura* cultivar Massangeana 'Tricolor'. On peut évidemment planter ensemble des végétaux à peu près de la même taille : dans ce cas, on rompra la monotonie de l'ensemble par exemple par une grosse pierre éventuellement garnie de végétaux (coupes à plantes succulentes). Un bel effet peut être aussi obtenu avec de gros blocs (travertin, tuf calcaire ou éruptif) placés dans une vasque plate contenant de l'eau et garnis de végétaux de petite taille.

Les Asiatiques sont de véritables artistes en ce qui concerne les arrangements végétaux dits « paysage dans une coupe ». Les vasques employées à cet effet peuvent atteindre jusqu'à 1 m de diamètre et comportent des blocs de travertin hauts de 70–80 cm (parfois même davantage), placés au centre d'une surface d'eau. Mais la chose peut être miniaturisée à volonté. On perce aux endroits adéquats ces pierres absorbantes et on y sème des graines, ou on installe de jeunes plants dans une petite poignée de terre. C'est de là que les racines tirent leur première nourriture, avant d'envahir la pierre et d'arriver jusqu'à la surface d'eau qui reçoit des végétaux « de remplissage », sous la forme de plantes aquatiques

Exemple de composition appelée « paysage dans une cuvette ».

Bonsaï en formation :
a) élagage du bois excédentaire
b) modelage des branches à l'aide d'un fil de fer épais.

a

b

ou paludéennes. Pareils blocs de pierre conviennent surtout à des végétaux ligneux faciles à modeler, comme *Ficus, Tieghemopanax, Aralia, Schefflera, Adenium, Bauhinia.* On peut stimuler la croissance racinaire en enveloppant provisoirement la pierre de mousse, progressivement éliminée par la suite. Les végétaux ligneux cultivés selon cette technique ne croissent guère rapidement, mais la patience (la vertu sans doute la plus indispensable aux amateurs de végétaux) se trouve hautement récompensée par le très bel effet décoratif du résultat. Certaines menues espèces de bambous, particulièrement adaptées à ce genre de compositions, pourront compléter l'ensemble. Le même genre de paysage s'obtient aussi en plaçant dans une coupe d'eau de vieilles souches ou des branches de formes intéressantes. On choisira uniquement des bois insensibles à la putréfaction, que l'on pourra trouver soi-même dans une tourbière ou acheter dans un magasin de fournitures pour aquariums. On peut planter ici avec un bon succès certaines espèces dont la culture est difficile autrement : plusieurs représentants de la famille des *Melastomataceae,* les genres *Bertolonia* et *Sonerila,* voire *Peperomia* ou encore le menu *Anthurium scandens.*

Les coupes composées sont proches parentes des compositions japonaises dites bonsaï, dont le but est d'obtenir, grâce à une technique parfaitement mise au point, un paysage miniature comportant un arbre centenaire, malmené par les intempéries et l'âge.

Les vasques composées trouvent également leur emploi à l'extérieur, dans les patios, les jardins, sur les balcons, ou sous forme de jardinières derrière une fenêtre. Coupes et jardinières doivent être bien drainées et munies d'un orifice d'écoulement. On les traite le plus souvent en rocailles et on les plante en espèces alpines, associées le cas échéant à des végétaux ligneux de petite taille. Les publications spécialisées donnent toutes les indications utiles sur le choix du substrat, et l'implantation des espèces en fonction de l'orientation géographique.

Un autre montage trop souvent délaissé, malgré ses avantages incontestables, est la colonne, voire la paroi de mousse. La colonne de mousse est le plus souvent conçue comme un complément de la coupe dans laquelle elle est plantée. Sa fabrication est on ne peut plus simple : on brûle la surface d'un piquet central de longueur appropriée pour l'empêcher de se décomposer (ou on prend une tige de matière plastique) et on l'enveloppe sur toute sa longueur de mousse ou de sphaigne *(Sphagnum),* en ajoutant éventuellement sous la mousse une poignée de sol fertile. Ce manchon de mousse est maintenu en place par un treillage de nylon ou de métal dont les mailles mesurent 2–4 cm. Cette colonne terminée est ensuite placée dans une coupe et maintenue verticale à l'aide de grosses pierres qui font partie de la couche de gravillons de drainage, puis on remplit la coupe de substrat approprié. Il ne reste plus qu'à planter une espèce du genre *Monstera, Philodendron* ou *Syngonium* que l'on accroche à la colonne de

Paroi de mousse.

mousse à l'aide d'un anneau de fil de fer. En croissant, la liane s'enracine dans la mousse. L'effet peut être achevé en plantant dans la coupe des espèces qui en recouvrent le sol, voire retombent sur les bords. Certaines espèces de petite taille qui se combinent joliment avec le feuillage de la liane peuvent aussi être plantées sur la colonne : c'est le cas de menues fougères, de petites gesnériacées (genres *Episcia, Hypocyrta, Columnea* par exemple) ou de minuscules espèces du genre *Pilea.*

La paroi de mousse est en fait une sorte de cage remplie de sphaigne ou de mousse. Les parois en treillage de nylon ou de fil de fer sont tendues sur un cadre de bois ou de métal, recouvert d'une couche protectrice adéquate. Pour installer les plantes, on entoure de préférence leurs racines d'un manchon de sphaigne, qui évite de les blesser en les passant par les mailles. Ne pas oublier de prévoir une gouttière de tôle ou de matière plastique qui forme la base de la paroi et empêche l'eau de couler sur le sol. Lorsqu'une telle paroi est placée contre un mur, on a intérêt à la doubler d'une feuille de matière plastique. Il est cependant beaucoup plus astucieux de la suspendre dans l'espace et d'en utiliser les deux côtés, une face étant plantée d'espèces héliophiles, l'autre d'espèces sciaphiles. Un grand nombre d'espèces conviennent pour ce genre de montage. Citons ici au moins les genres : *Aeschynanthus, Anthurium, Begonia, Ceropegia, Cissus, Columnea, Dischidia, Episcia,* petits *Ficus, Hedera, Hatiora, Hoya, Hypocyrta, Lycopodium, Mikania, Peperomia, Pothos, Rhipsalis, Remusatia.*

Il convient de ne pas oublier que ces montages de mousse sont en fait une sorte d'hydroponie et d'établir l'arrosage et l'alimentation en conséquence : on arrose-

Des suspensions du type culture en bonbonne font ressortir la beauté des végétaux employés. Faciles à associer avec des luminaires, elles peuvent éventuellement servir aussi d'éclairage.

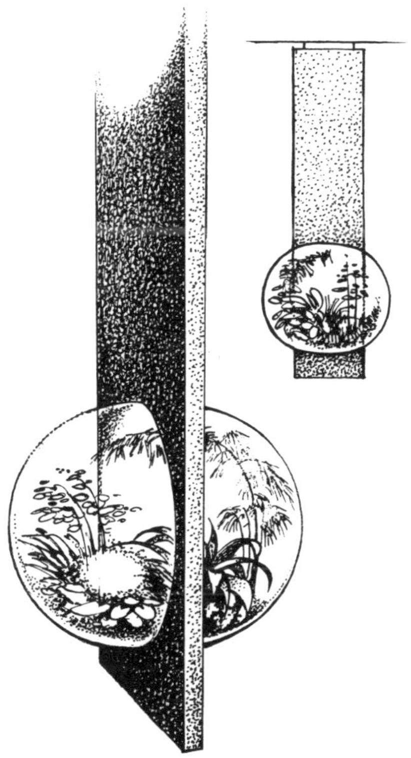

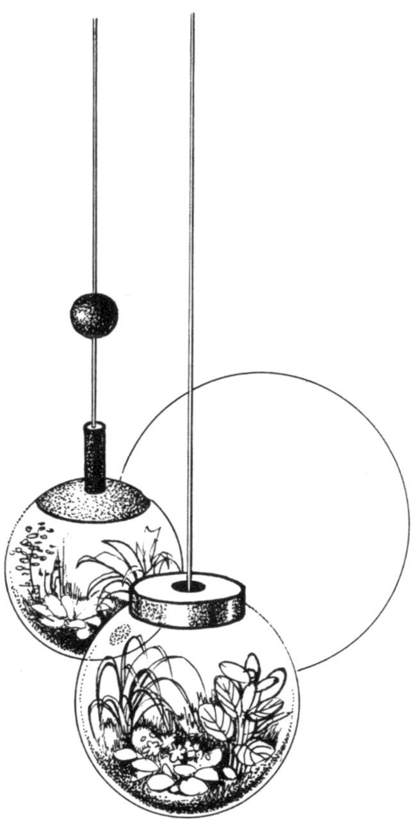

ra à l'aide d'une faible solution d'engrais hydroponique et toujours par le haut. Les colonnes et parois de mousse ont de grands avantages : de nombreuses espèces prospèrent, voire fleurissent mieux dans de telles conditions *(Hoya)*. De plus, elles constituent de très efficaces évaporateurs qui augmentent fortement l'hygrométrie de la pièce.

Depuis quelque temps, la culture en bonbonnes connaît une grande faveur auprès du public. Des espèces fragiles et rares, nécessitant une forte humidité atmosphérique, présentent une bonne croissance dans de telles bonbonnes ou des sphères de verre partiellement fermées. Une fois bien en place, une telle culture ne demande qu'un minimum de soins. Le substrat est introduit dans la bonbonne à l'aide d'un entonnoir, puis tassé au moyen d'un instrument approprié (en veillant à maintenir une certaine pente) et les végétaux sont plantés à l'aide d'une longue pince. L'arrosage doit être très circonspect, plutôt rare, contenant une faible dose d'engrais. Le microclimat de la bouteille, bonbonne ou boule de verre permet la culture d'espèces très exigeantes tels de menus carnivores *Dionaea, Cephalotus* ou *Heliamphora;* ce milieu convient également très bien à de menues fougères ou bégonias rares.

Ces systèmes mi-clos nous amènent logiquement à parler des vitrines et des serres d'intérieur. Ces installations, que ce soient les serres auxquelles une fenêtre

Schéma simplifié d'une vitrine florale d'intérieur avec chauffage par le fond, aération par vitre basculante et éclairage au plafond. Les ampoules peuvent être également placées verticalement sur les côtés de la vitrine.

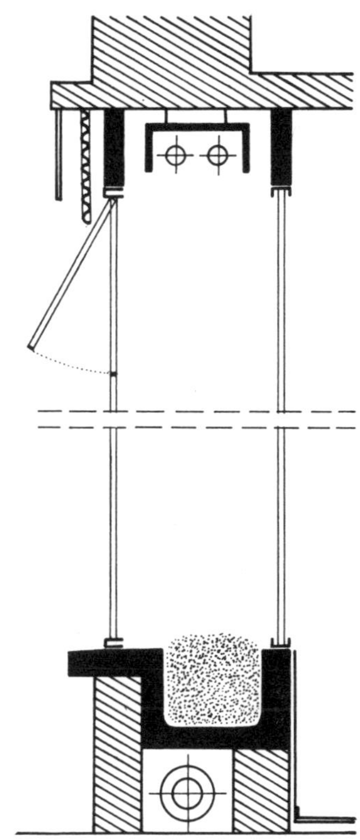

procure la plus grande partie de leur éclairement, ou les vitrines éclairées artificiellement par des ampoules, présentent plusieurs caractères communs : chauffage du sol à l'aide d'une résistance (qui passe dans le double fond métallique de l'installation) ; plafond lumineux ; différents modes de ventilation (surface vitrée mobile près de la partie supérieure de la vitrine, ventilateur à moteur ou à pile ; bac relativement profond et caché à la vue servant à la plantation (éventuellement série de pots enfouis), situé à la partie inférieure de la vitrine ; paroi antérieure vitrée et coulissante. L'équipement de la vitrine comprend également un thermostat assurant la régulation thermique (une capsule d'éther suffit à cet effet), un thermomètre et un hygromètre. Plusieurs maisons ont mis sur le marché des serres d'appartement éprouvées, tout à fait satisfaisantes tant au point de vue esthétique que fonctionnel. L'amateur fera certainement mieux de s'orienter vers l'investissement que demande un tel ensemble fini, plutôt que de prendre des risques avec une installation électrique fantaisiste. De pareilles vitrines permettent d'obtenir des conditions de culture presque parfaites et de cultiver avec bonheur les plus rares orchidées, les fragiles *Nepenthes* et d'autres espèces, essentiellement épiphytes, auxquelles ne convient pas l'ambiance d'une pièce normale.

Un équivalent réduit des vitrines sont les terrariums et vivariums. Les publications horticoles les laissent de côté généralement, car ils sont surtout destinés à recevoir des animaux ; on peut toutefois y créer d'excellentes conditions pour la plantation de végétaux. Il s'agit en fait d'aquariums recouverts d'une vitre ou d'une rampe lumineuse, dont le fond est tapissé de tourbe ou d'un substrat sableux, une assez grande portion de cette surface étant éventuellement occupée par un petit bassin (aquaterrarium). Les végétaux sont ici choisis selon les conditions thermiques, lumineuses et hygrométriques, aussi bien qu'en fonction des animaux qui occupent le récipient. Lorsqu'il s'agit de tortues ou de grands serpents, il vaut mieux renoncer à la végétation, mais les petits lézards, les geckos, les rainettes arboricoles ne nuisent nullement à la végétation ; au contraire, les broméliacées constituent même un bon complément

Différents types de vitrines d'intérieur : une structure légère et transparente met en valeur la beauté des végétaux et de la composition réalisée. La réalisation peut faire appel même à des matériaux peu traditionnels tels que le plexiglas ou cadres en matières plastiques, faciles à modeler en volumes fonctionnels. De telles vitrines transparentes peuvent remplacer une porte, voire servir de partition dans une pièce de grande dimension.

écologique au genre de grenouilles sud-américaines *Dendrobates.* Une plante parfaite pour les terrariums est *Ficus stipulata* qui en recouvre rapidement les parois, même dans des conditions d'éclairement médiocre (il supporte même un éclairage par ampoule) et offre une multitude d'abris naturels aux petits hôtes du récipient. Les terrariums conviennent aussi parfaitement aux *Sansevieria* (milieu sec et sableux), *Philodendron surinamense, P. scandens, Aglaonema, Syngonium, Peperomia,* à de nombreuses espèces de fougères et de sélaginelles que l'on plantera sur le « rivage », tandis que les parties aquatiques recevront par exemple de menues espèces de *Cyperus, Cryptocoryne, Aponogeton* ou *Spathiphyllum.*

Une autre possibilité encore est le paludarium qui permet de cultiver en intérieur un type relativement rare de végétaux, les plantes paludéennes. Le matériau du réservoir importe peu ici : le verre, la céramique, la tôle ou les matières plastiques offrent les mêmes possibilités. Ce qu'il faut, c'est avant tout partir dans la nature et s'y inspirer d'un bord de lac ou d'un bras de rivière calme, dont on essaiera de retenir les principaux éléments. Le fond du récipient est tapissé d'une faible épaisseur de compost fertile et de tourbe. Chacun décide à son goût quelle surface il entend consacrer à la partie aquatique, comment il disposera les pierres, les branches sèches, la partie « terrestre », pour dessiner les grandes articulations de son espace. La couche de fond est ensuite couverte d'environ 10 cm de sable de rivière lavé ; enfin, on remplit d'eau les parties aquatiques. Comme dans un aquarium, on attend quelques jours la stabilisation du substrat avant de planter les végétaux. Le paludarium peut également recevoir des plantes en pots, surtout lorsqu'il s'agit de végétaux de grande taille, exigeants en nourriture ; les pots sont éventuellement recouverts de sable ou de gravier. Tous les grands magasins de fournitures pour aquariums disposent d'un choix de végétaux convenant à ce type de composition. Pour la partie aquatique, on pensera au nymphéa *Nymphaea × daubenyana,* au lotus *Nelumbo luteum* 'Mikado', à *Cryptocoryne, Vallisneria, Aponogeton ;* à la surface de l'eau on peut voir *Pistia stratiotes* et

Paludarium.

Eichhornia crassipes ou « jacinthe d'eau », dans la vase près du « rivage » se plaisent les genres *Typhonium, Sagittaria, Spathiphyllum* ou *Pontederia,* dans la partie « sèche » prospéreront surtout les fougères, les sélaginelles et de nombreuses aracées.

Sur les morceaux d'écorce de liège qui constituent souvent la paroi postérieure ou les côtés des terrariums se plaisent souvent des épiphytes fragiles, telles de menues orchidées ou des broméliacées hygrophiles. Elles conviennent cependant encore mieux à des espèces retombantes, appartenant surtout aux genres *Aeschynanthus* et *Columnea,* ou, parmi les plantes grimpantes, *Hoya longifolia,* par exemple.

Un paludarium humidifie notablement l'atmosphère de la pièce et permet de cultiver dans son voisinage des végétaux qui nécessitent un air humide pour se développer correctement. Les soins à donner à une telle composition sont simples et consistent surtout en un renouvellement de l'eau évaporée. De temps en temps, l'eau pure est remplacée par une solution nutritive pour culture hydroponique. Lorsqu'on dispose d'un patio ouvert, on peut composer un paludarium à base d'espèces locales récoltées dans la nature.

Abordons maintenant la question des épiphytes qui constituent une catégorie de plantes dont la diversité et les nombreuses possibilités décoratives méritent une attention particulière. Nous avons vu plus haut que les épiphytes sont des végétaux qui vivent fixés sur une plante sans lui nuire. L'hôte, le plus souvent un arbre (scientifiquement appelé phytophore, porteur de plante), constitue simplement un site pour la plante épiphyte, sans lui fournir aucun élément. Et vice versa : dans son effort vers la lumière, l'épiphyte ne fait que s'accrocher à l'écorce de l'hôte, sans que ses racines pénètrent dans les vaisseaux de celui-ci. Il en découle que l'épiphyte peut fort bien croître sur un arbre mort (et c'est très souvent le cas des orchidées des genres *Anguloa, Clowesia* ou *Catasetum*). Nous avons déjà vu quelques modes d'adaptation à ce type de conditions. Rappelons ici les feuilles en rosette des broméliacées, le voile absorbant (velamen) qui recouvre les racines des orchidées, les racines « en brosse » retenant l'humus de certaines autres orchidées, les écailles des feuilles de certaines broméliacées qui absorbent les gouttelettes d'eau et les transmettent aux tissus internes de la feuille, etc. Bien d'autres adaptations méritent d'être citées : chez les fougères du genre *Platycerium,* par exemple, apparaissent deux formes de frondes : les unes, fertiles, se tendent dans le vide ; les autres, stériles, planes, entières ou de forme différente des frondes fertiles, sont plaquées contre le support. *Platycerium,* de même que *Drynaria,* sont en effet des fougères épiphytes vivant accrochées aux troncs des arbres. La base des frondes stériles se trouve dès leur jeunesse appliquée contre l'écorce, tandis que le bord supérieur est décollé et forme une sorte de poche recueillant les feuilles tombées, la poussière, les particules minérales transportées par les insectes, l'humus, et différents matériaux en décomposition. A la longue, il s'accumule ainsi assez d'humus derrière la feuille pour permettre à la fougère de croître.

Le tronc porteur d'épiphytes est un des plus beaux modes de compositions florales utilisables dans un appartement moderne. Il faut cependant tenir compte du ruissellement de l'eau à la périphérie et placer l'ensemble dans une vasque suffisamment grande.

Les broméliacées se caractérisent par un autre phénomène. Les feuilles externes de la rosette s'enroulent et meurent, et les fleuristes en profitent pour les éliminer, car un manchon de feuilles sèches n'a rien de très esthétique. Dans la nature, ces bromélies sont souvent accrochées à de fines brindilles sèches, et cette dévitalisation de leurs feuilles périphériques constitue un phénomène indispensable à leur survie : l'épaisseur de feuilles enroulées se décompose lentement par l'intérieur, si bien que la plante se nourrit, en s'enracinant dans ce nouveau substrat, de ses propres organes. L'élimination de ces feuilles inesthétiques dans les collections ou les jardins botaniques représente donc une intervention qui rend impossible la connaissance parfaite de la biologie de la broméliacée.

Les épiphytes semblent prédestinés à la culture en appartements modernes. Il s'agit en effet de plantes thermophiles et héliophiles que la nature a habituées à connaître de longues périodes de dessication et qui n'exigent qu'un minimum de soins. On connaît quelque 28 200 espèces d'épiphytes qui appartiennent à environ 850 genres de végétaux vasculaires : 10 % des plantes supérieures sont donc des épiphytes. Ce groupe comprend un grand nombre de très belles espèces, comme les broméliacées ou les orchidées, dont la popularité monte en flèche depuis quelques années. Malheureusement, le marché horticole ne dispose que d'un échantillon encore mal adapté de broméliacées, dont les plus fréquentes sont par exemple *Vriesea splendens* et ses hybrides, peu adaptés à la culture en intérieur, car ils proviennent des forêts vierges humides de Guyane, où ils croissent aux abords de la rivière Kaieteur : c'est dire qu'ils demandent chaleur et humidité et profitent bien en serre, mais survivent difficilement au-delà de quelques mois, voire de quelques semaines dans un appartement, si ce n'est en vitrine.

Comment procéder pour la fabrication d'une branche ou d'un arbre porteur d'épiphytes ? Tout dépend de la place dont on dispose : on peut aller de la brindille fixée dans une coupelle plate jusqu'au véritable arbre, en passant par la plaque d'écorce de chêne liège *(Quercus suber)* suspendue dans un terrarium. On veillera toujours à choisir le support avec le maximum de soin : les plus adaptés sont les bois de chêne ou de robinier *(Robinia),* voire un tronc de thuya ou de cyprès, car ils sont pratiquement imputrescibles. Pour de petits montages, on peut utiliser de l'écorce de chêne liège, ou encore des racines ou des ceps de vigne. Une belle souche bien sèche, présentant de belles ramifications, est d'abord façonnée et nettoyée pour obtenir la forme souhaitée : on coupe les branches excédentaires, on monte éventuellement de nouvelles branches aux places adéquates et on choisit les points de plantation. Les ouvrages spécialisés préconisent souvent de creuser des ouvertures pour la plantation, voire de les munir d'une rainure d'écoulement ; c'est inutile. Lorsque la plantation doit s'effectuer sur un tronc lisse, il suffit de planter trois petites pointes à l'endroit choisi, en les enfonçant presque jusqu'à la tête : elles serviront de points de fixation. Ces opérations terminées, il ne reste plus qu'à fixer l'arbre-perchoir dans la vasque destinée à le recevoir. On tiendra compte pour ses dimensions de l'arrosage et de l'écoulement de l'eau autour du pied du montage. Des bacs en tôle laminée ou en zinc garnis de bois font très bien l'affaire. On brûle d'abord, voire on enduit d'un produit de protection la partie du bois qui sera enfoncée dans le sol. Le tronc ou la branche doivent être solidement fixés (piqués sur une pointe métallique, pris dans un manche de tôle, tenus par un support du genre de ceux utilisés pour les sapins de Noël) et tout est prêt pour la plantation.

On commence par préparer tous les matériaux : un mélange de substrat pour épiphytes, une bonne quantité de sphaigne ou de mousse fraîche (*Leucobryum* par exemple), un mince fil de fer isolé bien solide, ou un fil de nylon, éventuellement de la colle insoluble dans l'eau. On extrait la plante de son pot, on nettoie grossièrement les racines de leur substrat et on prépare le manchon de plantation. Une première couche de mousse ou de sphaigne est saupoudrée avec le mélange pour épiphytes (tourbe, sable, écorce de pin broyée, fragments de charbon de bois, polystyrène broyé, voire racines de fougères comme *Osmunda, Polypodium,* tout cela en parts égales). Sur ce matelas, on pose les racines de la plante, saupoudrées d'une nouvelle poignée de mélange. A titre de réserve nutritive, on peut ajouter au mélange un peu de copeaux de corne, de farine d'os ou de feuilles de hêtre sèches hachées. On enroule alors cette mousse et son substrat autour de la plante et on fixe avec quelques tours de fil de fer. Ce coussin contenant la plante est placé tout contre la branche, fixé avec le fil de fer ou le fil de nylon que l'on dissimule avec un peu de sphaigne. Les petites broméliacées du genre *Tillandsia* (comme *T. filifolia, T. ionantha*) qui croissent absolument sans substrat peuvent être collées directement sur la branche avec une goutte de colle insoluble à l'eau. Les représentants de ce genre (à l'exception des espèces de grande taille et de celles présentant des racines bien développées comme *Tillandsia complanata, T. cyanea, T. gigantea, T. prodigiosa*), sont généralement fixés par un simple lien de fil de fer, ou une bande de vieux bas de nylon, directement sur l'écorce nue.

Il existe évidemment un grand nombre de recettes de mélange pour épiphytes. Un substrat très simple est obtenu en mélangeant du polystyrène broyé et de la tourbe, ou encore polystyrène broyé, flocons de mousse synthétique et écorce de pin broyée. Certaines espèces

Fixation d'un épiphyte sur son support.

de grande taille demandent une assez grande quantité de substrat pour avoir une bonne croissance : on peut alors les planter dans de petits pots de plastique perforé contenant du mélange, et masquer ces pots sur leur support avec de la mousse. Mais même de telles espèces n'utilisent le substrat que pour amorcer leur croissance en attendant que leurs racines se fixent dans l'écorce ou le bois. Les épiphytes n'ont pas besoin d'être transplantés ou de recevoir du nouveau substrat. On arrosera assez régulièrement, au moins tout au début, car le manchon de mousse retient difficilement l'eau une fois sec. Ces arrosages seront toutefois parcimonieux. Même les épiphytes se portent mieux si on leur apporte un peu d'engrais, mais il faudra choisir des engrais spécialement adaptés ou des fumures organiques en solution dix fois plus faible que pour les autres végétaux.

Dans la tourbe contenue dans la vasque qui supporte l'arbre à épiphytes, on peut planter quelques lianes (*Philodendron* ou *Syngonium* par exemple) qui grimpent sur le tronc : l'illusion tropicale est alors complète. On veillera à planter des espèces qui supportent une humidité permanente du substrat : à côté des lianes citées, ce seront des fougères, les genres *Costus, Aglaonema, Anthurium, Alocasia,* des marantes, etc.

Peut-être avons-nous consacré aux épiphytes plus de place qu'il n'est habituel. Mais avec un choix convenable des espèces et un minimum de sens décoratif, de semblables compositions sont à la longue une source de réelle satisfaction qui paie tout le travail investi dans leur création. De plus, les épiphytes sont les plus ornementaux et les plus résistants des végétaux utilisables dans les appartements modernes.

FENÊTRES FLEURIES

... « Rien ne saurait expliquer une fenêtre d'immeuble citadin derrière laquelle rien ne pousse ni ne vit, si ce n'est une pauvreté morale... » Ces lignes, écrites il y a presque cinquante ans par l'écrivain et amoureux de la nature Karel Čapek, continuent à garder leur accent de vérité.

Une ville dont les balcons et les fenêtres ne s'ornent pas de plantes a un aspect froid, paraît sans vie, quelle que soit par ailleurs la perfection de son architecture. D'autres villes, par contre, célèbres par leurs fenêtres, balcons et patios fleuris, comme le sont les villes du sud de la France, les villes espagnoles ou encore Cordoba au Mexique, donnent une impression de gaîté et de lumière, même lorsqu'on ne fait qu'y passer.

La jardinière sur le bord de la fenêtre représente pour la plante un site très particulier, dont les conditions sont loin d'être optimales. Elle s'assèche facilement ; les racines s'échauffent rapidement contre la vitre exposée au soleil, les températures subissent des écarts brusques. Le problème de l'humidité a plus ou moins été résolu par l'apparition de jardinières ou de conteneurs en matière plastique, dont la dessication est nettement moins forte. Ces récipients présentent d'autres avantages : ils sont légers et se nettoient facilement. Si le bord de la fenêtre est incliné, on cale la jardinière au moyen de coins en bois, de manière que son sol soit horizontal. Le tout sera solidement ancré sur le rebord.

Quel sol utiliser ? Les jardinières sont surtout destinées à recevoir des plantes annuelles dont on veut obtenir le plein développement aussi rapidement que possible : le sol doit donc être assez riche. Le fond sera occupé par une épaisse couche de drainage formée par du gravier de granulométrie assez fine. On recouvre ensuite d'un mélange de compost et de terreau (rapport 2/1) additionné de sable et de tourbe. Un peu de sciure de corne peut constituer la réserve nutritive du sol. Le sol ne doit ni se tasser, ni former de croûte (on y ajoutera éventuellement un peu de gravillon), ni être trop léger, car il s'assècherait trop facilement.

On peut soit produire ses propres plants d'annuelles chez soi au tout début de l'été, soit les acheter chez un horticulteur. Il est également possible de semer les graines directement en place, mais il faut alors éclaircir assez tôt pour que chaque pied dispose d'un espace suffisant. Après la plantation, on arrose copieusement et on pense à bassiner les plants pendant les quelques premiers jours. La première fumure ne sera apportée qu'un mois environ après la plantation, sur un sol préalablement ameubli. Les engrais liquides sont les plus efficaces. Les arrosages et les apports de fumure se font surtout le soir ; le milieu de la journée, lorsque le soleil est le plus chaud, est absolument à éviter. Après l'apport d'engrais, on bassine le feuillage pour en éliminer les traces de produit.

A la différence des plantes d'appartement qui permettent toutes sortes d'expérimentations, on choisira plutôt pour les jardinières des espèces classiques de bonne croissance à floraison fidèle. Lorsqu'on dispose d'un balcon ou d'un patio, on peut aussi y placer de grands conteneurs, le plus souvent en céramique, plantés de petits ligneux, voire de bonsaï, en association avec des plantes de rocailles ou des bulbeuses. Des conifères de petite taille sont aussi d'un très bel effet : une taille éventuelle les maintiendra dans de justes dimensions. Parmi les arbustes à port étalé, on peut choisir *Cotoneaster* ou *Euonymus*. Des saules *(Salix),* voire leurs formes tortueuses (*S. matsudana* 'Tortuosa') miniaturisés par la taille et complétés par des graminées ornementales, donnent de très beaux résultats.

LA VOIE DU SUCCÈS

Cultiver des fleurs n'est pas une affaire simple. Les amateurs chevronnés, voire les spécialistes, comme les débutants ont connu des moments d'émotion où ils attendaient, et souvent en vain, certaine floraison. Tout amateur de plantes d'appartement doit avoir pour première qualité la patience. Les plantes particulièrement rares ont souvent une croissance lente ; plus d'une fois, il faut essayer plusieurs endroits de la maison avant d'avoir trouvé la bonne place pour telle ou telle espèce ; on s'efforce d'améliorer le substrat, on essaie de varier les fumures et les arrosages, et évidemment, on a quelques déboires au début, qui nous obligent à tout recommencer. C'est sans doute ainsi que la culture florale finit d'ailleurs par devenir une véritable passion. Votre fantaisie y trouve une totale satisfaction et les expérimentations donnent souvent des résultats surprenants. A la longue, on finit par voir la plante dans toute sa splendeur de vie et de plasticité.

Evidemment, tout cela ne va pas sans respecter un certain nombre de principes et satisfaire aux besoins fondamentaux des végétaux. La plante a surtout besoin de : lumière, température adéquate, humidité du milieu (air et sol), substrat approprié et fumure occasionnelle.

La question de la lumière traitée plus haut nous a permis de diviser les végétaux en héliophiles et sciaphiles (supportant une certaine ombre). Ajoutons ici simplement que les plantes utilisent pour leur croissance surtout la région rouge et infrarouge du spectre, tandis que les rayons violets et ultra-violets ont plutôt tendance à freiner la croissance. Lorsqu'on cultive des espèces en vitrine, on pensera donc à associer des éclairages à lumière rouge et violette, en les associant éventuellement à des ampoules de lumière « blanche ».

La question de la température a également déjà été abordée. Nous avons vu qu'il est important de connaître les origines des différentes espèces et de régler dans la mesure du possible la température sur celle des conditions originelles. Chez un grand nombre d'espèces, des abaissements de température conditionnent la mise à fleur : c'est le cas non seulement pour les bulbeuses et les tubéreuses qui passent le plus souvent la mauvaise saison sous terre, mais aussi pour des plantes dont les tissus de réserve se trouvent dans la tige ligneuse (comme les genres *Brunfelsia, Bougainvillea, Erythrina*). Lorsqu'on cultive des orchidées, on n'ignore pas que le populaire genre *Cymbidium* ne fleurit que s'il est soumis à un abaissement de température à l'automne. De nombreuses formes cultivées, cultivars et plantes ornementales ne suivent cependant pas les réactions des espèces d'origine et se prêtent à une culture à températures plus régulières, le plus souvent assez élevées.

L'arrosage sera également conditionné par les données climatiques d'origine. Bien entendu, on tiendra compte de la température ambiante et de l'éclairement de la pièce. Avec quelle eau arroser ? Dans la mesure du possible, l'idéal est une eau de pluie douce (cependant, dans les localités marquées par une forte chute de poussières, et notamment aux abords des complexes industriels, l'eau de pluie peut contenir une série de produits nocifs et avoir sur les plantes un effet toxique). Les espèces originaires des régions sèches sont les seules à supporter sans en être affectées un arrosage constant à l'eau dure (chargée de sels de calcium et de magnésium). Une telle eau n'est pas non plus recommandée pour des espèces croissant dans l'humus forestier acide ou dans les tourbières. Le degré de dureté de l'eau peut être abaissé par adjonction d'acide oxalique (22 g d'acide abaissent de 1° la dureté d'un m^3 d'eau). Les plantes d'appartement supportent toutefois généralement l'eau du robinet, à condition qu'on la laisse reposer toute une nuit pour en éliminer le chlore, toxique aux végétaux. L'eau d'arrosage doit avoir au moins la température de la pièce, si possible, 2–3 degrés de plus. Le bassinage à l'eau trop fraîche est particulièrement néfaste, et conduit, chez les espèces à feuilles duveteuses ou longuement pubescentes, à une maladie caractérisée par l'apparition de taches blanches sur le limbe foliaire.

Voyons maintenant quel substrat choisir pour la plante. Sa préparation est parfois un véritable art. Les anciens ouvrages d'horticulture recèlent des dizaines et des dizaines de recettes de mélanges, exprimées en rapports volumiques ou pondéraux. Bien entendu, l'horticulture moderne, en veine de simplification, a adopté le plus souvent un sol unique, composé de tourbe et de particules argileuses, et même ce mélange simple qui a pourtant fait ses preuves est de nos jours considéré comme trop complexe : le plus souvent, on fait croître les plantes d'appartement sur un substrat de tourbe fibreuse traitée avec une fumure adéquate. Bien entendu, cela ne diminue en rien la valeur des sols ou des mélanges traditionnels dans lesquels les plantes prospèrent et qui, préparés à petite échelle pour les besoins privés, ne demandent pas un temps excessif. Lorsqu'on possède un jardinet, on peut préparer soi-même les composts principaux : c'est avant tout le terreau de gazon (compost de mottes de gazon avec fumier et chaux), le terreau de compost (restes végétaux, déchets organiques, terre franche, fumier et chaux), le terreau de couche (décomposition en couches de fumier, surtout de cheval) et le terreau de fumier (fumier de bovin composté et décomposé).

Si on ne peut pas préparer soi-même ces composants dont on peut avoir besoin (pour les ajouter comme éléments lourds et nutritifs à un mélange standard), on peut s'adresser à un fleuriste ou un horticulteur qui vendent des mélanges tout préparés. Quant aux autres terreaux, soit de feuilles (élément léger, résultant de la décomposition de feuillages, absorbant, peu nutritif ; celui de hêtre est le meilleur), soit d'aiguilles (léger, meuble, acide, résultant de la décomposition d'aiguilles de pin ou d'épicéa), ils sont faciles à trouver. Il suffit d'aller dans une hêtraie ou une pinède, d'écarter la couche supérieure de feuilles ou d'aiguilles non décomposées et de récupérer la couche noire et meuble qui se trouve en dessous. Le terreau d'aiguilles est particulièrement utile pour les plantes qui doivent être plantées, selon les ouvrages spécialisés, en terre de bruyère *(Ericaceae),* difficile à obtenir.

Le dernier élément, et non le moindre, du substrat, est la tourbe obtenue par décomposition de sphaignes *(Sphagnum)* en milieu anaérobie. Les meilleures sont les tourbes feuilletées de tourbière, les moins bonnes, les tourbes superficielles provenant plutôt de la décomposition d'herbes, de roseaux ou d'autres végétaux dans les sites inondables ou submergés en permanence des basses altitudes. Rappelons que la tourbe est un substrat universel, à condition d'en neutraliser un peu l'acidité et d'y apporter quelques éléments nutritifs.

A ces éléments principaux, on ajoute souvent du sable (exclusivement du sable de rivière ou du sable siliceux de verrerie) ; de la brique broyée, lavée et de granulométrie régulière ; du charbon de bois (fragments concassés et poudre, cette dernière notamment pour saupoudrer les blessures) ; de la sphaigne (fraîche ou séchée et émiettée) ; de la racine de fougère (on peut remplacer le genre *Osmunda* recommandé dans la littérature par des stipes de fougères arborescentes d'importation ou des racines du genre *Polypodium* spontané sous nos climats) ; du polystyrène broyé (ne retient ni l'eau, ni les matières nutritives, mais allège le substrat) et du bois décomposé retiré du creux de vieilles souches.

Le choix du meilleur substrat, ou la préparation du meilleur mélange pour telle ou telle espèce demande de bonnes connaissances et un certain flair horticole. Si on veut transplanter une espèce un peu fragile, il vaut mieux demander conseil à un spécialiste, lui demander de préparer lui-même le substrat en observant attentivement la façon de s'y prendre. Toutes les plantes finissent un jour par occuper de leurs racines tout le volume disponible du pot, si bien que les nouvelles racines manquent de place. Dans les cas extrêmes, elles apparaissent tout à coup à la surface du sol, ou encore, le pot éclate, un beau jour. Bien entendu, on évite d'en arriver là et on transplante au printemps de chaque année les jeunes sujets de croissance rapide ; pour les sujets un peu âgés, il suffit de transplanter tous les 2–3 ans. Les débutants surtout commettent souvent l'erreur de choisir un pot trop grand, dans l'intention de fournir à la plante le maximum d'espace et d'éléments nutritifs. Dans un tel cas, la plante, incapable d'occuper tout le volume offert, se contente de tapisser de ses racines l'extérieur du pot, la plus grande partie du sol restant inemployée. On évitera donc de prendre un pot de volume double du précédent pour la transplantation : il suffit qu'il soit seulement un peu plus grand. On sort la plante de l'ancien pot, on nettoie grossièrement les racines en faisant tomber l'ancien substrat à l'aide d'un bâtonnet émoussé. On place une poignée de sol frais au fond du nouveau récipient (après avoir bien dégagé l'orifice d'écoulement, et l'avoir recouvert d'un tesson), puis on tasse le sol autour de la motte, sans remplir le nouveau pot jusqu'à ras bord pour ne pas gêner l'arrosage.

On n'oubliera pas que le nouveau substrat contient une bonne quantité d'éléments nutritifs et on évitera d'apporter un engrais supplémentaire pendant les deux

Les orchidées et la majorité des épiphytes ont besoin d'un substrat aéré et très perméable : un panier plastique permet d'alléger le sol.

Plante mal transplantée : le nouveau récipient est trop grand, le sujet est excentré et la quantité de substrat rend l'arrosage difficile.

Plante bien transplantée.

premiers mois qui suivent la transplantation pour ne pas risquer de nuire à la plante. Plus tard, on fait des apports d'engrais réguliers pendant toute la durée de la période végétative. A l'automne, ou, plus généralement, à l'entrée de la période de repos, on limite peu à peu la fumure jusqu'à la supprimer complètement. Il existe dans le commerce nombre d'engrais composés, disponibles chez tous les fleuristes. Le plus souvent, ceux-ci seront à même de vous conseiller la nature et la concentration de l'engrais à utiliser. Les plantes à fleurs décoratives recevront des engrais riches en phosphore. L'azote stimule la croissance, mais les engrais azotés doivent être employés avec circonspection lorsqu'on cultive des plantes panachées (feuillage strié ou tacheté de blanc ou de jaune), les parties claires verdissant par suite d'un excès d'azote.

LA MULTIPLICATION

Il arrive souvent qu'on voie chez un ami une très belle plante, introuvable chez les fleuristes. Après avoir en vain hanté les magasins, on finit par se résoudre à aller demander une bouture ou un fragment de la plante à son propriétaire. Une telle pratique est d'ailleurs beaucoup plus avantageuse : non seulement une plante qu'on a vu croître est-elle beaucoup plus précieuse que celle achetée « toute faite » chez le fleuriste (notre réaction subjective nous fait nous y attacher davantage), mais de plus, au cours de sa croissance, le sujet s'habitue mieux aux conditions de l'endroit qu'une plante arrivant directement d'une serre aux conditions parfaites.

Deux voies sont possibles pour multiplier les végétaux : la voie sexuée, par l'intermédiaire de spores ou de graines, et la voie végétative, au moyen de portions d'organes végétaux. Presque toutes les espèces végétales peuvent être multipliées par graines ; seuls les cultivars, les formes horticoles fixées et les hybrides sélectionnés font exception. Dans ces cas précis, le semis redonne soit la forme d'origine, soit un mélange polymorphe (chez les hybrides) d'où la forme désirée peut être absente... Le semis présente l'inconvénient de la lenteur : plusieurs années s'écoulent avant qu'un exemplaire de semis soit capable de fleurir. C'est cependant la meilleure voie pour les espèces rares difficiles à cultiver en appartement. Les plants qui survivent sont justement les plus adaptables et les plus vigoureux de tout le semis.

Comment et dans quel type de récipient semer ? On prend de préférence une caissette assez basse en bois, un vieux cageot à fruits ou une coupelle en céramique étant également utilisable. L'important est d'en recouvrir le fond d'une couche relativement épaisse de matériau de drainage (gravillons, par exemple), après y avoir ménagé des orifices d'écoulement. Cette couche est recouverte d'un mélange (1/1) de sable et de tourbe dont on égalise bien la surface. Il ne reste plus qu'à se procurer une plaque de verre pour recouvrir le tout, et le germoir est prêt. Certaines graines germent à la lumière, d'autres à l'obscurité. Lorsqu'on ne trouve pas cette indication dans les ouvrages spécialisés, on sème une partie des graines en les recouvrant d'une pellicule de substrat (2 fois plus épaisse environ que le diamètre de la graine) et l'autre à la surface du sol. C'est évidemment cette dernière manière qui est la plus courante. Il existe aussi des techniques particulières, indispensables à connaître pour certaines espèces. Les plantes carnivores appartenant aux genres *Sarracenia, Drosera* ou *Dionaea* qui croissent normalement dans les tourbières germent le plus régulièrement sur un support de sphaigne vive couverte d'eau. Les fougères se multiplient par des spores que l'on sème sur une surface de tourbe pure stérile, tenue humide en permanence. Le semis est d'abord placé dans une obscurité presque totale jusqu'à l'apparition de la plantule verte ; c'est seulement alors qu'on mettra le semis à une lumière diffuse. Les broméliacées doivent être semées sur du papier filtre ou de la tourbe, les Tillandsia directement sur la branche, sur un cône, ou un paquet obtenu en liant ensemble plusieurs brindilles de thuya. Certaines gesnériacées produisent de minuscules graines tellement fragiles qu'il faut les semer sur de la tourbe couverte d'une pellicule de poudre de charbon de bois. Et ce n'est pas tout : les graines de certaines espèces telles que les acacias, ou les « arbres mammouths » du genre *Sequoiadendron* germent nettement mieux après avoir été ébouillantées. C'est semble-t-il une forme d'adaptation des arbres aux

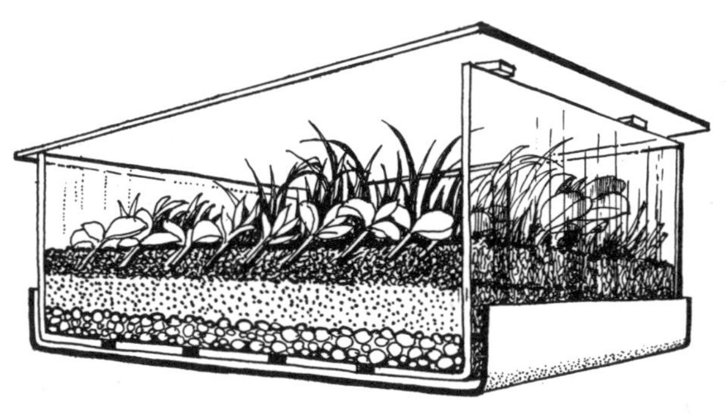

Bac de multiplication utilisable tant pour les semis que pour l'enracinement des boutures. Le fond est couvert d'une couche de galets assurant le drainage, recouvert d'une épaisseur de sable, suivie du mélange sable et tourbe. La vitre est un peu surélevée d'un côté, de sorte que l'eau de condensation ne tombe pas sur les boutures ou les semis. Une variante perfectionnée possède un double fond contenant une spirale chauffante.

fréquents incendies spontanés des forêts. Une fois le semis en place, on humecte, toujours en versant l'eau dans la soucoupe qui supporte le germoir et on recouvre avec la plaque de verre. Celle-ci sera retournée chaque jour pour éviter que l'eau de condensation ne retombe sur les plantules. Dès que les plants atteignent une taille suffisante pour ne pas risquer d'être lésés par la transplantation, on les repique dans des récipients appropriés.

La multiplication végétative est le procédé le plus habituel pour reproduire les plantes d'appartement. Son type le plus simple est la division de touffes, pratiquée au moment de la transplantation. Dans la plupart des cas, la jeune plante se sépare d'elle-même de la plante-mère sans qu'il soit nécessaire de couper. Le procédé est le même pour la division des bulbes et des tubercules. Les surfaces éventuelles de coupe sont immédiatement saupoudrées de poudre d'aluminium, de charbon de bois, ou au moins de cendre de cigarette. Les nouvelles plantes sont immédiatement mises en place : attention à ne pas léser les racines, capables d'une croissance immédiate.

Une autre méthode possible est le bouturage : on commence par préparer un petit bac semblable au germoir, mais l'idéal est une caissette à double fond contenant une spirale chauffante assortie d'un thermostat. Les boutures les plus fréquentes sont des feuilles ou des

La méthode la plus simple, mais souvent très efficace, pour enraciner les boutures, est de les placer dans l'eau. On utilise de préférence une bouteille de verre de couleur foncée et on fixe les boutures dans le goulot à l'aide d'un tampon de coton qui s'oppose à la pénétration de poussières.

Sur les anciens pseudo-bulbes de nombreuses orchidées (*Dendrobium, Epidendrum,* par exemple) se forment de nouvelles plantules que l'on sépare après la formation des racines.

Multiplication des orchidées :

a) on coupe les anciens pseudo-bulbes dépourvus de feuilles et on les place en un lieu clair dans un sachet plastique contenant un peu de sphaigne ;

b) quelques semaines suffisent pour voir apparaître de nouveaux sujets.

a

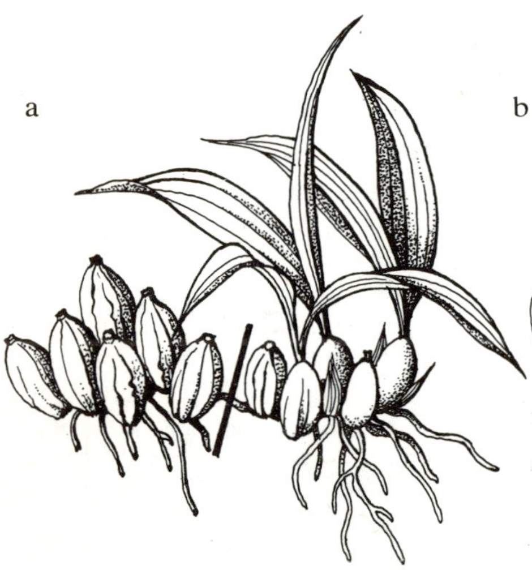

b

Les boutures foliaires de *Peperomia* sont enfoncées dans le substrat avec leur pétiole.

Les boutures foliaires de bégonia sont coupées aux endroits où les nervures se ramifient. On peut les piquer dans le substrat ou les poser simplement à sa surface en les pressant légèrement.

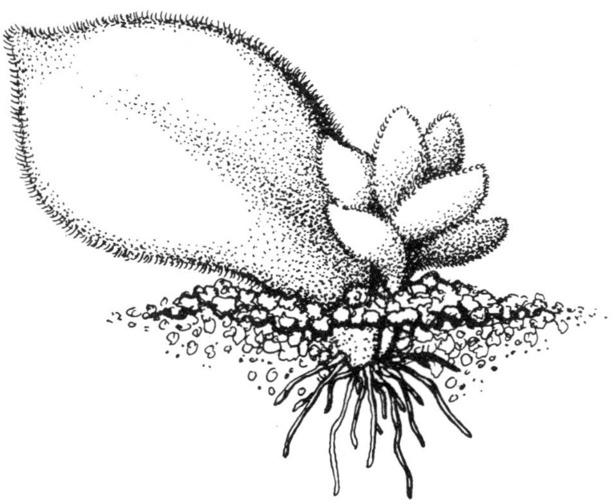

Même les plantes succulentes peuvent être multipliées par boutures de feuilles.

Chez les espèces dont le pied se lignifie en se défeuillant (*Ficus elastica,* etc.), on peut pratiquer l'enracinement directement sur le pied mère.

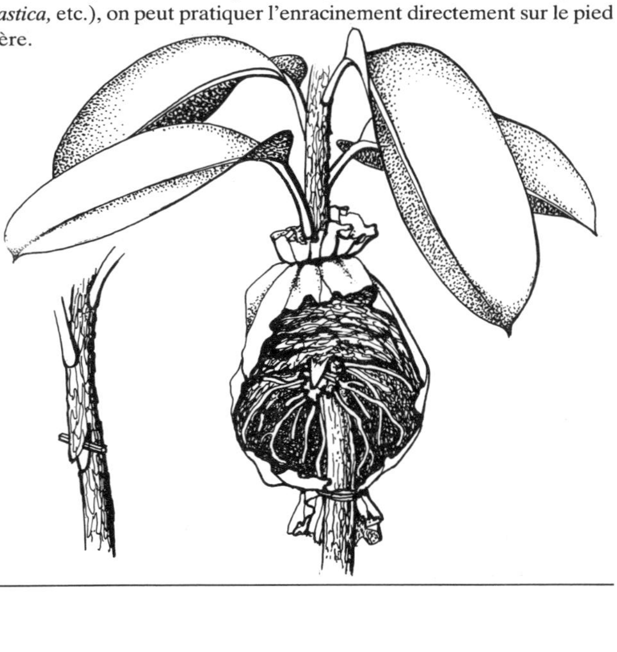

tiges ; les boutures de racines, exceptionnelles, ne concernent généralement que le genre *Cordyline.* Les boutures de tige mesurent en moyenne 10 cm de long. On défeuille la partie à piquer dans le substrat ; les autres feuilles sont le plus souvent écourtées de moitié. Dans certains cas particuliers, on ne les élimine pas, mais on les roule et on les attache en cornet *(Ficus elastica).* Pour faciliter l'enracinement, on applique à la base de la bouture des produits destinés à stimuler la croissance racinaire (marques Rootone, Exubérone, par exemple). Certaines boutures de tiges (genres *Dieffenbachia, Dracaena, Aglaonema,* par exemple) doivent être posées horizontalement et légèrement enfoncées dans le substrat. Les boutures de feuilles sont soit pétiolées *(Saintpaulia),* soit de limbe seul. Parfois, on peut diviser la feuille en plusieurs segments enfoncés *(Sansevieria)* dans le sol ou simplement posés à la surface *(Begonia).* Dans ce dernier cas, chaque fragment de limbe devra conserver au moins une partie en Y de la nervuration. Toutes les boutures reçoivent les mêmes soins : on les humecte par la base du récipient et on les couvre d'une plaque ou d'une cloche de verre.

La division de rhizomes ou de tubercules est également une opération courante (genre *Caladium,* aracées, zingibéracées, marantes). Les surfaces de coupe sont toujours saupoudrées de poudre d'aluminium ou de charbon de bois et la plantation ne se fait que lorsqu'elles sont sèches.

Le marcottage sur la plante, utilisé lorsque la base du sujet se défeuille en laissant un tronc nu peu esthétique, est aussi une méthode de multiplication *(Ficus, Dieffenbachia).* L'axe est coupé obliquement jusque vers son milieu et un morceau de bois est inséré dans l'incision pour empêcher la plaie de se refermer. On entoure le tout de sphaigne fraîche ou de mousse, on humecte cette enveloppe et on la recouvre d'une feuille de plastique serrée aux deux extrémités. On attache l'axe à un tuteur pour éviter de casser la tige. Au bout de quelques semaines, on voit apparaître sous le plastique de nouvelles racines. On écarte l'emballage, on sectionne l'axe entre le pied et le sommet enraciné. On plante le nouveau sujet. Le plus souvent, le pied se met également à reverdir.

La greffe des plantes grasses et notamment des cactées peut également être considérée comme un type de multiplication végétative : elle permet de faire pousser sur un porte-greffe robuste des espèces rares et fragiles dont la croissance serait autrement lente et la floraison mal assurée, voire des mutants colorés (jaunes, rouges) incapables d'existence autonome du fait de leur absence de chlorophylle. On commence par couper le porte-greffe, et par rabattre les angles éventuels. On prépare de même le greffon qui est ensuite placé sur le porte-greffe de manière que les faisceaux vasculaires coïncident au moins partiellement. On fixe avec des liens élastiques qui peuvent être éliminés au bout d'une semaine : il n'en faut généralement pas plus pour souder la greffe.

LES MALADIES

Une plante qui vous réjouit depuis des mois tombe tout à coup malade. Que faire ? Il est malaisé de diagnostiquer le mal : le domaine de la phytopathologie (étude des maladies des végétaux) est une science à lui seul. Comment déterminer de quelle maladie il s'agit, du moins approximativement ?

Les maladies des végétaux se répartissent de la manière suivante :

maladies infectieuses (viroses, bactérioses, mycoses) ;

maladies parasitaires d'origine animale ; désordres physiologiques.

Dans le cas d'une maladie infectieuse, le traitement doit souvent être répété de nombreuses fois avant de donner un résultat définitif ; dans le cas d'une atteinte parasitaire, le parasite est rapidement décelable et on peut le déterminer sans risque d'erreur. Quant aux désordres physiologiques, ils viennent le plus souvent d'une erreur de notre part et il suffit de corriger les conditions de culture.

Dans le premier groupe, on trouve le plus souvent des maladies dues aux champignons. Voici au moins quelques cas parmi les plus courants :

Agent	Symptômes	Traitement
Pythium Rhizoctonia Thielaviopsis	Chute des plantules et brunissement des collets qui se décomposent, pourriture de la plantule entière	Désinfection du sol au formol ou avec ORTHOCIDE 50, POMARSOL; traitement des semences avec ORTHOCIDE 50
Botrytis cinerea	Pourriture grise Sur feuilles et tiges apparition de taches brunes, se couvrant par la suite d'un voile gris-blanc	Pulvérisations avec POMARSOL, ORTHOCIDE 50, ANTRACOL
Erysiphium	Oïdium Tiges et feuilles comme farineuses; les feuilles brunissent, s'enroulent, meurent	Pulvérisations avec EUPARÈNE IMUGAN, KARATHANE
Perenospora	Mildiou Duvet blanchâtre sur l'envers, taches diffuses jaune pâle, puis noires sur l'endroit des feuilles; jaunissement et mort de la plante	Pulvérisations avec ANTRACOL, DITHANE M-45, ORTHOCIDE 50, bouillie bordelaise
Uredineae	Rouille Taches brun-roux sur feuilles et tiges, fonçant par la suite; nécrose des parties atteines.	Pulvérisations avec ANTRACOL, EUPARÈNE

Les déprédateurs animaux sont le plus souvent décelables avant d'avoir gravement endommagé la plante. Il est donc conseillé d'examiner les sujets à fond au moins une fois par semaine. Seules les anguillules échappent généralement à l'examen le plus attentif. On ne les découvre que lors d'une attaque massive contre la plante : apparition de taches aqueuses, noircissant par la suite, sur les feuilles (genre *Aphelenchoides*) ; déformation de la tige qui grossit, se tord, porte des feuilles mal ou irrégulièrement développées (genre *Ditylenchus*). Les racines aussi peuvent être attaquées par les nématodes. La maladie, causée par les genres *Pratylenchus, Meloidogyne* ou *Heterodera* se reconnaît aisément à l'apparition de petits renflements, de galles, sur les racines et les tubercules. Un examen à la loupe forte révèle de minuscules vers filiformes dans les tissus atteints. Comme l'affection se transmet surtout par le sol, on recommande sa désinfection avec NÉMACUR 5 et la pulvérisation des plantes avec MÉTASYSTÉMOX R par exemple. Les plantes fortement atteintes seront de préférence éliminées.

Les attaques les plus fréquentes sont celles des acariens (araignée rouge, araignée jaune). Ces minuscules parasites vivent le plus souvent sur l'envers des feuilles où ils tissent une toile ténue. Ils pompent la sève de la feuille : celle-ci pâlit à vue d'œil, elle jaunit, tandis que la plante entière dépérit. Les araignées rouges pullulent surtout en milieu chaud et sec. Elles sont éliminées au moyen de produits acaricides (comme FOLIMATE, MÉTA-SYSTÉMOX R). Les acariens de la famille des tarsonémides (tarsonèmes) peuvent également se montrer fort gênants. Les feuilles attaquées se déforment, se recroquevillent, se tordent. Les produits de traitement sont les mêmes que pour l'araignée rouge, en applications répétées. Au contraire de l'araignée rouge, le tarsonème se développe au chaud et à l'humidité, le plus souvent dans des locaux manquant d'aération.

Des insectes suceurs peuvent également attaquer les végétaux : aleurodes (mouches blanches), pucerons, cochenilles, pucerons lanigères et collemboles. Les mouches blanches sont faciles à reconnaître : de minuscules moucherons blancs volètent autour de la plante et se posent sur l'envers des feuilles pour pomper la sève. Il n'est certainement pas nécessaire de présenter les pucerons que tout le monde connaît ; des plaques poisseuses couvrant le feuillage et servant secondairement de support à l'installation des moisissures trahissent également leur présence : une partie des sucs absorbés traverse en effet sans transformation le corps des pucerons. Ces deux ravageurs sont sensibles à tout insecticide courant

* Les produits suivants : Pomarsol, Antracol, Euparène, Imugan, Méta-Systémox R, Folimate et Némacur 5, sont fabriqués par Bayer.

du type FOLIMATE. Les cochenilles se fixent le plus souvent sur les tiges ou à l'aisselle des feuilles. Elles sont protégées par un bouclier rigide et sont donc relativement difficiles à combattre. Tant qu'elles sont peu nombreuses, il suffit de les éliminer à l'aide d'un bâtonnet pointu ; dans le cas contraire, on peut les traiter par pulvérisation avec MÉTA-SYSTÉMOX R par exemple. Le même traitement s'applique aux pucerons lanigères qui ressemblent à de petits amas cotonneux, car ils sont recouverts d'une secrétion cireuse de couleur blanche. Les collemboles vivent dans le sol où ils s'attaquent aux racines et peuvent également détruire de jeunes plantules. On les repère le plus souvent au moment de l'arrosage où de menus insectes aptères sautillent tout à coup à la surface de l'eau. Les collemboles sont relativement sensibles et on les détruit facilement par exemple avec E 605.

Avant de choisir le traitement à appliquer, mieux vaut prendre le conseil d'un spécialiste. Nous nous sommes contentés ici d'indiquer les pesticides les plus répandus, mais il en existe évidemment bien d'autres. Quelle que soit la préparation employée, on veillera à respecter scrupuleusement le mode d'emploi en se rappelant qu'on manipule des poisons.

La plupart des végétaux cultivés tolèrent parfaitement bien les produits de traitement. Quelques exceptions existent toutefois : certaines plantes sont sensibles à telle ou telle préparation ou matière active et risquent de se trouver détruites par un traitement irréfléchi. Voici les cas les plus classiques :

genre	ne supporte pas
Ageratum	Fundal forte 750; Captane; organophosphorés
Anthurium	Ne supporte aucun insecticide à l'exception de Phosdrin
Antirrhinum	Orthocide; composés soufrés durant la floraison
Aralia	Parathion
Asparagus	Fundal forte 750; Lindane; composés nicotinés
Begonia	Composés cupriques; TMTD; Systox durant la floraison
Bromeliaceae	Organophosphorés
Bougainvillea	Fundal forte 750
Cactaceae	Diazinon
Calceolaria	Lindane; Parathion
Coleus	Parathion
Cyclamen	Parathion; Lindane
Dorstenia	Fundal forte 750
Erica	Parathion; Orthocide; composés soufrés et cupriques
Euphorbia	Parathion
Ficus	Parathion
Fuchsia	Lindane; composés cupriques et soufrés
Gesneria	Fundal forte 750
Kalanchoe	Lindane; Parathion
Monstera	Systox
Orchidaceae	Parathion
Peperomia	Diazinon

Voici pour terminer quelques maladies dont on est le plus souvent responsable : il s'agit des désordres physiologiques, résultant d'un erreur de culture.

symptôme	cause	remède
les tiges s'étirent excessivement, les feuilles sont pâles, les jeunes atrophiées	manque de lumière, excès d'azote	trouver un emplacement plus clair, ne pas fertiliser pendant un certain temps, puis fumures riches en phosphate
les tiges s'étirent excessivement, le feuillage est trop luxuriant, le sol couvert d'une pellicule verte, la plante ne fleurit pas	excès de fumure et notamment d'azote	ne pas fertiliser pendant au moins un mois, puis plutôt fumures riches en phosphate
la tige est molle, fonce, pourrit, les anciennes feuilles se roulent et fanent	sur-arrosage chronique	réduire les arrosages, le rempotage est probablement nécessaire
les feuilles tombent (le plus souvent en hiver) apparemment sans raison; parfois elles noircissent	sur-arrosage et aération (effet néfaste de l'air froid)	limiter les arrosages; déplacer les plantes au moment d'aération
les anciennes feuilles jaunissent et tombent		
— les jeunes sont petites, à croissance lente	manque de de fumure	augmenter la fumure
— les feuilles fanent, brunissent au bout	sous-arrosage chronique	augmenter l'arrosage
des surfaces jaunes ou brunes apparaissent sur les feuilles	excès de soleil	déplacer la plante à un endroit moins éclairé
les feuilles portent des taches blanches ou jaunes (surtout plantes velues t. q. *Saintpaulia, Sinningia)*	brûlure par l'eau trop froide	ne pas bassiner le feuillage ou utiliser une eau au moins à la température de la pièce
les feuilles frisent et s'enroulent		
— les jeunes sont atrophiées	excès de soleil	déplacer la plante
— les bords surtout frisent et brunissent	manque d'humidité atmosphérique	bassiner le feuillage, placer un saturateur à proximité de la plante
— les jeunes feuilles s'atrophient, jaunissent et fanent	excès de chaleur	transporter dans une pièce plus fraîche, aérer

Il reste à souhaiter au lecteur d'avoir à se rapporter à ce chapitre le moins souvent possible.

QUELQUES PRÉCISIONS SUR LA PARTIE DESCRIPTIVE

La partie illustrée est divisée en chapitres selon les applications des différentes espèces dans la décoration intérieure. Dans chaque chapitre, les espèces sont classées par ordre alphabétique des noms latins. Il est évident qu'une telle classification ne peut éviter que les groupes se chevauchent. Les plantes à feuillage décoratif peuvent avoir une belle floraison, être épiphytes, etc., si bien qu'elles pourraient trouver leur place en plusieurs endroits. La plupart des orchidées et des broméliacées décrites dans les chapitres consacrés à ces familles sont également épiphytes. Nous comptons ici sur l'indulgence du lecteur qui ne manquera pas de mesurer les difficultés qui s'attachent à une telle classification et qui pourra toujours se reporter, à côté des modes de culture propres à chaque espèce, aux nombreuses données écologiques et biologiques qui les accompagnent. Un index à la fin de l'ouvrage permet une orientation et une recherche rapides.

Une plaie, guère nouvelle, affecte l'horticulture : celle de la coexistence d'une nomenclature officielle botanique et d'une série de noms horticoles traditionnels qui sont souvent des synonymes anciens et périmés. Notre ouvrage s'en tient à la nomenclature nouvelle, botaniquement correcte ; dans certains cas isolés, une espèce peut toutefois être mentionnée sous son ancien synonyme. Il s'agit alors de cas où les botanistes eux-mêmes n'utilisent pas encore couramment le nom officiel, ou encore de certains noms qui n'arrivent pas à s'implanter dans l'usage, si bien que le lecteur « errerait » en vain dans l'index. On n'a généralement pas pu indiquer tous les synonymes (il y en a souvent plus d'une vingtaine ; on n'a donc mentionné que les plus courants, généralement ceux des horticulteurs eux-mêmes).

DESCRIPTIONS ILLUSTRÉES

Symboles utilisés pour indiquer les exigences des différentes espèces:

ARROSAGE :

arrosage faible, le substrat doit sécher à fond avant l'arrosage suivant

arrosage moyen, le substrat doit se ressuyer entre deux arrosages, mais non sécher complètement

arrosage copieux, le substrat doit être toujours humide, éventuellement, les racines peuvent rester en permanence en contact avec l'eau

ÉCLAIREMENT :

plantes héliophiles, supportent le plein soleil

plantes de stations claires, légèrement ombragées

plantes supportant une ombre permanente

TEMPÉRATURE :

°C = seules sont indiquées les limites (approximatives) inférieure et supérieure nécessaires à une bonne culture de l'espèce concernée ; lorsque la plante demande des conditions thermiques très différentes au cours de l'année, on indique les limites thermiques de chaque saison, soit É = été, H = hiver.

FOUGÈRES
ET SÉLAGINELLES

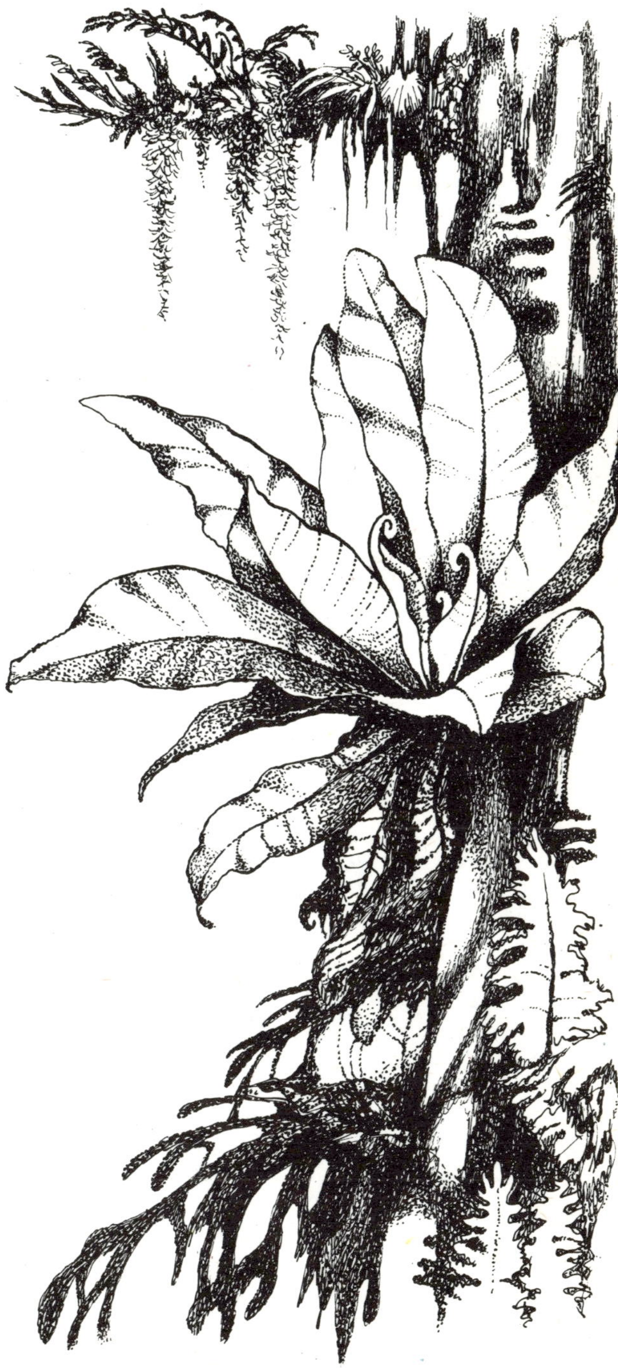

Asplenium nidus L.

Nid d'oiseau

Leur splendeur inimitable fait des fougères des végétaux fidèlement cultivés. Malheureusement, nombreuses sont celles qui ne supportent ni le soleil, ni la lumière directe qui baignent nos habitations. On choisira donc pour la culture en appartements modernes des espèces épiphytes dans la nature, habituées à recevoir une grande quantité de lumière et à supporter en même temps un manque d'eau ou un abaissement de l'humidité atmosphérique temporaire.

Asplenium nidus représente un genre qui comprend quelque 700 espèces. L'espèce représentée croît en épiphyte dans les régions tropicales de tout l'hémisphère oriental, de l'Inde jusqu'en Australie, ce qui la prédestine à la culture en appartements.

Asplenium nidus se rencontre au Viêt-nam, dans le parc national de Cuc Phuong : une dépression fermée y est à l'origine d'une inversion des températures permettant la croissance de plantes sans grands besoins caloriques dans cette plaine tropicale. On y voit donc se mêler des éléments himalayens à la flore tropicale du Sud-Est asiatique. Les précipitations y sont phénoménales : l'administration du parc compte quelque 20 000 mm par an ; les pluies sont pratiquement quotidiennes. *Asplenium nidus* est une espèce très adaptable. Certains sujets poussent à l'ombre tout près du sol ; d'autres rosettes, non moins bien développées, se chauffent en plein soleil sur les troncs secs des géants tropicaux à plusieurs dizaines de mètres au-dessus du sol. La nuit, la température descend à quelque 5–7 °C, mais les espèces tropicales ne semblent pas en souffrir le moins du monde, bien que les températures diurnes dépassent de beaucoup 30 °C.

La forme de la fougère permet de deviner que celle-ci tire parti de l'eau pluviale : la rosette ne se contente pas de capter l'humus vital, mais conduit l'eau directement aux racines. On ne laissera donc jamais sécher la motte, même si l'on plante l'*Asplenium* sur un tronc porteur (on n'oubliera pas qu'il peut atteindre un mètre de hauteur). On peut également le cultiver d'une manière plus « classique », dans un pot contenant un mélange pour épiphytes léger. La description des conditions naturelles permet de déduire que, dans un milieu à températures élevées, la plante appréciera un bassinage fréquent. La fumure sera la même que pour les autres épiphytes : des fumures organiques en concentration décimale, et seulement en période de végétation, c'est-à-dire du printemps jusqu'au début de l'automne.

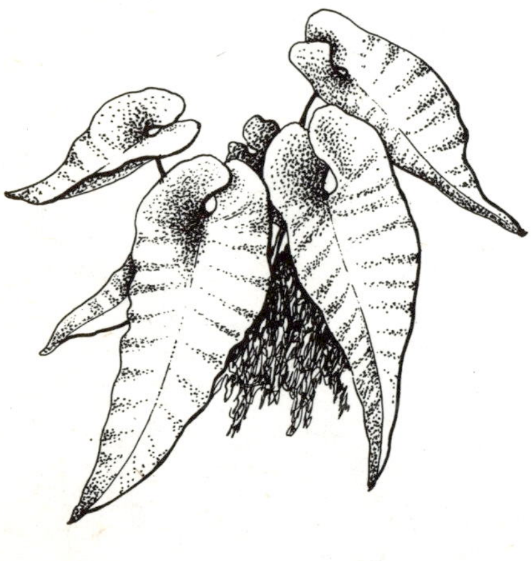

Asplenium cardiophyllum est une petite fougère rare, originaire de Formose et de Haïnan.

10–30 °C

Cyrtomium falcatum

(L. f.) PRESL

Aspidie en faux
Queue de poisson

Cette espèce est originaire d'Asie du Sud-Est. Elle croît sur un vaste territoire de l'Inde jusqu'à la Chine, à des altitudes ne dépassant pas 1 000 m au-dessus du niveau de la mer, donc à la limite des zones de conditions tropicales et subtropicales. Elle est également fréquente sur les pentes montagneuses voisines du littoral marin.

Les feuilles sont relativement rigides, indiquant que la fougère supporte provisoirement même une atmosphère relativement sèche. Cependant, tout apport d'humidité lui est bénéfique et on pensera à la bassiner aussi souvent que possible. Peu exigeante quant à la lumière, elle supporte même un éclairage diffus. Le substrat sera dans la mesure du possible léger et se composera de tourbe, de compost, de sable, d'humus et de feuilles de hêtre. La motte ne doit jamais sécher complètement : il vaut donc mieux cultiver *Cyrtomium* dans un pot en matière plastique dont l'évaporation est moins importante que celle d'un pot classique. Le récipient sera enfoui dans une coupe de bonne dimension remplie de tourbe ; celle-ci sera maintenue bien humide en permanence et la plante disposera ainsi de l'humidité nécessaire. De plus, la tourbe humidifie aussi l'air de la pièce. Les engrais organiques, à la concentration indiquée sur le mode d'emploi, ne seront de nouveau apportés qu'en période végétative.

Il n'est pas nécessaire de transplanter cette fougère annuellement. On se contentera de remplacer par un mélange neuf environ 1/3 du substrat. On utilisera à cette fin de préférence du compost ou du compost mélangé à des feuilles de hêtre sèches.

Cyrtomium a beau représenter les fougères typiquement géophytes (croissant dans la terre), il supporte également très bien d'être installé dans une souche creuse remplie d'un mélange à base de tourbe, où il est d'un très bel effet, car il s'harmonise mieux avec le bois naturel qu'avec la matière d'un pot de fleurs. Il se plaît aussi dans la partie « sèche » d'un paludarium, où on peut enfouir le pot dans le sol.

L'espèce chinoise voisine *Cyrtomium caryotideum* qui ne fait malheureusement pas l'objet d'une culture horticole supporte un air plus sec et un éclairement plus intense.

Doryopteris palmata, espèce d'Amérique tropicale ne dépassant pas 25 cm de hauteur.

10–20 °C

Drynaria fortunei

(KTZE.) J. SM.

Les représentants du genre *Drynaria* comptent parmi les plus belles fougères épiphytes : leurs feuilles profondément découpées conservent en effet une allure de « ptéridophytes » ; de plus, ils sont dotés d'intéressantes particularités biologiques et littéralement prédestinés à la culture en appartement.

L'espèce représentée, *Drynaria fortunei,* provient des forêts montagnardes d'Asie du Sud-Est où elle croît à des altitudes de 500–1 200 m. Elle se plaît particulièrement dans les fourches des arbres, mais on la rencontre aussi sur des troncs absolument lisses. Les feuilles stériles appliquées, de forme curieusement découpée (on dirait des feuilles de chêne géantes), retiennent une quantité suffisante d'humus et d'eau. Les frondes fertiles atteignent 40 cm de longueur, elles sont solides, quelque peu coriaces. En culture, où les conditions offertes à la plante sont en fait plus favorables que dans la nature où elle souffre, du fait des écarts de température et des périodes sèches, ces frondes atteignent souvent jusqu'à 75 cm.

Tout comme *Asplenium, Drynaria* supporte une lumière solaire plus intense que la plupart des fougères. Si le bassinage lui est bénéfique, les frondes restent vertes même sans cette opération. Lorsqu'on laisse sécher le substrat (mélange léger pour épiphytes, idéalement tourbe, sable, charbon de bois, écorce de pin broyée et feuilles de hêtre) pendant une période assez longue, il faudra s'attendre à voir la plante perdre quelques feuilles. La culture est semblable à celle d'*Asplenium nidus.*

Lorsqu'on dispose de beaucoup de place et qu'on décide d'installer un tronc-support pour épiphytes de grandes dimensions, on pourra planter le genre voisin *Pseudodrynaria,* le plus souvent représenté dans les collections par l'espèce *P. coronans* qui atteint jusqu'à 140 cm de hauteur. Les denses frondes vert sombre de cette espèce sont du plus bel effet. Bien entendu, *Pseudodrynaria* croît aussi très bien en pleine terre : on pensera également à l'installer dans une souche creuse remplie d'un mélange grossier pour épiphytes.

Les fougères du genre *Drynaria* se plaisent particulièrement dans les vitrines où elles arrivent au maximum de leur splendeur. Elles prospèrent également dans les jardins d'hiver où elles trouvent un bon approvisionnement en air frais, mais les résultats obtenus en appartement sont également dignes d'intérêt.

Alsophila glauca, fougère arborescente atteignant jusqu'à 15 m en Asie méridionale, ne convient, même dans sa jeunesse, qu'aux serres de bonne dimension.

15–30 °C

Platycerium coronarium (KÖNIG) DESV.

(syn. *P. biforme* Bl.)

Corne de cerf

Platycerium est également un genre de fougères épiphytes. C'est une fougère très souvent exposée dans les vitrines des fleuristes où l'on rencontre, malheureusement le plus souvent, la seule espèce *P. bifurcatum,* souvent confondue avec une espèce d'apparence voisine, *P. alcicorne* var. *hillii.* S'il est vrai que *P. bifurcatum* est l'une des espèces les moins exigeantes de son genre, il n'en reste pas moins qu'on a souvent exagéré les besoins des autres *Platycerium.* Toutes les espèces de ce genre croissent très bien en appartement, à condition d'être cultivées en épiphytes. Cependant, *P. bifurcatum* supporte aussi très bien la culture en pot, ce qui explique sa popularité auprès des horticulteurs, dont les préférences se portent sur les méthodes de culture traditionnelles.

Dans les régions tropicales de l'Ancien Monde croissent environ 17 espèces de Cornes de cerf. Une espèce provenant de Malaisie est l'une des plus grandes : ses frondes peuvent atteindre facilement 1,50 m, même en appartement. Elle ne trouve sa place que dans de grandes compositions dont elle forme une excellente plante principale. On trouve aussi souvent en culture *P. angolense* originaire d'Afrique équatoriale, *P. madagascariense* originaire de Madagascar, *P. stemmaria* d'Afrique tropicale et *P. grande* des régions les plus chaudes d'Asie et d'Australie.

Toutes ces espèces reçoivent les mêmes soins : on les plante de préférence sur de grandes plaques d'écorce de chêne-liège ou sur des troncs à épiphytes. Au moment de l'installation, la souche écourtée reçoit une couche de mélange léger pour épiphytes qui maintiendra une humidité suffisante et facilitera l'enracinement. On n'apporte aucune fumure particulière : il suffit d'apporter de temps en temps une poignée de feuilles de hêtre ou de terreau de compost que l'on introduira sous les feuilles stériles, appliquées sur le substrat. Les soins consistent essentiellement à bassiner les frondes, ce qui entraîne une croissance exubérante de la fougère.

Comme les autres fougères, *Platycerium* se multiplie au moyen de spores placées à la surface d'une couche de tourbe humide stérile. Les spores se forment dans les sporanges, réunis en sores, taches brunes ou rouille bordant l'envers de la fonde ou groupées en formations diversement disposées.

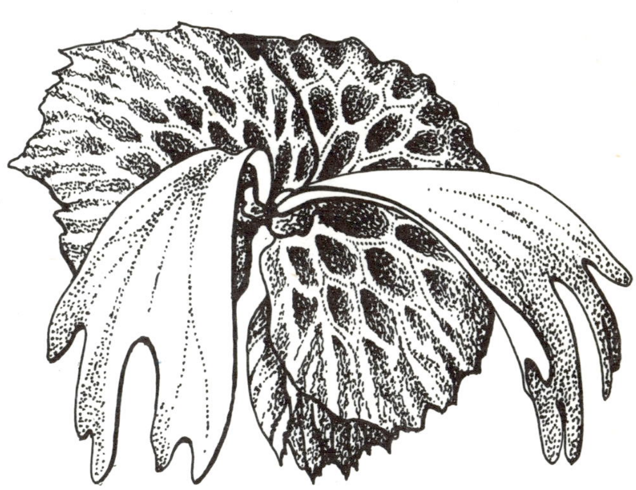

Platycerium madagascariense est une espèce de petite taille, très décorative, mais malheureusement peu cultivée.

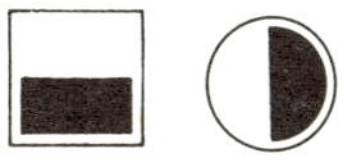

15–30 °C

Polypodium aureum L.

(syn. *Pleopeltis aureum* Presl., *Phlebodium aureum* J. Sm., *Goniophlebium aureum* Moore)

En voyant à quoi ressemble cette espèce, de nombreux lecteurs auront le sentiment de la connaître : les horticulteurs la cultivent volontiers pour en ajouter les frondes à leurs compositions de fleurs un peu précieuses, comme par exemple les orchidées. Cette espèce intéressante trouve également sa place dans tous les jardins botaniques où elle passe difficilement inaperçue.

Originaire d'Amérique tropicale, elle trouve une humidité abondante dans les forêts de montagne, caractérisées par des brouillards quotidiens. L'épais rhizome densément couvert d'écailles peut y ramper sur l'écorce nue des arbres sans sécher. Il est évidemment difficile de maintenir une telle humidité en appartement et il vaudra donc mieux attacher cette fougère sur un coussin de mousse ou de mélange pour épiphytes que l'on maintiendra humide. Dans de telles conditions, les feuilles supportent même un air sec ; un bassinage occasionnel leur sera toutefois bénéfique. Cette fougère convient également pour la plantation en coupes où le rhizome est placé à la surface du substrat et repose sur une couche de sable ou de mousse.

Comme les autres fougères épiphytes, cette espèce tolère relativement bien les rayons directs du soleil. On évitera bien entendu de la placer derrière une fenêtre orientée au sud, mais elle se plaira dans une mi-ombre claire et ne souffrira pas d'une exposition au soleil du matin ou du soir.

Polypodium aureum est d'un très bel effet en association avec d'autres menues fougères épiphytes, notamment avec le genre asiatique *Pyrrosia.*

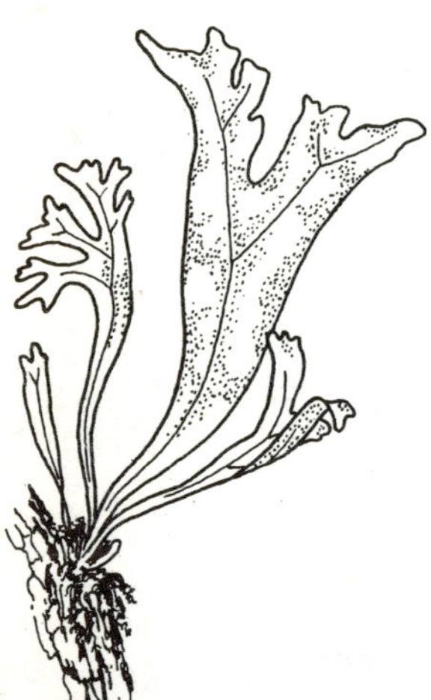

Polypodium polycarpon 'Grandiceps' est une petite fougère assez modeste qui peut servir de complément à un montage d'épiphytes en appartement moderne chauffé.

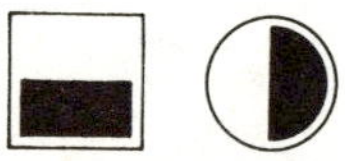

10–30 °C

Pteris cretica L.
'Albolineata'

Cette fougère aux frondes pennées est l'une de celles qui ornent le plus souvent les devantures des fleuristes. La réputation de cette espèce n'est en effet plus à faire : elle se plaît dans toutes les habitations sans exception.

L'espèce originelle, qui ne se distingue du cultivar représenté que par ses frondes entièrement vertes, vit dans les régions tropicales et subtropicales du monde entier. On la trouve tout aussi bien dans les forêts d'Asie du Sud-Est, dans la zone nébuleuse aux environs de 1 000 m d'altitude, que sur les pentes des rochers méditerranéens, où elle croît sur les versants sud ou est en compagnie des espèces xérophiles. Ces faits seuls démontrent la grande adaptabilité de cette espèce. Les données climatiques concernant ses pays d'origine nous indiquent également la nécessité de la soumettre à un hivernage frais. Le cultivar 'Albolineata' se passe même de cette précaution et se plaît à une température hivernale de 18–22 °C.

Pteris sera planté dans un mélange d'humus, de tourbe et de sable, de préférence dans des coupes de céramique sans profondeur, permettant le regroupement de plusieurs espèces. Dans une telle composition, *Pteris* est un élément particulièrement décoratif par la forme intéressante de ses pennes et le raffinement de son vert délicat. Il ne faut toutefois pas oublier qu'elle demande une situation plutôt à l'ombre et à l'humidité et ne peut donc être combinée qu'avec d'autres espèces de besoins similaires. Elle se plaît également en bonbonnes et en boules de verre que l'on pourra par exemple placer sur une table comme décoration permanente, grâce à ses exigences limitées en lumière.

Aucune autre fougère n'est sans doute aussi facile à multiplier que *Pteris*. Les spores sont produites par des sporanges bordant l'envers des frondes. A l'état mûr, elles ressemblent à une sorte de poussière sombre que l'on peut semer dans des coupelles contenant une tourbe stérile. Les prothalles verts foliacés apparaissent relativement rapidement. Les coupelles sont alors transportées à la lumière et les plantules sont rapidement repiquées dans des coupes définitives. C'est une fougère à croissance rapide qui n'atteint que 20 cm environ à l'état adulte.

Les espèces voisines comme *P. ensiformis* originaire d'Asie tropicale, *P. longifolia* ou *P. muricata* des régions tropicales d'Amérique demandent les mêmes soins, mais sont un peu plus exigeantes en ce qui concerne l'humidité atmosphérique.

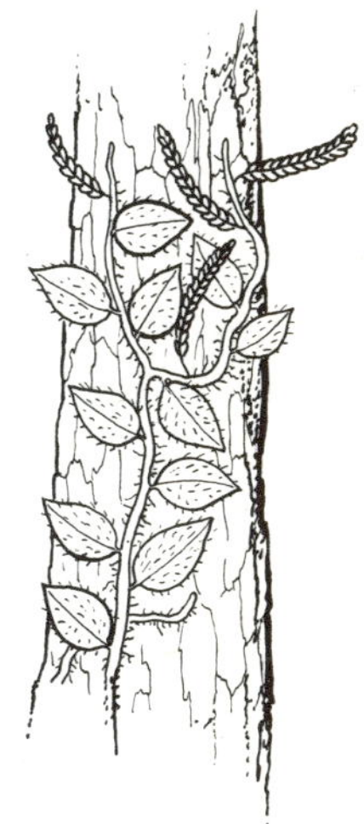

Polypodium ciliatum

15–25 °C

Selaginella tamariscina

(BEAUV.) SPRING

Des quelque 700 espèces actuellement connues de sélaginelles, la plupart sont originaires des pénombres humides de la forêt tropicale. Certaines sélaginelles croissent cependant même dans les forêts d'Europe centrale et d'autres espèces ont un comportement totalement atypique : dans le sud des États-Unis et au Mexique on trouve à des altitudes relativement élevées (au-dessus de 1 000–1 500 m) l'espèce *Selaginella lepidophylla* qui croit à mi-ombre, mais aussi en plein soleil dans des sites où une sécheresse de plusieurs mois n'a rien d'exceptionnel. La plante s'en protège efficacement en se roulant en pelote serrée qui ne « revit » qu'avec les premières pluies (phénomène d'hydrochasie).

L'espèce *S. tamariscina* provient des forêts chinoises où elle croît dans un milieu humide. On ne la trouve qu'exceptionnellement en culture, malgré sa très grande beauté et le fait que sa culture n'est pas plus difficile que celle des autres espèces.

S. tamariscina se plante dans des coupelles de tourbe à laquelle on a ajouté du compost et du sable. Ses grands besoins en humidité en font une très bonne plante pour bonbonnes et boules de verre, vitrines et aquaterrariums. Elle y croîtra sans mal même dans un endroit peu éclairé. Aucune concurrence n'est à craindre vis-à-vis des autres végétaux : les sélaginelles ont en effet des racines très peu profondes, et sont elles-mêmes couchées et basses, étant souvent de 5–15 cm de hauteur. D'autres espèces convenant à la culture en appartement sont disponibles chez les horticulteurs : *S. emmeliana, S. martensii, S. pallescens.*

La multiplication des sélaginelles ne peut se faire en appartement que par la voie végétative. Chez de nombreuses espèces, les rameaux couchés sur le sol s'enracinent sur toute leur longueur. Il suffit alors de couper la partie racinée et de la cultiver à part. On peut également procéder par bouturage : les rameaux cassés seront alors piqués dans un substrat à base de tourbe.

Selaginella lepidophylla

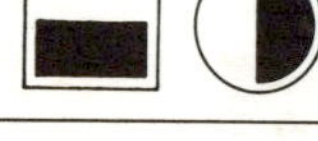

10–25 °C

PLANTES
À FEUILLAGE ORNEMENTAL

Acalypha wilkesiana

MÜLL. ARG. 'Musaica'

Ricinelle

Cette espèce est originaire des îles du Pacifique où elle atteint quelque 2,50 m. Les feuilles sont d'une magnifique teinte vert bronze et portent chez l'espèce botanique des taches pourpres et carmin. L'inflorescence est insignifiante. Cette espèce n'est pas très souvent cultivée en appartements. On trouve plus couramment *A. hispida* (plante chenille), un arbuste à feuillage vert, aux longues inflorescences retombantes, pourpres (plus rarement crème), atteignant jusqu'à 50 cm de longueur.

Il existe plusieurs magnifiques cultivars dont le plus courant 'Musaica' est représenté ici. Les autres formes sont : 'Marginata' aux grandes feuilles brun olive bordées de rose, 'Miltoniana' aux feuilles retombantes, vertes bordées de blanc, 'Obovata' aux feuilles obovales, d'abord olive à bord orange, plus tard bronze à bord carmin et enfin 'Godseffiana' aux feuilles vertes bordées de crème.

Il est difficilement compréhensible que cette espèce soit encore de nos jours délaissée par l'horticulture européenne. Tous les visiteurs des régions tropicales ont rencontré *Acalypha wilkesiana* dans les parcs ou en intérieur : elle constitue une espèce horticole de base dans ces régions. Pourtant, avec un appartement suffisamment clair et chaud, le succès est pratiquement assuré. La plante ne demande pas de repos hivernal et il suffit de répondre à ses besoins essentiels.

Le substrat sera aussi nutritif que possible : par exemple un mélange de terreau de couche, de compost, de terreau de mottes, de sable et de tourbe. La plante est très avide de matières nutritives et demande à être fumée une fois par semaine en période de pleine croissance. Elle profitera d'autant mieux qu'on pourra souvent bassiner ou au moins doucher son feuillage. L'arbuste supporte très bien la taille et ne risque donc pas de devenir trop envahissant. *Acalypha* est souvent attaqué par la mite et une bonne culture sera assortie de traitements contre ce parasite.

La multiplication est simple : elle s'effectue au moyen de boutures terminales en atmosphère chaude dans un mélange de tourbe et de sable.

Breynia nivosa

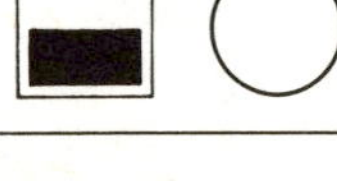

10–30 °C

Aglaonema treubii ENGL.

Aglaonema

Les aglaonemas comptent parmi les plus belles et les plus résistantes des plantes d'appartement.

Quelque quarante espèces vivent dans des conditions analogues en Asie du Sud-Est et dans les îles malaisiennes. Dans la nature, on les trouve le plus souvent parmi la strate basse des forêts tropicales semper virens. Ils croissent sur une épaisse couche d'humus provenant des feuilles en voie de décomposition et entrent souvent dans la composition des couverts bordant les rives des ruisseaux forestiers. Certains croissent aussi à la limite des forêts vierges. Ce sont le plus souvent des plantes qui supportent l'ombre permanente de végétaux élevés.

Les aglaonemas sont appréciés pour leur exceptionnelle beauté même dans leur patrie sud-asiatique, et cela tant les espèces vertes que colorées. *Aglaonema simplex* par exemple est souvent cultivée comme plante ornementale, même au voisinage des huttes des indigènes et *A. costatum* entre dans la composition des ensembles décoratifs à peu près dans toutes les villes et près de tous les aéroports sud- et est-asiatiques.

Les fleuristes proposent le plus souvent des aglaonemas à feuillage panaché comme l'espèce de notre illustration, ou encore le vieux cultivar 'White Rajah', fautivement appelé *A. pseudobracteatum.* Une très belle espèce est *A. costatum* à nervure principale blanche et au limbe vert sombre taché de blanc. Lorsqu'on dispose d'une place suffisante, on peut cultiver *A. roebelinii* qui atteint jusqu'à un mètre de hauteur et dont les feuilles s'ornent de larges taches grises au voisinage de la nervure principale. L'espèce représentée provient de Java et ne dépasse généralement pas 50 cm en culture (1 m à l'état sauvage). Les feuilles mesurent environ 25–30 cm.

La culture est tout à fait simple. Le substrat est un mélange de tourbe et de sable, éventuellement enrichi de terreau de feuilles. On préfèrera des coupelles à des récipients plus profonds. La multiplication se fait facilement au moyen de boutures caulinaires ou apicales.

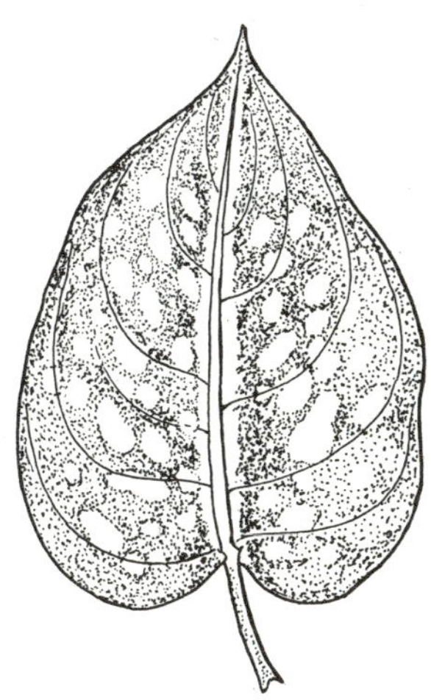

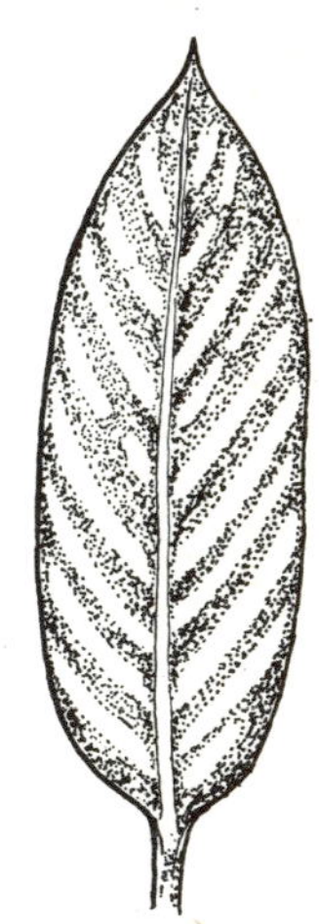

Aglaonema costatum est l'une des plus petites et des plus jolies espèces à feuilles panachées de son vaste genre.

Aglaonema oblongifolium 'Curtisii' croît particulièrement bien même dans un terrarium.

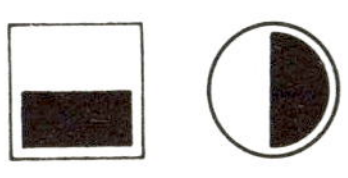

15–30 °C

Alocasia korthalsii SCHOTT

(syn. : *A. thibautiana* Mast.)

Alocasia

Certaines plantes, pourtant fort belles, n'arrivent pas à se faire accepter des horticulteurs, sans qu'on connaisse très bien les raisons de leur méfiance. Est-ce parce qu'ils surestiment leurs besoins culturaux ? Il suffit souvent pourtant d'une seule tentative pour obtenir un résultat qui dépasse de loin toutes les espérances.

Les alocasias sont justement au nombre de ces mal-aimés de l'horticulture. Bon nombre d'entre eux ont des dimensions impressionantes, mais il existe aussi quelques espèces fort menues qui peuvent parfaitement trouver leur place dans une habitation.

L'illustration montre *A. korthalsii* originaire de Bornéo. Cette espèce atteint environ 50 cm de hauteur. Le limbe, long d'une trentaine de centimètres porte un dessin gris-blanc sur un fond olivacé à l'éclat métallique. *A. micholitziana,* espèce bien connue originaire des Philippines, atteint à peu près la même taille. Sa feuille est longue de 40–50 cm environ ; le limbe est nettement ondulé, découpé, et présente une nervuration blanc pur (le cultivar 'Amazonica', d'aspect très voisin, est souvent confondu avec cette espèce). La plus belle coloration est sans doute celle d'*A. cuprea* aux feuilles ovales, scutiformes, longues de quelque 35 cm et présentant un fort éclat métallique : la couleur principale est vert cuivré sur l'endroit, pourpre violacé soutenu sur l'envers (rose cuivré soutenu au stade jeune).

Si l'on cherche au contraire des végétaux robustes pour jardins d'hiver, ou pour décorer les abords d'un bassin dans une serre, ou encore garnir un grand paludarium d'intérieur ou une vasque, on pensera aussi à *A. odora, A. macrorhiza* (verts), *A. indica* 'Metallica' (aux feuilles présentant un reflet métallique pourpre violacé), qui atteignent de 1 à 2 m de hauteur, *A. macrorhiza* même jusqu'à 4 m.

Les alocasias conviennent surtout aux appartements modernes suffisamment chauffés. Le substrat sera à base de tourbe additionnée d'un bon compost. En période végétative, on apportera une fumure régulière. Certaines espèces passent par une période de repos hivernal où elles perdent une partie de leur feuillage, sans demander cependant des conditions plus sèches que la normale. La multiplication est aisée : elle se fait par graines ou par boutures caulinaires placées dans un bac à multiplication chaud.

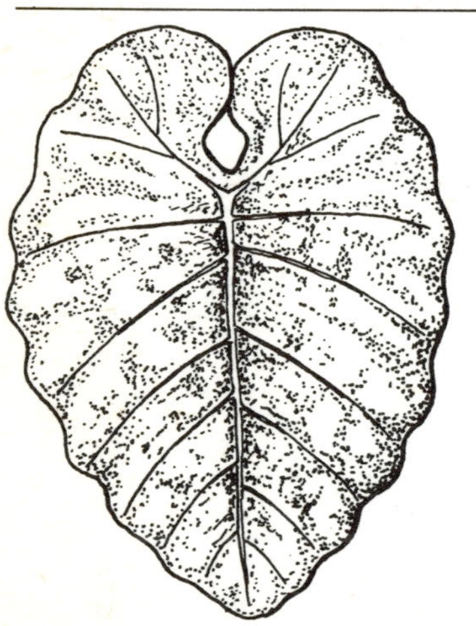

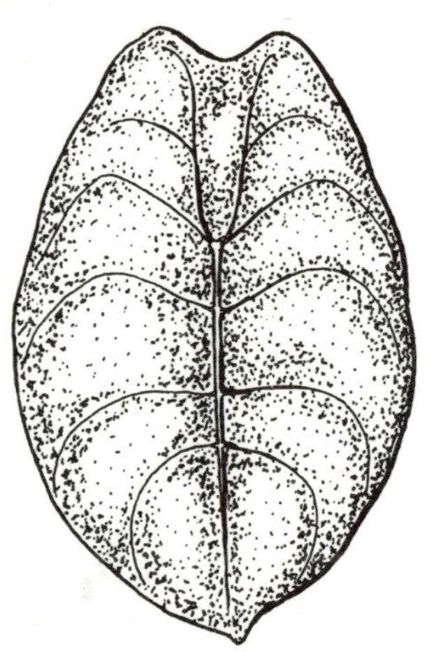

Alocasia macrorhiza est une plante d'intérieur résistante ; même en appartement, elle peut atteindre jusqu'à deux mètres de hauteur lorsqu'elle est âgée.

Alocasia cuprea est certainement la plus belle espèce de son genre, avec son beau feuillage cuivré et comme métallique. Elle supporte toutefois mal un air sec.

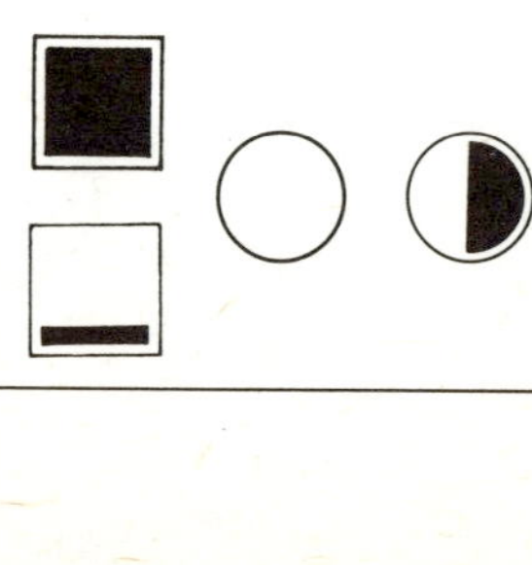

É 15–30 °C

H 15–20 °C

Anthurium magnificum

LIND.

Anthurium

Il serait difficile de trouver une plante plus belle, plus exotique et mieux adaptée aux intérieurs modernes que ne l'est *Anthurium magnificum.* Lorsqu'on a déjà rencontré cette espèce dans les jardins botaniques, on s'imagine qu'il lui faut des conditions impossibles à réaliser chez soi. Pourtant, un appartement moyen, chauffé par chauffage central et bien éclairé répond mieux à ses besoins qu'une serre : c'est là qu'il déploiera toute sa beauté.

Les quelque 550 espèces d'anthurium vivent surtout en Amérique centrale et en Amérique du Sud. L'espèce représentée vit sur les rochers abrupts de Colombie. En terrain plat, ses limbes foliaires viendraient trop souvent au contact du substrat et risqueraient la pourriture. On pensera donc, en plantant cette espèce (comme d'autres anthuriums à grandes feuilles) dans une vasque ou un paludarium ou en l'intégrant à une composition de grandes dimensions, à la placer en hauteur, par exemple sur une souche creuse, où elle est d'ailleurs particulièrement mise en valeur.

Anthurium crystallinum, d'aspect voisin, présente des feuilles un peu plus petites au pétiole arrondi et une inflorescence d'aspect différent, également sans grand intérêt. Quelques autres espèces comme *A. forgetii, A. leuconeurum* ou *A. regale* se distinguent par leur nervuration contrastée et leur limbe cordé ou scutiforme. Le magnifique *A. warocqueanum* présente des feuilles longues de plus d'un mètre, mais larges au plus de 25 cm, longuement aiguës et portant une nervuration argentée. *A. veitchii* possède des feuilles de la même longueur, d'un vert uni, mais marquées par de fortes ondulations transversales. Il existe de nombreux anthuriums au feuillage décoratif. Cependant, hormis les deux premiers cités, ce sont des plantes relativement fragiles qui conviennent surtout pour la culture en vitrines d'intérieur.

Le substrat est à base de tourbe additionnée de sable, de terreau de couche et d'humus ou de fragments de bois en décomposition. Le mode de multiplication le plus simple est le semis sur un substrat de tourbe et de sable en serre de multiplication chaude et humide.

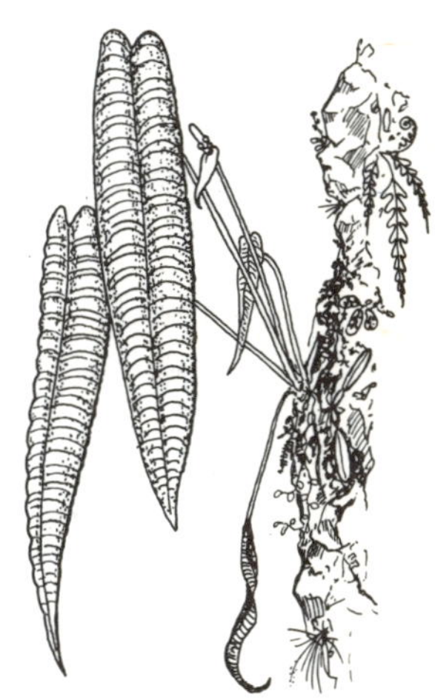

Anthurium tetragonum est, comme la plupart des autres espèces en rosette de son genre, une plante épiphyte.
Anthurium veitchii

15–25 °C

Aphelandra squarrosa NEES var. *louisae*

Aphélandra

A trop vouloir classer les végétaux selon ce qu'ils ont de décoratif (feuillage, fleurs...) on est amené à commettre certaines inexactitudes. Les plantes au feuillage ornemental ne sont pas forcément dépourvues de fleurs et celles-ci peuvent même être fort intéressantes, comme c'est le cas ici. Pourtant, la valeur décorative de l'aphélandra vient surtout de son feuillage coloré qui égaie la maison toute l'année durant.

On connaît de nos jours quelque 150 espèces d'aphélandra, croissant à l'état sauvage dans les régions tropicales et subtropicales d'Amérique du Sud et d'Amérique centrale. Ce sont le plus souvent des arbrisseaux et des plantes herbacées robustes qui se plaisent dans un sol riche en humus, à l'ombre des arbustes qui bordent la forêt tropicale. Les fleurs de couleur jaune, orange ou rouge sont souvent protégées par de grandes bractées de couleurs vives.

L'inflorescence de l'espèce représentée atteint jusqu'à 15 cm de longueur. Les fleurs jaune pâle sont de moitié moins longues que les bractées. Celles-ci, de même teinte, portent un dessin médian vert. La variété voisine *leopoldii* présente des bractées dentées, jaune soutenu. Les fleurs sont nettement plus pâles, les feuilles plus larges. On cultive souvent un hybride de ces deux variétés, 'Fritz Prinsler', de taille plus basse et de floraison plus sûre que ses parents.

Une espèce voisine, *A. liboniana,* présente des feuilles ornées d'une unique ligne centrale blanche. Les bractées groupées sur quatre rangs sont orange foncé, les fleurs sont petites, jaunes. *A. aurantiaca* var. *roezlii,* originaire du Mexique, présente un feuillage vert clair à dessin argenté et des fleurs d'un rouge-orangé soutenu. La plupart des espèces fleurissent à la fin de l'été et en automne.

Les aphélandras sont des plantes relativement sensibles à la sécheresse de l'air, si bien qu'on ne peut les garder longtemps qu'en vitrines ou en serres d'intérieur. Même dans ce cas, elles demandent des arrosages fréquents et abondants, ainsi que des bassinages répétés. Le substrat se composera de tourbe, de compost ou de terreau de couche et de sable. Au printemps, on rabat les plantes d'un certain âge pour les rajeunir et les pousser à conserver leur feuillage dans leur région basse. A cette occasion, on pourra procéder à une multiplication, soit au moyen de boutures apicales, soit au moyen de boutures de feuilles avec un bourgeon. Dans ce cas, le développement est évidemment plus lent. La multiplication par semis est également aisée.

Ruttya scholsei

15–25 °C

Asparagus falcatus L.

Asparagus en faux

Le nom Asparagus évoque le plus souvent la fine ramille de *A. plumosus* ou *A. sprengeri* que les fleuristes ajoutent à leurs bouquets de fleurs coupées. Lorsqu'on s'en tient à cette idée fort étroite, on se prive de la possibilité d'ajouter bien des espèces décoratives à notre éventail de plantes d'appartement. Le genre *Asparagus* comprend en effet quelque 300 espèces, dont certaines, d'une grande beauté, sont loin de la brindille de verdure connue. En fait, les « feuilles » des asparagus ne sont pas de vraies feuilles : celles-ci, atrophiées, se bornent à former des écailles membraneuses aux aisselles desquelles apparaissent des cladodes foliacés (cladode : brindille en forme de feuille ou d'aiguille).

L'espèce représentée provient d'Asie tropicale et d'Afrique, où elle croît dans les forêts claires. C'est une liane qui peut atteindre jusqu'à 15 m de longueur et qui prend appui dans la nature sur la végétation environnante. Les cladodes mesurent jusqu'à 10 cm de longueur, l'écaille foliaire est dotée d'une forte épine. La tige est fortement ramifiée, si bien que la plante occupe rapidement l'espace disponible autour d'elle. Les données relatives à la longueur ne doivent pas faire reculer le lecteur : il s'agit de sujets adultes, âgés et non soumis à une taille régulatrice. Il vaut mieux néanmoins cultiver cet asparagus dans un jardin d'hiver ou dans une pièce de grandes dimensions, car sa beauté est surtout mise en valeur dans un cadre suffisamment vaste.

Il existe toute une série d'autres espèces cultivées, le plus souvent de plus faible encombrement, entre lesquelles on peut choisir selon ses goûts. Une très belle variété est par exemple *A. sprengeri* 'Meyerii', récemment introduite sur le marché : richement ramifiée, elle a l'allure d'une queue de renard. Seul le célèbre *A. plumosus,* un asparagus « étagé » d'une grande finesse, originaire d'Afrique australe, ne convient pas tellement à la culture en intérieur, car il supporte très difficilement une atmosphère sèche.

Les asparagus se multiplient par division des touffes, par tubercules ou par graines qu'il ne faut jamais ni recouvrir entièrement, ni trop ombrer.

La culture est relativement aisée. On choisit toujours un substrat relativement lourd, humeux, bien fumé et on apporte souvent un complément d'engrais durant la période végétative. De nombreuses espèces demandent un repos hivernal, fût-il partiel, avec arrosage réduit.

Asparagus sprengeri 'Meyerii'

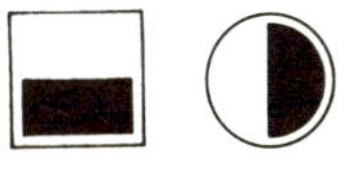

15–25 °C

Begonia × corallina 'Luzerna'

Bégonia

Les régions tropicales et subtropicales d'Afrique, d'Amérique et d'Asie sont le pays de quelque 1 000 espèces de bégonias croissant depuis les plaines basses jusqu'à 4 000 m d'altitude. Leur grande majorité se plaît dans des stations fortement ombragées, sous le couvert des forêts ombrophiles tropicales ou sur des rochers couverts, exsudant l'humidité. Il existe bien entendu certaines exceptions : *Begonia veitchii* croît au Pérou, dans les fissures des rochers ensoleillés à 3 000 m d'altitude. Il en va de même de *B. michoacanensis* au Mexique, et cette espèce demande même un sol latéritique lourd et compact. Cependant, d'une manière générale, les bégonias, et surtout leurs formes horticoles, sont des espèces sciaphiles exigeant un substrat acide où se maintient en permanence une certaine humidité.

Begonia × corallina 'Luzerna' est une preuve vivante de la valeur de certains vieux hybrides éprouvés. Obtenu au début du XIXe siècle, il résulte du croisement de *B. corallina × B.* 'Madame Charrat' ou de *B. corallina × B. teuscheri.* C'est une espèce bien ramifiée qui atteint jusqu'à 2 m de hauteur et dont les limbes foliaires mesurent jusqu'à 35 cm dans les conditions optimales. Les longues inflorescences persistantes, au port retombant, dotées de fleurs mâles couleur corail sont particulièrement décoratives.

Les bégonias conviennent pour la plantation de vitrines où ils ne trouvent cependant pas toujours les meilleures conditions d'éclairement, mais aussi pour la plantation en bonbonnes. On choisit surtout pour cela de menues espèces rares tels *Begonia paulensis, B. rajah, B. imperialis* 'Smaragdina', *B. acida,* ou encore *B. masoniana* 'Iron Cross', etc.

La culture des bégonias n'a vraiment rien de compliqué. On les plante dans un substrat tourbeux additionné de sable et quelque peu enrichi de compost.

La multiplication est également aisée : les boutures de tiges ou les feuilles dont on enfonce le pétiole dans un substrat sablo-tourbeux s'enracinent rapidement. Il suffit même de prendre des fragments de limbe foliaire, dont on conserve la nervuration principale et que l'on pose au chaud et à l'humidité sur un substrat de même nature.

Begonia heracleifolia

Begonia herbacea

10–25 °C

Bertolonia maculata

(MART.) DC.

De nombreuses espèces végétales, pourtant très décoratives, n'ont pas encore été « découvertes » par l'horticulture et se bornent à figurer dans les collections des jardins botaniques. C'est notamment le cas de l'espèce représentée et de tout le genre *Bertolonia.* On connaît en tout 9 espèces appartenant à ce genre, croissant à l'état spontané en Amérique du Sud, et surtout au Brésil et en Équateur. Où faut-il les chercher ? Les *Bertolonia* se plaisent sur la litière forestière à l'ombre de la strate herbacée, ou encore sur les berges des ruisseaux, dans la couche humifère du sol comme sur les troncs pourrissants des géants forestiers, en compagnie des mousses et des sélaginelles.

Les jardins botaniques comme les collections particulières recèlent le plus souvent deux espèces : *B. maculata* (illustration) et *B. marmorata,* également menu, ne dépassant pas 10–15 cm de hauteur. Cette espèce présente une tige moins velue et des feuilles plutôt elliptiques qu'ovales, au limbe seulement frangé de poils. Les fleurs sont pourpres. Mais les plus fréquents sont les hybrides des deux espèces, présentant un mélange de caractères : les *Bertolonia* s'hybrident en effet facilement. Une espèce particulièrement belle, mais rare, est *B. pubescens,* dont les feuilles longuement tomenteuses portent une strie brune située entre la nervure principale et la nervure latérale suivante.

On cultive souvent des hybrides du genre *Bertolonia* et du genre voisin *Sonerila,* sous le nom de × *Bertonerila.* Le plus courant de ces hybrides est × *Bertonerila houtteana,* une plante mesurant une trentaine de centimètres aux feuilles vert sombre, parcourues d'un réseau de nervures rouge lumineux, l'envers du limbe étant pourpre.

Les *Bertolonia* demandent un substrat composé de tourbe, de sable, d'humus et de charbon de bois concassé ; ils croissent tout à fait bien sur des fragments de bois en décomposition, recouvert de mousse ou de tourbe. Ils ne peuvent se passer d'humidité et conviennent donc pour la plantation en bonbonnes. On les multiplie par semis à la surface du substrat.

Sonerila margaritacea est une bonne plante de bonbonne ou de petite vitrine ; elle prospère dans un mélange léger additionné de bois décomposé et de charbon de bois concassé.

15–30 °C

Caladium

(Bicolor – hybrides)

Caladium

Leur feuillage décoratif fait des caladiums des végétaux ornementaux connus et utilisés depuis longtemps. Leur seul inconvénient est que leurs magnifiques feuilles n'apparaissent qu'au printemps : elles se flétrissent en fin d'automne et la plante passe sous terre sa période de repos. Dans la nature, les caladium croissent sur les rives des rivières tropicales d'Amérique qui connaissent un assèchement hivernal : on mettra donc les bulbes dans un endroit chaud et sec, sans toutefois les laisser complètement sécher. Un lit de tourbe ou de sable sec est idéal pour ce genre de conservation. Les bulbes y resteront jusqu'à leur plantation, au printemps, dans une pièce chaude. Dès la fin février, on plante les bulbes des caladiums dans un substrat composé de tourbe, de terreau de couche et de sable et on arrose copieusement. Après le départ de végétation, le substrat ne doit jamais sécher. En été, on fume régulièrement. Les cultivars qui présentent de grandes surfaces de limbe blanches recevront un engrais pauvre en azote pour éviter de les voir verdir.

Les caladiums de culture sont le plus souvent des hybrides de l'espèce originelle *Caladium bicolor* (Ait.) Vent. avec d'autres espèces comme *C. schomburgkii, C. picturatum.* L'espèce naturelle *C. bicolor* présente un limbe foliaire bleu-vert foncé, orné de taches blanches et rouges irrégulièrement distribuées entre les nervures. Les horticulteurs ont déjà obtenu des centaines d'hybrides, tous superbes.

Comme chez les autres aracées, l'inflorescence des caladiums se compose d'une spathe qui entoure le spadice florifère. Les fleurs femelles, séparées des fleurs mâles, fleurissent environ une semaine plus tôt que ces dernières, ce qui constitue un barrage à l'autofécondation. Lorsque plusieurs sujets fleurissent au même moment, on peut faire une tentative d'hybridation même en appartement : il suffit de transporter le pollen d'une plante sur les fleurs femelles d'une autre plante. Cette fécondation doit avoir lieu entre la onzième et la seizième heure pour être fertile. Le fruit est une baie polysperme et les graines germent en une quinzaine de jours dans un endroit chaud et humide, à la surface d'un mélange de tourbe et de sable. Les caladiums se multiplient au printemps au moment de la plantation, où on peut couper les bulbes, en saupoudrant les plaies de charbon de bois ou de poudre d'aluminium.

Leur préférence pour les lieux chauds et humides fait des caladiums d'excellentes plantes de vitrines et de paludariums, mais ils supportent aussi d'être laissés à l'air libre de l'appartement.

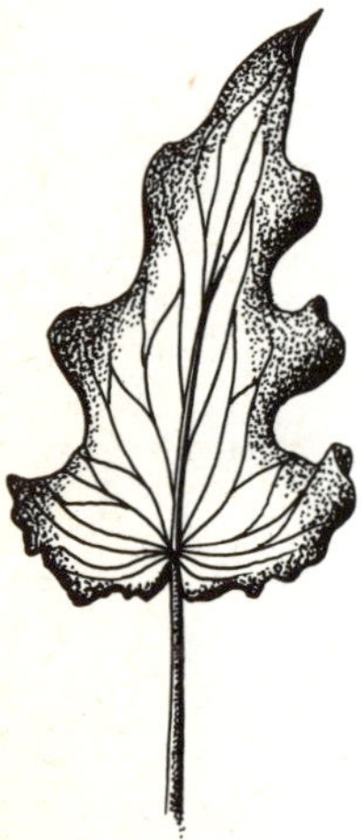

Caladium sagittifolium

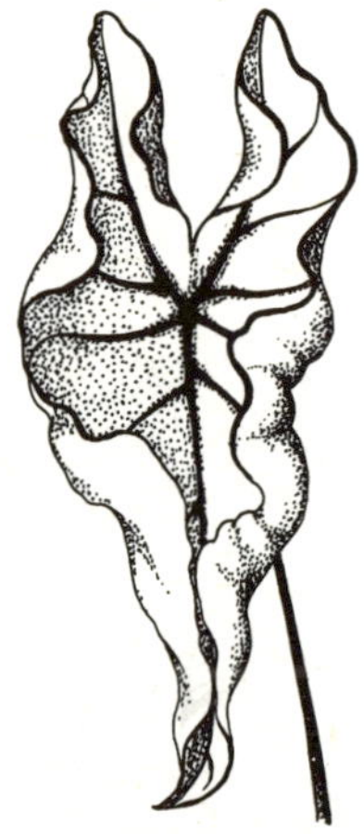

Caladium 'Lord Derby'

É ■ ◐ 15–30 °C

Calathea × insignis

(syn. : *C. insignis* hort. non Peters, *Calathea lancifolia* Boom)

Calathea

Certaines plantes horticoles ont des origines tout à fait obscures. C'est justement le cas de celle-ci, qui résulte probablement d'une hybridation. Jadis introduite dans les collections sous un nom erroné, elle s'est répandue en perpétuant l'erreur dans les firmes horticoles. Le véritable *Calathea insignis* Peters n'est absolument pas cultivé : il s'agit d'une plante atteignant deux mètres de hauteur et présentant des feuilles vertes sur les deux faces. Notre *Calathea* ne dépasse pas 60 cm de hauteur et son feuillage est merveilleusement coloré.

La plupart des belles espèces du genre *Calathea* furent introduites dans les collections botaniques dès le milieu ou au plus tard à la fin du XIXe siècle. On les rencontre pourtant assez rarement dans le commerce et il en va de même pour le genre voisin et tout aussi décoratif *Ctenanthe*. Cette rareté est due aux difficultés culturales, tant techniques que temporaires : ce sont en effet des végétaux qui demandent un grand laps de temps pour occuper tout le volume du substrat de leurs racines et fabriquer suffisamment de matières de réserves dans leur rhizome souterrain. Pendant tout ce temps, elles ne forment que des feuilles de petite taille et assez peu nombreuses. Après cette période d'installation, les touffes deviennent beaucoup plus fournies et tout à fait décoratives. De plus, les calatheas souffrent souvent de l'atmosphère sèche des habitations, car ce sont des représentants typiques de la strate herbacée de forêts vierges tropicales chaudes et toujours humides, le plus souvent brésiliennes. Souvent, même des aspersions et des nébulisations fréquentes ne leur suffisent pas et il faut les placer dans des vitrines ou des serres d'intérieur fermées. Les espèces de petite taille peuvent aussi se plaire dans des bonbonnes. Malgré leurs grandes exigences, il vaut la peine de ne pas s'en tenir à une unique tentative de culture : le succès est souvent au bout de la peine. Il arrive fréquemment que la plante « s'habitue » et se mette à croître au bout de plusieurs années dans une coupe composée où elle ne faisait que « vivoter » jusqu'alors. Dans de pareils cas la patience est vraiment récompensée.

Calathea vittata

Calathea setosa

15–30 °C

Calathea makoyana

(MORR.) NICHOLS.

Nous avons vu que les calatheas se plaisent surtout dans des serres d'intérieur. On choisira comme substrat un mélange de tourbe, de terreau de feuilles de hêtre grossier en cours de décomposition, de sable et de charbon de bois grossièrement concassé ; une adjonction d'humus ne peut qu'améliorer l'ensemble. Les plantes ne connaissent pas de période réelle de repos, si bien que le substrat doit être maintenu humide à longueur d'année. Une fréquente brumisation d'eau sur les feuilles reste bénéfique même en lieu clos. Ces soins quelque peu laborieux sont récompensés par un merveilleux résultat, car les calatheas peuvent être considérés comme un vivant symbole des chatoiements de la nature tropicale. *C. makoyana* est une espèce relativement petite, ne dépassant pas 50 cm de hauteur, mais la splendeur de son motif coloré est vraiment exceptionnelle.

On pourra également cultiver d'autres espèces, non représentées ici, faute de place. Parmi les plus résistantes, citons *C. picturata* 'Argentea' aux feuilles à peu près de la même forme, mais gris argenté au centre et bordées de vert tendre, qui arrive souvent à survivre pendant assez longtemps même à l'air libre. Une espèce un peu plus fragile est par exemple *C. bachemiana* qui mesure environ 40 cm de hauteur et présente des feuilles ovales-lancéolées, argentées sur la face supérieure et ornées de stries vert sombre partant à l'oblique de la nervure centrale ; citons aussi *C. leopardina,* dont les feuilles ovales et pointues s'ornent de taches triangulaires vert sombre, perpendiculaires à la nervure centrale. Ces feuilles présentent de plus un limbe joliment ondulé. Dans les grandes pièces, on pensera à *C. zebrina* qui atteint jusqu'à 1 m de hauteur, le limbe étant à peu près aussi long que le pétiole (50 cm). Les feuilles sont striées de vert clair et sombre, veloutées ; la face inférieure est pourpre-violacé soutenu.

Les calatheas se multiplient surtout par division des touffes, mais seulement au bout de quelques années, lorsque leurs racines se sont suffisamment développées dans le substrat. On ne les transplante de même qu'au bout de plusieurs années. Les sujets fleurissent relativement facilement et on peut les féconder sans peine même à la maison. Les plantes issues de semis supportent généralement beaucoup mieux les écarts de température et d'hygrométrie de la pièce.

Calathea leopardina

Calathea veitchiana

15–30 °C

Chlorophytum comosum (THUNB.) BAK. 'Variegatum'

Chlorophyte panaché

Le chlorophyte panaché nous ramène à l'âge de nos grands-parents et arrière-grands-parents. Il est peu d'espèces qui mettent une telle bonne volonté à pousser ! Ce genre comprend plus de cent espèces vivant dans les régions tropicales de l'Ancien et du Nouveau Monde. On les trouve plutôt à l'ombre des forêts, le long des cours d'eau, dans des sols légers et humifères.

Chlorophytum comosum est une espèce d'Afrique australe mise en culture chez nous dès 1850. Les catalogues horticoles de l'époque le nomment également *Anthericum comosum, Phalangium comosum* ou *Cordyline vivipara,* ce dernier nom rappelant l'extraordinaire viviparité de cette espèce, manifestée par la formation de jeunes sujets sur des stolons, voire sur des hampes florifères. Les jeunes plantules forment des racines encore dans l'air, et il est très facile de les séparer de la plante mère pour les cultiver indépendamment.

L'espèce originelle est verte et mesure environ 40–50 cm. On en cultive plutôt le cultivar 'Variegatum' longitudinalement strié de blanc. Comme l'espèce naturelle, le cultivar est une des plus résistantes plantes d'intérieur et se plaît en appartements chauds ou frais sans discrimination. Son plus bel effet est en suspension, mais il peut aussi servir à compléter un arrangement. Comme substrat, on lui donnera un mélange de terreau de compost et de sable.

Une espèce plus fragile, mais beaucoup plus belle est *C. amaniense,* originaire d'Afrique orientale, et dont les feuilles, portées par des pétioles de 10 cm de longeur environ, mesurent jusqu'à 30 cm de long et 8 cm de large. Elles sont un peu coriaces et d'une belle couleur bronze. Les jeunes feuilles sont cuivrées à nervures vert sombre. Une espèce plus courante est *C. capense,* originaire, comme son nom l'indique, de la région sud-africaine du Cap. Ses feuilles mesurent jusqu'à 60 cm de long et 4 cm de large, et ont une nervuration très apparente. Il en existe des formes multicolores cultivées sous différents noms, et connues sous l'appellatif global de 'Variegatum'. Ces espèces demandent plus de chaleur estivale que celle de notre illustration, les autres conditions de culture restant analogues.

Dracaena phrynoides

5–20 °C

Codiaeum × variegatum

Croton

Lorsqu'on arrive dans les pays tropicaux, l'un des premiers éblouissements nous attend dès la sortie de l'aéroport. On débouche en effet presque toujours dans un parc qui vaut la peine d'être vu et dont les crotons, arbustes multicolores dépassant souvent 2 m, au merveilleux feuillage dense, constituent l'un des attraits principaux.

Originaires des Iles de la Sonde, de l'Inde du Sud-Est et de l'archipel malaisien, ces végétaux sont populaires dans le monde entier. Il est peu de plantes qui puissent avoir des formes et des colorations aussi variables que les crotons.

Tous les cultivars actuels ont pour origine une seule variété de l'espèce naturelle *C. variegatum* var. *pictum*. Ils résultent de croisements multiples entre les fréquents spécimens de forme et de coloration atypiques. Les cultivars sont classés selon la forme des feuilles. On peut recommander pour la culture par exemple 'Imperialis' ou 'Clipper' à feuilles ovales ; cv. Arthur Howe à feuilles présentant deux lobes latéraux et une partie médiane allongée ; 'Tortilis' ou 'Corscrew' à feuilles spiralées, ou encore 'Punctatum Aureum' au port compact et aux feuilles étroites, menues, tachetées de jaune.

La littérature a beau prétendre que les crotons conviennent à merveille pour la culture en appartements modernes et se plaisent dans des pièces bien chauffées, l'expérience personnelle de l'auteur tend à prouver tout le contraire. Ce sont des plantes idéales pour grandes vitrines florales où l'on peut entretenir une humidité suffisante, mais ils ne survivent pas plus de six mois sans dommage à l'air libre d'une pièce. Il existe toutefois des exceptions et j'ai pu observer plusieurs beaux spécimens en appartement, mais il s'agit là de sujets exceptionnels, présentant une résistance individuelle hors du commun. On choisira un substrat à base de tourbe additionnée de sable et de compost. La multiplication est relativement aisée au moyen de boutures apicales placées au-dessus d'une source de chaleur.

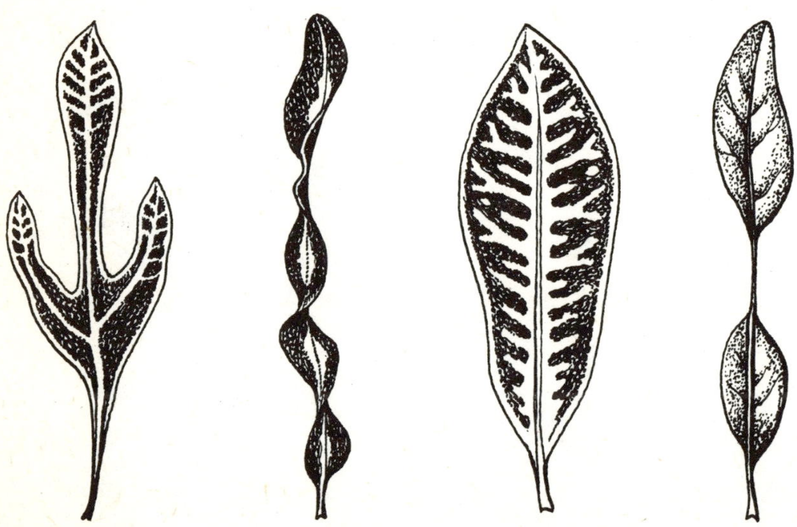

Forme des feuilles de quelques cultivars de *Codiaeum × variegatum* (en commençant par la gauche) : 'Disraeli' 'Tortilis' 'L. Staffinger' 'Appendiculatum'.

15–30 °C

Coleus

(Blumei – hybrides)

Coleus hybride

Au contraire de l'espèce précédente, les hybrides du genre *Coleus* peuvent être considérés comme des modèles de sûreté et de simplicité, tout en étant fortement décoratifs. Le résultat est assuré dès qu'on est à même de placer la plante en plein soleil.

Le genre comprend plus de 120 espèces croissant en Afrique tropicale et en Asie, le plus souvent en plein soleil, depuis le niveau de la mer jusqu'aux montagnes d'environ 1 000 m d'altitude. L'espèce *Coleus blumei* qui croissait dans les jardins de Java au moment de sa description était probablement en fait un hybride et non une véritable espèce botanique. Elle fut introduite en culture à peu près vers 1850 et les premiers cultivars apparurent en Angleterre une quinzaine d'années plus tard. Ils résultaient en partie de croisements avec d'autres espèces, en partie de la sélection de plants issus de semis et de leur croisement en retour.

Selon le cultivar concerné, les sujets atteignent de 30 à 80 cm de hauteur. Les tiges sont anguleuses, frutescentes à la base, les feuilles ont des formes et des couleurs très diverses. Elles sont le plus souvent légèrement pubescentes et crénelées, voire dentées. Les fleurs apparaissent à la fin de l'été et en automne ; leur lèvre supérieure est blanche, leur lèvre inférieure généralement bleue.

Il est très difficile de recommander un cultivar, car ils sont tous décoratifs. Citons 'Otto Mann' au feuillage brun-rouge bordé de jaune, ou 'Bienvenue' pourpre et jaune. Le mieux est d'aller voir ce que propose le fleuriste ou d'étudier attentivement un catalogue où l'on ne manquera pas de trouver une coloration correspondant au goût de chacun.

Coleus passe mal l'hiver à l'état adulte sous nos climats. Le mieux est de prélever des boutures durant l'été et de faire hiverner les plantes enracinées à basse température, ou de garder les boutures dans de l'eau. Le sol doit être acide : tourbe avec sable et compost de préférence. Une fumure généreuse apportera les éléments nutritifs, nécessaires en grande quantité. C'est une excellente plante de culture hydroponique.

Coleus 'Majesty'

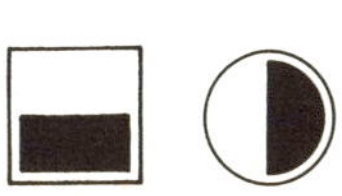

10–25 °C

Colocasia affinis SCHOTT var. *jenningsii* (VEITCH) ENGL.

(syn. : *Colocasia jenningsii* Veitch)

Colocase

Pour qui s'intéresse aux cultures utilitaires tropicales et subtropicales, le nom de colocase a certainement un son familier. *Colocasia esculenta* (syn. *C. antiquorum*), ou taro, est en effet l'une des plus importantes plantes alimentaires d'Asie et d'Afrique, car son tubercule est très riche en amidon. Les colocases de Java, Hawaï et des îles Fidji sont particulièrement réputées pour la taille et la richesse en amidon de leurs tubercules.

L'espèce représentée vit à l'état naturel en Inde orientale à la limite des marais de plaine. Les pétioles atteignent jusqu'à 30 cm, les limbes 15 cm de longueur et 10 cm de largeur en moyenne. La plante possède un tubercule souterrain de faible dimension, où elle stocke ses réserves.

C. affinis est probablement la plus fragile de toutes les colocases, mais c'est aussi l'une des plus belles. Elle convient parfaitement à l'installation de paludariums placés dans des pièces chaudes et claires, sans aération fréquente. Les conditions optimales sont celles d'aquaterrariums et vitrines d'intérieur bien éclairés, où elle doit être placée dans une coupelle toujours pleine d'eau. Il est important de maintenir une température constante et relativement élevée, mais aussi une forte humidité atmosphérique permanente, car le bord du limbe foliaire sèche rapidement lorsque l'humidité s'abaisse pendant quelques jours.

L'espèce déjà citée *C. esculenta,* qui peut atteindre jusqu'à 1 m de hauteur, est beaucoup plus résistante. Les feuilles scutiformes atteignent jusqu'à 70 cm et présentent un bord ondulé. *C. indica* a une allure et une taille analogues, mais présente des limbes foliaires à nervuration très apparente. *C. fallax* est à peine plus grande que l'espèce représentée et possède des feuilles veloutées à reflet bleu métallique.

Toutes les colocases doivent être tenues au chaud et à l'humidité, dans un substrat tourbeux avec faible adjonction de sable et de terreau de couche riche en matières nutritives. Pendant toute la durée de la période végétative, on apporte une fumure fréquente. Certaines espèces produisent, comme les alocasias, moins de feuilles en hiver. La multiplication est aisée par section du rhizome tubéreux ou par graines, ces dernières germant rapidement.

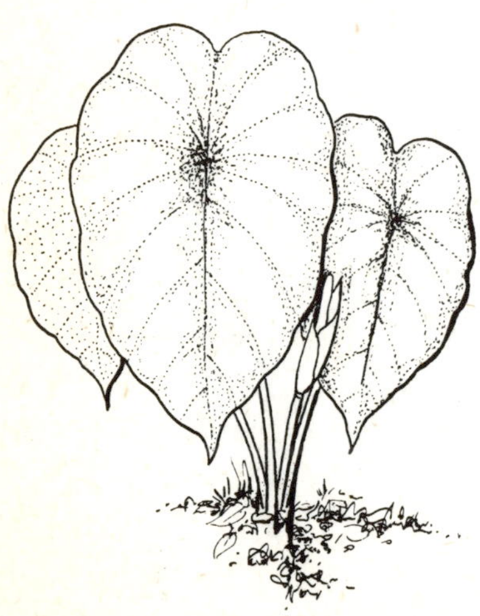

Homalomena peltata

15–30 °C

Cordyline terminalis

KUNTH 'Tricolor'

Cordyline

Les cordylines sont des plantes populaires très souvent cultivées. Mais toutes les espèces, à l'exception de *C. terminalis* et de ses cultivars, sont plutôt réservées aux appartements frais, car elles demandent une température hivernale d'environ 2–12 °C.

Ce genre comprend 15–20 espèces actuellement connues, croissant dans les régions tropicales et subtropicales d'Asie, d'Australie et d'Afrique. Seul *C. dracaenoides* vit dans le Nouveau Monde, au Brésil. Les cordylines sont à l'état naturel une des composantes de la strate inférieure des forêts (il s'agit évidemment ici de forêts claires ou de couverts continus de hautes broussailles). On les trouve également sur les versants rocheux, et très souvent sur les rochers à pic sur la mer ou les plates-formes rocheuses au voisinage du littoral marin (c'est le cas de *C. australis* en Nouvelle-Zélande).

L'espèce représentée est originaire d'un vaste territoire allant de l'Asie Antérieure jusqu'à l'Australie du Sud-Est et la Nouvelle-Zélande en passant par l'archipel malaisien. C'est une espèce relativement petite, ne dépassant pas 2–3 m de hauteur à l'état spontané. La tige de cet arbrisseau est fine : 15 mm de diamètre environ. Les feuilles sont vert soutenu, lancéolées, atteignant 50 cm de longueur sur 10 cm de largeur environ, et présentant une nervure principale marquée. En culture, on trouve plutôt les formes colorées de cette espèce. Un des plus grands favoris est le cultivar 'Tricolor' de notre illustration. Depuis quelques années, on apprécie également le menu cultivar 'Red Edge' au feuillage vert bronze foncé, bordé de carmin lumineux.

Les cordylines se prêtent très bien à la plantation en coupes composées, dont elles égaient l'ensemble par leur port vertical et par la couleur de leur feuillage. Les grandes compositions où l'on peut utiliser un groupe de 3–5 cordylines sont particulièrement décoratives.

La multiplication des cultivars n'est évidemment possible que par la voie végétative et cela (fait fort rare) par boutures racinaires. On peut également utiliser des boutures apicales ou des fragments de tige posés horizontalement.

Les cordylines demandent un sol très nutritif : on les plantera dans un mélange de terreau de couche et de terreau de gazon, avec apport éventuel de sable.

Cordyline australis atteint en Nouvelle-Zélande, sa patrie, jusqu'à 12 m de hauteur.

10–30 °C

Cyanastrum cordifolium OLIV.

Les cyanastracées constituent une petite famille peu connue, proche parente des commélinacées et des liliacées. Son unique genre *Cyanastrum* ne comprend que quelques espèces herbacées africaines, dont le caractère commun est de posséder un rhizome compact formant tubercule.

L'espèce représentée, *Cyanastrum cordifolium*, spontanée en Afrique tropicale occidentale, est rarement cultivée. Dans son milieu naturel, on la trouve parmi les occupants de la strate inférieure des forêts ombrophiles tropicales, où elle croît sur l'épaisse couche d'humus formé par les feuilles tombées. Cette espèce n'est pas encore commercialisée en horticulture et on ne la trouve que dans les jardins botaniques et les collections particulières. Sa culture est pourtant assez simple et d'un grand intérêt, car c'est une plante d'ombre profonde qui se plaît dans les appartements modernes et supporte même une atmosphère sèche. D'une manière générale, on peut dire que *Cyanastrum* occupe dans les appartements modernes les endroits froids et sombres réservés aux seuls *Aspidistra* et *Cissus antarctica*. *Cyanastrum* convient très bien à la plantation en coupes composites, où ses feuilles décoratives forment rapidement un magnifique tapis dense dont la verdure profonde met bien en valeur les teintes soutenues des cultivars tropicaux, souvent panachés ou brillamment colorés (rouge, jaune).

Les feuilles ont en plus de leur couleur, une nervuration apparente qui ajoute à leur effet. La floraison est relativement insignifiante : les fleurs bleu pâles, assez petites, ne sont que peu expressives ; pourtant, la plante fleurie est loin d'être laide.

Cyanastrum se cultive dans un mélange de tourbe et de sol humifère et se multiplie par division de touffes.

Costus igneus

10–30 °C

Dieffenbachia
hybr. 'Amoena'

Il y a une centaine d'années, apparaissait dans l'horticulture un nouveau genre qui ne devait connaître son heure de gloire que bien plus tard. Originaire d'Amérique tropicale, il ne trouvait en effet sa place que dans les serres : les maisons étaient souvent trop sombres et froides et les sujets avaient du mal à s'y plaire. De plus, *Dieffenbachia* ne correspondait pas encore au goût esthétique du moment. Ses grandes feuilles tachetées ne trouvèrent leur place qu'en liaison avec l'architecture intérieure moderne.

Heureusement, les horticulteurs ont continué leur tâche et les différents croisements et sélections furent entrepris suffisamment tôt pour qu'on pût se vanter de posséder déjà plusieurs magnifiques hybrides au moment où cette plante commençait à devenir intéressante.

Dieffenbachia comprend 30 espèces environ, distribuées des Antilles et du Mexique jusqu'au Pérou. Deux espèces sont surtout importantes dans le domaine horticole : *D. picta* (Lodd.) Schott originaire du Brésil et *D. seguina* (L.) Schott originaire des Indes occidentales. Les deux espèces se ressemblent beaucoup et surprennent par leur exceptionnelle variabilité. Il s'agit de plantes robustes possédant un axe solide. Un pétiole atteignant 20 cm porte un limbe 3 à 4 fois plus long, vert, densément maculé de blanc ou de jaune. Les pétioles de ces deux espèces fournissent un bon critère de distinction : ceux de *D. picta* sont en gouttière, ceux de *D. seguina* sont plans. Bien d'autres espèces ont néanmoins participé aux hybridations, comme *D. imperialis* du Pérou aux pétioles d'environ 60 cm et aux limbes de la même longueur, tachetés de vert-jaune. Pour les premières hybridations, une espèce importante fut *D. weirii,* un dieffenbachia brésilien, ne dépassant pas 60 cm, au limbe densément couvert de taches blanches ou jaunes.

La culture est aisée et donne presque toujours de bons résultats dans les appartements modernes. Le substrat sera acide, à base de tourbe additionnée d'humus. La fumure sera fréquente, mais chez les cultivars colorés, on limitera l'apport d'engrais azotés pour ne pas compromettre le panachage clair (que l'excès d'azote fait verdir). La multiplication est tout aussi facile : on coupe l'axe en morceaux d'environ 10 cm de longueur, on les pose à plat sur un substrat de tourbe et de sable en les enfonçant légèrement. A placer dans un endroit chaud et humide en permanence.

Costus sanguineus est relativement héliophile. D'autres espèces, comme *C. igneus* se plaisent même dans les emplacements les plus ombragés des appartements chauds.

15–30 °C

Dizygotheca elegantissima VIG. et GUILL.

(syn. : *Aralia elegantissima* hort.)

Aralia élégant

Parmi les végétaux au feuillage décoratif, les araliacées tiennent une place de choix. Un grand nombre de représentants de cette famille n'ont pas encore trouvé leur place dans l'horticulture d'ornement, les très belles espèces du genre *Trevesia* par exemple.

L'aralia élégant est cultivé depuis la fin du XIXe siècle. C'est à juste titre qu'on lui a donné son nom d'espèce : peu de plantes peuvent se vanter d'avoir un feuillage aussi léger et aussi parfait du point de vue « architectonique ». Comme sa culture rencontre un certain nombre de difficultés, le marché n'en offre jamais de très grandes quantités. C'est en effet une espèce qui se multiplie par greffe sur une autre araliacée, *Meryta denhamii,* beaucoup plus rarement par graines importées de sa lointaine patrie.

L'espèce représentée est originaire de Nouvelle-Calédonie, tout comme la quinzaine d'autres espèces de ce genre, distribuées dans les îles des mers australes. Elle atteint à l'état spontanée la taille d'un petit arbre, mais dépasse rarement 3 m de haut en culture. Son axe droit est relativement fort et porte des feuilles composées de sept à onze folioles, portées par un long pétiole. Les folioles vert olive se caractérisent par leur nervure centrale, leur pointe et leurs indentations colorées en rouge. On rencontre plus rarement d'autres espèces, comme *D. kerchoveana* aux folioles plus larges, vert brillant sur la face supérieure, rougeâtres sur la face inférieure, ou encore *D. veitchii,* dont les folioles au bord ondulé présentent une nervure principale blanche, voire sa variété *gracillima* qui ne s'en distingue que par sa taille plus réduite.

On surestime souvent les exigences de *D. elegantissima* qui croît à merveille dans les appartements chauds et clairs. Seuls les très jeunes sujets, qui se développent mieux en vitrines, sont fragiles. Au bout d'un certain temps, on peut les placer librement dans la pièce sans risques. Il est important de choisir un substrat approprié, nutritif mais léger, idéalement composé de terreau de couche et de compost, de terreau de gazon avec adjonction de sable et de tourbe. Un bassinage fréquent du feuillage est bénéfique.

Oreopanax peltatus (syn. *O. salvinii*)

15–25 °C

Dracaena × *deremensis*
'Bausei'
Dracaena

Les dracaenas ressemblent à un tel point aux cordylines qu'on les confond souvent. Plusieurs caractères nettement distinctifs les différencient cependant : les racines par exemple des dracaenas ne sont pas épaissies et ne conviennent pas à la multiplication ; elles ont une section jaune clair ou orange soutenu, tandis que celle des cordylines est blanche.

On connaît beaucoup plus de dracaenas que de cordylines : certains ouvrages mentionnent jusqu'à 80 espèces disséminées dans les régions tropicales et subtropicales d'Afrique et d'Asie. Ils sont cultivés depuis le milieu du XVIIIe et surtout le début du XIXe siècle ; on a donc eu le temps de sélectionner les plus intéressantes curiosités pour leur forme et leurs couleurs.

Le cultivar représenté possède des feuilles longues d'environ 40 cm sur 6 cm de largeur. Il se distingue par leur courbe nettement descendante ; chez les sujets d'un certain âge, les feuilles peuvent être carrément retombantes. On cultive aussi très souvent le cultivar 'Warneckii' : la partie médiane de la feuille est blanc crémeux traversé par des stries longitudinales vertes de différentes largeurs ; cette bande principale s'accompagne de deux bandes latérales claires et plus minces. L'espèce originelle, à feuilles vertes, atteignant jusqu'à 5 m de hauteur, n'existe pratiquement pas en culture.

Une espèce voisine, également originaire d'Afrique tropicale, est à l'origine de cultivars comme 'Massangeana' à bordure verte, la partie médiane étant zébrée de bandes longitudinales vert-jaune et blanc crème, ou encore 'Lindenii' au feuillage presque blanc, à l'exception d'un fin liseré vert. Il existe évidemment un grand nombre d'autres cultivars.

Les dracaenas à feuilles ovales, plus petites et longuement pétiolées, sont aussi d'un très bel effet : citons par exemple *D. godseffiana* originaire du Congo, dont les feuilles portent des taches blanches diffuses, ou *D. goldieana* au feuillage transversalement tacheté.

Les dracaenas comptent parmi les plus résistantes des plantes d'appartement. Ils supportent très bien les conditions des maisons, tant modernes qu'anciennes et froides. Leur culture ressemble à celle des cordylines. Ils se multiplient par boutures apicales ou caulinaires, déposées dans un bac à multiplication chaud et humide, sur un substrat sablo-tourbeux.

Dracaena godseffiana

Dracaena goldieana

10–30 °C

Episcia × cupreata

(HOOK.) HANST. 'Silver Sheen'

La famille des gesnériacées comprend un grand nombre d'espèces ornementales : il suffit de penser aux populaires *Saintpaulia, Sinningia* ou *Streptocarpus.* Si leur feuillage peut être ornemental, la plupart de ces genres sont néanmoins cultivés pour leurs fleurs, *Episcia* faisant quelque peu exception.

Quelque six espèces spontanées d'*Episcia* croissent aux Antilles, en Amérique Centrale et en Amérique du Sud. La moitié au moins de ces espèces mérite de trouver place dans les collections de plantes ornementales à côté d'autres menus végétaux à feuillage décoratif.

Episcia cupreata est originaire de Colombie, où elle croît sur les berges des rivières forestières. Les feuilles mesurent environ 12 cm de longueur ; leur limbe est vert-brun cuivré et s'orne d'une strie médiane blanc-rose qui longe la nervure principale. Le cultivar représenté (comme les quelque cinq autres disponibles dans le commerce) a été simplement obtenu par sélection parmi les nombreuses variations de l'espèce. Une espèce d'apparence voisine est *E. reptans,* spontanée au Brésil et en Colombie, qui présente un feuillage vert-brun olivacé, marqué d'une ligne claire longeant la nervure principale et les plus importantes nervures secondaires du limbe. Les fleurs sont rouge vif. L'unique espèce cultivée essentiellement pour ses fleurs est *E. dianthiflora* (syn. *Alsobia dianthiflora*) spontanée au Mexique et au Costa Rica. Ses feuilles sont menues (environ 4 × 3 cm), aux pétioles relativement longs (jusqu'à 3 cm). Les lobes de ses corolles blanches sont finement frangés, comme les pétales de certains œillets.

Le plus souvent recommandées comme plantes de suspensions, les *Episcia* prospèrent toutefois mieux dans des coupelles peu profondes ou parmi les végétaux de la strate basse des vitrines à épiphytes, où on peut même les installer à la base des grosses branches. Ce sont d'excellents végétaux pour bonbonnes, se plaisant également dans les terrariums ou sur les « rives » des vivariums auxquelles leur petite taille semble les prédestiner.

La multiplication est très simple : elle se fait par semis des menues graines sur une couche de tourbe fibreuse au sein d'un bac de multiplication fermé, soit simplement par la séparation des nouveaux sujets qui apparaissent sur les nombreux rejets. La culture est également aisée : elle demande un substrat approprié composé de tourbe, d'humus et de sable et une atmosphère suffisamment humide. Le substrat ne doit jamais sécher, mais le bassinage n'est pas nécessaire à la bonne croissance de cette espèce.

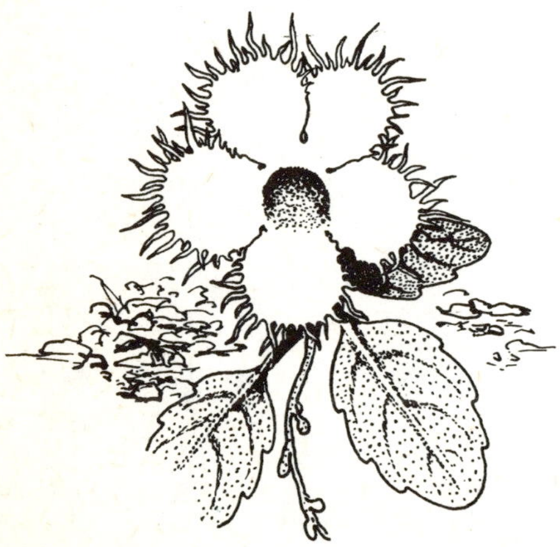

Alsobia dianthiflora

15–25 °C

× *Fatshedera lizei*

Lorsqu'on dispose d'un jardin d'hiver ou d'une pièce de bonnes dimensions fraîche en hiver, on n'aura pas de problèmes en y installant un *Fatshedera.* Cet hybride tient ses exigences thermiques (bonne croissance conditionnée par la fraîcheur hivernale) de ses parents : *Hedera helix* (lierre) et *Fatsia japonica* (aralia du Japon).

L'hybride en question a été créé dans les établissements Lizé Frères à Nantes en 1912, mais ne s'est répandu dans le commerce qu'une quinzaine d'années plus tard. Son allure tient du port de ses deux parents : il atteint jusqu'à 5 m de hauteur, sa tige est droite, couverte, dans sa jeunesse d'un duvet roux. Les feuilles palmées possèdent trois à cinq lobes. Elles atteignent jusqu'à 20 cm de longueur, presque 30 cm de largeur, donc sont plus petites que celles de l'aralia. Le cultivar 'Variegata' aux feuilles panachées de blanc est moins fréquent.

La culture est très simple. Le substrat est une argile additionnée de compost, ou encore, ce qui est excellent, une terre d'anciennes plates-bandes de jardin, bien fumées. On arrose abondamment et on apporte souvent de l'engrais pendant la végétation, car les plantes demandent un gros apport de matières nutritives. Les feuilles sont un peu coriaces, mais la plante entière ne peut que profiter d'une brumisation régulière.

La seule difficulté tient à la nécessité de faire hiverner cette plante au frais. La plupart des habitations modernes disposent toutefois d'un lieu, couloir, véranda, où la température est relativement basse et l'aération suffisante. Seul le cultivar panaché 'Variegata' est à recommander comme plante pouvant rester en permanence dans un appartement moderne chaud, car il demande au contraire une température hivernale élevée.

La multiplication ne pose aucun problème : elle se fait par boutures caulinaires ou apicales placées dans un bac destiné à la reproduction. Les tiges utilisées ne doivent pas être complètement lignifiées.

Hedera helix 'Digitata'

5–25 °C

Ficus elastica ROXB. 'Variegata'

Caoutchouc

Il est difficile de trouver une plante d'appartement plus typique que le caoutchouc. Pourtant, on ne peut pas dire que sa culture soit des plus commodes : lorsque les conditions lui déplaisent, il réagit le plus souvent en perdant ses feuilles, si bien qu'on voit trop souvent de longues tiges ligneuses portant un toupet de feuilles au sommet. De plus, c'est une plante qui dépasse très facilement les dimensions d'une plante d'appartement courante. Et, ce qui est le plus grave, elle demande à hiverner en lieu frais (15 °C env.) assez difficile à trouver dans les habitations modernes. Ce dernier problème trouve sa solution grâce aux cultivars panachés comme le 'Variegata' de notre illustration, généralement plus exigeants pour ce qui est de la température.

L'espèce originelle provient de Malaisie et d'Inde orientales. Elle atteint couramment 25 m de hauteur dans sa patrie, où elle est également cultivée comme arbre d'alignement, arrondi par une taille appropriée. Il n'est certainement pas nécessaire de décrire le caoutchouc que tout le monde connaît. Citons simplement ses cultivars, celui de notre illustration ou d'autres types également panachés, ou encore le cv. Decora, aux feuilles plus épaisses, plus courtes et plus larges, découvert dans un semis vers les années quarante de notre siècle.

Le substrat doit se composer d'humus, de terreau de couche, de terreau de gazon et de terreau de feuilles additionné de tourbe compostée. L'arrosage doit être assez copieux, mais le substrat doit sécher quelque peu avant d'être mouillé à nouveau. Les caoutchoucs supportent mal des arrosages accompagnés d'un courant d'air froid tel qu'il s'en produit lors d'une aération en hiver : ils réagissent par le brunissement ou la chute immédiate des feuilles.

Le genre *Ficus* comprend en tout quelque 650 espèces, allant de la liane jusqu'à l'arbre géant, en passant par les arbustes et les arbres étrangleurs. Un grand nombre d'entre eux sont déjà cultivés et on en verra sûrement apparaître de nouveaux dans les années à venir. Parmi les plus belles espèces se prêtant à la culture en intérieur, citons *F. lyrata, F. retusa, F. benjamina, F. benghalensis.*

Les intérieurs très chauds et humides utiliseront avec un grand succès *F. parcellii,* une espèce fruticuleuse aux grandes feuilles marbrées de vert clair et sombre, de blanc et de gris, molles et finement pubescentes. Dans les espaces limités, on peut utiliser *F. diversifolia,* de croissance régulière, également utilisable en épiphyte (cf. p. 198).

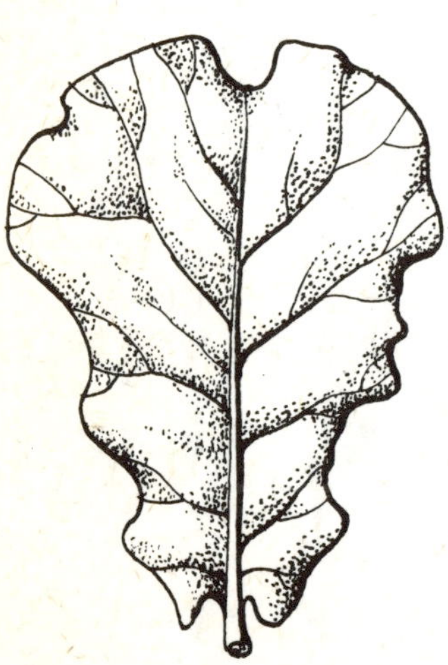

Ficus lyrata (= *F. pandurata*)

Ficus krishnae

10–25 °C

Fittonia verschaffeltii

(LEM.) COËM

Fittonia

Il est parfois extrêmement ardu pour les botanistes de décider s'ils ont affaire à deux formes limites de la même espèce (l'éventail des variations est parfois très large), ou à deux espèces très voisines, ou encore à deux hybrides artificiels qui apparaissent souvent en culture spontanément, sans l'intervention de l'horticulteur. Cela est particulièrement vrai pour les plantes horticoles. Rappelons ici par exemple la controverse au sujet de *Eranthis hyemalis* et *E. cilicica,* deux formes très différentes à première vue, dont on a pu prouver, grâce à une exploration approfondie de leurs stations, qu'il s'agissait de deux formes limites de la même espèce.

Il en va de même pour le genre péruvien *Fittonia* qui comporte selon les auteurs de une à trois espèces, les différentes formes étant souvent considérées comme des variétés, voire de simples cultivars apparus seulement en culture, de la même espèce. Nous laisserons de côté ces querelles : il nous suffit de savoir que les fittonias sont des plantes d'appartement très décoratives. Il s'agit de plantes herbacées dressées ou couchées, atteignant au maximum 60 cm de hauteur *(F. gigantea),* le plus souvent à peine une trentaine. Les feuilles sont largement ovales à ovoïdes, les nervures de couleur variable. *F. gigantea* a des feuilles vert brillant à nervures carmin, *F. verschaffeltii,* vert sombre à reflet et nervuration carmin, *F. verschaffeltii* var. *argyroneura,* vert clair à nervuration blanc pur et le cv. Pearcei se distingue de l'espèce représentée seulement par une nervuration d'un carmin plus soutenu, sur un fond d'un vert plus lumineux.

Plantes des forêts tropicales (Pérou, mais aussi Brésil, Équateur et Colombie), les fittonias supportent même une ombre assez profonde, mais demandent un air relativement humide. Le substrat sera acide, léger, aéré, composé par exemple de tourbe, de sable, de compost et de terreau de feuilles. Les fittonias sont de bonnes plantes de vitrines, où ils peuvent occuper les parties basses mal éclairées, de bonbonnes et de globes de verre.

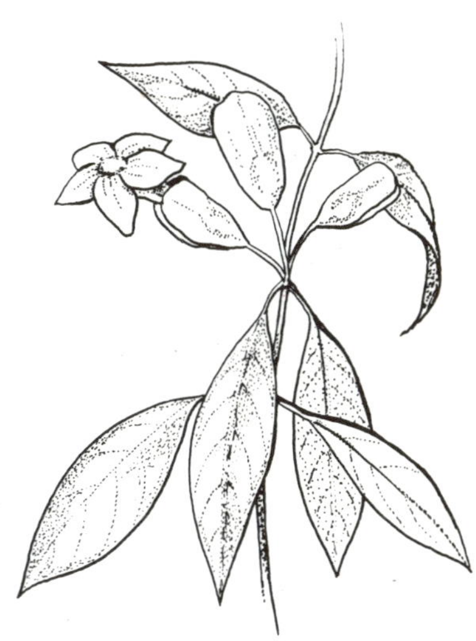

Mendoncia retusa

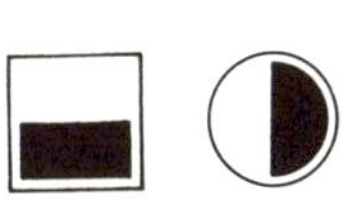

15–30 °C

Geogenanthus undatus

(KOCH et LIND.) MILDBR. et STRAUSS

(syn. : *Dichorisandra undata* Koch et Lind.)

Bon nombre d'entre nous aiment certainement chercher dans les jardins botaniques une source d'inspiration. Il vaut certainement la peine d'essayer de cultiver certaines espèces d'apparence fragile, mais particulièrement plaisante. *Geogenanthus,* qui figure sur les catalogues horticoles, est une de ces espèces particulièrement délicates ; il est sensible aux températures inférieures à 16 °C et au manque d'humidité atmosphérique. Son introduction dans l'horticulture marque cependant un gain certain, car il s'agit d'une plante de grande beauté, comparable peut-être à certaines orchidées au feuillage ornemental.

L'espèce représentée, d'origine amazonienne, est l'une des trois espèces de *Geogenanthus.* Elle croît dans des sites légèrement ombragés, sur la litière forestière, le plus souvent en compagnie de mousses. Sa fragilité interdit sa culture à l'air libre de la pièce : elle ne se plaît qu'en vitrine, en bonbonne ou dans un terrarium, où elle se développe et s'étend à vue d'œil. Le substrat sera une terre argileuse ou glaiseuse additionnée de tourbe à parts égales et d'une poignée de sable. La plante adulte mesure environ 25 cm de hauteur, les feuilles sont longues de 10 cm environ et larges de 7 cm. Leur beauté réside dans la composition de rayures longitudinales associées à un dessin ondulé. Les fleurs bleu pâle sont portées par une hampe basse, couverte de poils roux.

Le synonyme nous indique que le genre *Geogenanthus* est un proche parent du genre *Dichorisandra,* dont les quelque trente espèces vivent dans des conditions analogues, notamment au Brésil. Ce sont également des plantes merveilleuses, dont on cultive surtout les hybrides aux feuilles violet foncé, agrémenté d'ornementations argent. La culture est identique.

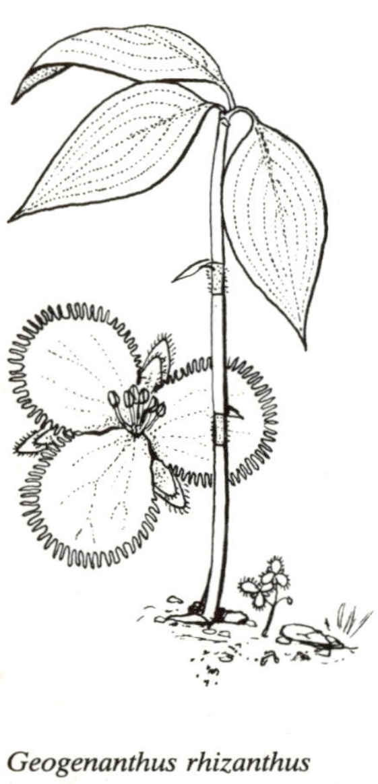

Geogenanthus rhizanthus

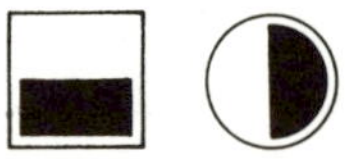

18–30 °C

Hedera × *helix*
'Goldheart'

Lierre

Le lierre est certainement connu de tous les lecteurs. On le cultivait jadis sous des formes nécessitant un hivernage frais ; les intérieurs modernes peuvent en utiliser certains cultivars panachés qui demandent une température plus élevée et « tolèrent » des hivers chauds.

Les données de la littérature indiquent qu'il existe sept à quinze espèces de lierre (selon les auteurs), vivant surtout en Europe et en Asie, voire aussi en Afrique du Nord. Toutes ces espèces sont des arbustes qui se lignifient avec l'âge, grimpant à l'aide de racines-crampons ; seules quelques rares formes ne sont pas grimpantes. Les feuilles sont alternes sur la tige, dures, coriaces, le plus souvent assez profondément échancrées. Un fait à noter est l'anisophyllie du lierre : les rameaux florifères des sujets adultes présentent des feuilles de forme particulière, généralement beaucoup plus grandes que les autres et entières.

La plus grande majorité des cultivars sont dérivés du lierre commun *Hedera helix,* fréquent dans le moindre parc et la plupart des forêts européennes. On le trouve aussi dans le Caucase, dans les Balkans et en Asie Mineure : son aire d'extension est si vaste qu'il a été relativement aisé d'y trouver toute une série de formes différentes, tant par la couleur que par la morphologie.

On pourrait citer des dizaines et des dizaines de cultivars au feuillage intéressant (le plus souvent très dense, ou de forme et de disposition remarquable) ou encore différemment panachées, c'est-à-dire tachetées de blanc ou de jaune. Pour les appartements chauds, ce sont les formes naines aux petites feuilles fortement panachées qui conviennent le mieux : leurs formes sont adaptées aux intérieurs modernes, mais elles ont l'inconvénient d'être un peu fragiles.

Le lierre doit être cultivé dans un sol argileux, humifère, additionné de compost. Il se multiplie très aisément par boutures piquées dans un mélange de tourbe et de sable dans un bac chaud.

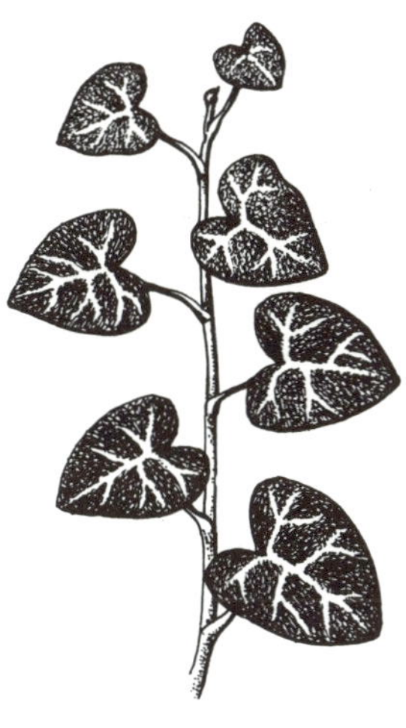

Hedera × *helix* 'Erecta'

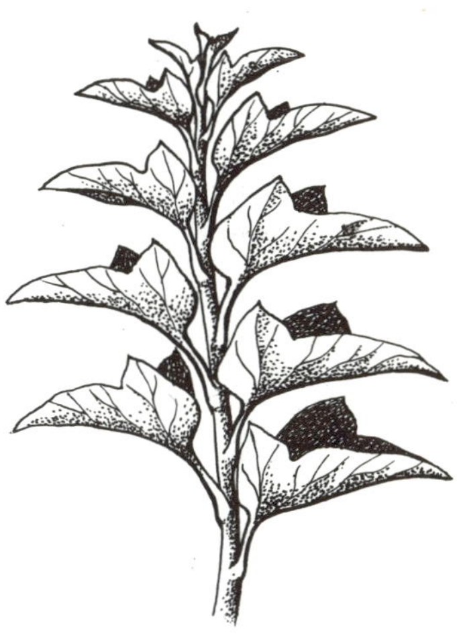

Hedera × *helix* 'Scutifolia'

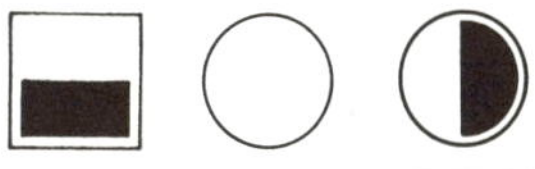

5–15(20) °C

Hoffmannia roezlii

(REGEL) REGEL

(syn. : *Higginsia refulgens* var. *roezlii* Regel)

Le sous-bois des jungles tropicales, un milieu ombragé, de température relativement constante, d'hygrométrie élevée, recèle un nombre incalculable de formes vivantes. Nous devons aux chasseurs de fleurs d'hier et aux botanistes d'aujourd'hui d'avoir la possibilité d'accueillir sous notre toit un grand nombre de végétaux originaires de ce milieu. Il est évidemment souvent indispensable de leur créer un environnement où ils puissent vivre. *Hoffmannia roezlii* est une de ces espèces particulièrement sensibles aux conditions du milieu et notamment à l'hygrométrie. Sa culture est possible exclusivement en serres d'intérieur, en terrariums ou en bonbonnes, toute autre tentative étant suivie d'un échec rapide.

Le genre *Hoffmannia* comprend quelque 50 formes de végétaux, arbustes, arbrisseaux ou plantes herbacées croissant en Amérique centrale et en Amérique du Sud. Il s'agit le plus souvent de plantes au feuillage ornemental, présentant un éclat métallique ou différents reflets colorés. L'espèce représentée provient du Mexique et son nom rappelle un célèbre chasseur d'orchidées tchèque, Benedikt Roezl. C'est une plante basse, ne dépassant pas 7–10 cm, aux feuilles disposées en rosette, longues de 10–20 cm, larges de 6–14 cm environ, d'un éclat soyeux, pourprées sur leur face inférieure. Les fleurs rouge vif, portées par de courts pédoncules ou sessiles, sont décoratives. On cultive plus souvent *H. refulgens,* également mexicaine, mais beaucoup plus haute : jusqu'à 60 cm. Ses feuilles sont sessiles, sur un axe droit et rouge, longues au maximum de 12 cm, semblables à celles de l'espèce représentée. Au Mexique et au Guatemala on trouve une autre espèce souvent cultivée, *H. ghiesbreghtii,* un arbrisseau atteignant 1,50 m de hauteur, aux feuilles d'une trentaine de cm, longuement lancéolées, vert olive velouté sur le dessus, pourpre sur le dessous. Il en existe une forme panachée de blanc, 'Variegata'.

Le meilleur substrat est un mélange d'argile, de terreau d'aiguilles et de feuilles de hêtre, additionné de sable. La multiplication est simple : les boutures herbacées s'enracinent en l'espace d'environ 3 semaines dans un bac chaud et humide. La multiplication par graines est aussi relativement aisée.

Bouvardia ternifolia

15(10)–30 °C

Iresine × *herbstii*

Le genre *Iresine* comprend quelque 70 espèces distribuées en Amérique tropicale et subtropicale, aux Antilles, dans l'archipel des Galapagos, et en Australie. Certaines sont annuelles, d'autres vivaces, souvent à port d'arbrisseaux.

Le cultivar représenté fut obtenu à partir d'une espèce annuelle, spontanée au Brésil et naturalisée dans toute l'Amérique centrale. Elle atteint 80 cm dans la nature, à peine la moitié en culture. Comme il s'agit à l'origine d'une annuelle, on maintient le sujet en vie en prélevant des boutures en fin d'été et en hivernant les plantes enracinées dans une pièce claire. En été, on peut les laisser à l'intérieur, ou les utiliser à l'extérieur en vasques de céramique ou en jardinières. Il suffit même souvent de pincer l'inflorescence, qui est de toute façon insignifiante, pour prolonger la vie de la plante de toute une année. L'espèce d'origine présente un feuillage pourpre à nervuration carminée, mais il en existe de nombreux cultivars de coloration différente, comme 'Aureoreticulata' aux feuilles vertes à nervures jaune d'or. D'autres cultivars se caractérisent par leur petitesse et leur feuillage dense, tel le cv. Biemuelleri au feuillage carmin. D'autres espèces sont également en culture, comme *I. lindenii,* originaire de l'Équateur, haute d'environ 60 cm, fortement ramifiée, aux feuilles ovales, pointues, rouge sombre à nervuration claire.

Toutes les espèces croissent sans difficulté dans un mélange de tourbe et de compost.

Iresine × *lindenii*

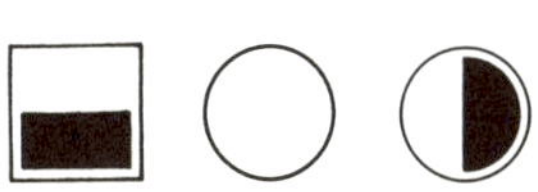 15–25 °C

Maranta leuconeura
cv. Massangeana 'Tricolor'

Marante

Si les marantes et les calathéas ont un petit air de famille, c'est qu'ils sont effectivement cousins. Les marantes se distinguent des calathéas uniquement par le fait que leurs fleurs possèdent un double staminode externe de forme pétaloïde, au lieu du staminode unique des calathéas. Les marantes comme les calathéas sont des représentants des végétaux du sous-bois des jungles tropicales toujours humides des stations montagneuses. Toutes les 25 espèces connues proviennent d'Amérique tropicale.

Les marantes se caractérisent par leurs épaisses racines tuberculeuses qui stockent les réserves amylacées. Une espèce, *Maranta arundinacea,* est une importante espèce économique, cultivée pour ses tubercules dans de nombreux pays tropicaux du monde. Il y a une trentaine d'années, cette espèce comptait bien sûr parmi les végétaux d'ornement. Elle atteint 1 m de hauteur, les feuilles sont longuement ovoïdes-lancéolées, leur limbe mesure jusqu'à 30 cm. De nos jours, on cultive tout au plus ses formes colorées, notamment 'Variegata', striée de jaune.

L'espèce naturelle du cultivar représenté, *M. leuconeura* Morr. est originaire du Brésil. Elle mesure jusqu'à 30 cm de hauteur, les feuilles de 15 × 8,5 cm environ sont vert clair sur l'endroit du limbe, orné dans sa partie centrale de taches blanches et vert sombre côte à côte. L'envers est vert clair, rarement rougeâtre. Par sélection, on a obtenu deux types de variations, que d'aucuns décrivent comme des variétés : 'Kerchoveana' aux grandes feuilles vert émeraude tachetées de vert très sombre, et 'Massangeana' aux taches brunes et aux feuilles pourprées sur l'envers. Les deux cultivars sont plus bas que l'espèce spontanée : ils ont un port couché et ne dépassent pas 15 cm de hauteur. A côté du cultivar représenté, l'une des plus belles plantes à feuillage ornemental, on peut en recommander d'autres comme 'Manda's Emerald'. Au contraire des calathéas, tous les marantes sont d'excellentes plantes d'appartement qui se plaisent même à l'air libre de la pièce. Pour le reste, leur culture est la même que celle des calathéas.

Stromanthe sanguinea supporte mal l'air sec et se plaît donc plutôt en vitrines.

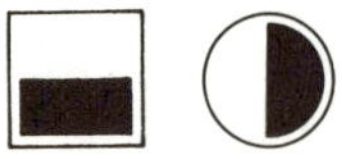

15–30 °C

Monstera deliciosa LIEBM.

(syn. : *Philodendron pertusum* Kth. et Bouché)

Monstéra délicieux

Le monstéra compte, comme le caoutchouc, parmi les plus populaires des plantes d'appartement. Et c'est bien compréhensible : ses feuilles aux multiples perforations, aux bords décorativement découpés, longues parfois d'un mètre, sont vraiment le symbole de la flore tropicale. De plus, il s'agit d'une plante particulièrement adaptable qui supporte parfaitement même une atmosphère un peu sèche et demande relativement peu de soins.

Il existe quelque 50 espèces de monstéras, distribuées dans l'Amérique tropicale, soit continentale, soit insulaire (Antilles). Tous les monstéras sont des lianes qui grimpent très haut dans les arbres ; on rencontre toutefois aussi des sujets croissant sans soutien. Ils se caractérisent surtout par la présence de nombreuses racines aériennes retombantes qui finissent par s'enraciner dans le sol : il va de soi qu'il est tout à fait contre-indiqué de supprimer ces racines. Certaines espèces de petite taille sont épiphytes dans la nature et s'enracinent dans la poignée d'humus accumulé dans les fourches des branches : nous y reviendrons plus tard, dans la partie consacrée aux lianes.

L'espèce représentée provient du Mexique : on la trouve très souvent notamment dans l'état de Veracruz, où elle grimpe sur des palmiers du genre *Sabal.* Une forte tige frutescente porte, sur des pétioles scabres d'environ 50 cm, des limbes foliaires d'abord entiers et cordiformes, plus tard palmés et perforés. Les fruits sont des baies comestibles dont le goût exquis justifie l'épithète. La variété borsigniana, fréquemment cultivée, est d'aspect semblable, tous ses organes étant cependant plus petits et ses pétioles lisses. Les feuilles présentent un aspect très différent selon qu'il s'agit de sujets jeunes ou adultes : ainsi, le populaire « *Philodendron leichtlinii* » n'est qu'une forme juvénile de *Monstera obliqua,* espèce aux feuilles non découpées, mais régulièrement perforées de chaque côté du limbe, symétriquement par rapport à la nervure principale. Certains botanistes considèrent cependant qu'il s'agit de jeunes exemplaires de *Monstera pertusa,* espèce dont les limbes se découpent avec l'âge.

Tous les monstéras sont à cultiver dans un mélange de tourbe et de compost. La multiplication se fait par boutures apicales ou caulinaires placées dans un bac, voire simplement dans l'eau.

Monstera dubia

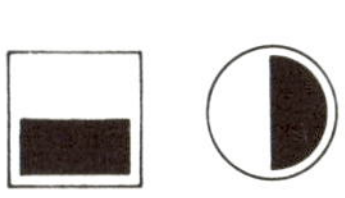 10–25 °C

Musa × sapientum

Bananier

Nous avons déjà vu qu'il est souvent difficile de classer les plantes cultivées de manière valable ; ceci est doublement vrai des végétaux utilitaires, soumis à la sélection depuis des siècles et des siècles.

Les bananiers sont des végétaux robustes dont le « tronc » est formé des gaines foliaires emboîtées les unes dans les autres. Une hampe portant des fleurs zygomorphes couvertes par des bractées colorées se fraie un passage au cœur de cet axe. Nous connaissons de nos jours environ 80 espèces de bananiers disséminées dans les régions tropicales et subtropicales de l'Ancien Monde. Les fruits – les bananes – sont des baies polyspermes ; les variétés cultivées sont cependant le plus souvent stériles et leur multiplication ne se fait que par voie végétative.

Il s'agit de végétaux particulièrement grands à l'âge adulte (les espèces de « petite taille » ne faisant pas exception) et on ne peut penser à les cultiver que si on possède une serre, un grand hall bien chauffé et très éclairé ou un patio chauffé.

Musa × sapientum, égalcment appelé *M. paradisiaca* var. *sapientum* résulte vraisemblablement d'un croisement *M. acuminanta × M. balbisiana.* L'espèce *M. acuminanta* est probablement à l'origine d'un grand nombre de cultivars, parfois commercialisés sous le nom de *M. cavendishii,* mais surtout cultivés dans les Canaries.

Bien qu'on ne trouve le plus souvent dans les jardins botaniques que certains bananiers cultivés, il ne serait pas impossible de cultiver des espèces « pures », dont les plus adaptées seraient *M. lasiocarpa* (Chine) qui ne dépasse pas 60 cm de hauteur et dont la moitié est représentée par les limbes foliaires. Les bractées de cette espèce sont jaunes, les fruits sont secs et non comestibles. Une autre espèce chinoise est également d'assez petite taille : *M. nana* (2 m). Citons aussi *M. sanguinea* (Assam, 1,50 m) ou *M. uranoscopus* (2,50 m, Viêt-nam).

Dans la mesure du possible, tous les bananiers doivent être cultivés en pleine terre ou dans de grands bacs contenant un sol humifère et nutritif additionné de terreau de couche, de terreau de gazon, et d'une faible part de tourbe et de sable. Durant la végétation, on apporte une abondance d'engrais, surtout sous forme organique. La multiplication est aisée, par rejets du pied ; chez les espèces botaniques, on peut aussi procéder par semis, les graines germant toutefois difficilement lorsqu'elles sont un peu vieilles.

Heliconia psittacorum

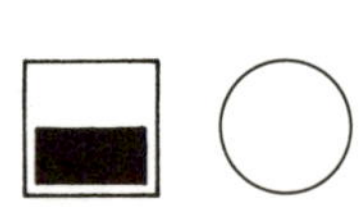

10–25 °C

Pandanus tectorius

SOLAND. ex PARKINS.

(syn. : *Pandanus odoratissimus* L.)

Pandanus odorant

Les pandanacées sont des végétaux archaïques dont on connaît des restes fossiles remontant au crétacé supérieur. Le genre *Pandanus* comprend environ 300 espèces distribuées dans les régions tropicales d'Afrique et d'Asie, dans l'archipel Malaisien et dans les îles du Pacifique. Il s'agit surtout de végétaux ligneux robustes soutenus par de nombreuses racines-échasses aériennes ; quelques espèces sont des lianes. Les feuilles sont disposées sur trois rangs ou en spirale, souvent en toupet à l'extrémité des troncs ou des branches.

L'espèce représentée est distribuée en Asie méridionale, d'où elle s'est répandue jusqu'en Australie et en Polynésie. Elle est souvent cultivée dans sa patrie sur les bords des canaux qu'elle consolide de ses nombreuses racines aériennes. Mais ce n'est pas son seul intérêt : ses feuilles solides fournissent une fibre permettant de fabriquer des textiles grossiers ; toute la plante contient une huile odorante. A l'état spontané, *P. tectorius* est un arbuste au port arborescent, atteignant jusqu'à 5 m de hauteur. Les bords et la carène formée par la nervure principale des feuilles portent des épines acérées de couleur blanchâtre. Toute la feuille mesure environ 2 m.

Dans les cultures horticoles on trouve le plus souvent des espèces panachées, ou des cultivars panachés de pandanus verts. Le plus souvent cultivé est *P. veitchii,* dont les feuilles atteignent 1 m de longueur et 5–6 cm de largeur ; elles portent des stries longitudinales blanc et jaune. On cultive également *P. sanderi,* voisin du précédent, mais présentant des bords beaucoup plus épineux, éventuellement aussi *P. variegatus* aux feuilles linéaires, finement striées de tons clairs, et portant des épines blanc ou pourpre. Parmi les pandanus à feuilles vertes, il vaut la peine de mentionner *P. pacificus* qui forme une rosette terrestre de feuilles vert sombre, longues de 80 cm au maximum et larges de 12 cm environ. La signification systématique de ces différentes espèces est très douteuse : il s'agit souvent de noms horticoles représentant des cultivars. Les pandanus se multiplient par rejets apparaissant à la base des troncs et qui doivent être plantés dans un substrat sablo-tourbeux. Les sujets adultes recevront un substrat plus nutritif, comprenant du terreau de couche et de l'humus. Les pandanus sont des plantes très décoratives et conviennent parfaitement aux appartements modernes dont la température ne descend pas au-dessous de 15 °C.

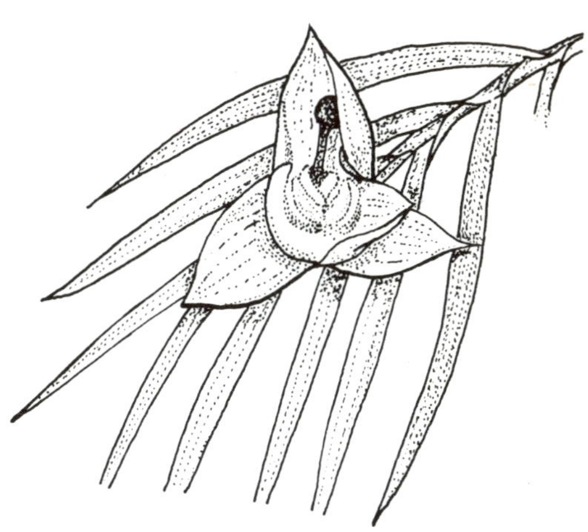

Freycinetia multiflora, originaire des Philippines, est également appelée pandanus grimpant. C'est une belle liane surtout utilisable dans les grands montages à épiphytes. Les fleurs sont rose soutenu.

10–30 °C

Pedilanthus tithymaloides (L.) POIT. cv. Variegatus

(syn. : *Pedilanthus carinatus* Spreng.)

L'horticulture européenne est souvent bien loin d'accorder à de nombreuses espèces au feuillage ornemental toute l'attention qu'elles méritent. Ainsi, le genre *Pedilanthus,* bien connu au Japon et aux États-Unis, n'a pas encore trouvé sa place sur le marché européen.

On connaît actuellement une trentaine d'espèces de *Pedilanthus,* croissant en Amérique tropicale et subtropicale et caractérisées par une tige en zigzag et des feuilles alternes, parfois opposées dans la région supérieure de la tige.

L'espèce représentée est la seule à figurer dans l'éventail de nos fleuristes. Elle croît spontanément dans une vaste région allant de la Floride jusqu'en Amérique du Sud, au Venezuela et en Colombie en passant par l'Amérique Centrale et les Antilles. A l'état spontané, il s'agit d'une plante de belle venue, atteignant couramment 2 m de hauteur au feuillage vert sombre, caractérisé par un limbe caréné sur l'envers à l'endroit de la nervure principale. Les tiges et les feuilles succulentes indiquent que les régions où elle vit sont couramment marquées par un assèchement climatique de longue durée. Comme toutes les plantes de la famille des euphorbiacées, *Pedilanthus* présente des inflorescences en forme de cyathiums, les fleurs étant sans intérêt, mais se trouvant entourées par des bractées rouge vif, longues de plus d'un centimètre. La plante fleurie est donc réellement belle et ne dépare aucune collection. On cultive le plus souvent le cultivar 'Variegatus' aux feuilles panachées ou bordées de blanc ; par sélection, on a obtenu un groupe de plantes comportant de plus du rouge.

Pedilanthus croît sans problèmes en appartement, en terreau standard ou dans un mélange de compost, de sable et de tourbe, à un emplacement éclairé. Il se multiplie très facilement par boutures qui s'enracinent sans mal en quelques semaines dans un bac de multiplication, si on prend soin d'éviter que le latex qui s'écoule des blessures bouche les tissus conducteurs : il suffit de tremper pendant un moment les boutures dans de l'eau tiède qui dissout le latex.

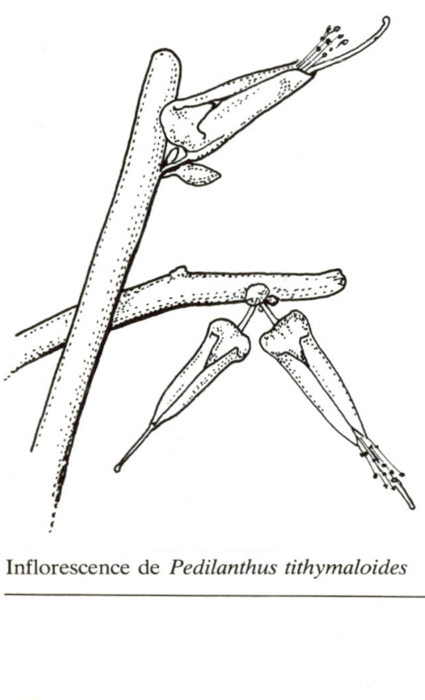

Inflorescence de *Pedilanthus tithymaloides*

É

H

15–30 °C

Peperomia RUIZ et PAVON.

Péperomia

Même en prenant le parti de représenter ici séparément chaque espèce ou chaque cultivar, nous n'avons pu éviter, étant donné la richesse du groupe des péperomias, de représenter plusieurs espèces simultanément. Il existe en effet quelque 600 espèces spontanées de péperomias, presque toutes cultivables en appartement, croissant surtout en Amérique centrale et du Sud, mais aussi en Afrique et en Asie. Il est donc très difficile de choisir dans cette richesse et nous avons décidé de nous intéresser plutôt aux exceptions. Une espèce unique est cultivée à la fois pour son feuillage ornemental et pour ses fleurs fortement odorantes, mais par ailleurs blanches et plutôt insignifiantes. Il s'agit de *Peperomia fraseri,* plus souvent cultivé sous le nom de *P. resedaeflora.* D'autres espèces, également exceptionnelles, ont des feuilles couvertes d'un épais duvet qui a une fonction protectrice. Ces espèces croissent en effet sur des rochers et des lieux secs, complètement brûlés par le soleil, souvent en compagnie de cactées. Leur représentant est l'espèce brésilienne *P. incana.* Ces espèces demandent un mode de culture tout à fait différent des autres : en plein soleil, dans un substrat perméable, sablo-humique, avec adjonction de gravier.

Pourtant, la grande majorité des péperomias ont un mode de vie tout à fait différent : ils croissent au sein des forêts humides, en plaine comme en montagne, soit sur des rochers moussus, soit en épiphytes sur les troncs et les branches des arbres. C'est seulement ainsi qu'ils gardent même en culture leur port compact caractéristique, qui leur donne leur beauté. Ils s'accomodent même d'une écorce de liège sans la moindre trace de substrat, mais se développent évidemment mieux et plus vite lorsqu'on les place sur un support de mousse et de substrat léger (une poignée suffit) dans lequel on installe la plante avant de l'attacher. Des plantes cultivées de cette manière doivent évidemment recevoir de l'engrais (de préférence organique) : celui-ci sera apporté en vaporisation sur le feuillage en concentration dix fois moindre que celle indiquée sur le mode d'emploi. Les péperomias peuvent aussi être cultivés de façon « classique », en bonbonnes, globes de verre, terrariums etc.

La multiplication se fait très facilement par boutures de feuilles piquées dans un mélange de tourbe et de sable, voire simplement dans le substrat.

1 *Peperomia rubella*
2 *P. sandersii* (= *P. argyreia*)
3 *P. caperata*

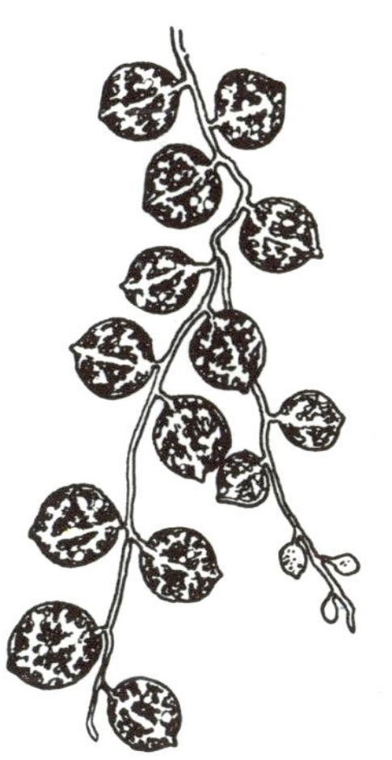

Peperomia ornata

Peperomia prostrata a des feuilles minuscules (diamètre 6 mm environ) ; c'est une excellente épiphyte qui supporte très bien les conditions d'un appartement.

10–30 °C

Philodendron sodiroi
hort. – forme juvénile
Philodendron

Il est souvent difficile de donner des noms aux espèces de philodendrons, surtout si on ne veut pas faire appel aux dénominations horticoles traditionnelles. Le genre comprend en effet plus de 220 espèces depuis longtemps cultivées si bien qu'on rencontre fréquemment des sujets aberrants sélectionnés pour leur particularité, des hybrides dont la variété s'ajoute au fait qu'il existe d'importantes différences morphologiques entre les sujets jeunes et adultes d'une même espèce. Ajoutons à cela que de nombreux philodendrons sont incapables de parvenir à leur forme adulte en culture et de nombreux individus de grande taille finissent par prendre une forme de transition.

L'espèce représentée est cultivée sous de nombreuses appellations dans les jardins botaniques et chez les particuliers. On la trouve le plus souvent sous le nom *Philodendron imperiale,* ou son synonyme *P. asperatum.* La classification la plus exacte est celle probablement qui en fait *P.sodiroi,* car le philodendron en question présente des limbes foliaires vert velouté et des pétioles densément couverts de franges d'excroissances verruqueuses. Cette espèce est originaire de Colombie. Les limbes atteignent jusqu'à 40 cm de longueur à l'état adulte, la moitié seulement de cette taille en culture.

Quels sont les meilleurs philodendrons pour la culture en intérieur ? Pour les grands espaces, on peut recommander l'espèce mexicaine *P. sanguineum,* dont la tige, les gaines des très jeunes feuilles et l'envers du limbe sont diversement colorés en rouge, tandis que l'endroit des feuilles est vert sombre. Les feuilles de cette espèce atteignent 30 cm en culture, 70 cm à l'état adulte. Une espèce semblable, originaire de Colombie, est *P. erubescens.* Les intérieurs de moindre dimension pourront accueillir p.ex. *P.scandens* au limbe longuement cordé, vert brillant, mesurant environ 15 cm ; *P.surinamense,* d'allure semblable, mais plus menu, qui présente un feuillage olive velouté sur l'endroit, pourpre clair sur l'envers, ou le *P. laciniatum,* merveilleusement découpé d'entailles symétriques.

Tous les philodendrons sont à cultiver dans un mélange de tourbe, de terreau de compost et de sable. La multiplication se fait facilement par boutures capables de s'enraciner même dans l'eau.

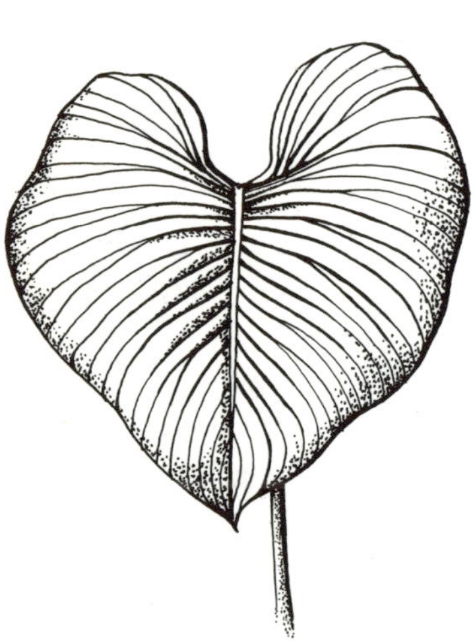

Philodendron fragrantissimum

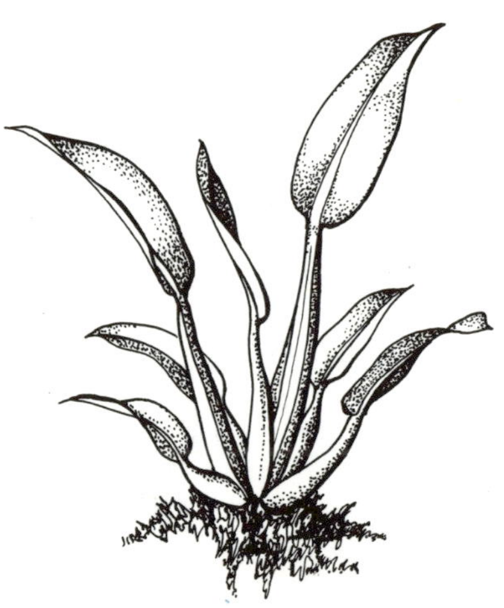

Philodendron ventricosum

15–30 °C

Pilea cadierei

GAGNEP. et GUILL.

La famille des urticacées comprend un grand nombre de genres de belle apparence, utilisables en horticulture. Tous les jardins botaniques et bien des rocailles hébergent *Helxine soleirolii,* une plante rampante au feuillage dense et bien fourni, parfois utilisée comme substitut de gazon. On trouve aussi souvent des espèces ornementales des genres *Boehmeria, Debregeasia, Laportea* et *Pellionia.* Mais c'est certainement le genre *Pilea* qui se prête le mieux à la culture en appartement, avec ses quelque 200 espèces distribuées dans les régions tropicales de tous les continents à l'exception de l'Australie.

Pilea cadierei provient des forêts ombrophiles tropicales d'Indochine (de nombreux ouvrages la considèrent, à tort, comme originaire d'Afrique, et plus précisément du Congo). C'est une plante qui ne dépasse pas 40 cm de hauteur, mais reste souvent bien moins développée. Les feuilles couvertes de grandes taches argentées (« aluminium-plant » des Anglais) mesurent presque 10 cm de longueur.

Parmi les autres espèces cultivées citons *P. microphylla* originaire des Andes sud-américaines qui peut remonter à 2 000 m d'altitude dans sa patrie : il s'agit d'une minuscule espèce dont les feuilles mesurent à peine un demi-centimètre de long et qui croît fréquemment sur des murettes de pierre ou des rochers. C'est la seule espèce de ce genre à supporter les rayons directs du soleil. Citons aussi *P. spruceana* qui provient de la région située entre le Pérou et le Venezuela. Ses feuilles brun-rouge sont couvertes de verrucosités. On cultive surtout ses cultivars notamment 'Norfolk' ou 'Silver Tree', très jolies petites plantes au feuillage multicolore.

Comme la plupart de ces espèces proviennent des sous-bois des forêts pluvieuses où elles choisissent de préférence des sites relativement clairs (pierres du lit d'un ruisseau, ses berges), elles ne supportent qu'une lumière diffuse. Ce sont de bonnes plantes pour la plantation de bouteilles et de vitrines. Le substrat sera un mélange de tourbe, de sable et de compost. La multiplication est aisée car les boutures s'enracinent même dans l'eau.

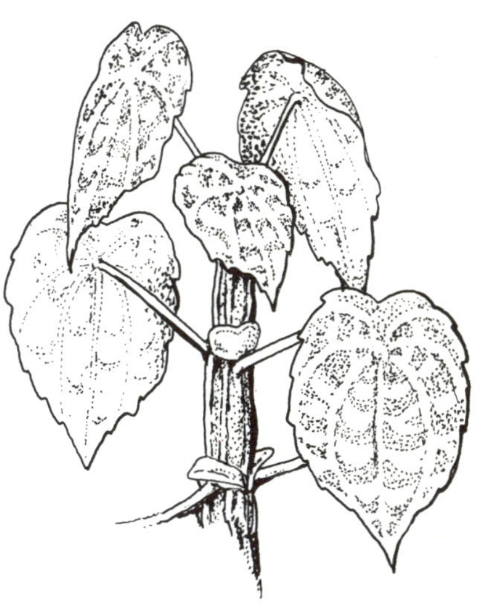

Pilea selbyanorum

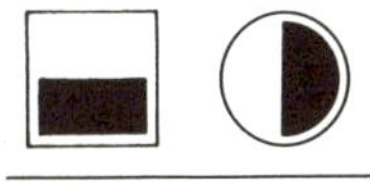

10–25 °C

Piper ornatum N. E. BR.

Poivrier

Comment choisir, entre les quelques sept cent espèces de poivriers, celle qui convient le mieux à votre maison ? Ces lianes frutescentes ou ces arbustes comptent parmi les plus décoratives des plantes à feuillage ornemental, que ce soient les espèces panachées, ou les vertes, dont le feuillage présente des reflets, un éclat métallique ou une belle forme.

Le poivrier représenté provient des Célèbes et compte parmi les plantes à feuillage multicolore les plus connues. Il s'agit d'une liane à tige peu solide, s'accrochant au support par des racines apparaissant à certains nœuds. Dans leur jeunessse, les feuilles présentent un motif carmin, plus tard elles pâlissent et les taches prennent une couleur gris-rose cendré. Une espèce voisine, *P. porphyrophyllum,* croissant en Indonésie, présente un limbe vert olive velouté, pourpre intense sur l'envers, avec un fin motif rose-carmin sur l'endroit.

Les espèces à feuillage vert sont tout aussi populaires, qu'il s'agisse du commun *Piper nigrum,* connu de toutes les cuisinières pour ses baies (poivre blanc et noir), ou encore du célèbre *P. betle* dont les feuilles sont mastiquées en Asie du Sud-Est avec les fruits d'un palmier du genre *Areca* (bétel). Au contraire des espèces à feuilles colorées, celles à feuillage vert sont nettement moins exigeantes tant pour la température que pour l'humidité atmosphérique.

Un grand nombre de poivriers ne sont pas des lianes, mais des arbustes au port dressé : c'est le cas p.ex. de *P. bicolor* (syn. *P. magnificum, Artanthe magnifica*), aux grandes feuilles elliptiques, atteignant 25 cm de longueur, dont le limbe vert sombre sur l'endroit présente un fort éclat métallique; ou encore de l'espèce mexicaine *P. auritum,* arbuste dressé, densément ramifié, aux feuilles cordées longues d'environ 20 cm et aux inflorescences blanc-vert, longues de 15 cm, dressées comme des candélabres.

Les poivriers à feuillage coloré conviennent pour la plantation de vitrines et de serres d'intérieur, et de tout lieu où l'on peut maintenir une température et une humidité atmosphérique élevées sans écarts notables. Les espèces à feuillage vert peuvent être placées à l'air libre d'une pièce chaude. Comme substrat, on choisit un mélange de tourbe, de sable et de terreau de couche ou de compost.

La multiplication se fait à l'aide de boutures apicales piquées dans un substrat sablo-tourbeux sous verre ou dans un bac de multiplication.

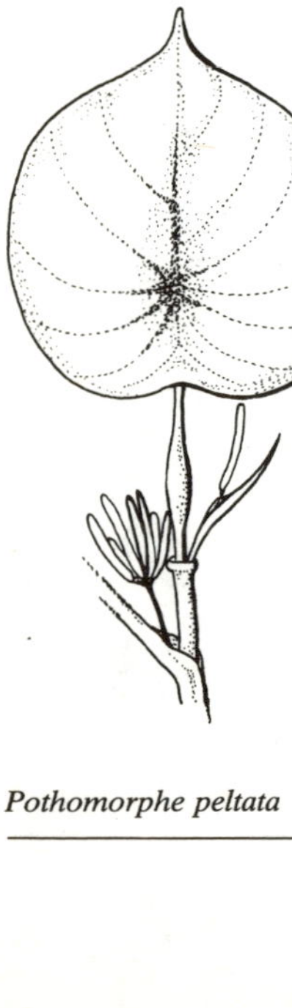

Pothomorphe peltata

18–25(30) °C

Remusatia vivipara

(LODD.) SCHOTT

Il arrive très souvent qu'on aille admirer certaines plantes dans les jardins botaniques, puis qu'on éprouve un véritable choc en les voyant en pleine nature. De nombreux lecteurs savent certainement que les arbres d'Inde méridionale sont souvent attaqués par des étrangleurs du genre *Ficus,* tel que *Ficus beddomei.* Lorsque les racines de cette espèce d'abord épiphyte arrivent au niveau du sol, elles s'enracinent, commencent à épaissir, à s'anastomoser, de manière à former un manchon imperméable à l'air autour de l'arbre qui finit par mourir. Bien entendu, toute la longueur des racines ne se soude pas : de petites « fenêtres » persistent çà et là et retiennent les feuilles tombées, le bois décomposé du tronc, etc., bref, un substrat permettant l'implantation d'un grand nombre d'épiphytes. Et c'est justement là, à notre grand étonnement que s'installe très souvent l'espèce *Remusatia vivipara.*

On recommande couramment pour cultiver cette espèce un substrat humifère nutritif, de l'ombre, de fréquents apports d'engrais ; pourtant, dans la nature on ne trouve à peu près pas de plantes qui croissent autrement que sur les troncs étouffés par les étrangleurs (bien qu'il y ait suffisamment de place dans l'humus au pied des arbres...).

Remusatia vivipara est une plante bulbeuse. Le bulbe est presque sphérique et donne naissance à quelques pétioles d'une trentaine de centimètres de longueur, portant des limbes peltiformes ovalement cordés, à peu près de même longueur que les pétioles, d'une jolie couleur vert vif à nervuration apparente. La fleur, ou plus exactement l'inflorescence est très belle, mais malheureusement fugace ; la spathe est d'un beau jaune vif. La base de la plante produit également des stolons porteurs de nouveaux bulbes. C'est cette reproduction végétative qui est à l'origine du nom spécifique vivipara.

Cette plante se cultive sans doute le mieux en semi-épiphyte, dans un léger mélange de tourbe, de bois décomposé et de charbon de bois. La fumure favorise un développement rapide, surtout pour les sujets jeunes. Il en va de même du bassinage des feuilles. La culture « classique » est également possible. La multiplication est simple : culture des bulbilles.

Caladiopsis atropurpurea

É

H

15–25 °C

Rhoeo spathacea (SW.) STEARN 'Vittata'

Comme chez l'espèce précédente, des surprises nous attendent également ici lorsqu'on découvre la plante en pleine nature. Ainsi, on peut trouver ce *Rhoeo* en épiphyte sur une vieille souche pourrissante placée sur une pente éclairée au Mexique, près de la localité maya de Chichen Itza. Les feuilles disposées en rosette rappellent de façon frappante celles des broméliacées à réservoir d'eau : le même mode de vie entraîne en effet parfois des adaptation morphologiques semblables, par un phénomène dit de convergence. Il arrive donc que deux plantes appartenant à des familles tout à fait éloignées se ressemblent comme des espèces de la même famille. Dans le cas présent, la rosette foliaire a une fonction claire : conduire l'eau des précipitations directement aux racines, voire la retenir en réserve.

Rhoeo spathacea (syn. *R. discolor* (L'Hérit.) Hance ex Walp) est le seul représentant de son genre. Il vit en Amérique centrale tropicale, mais on le trouve à l'état naturalisé même dans d'autres régions tropicales. Chez l'espèce d'origine, les feuilles sont linéaires-lancéolées, longues d'environ 40 cm, vert sombre sur l'endroit, rouge-violacé sur l'envers. Les fleurs sont nombreuses, blanches, groupées entre des bractées coriaces conchiformes sur un axe réduit apparaissant parmi les feuilles. Le cultivar représenté 'Vittata', présentant des stries longitudinales jaunes sur l'endroit des feuilles, est beaucoup plus fréquent que l'espèce.

La culture de cette espèce est très certainement des plus aisées et la plante ne posera pas de problèmes en appartement moderne même à un débutant. La littérature recommande un terreau de couche ou de compost, mais un mélange léger de tourbe, de bois décomposé et de sable, additionné d'une faible quantité de sol nutritif, convient encore mieux. Les deux substrats donnent évidemment de très bons résultats. L'utilisation de cette espèce est universelle ; les visiteurs de jardins botaniques qui cultivent *Rhoeo* en épiphyte reconnaîtront à coup sûr que ce mode de culture met naturellement la plante en valeur.

La multiplication se fait facilement soit par graines, soit par rejets latéraux produits en grand nombre notamment lorsqu'on rabat la rosette principale.

Rhoeo spathacea est souvent épiphyte à l'état spontané et peut être également cultivé de cette façon.

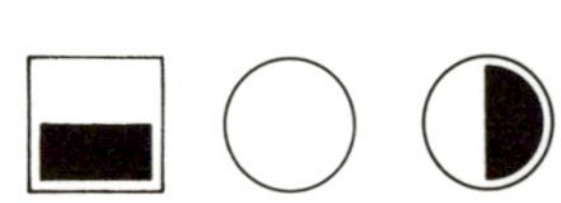

15–30 °C

Sansevieria trifasciata
PRAIN 'Golden Hahnii'

Sansevière

Il n'est sans doute point besoin de présenter en détail la sansevière : il n'existe probablement pas d'immeuble au monde qui n'en héberge au moins un exemplaire dans un de ses appartements. Il s'agit en effet d'une plante des plus résistantes qui soient : elle supporte également les feux du plus ardent soleil et une ombre relativement profonde, des températures de serre chaude comme des 12 °C (voire moins) et de plus, si on oublie de l'arroser même pendant un mois, elle n'en souffre aucunement.

Le genre comprend quelque 70 espèces. Dans la nature, *Sansevieria* préfère les pentes sèches, pierreuses et herbeuses, des lieux couverts d'arbustes épars ; dans de nombreux pays tropicaux, il se naturalise même en peuplant les dépotoirs. La majorité des espèces est originaire d'Afrique équatoriale, voire d'Afrique australe, les autres proviennent d'Asie tropicale. On cultive toute une série d'espèces et de cultivars, et on a assisté ces dernières années, surtout aux États-Unis, à l'apparition de plusieurs hybrides remarquables.

L'espèce la plus courante est *Sansevieria trifasciata,* originaire d'Afrique équatoriale occidentale. C'est une plante herbacée robuste, atteignant jusqu'à 1,60 m de hauteur, dotée d'un rhizome rampant. Les feuilles ne dépassent pas 7 cm de largeur environ et s'ornent de stries transversales, vert sombre et vert blanchâtre en alternance. L'espèce spontanée reste en culture malgré l'existence de plusieurs cultivars, dont 'Laurentii', aux longues feuilles bordées de jaune d'or et 'Hahnii', en rosette ramassée, présentant la coloration de l'espèce. Ce dernier cultivar est à l'origine d'autres formes : l'on peut voir sur l'illustration une de ces formes, également appelée 'Aureomarginata' ; une autre, rayée d'argent soutenu, se dénomme 'Silver Hahnii'. Parmi les autres belles sansevières citons *S. grandis,* d'aspect robuste, dont les feuilles mesurent quelques 60 cm de longueur sur 15 de largeur et s'ornent de stries transversales argentées sur fond bleu-vert sombre. D'autres espèces intéressantes possèdent des feuilles à section circulaire, comme *S. cylindrica* d'Afrique occidentale dont les feuilles atteignent 75 cm sur 2,5 cm et sont tigrées de stries claires et sombre alternées.

Les sansevières demandent un sol nutritif relativement lourd, p. ex. un mélange de compost, de terreau de couche, d'argile et de sable. Ils se multiplient facilement par boutures foliaires et les cultivars multicolores uniquement par rejets, car les boutures redonnent des individus de couleur verte.

Sansevieria arborescens

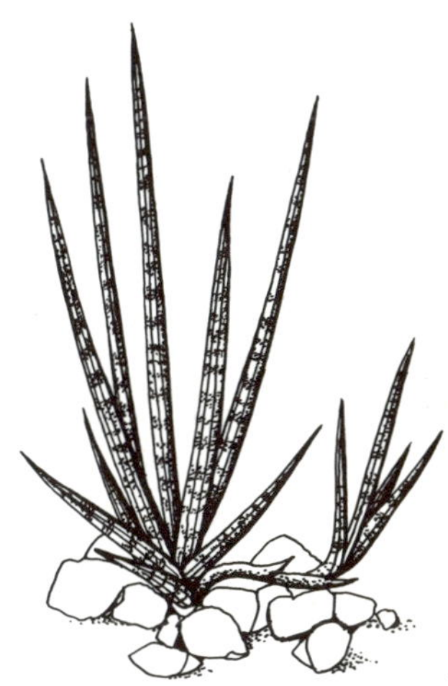

Sansevieria stuckyi a des feuilles de section arrondie.

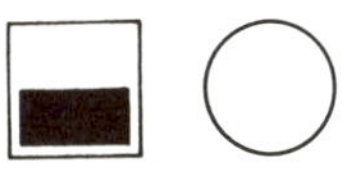

5–25 °C

Saxifraga sarmentosa L.

Saxifrage sarmenteux

Le nom de saxifrage évoque généralement une plante de rocaille. L'espèce représentée compte pourtant parmi les plus traditionnelles et les plus populaires des plantes d'appartement.

Saxifraga sarmentosa est originaire de Chine et du Japon, où elle croît sur les versants subtropicaux au milieu de la pierraille. Elle se caractérise surtout par les stolons filiformes portant de jeunes sujets qui s'enracinent facilement. Au bout de quelques années, la plante arrive ainsi à former un véritable tapis qui accroche le regard de loin, surtout au moment de la floraison.

Le vaste genre *Saxifraga,* comprenant quelque 300 espèces, se subdivise systématiquement en une série de sections. L'espèce représentée appartient à la section *Diptera* qui comprend des saxifrages aux pétales d'inégale longueur. En zoologie, les diptères, *Diptera,* sont des insectes dotés de deux ailes, et lorsqu'on voit la fleur épanouie, il est impossible d'oublier cette analogie. L'inflorescence est en effet extraordinairement légère, mais élégante, et rappelle de loin un vol de ravissants petits papillons. Les fleurs sont relativement grandes, blanches, parfois tachetées de jaune, et seuls les courts pétales ont les pointes rouges.

Saxifraga sarmentosa est une plante traditionnelle qui convient plutôt aux anciens intérieurs relativement frais, car elle souffre dans les appartements modernes d'un excès de chaleur en hiver. Il en existe cependant un très beau cultivar 'Tricolor' présentant de grandes zones blanc-jaune et rose pâle sur le limbe foliaire : comme la plupart des cultivars panachés, celui-ci demande des températures plus élevées que l'espèce et donne de très bons résultats dans les appartements modernes, atteignant des températures hivernales de 16–20 °C.

Lorsqu'on dispose d'un patio vitré et couvert, ou d'un espace semblable bien abrité du gel, on peut essayer même une culture en semi-extérieur, surtout dans les régions relativement chaudes de l'Europe ; l'espèce spontanée hiverne sans grand mal sous un léger couvert de branchage.

Le substrat doit se composer de terreau de feuilles, et de terreau de couche mélangé de sable. La multiplication se fait facilement avec les jeunes sujets qui apparaissent à l'extrémité des stolons.

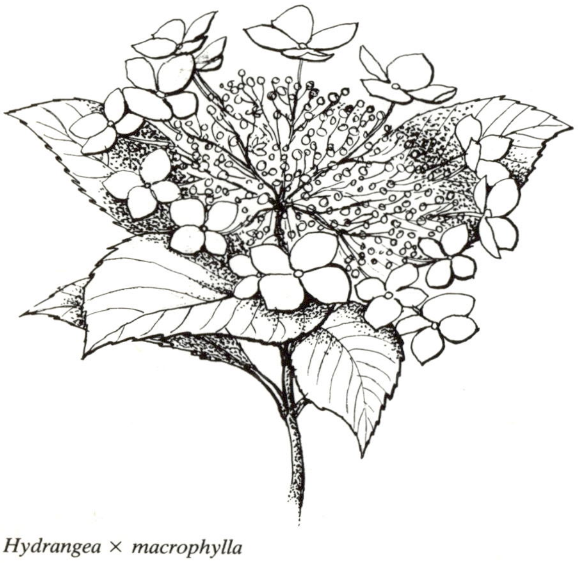

Hydrangea × *macrophylla*

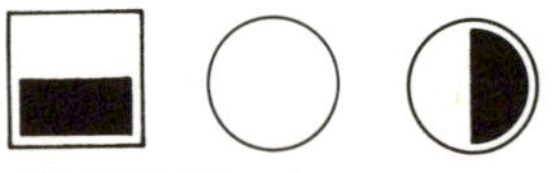

5–15(20) °C

Schefflera actinophylla

(ENDL.) HARMS

(syn. : *Brassaia actinophylla* Endl.)

Dans les régions tropicales, on observe souvent des végétaux magnifiques, mais dont les dimensions semblent interdire toute tentative de culture. Parfois, un tel raisonnement ne se justifie pas, comme c'est justement le cas avec *Schefflera,* un arbre gigantesque atteignant 40 m de hauteur dans sa patrie, l'Australie, mais dépassant rarement 2 m en culture.

Ce merveilleux genre comprend quelque 200 espèces, d'aspect relativement voisin. On les trouve dans les régions tropicales de tout le globe, mais surtout en Asie du Sud-Est, dans la région australienne et dans le nord de l'Amérique du Sud. Dans leur jeune âge, ce sont souvent des épiphytes.

L'espèce représentée a des feuilles palmées composées de trois, puis de cinq, à l'âge adulte même de sept à seize folioles. Celles-ci sont brillantes, lisses, coriaces, étroitement ovales et acuminées. Chez les jeunes sujets, tels qu'on les rencontre le plus souvent en culture, les folioles dépassent rarement 15 cm de longueur, chez les sujets adultes, ils peuvent atteindre le double de cette taille.

On trouve parfois également en culture *S. digitata* (syn. *S. cunninghamii, Aralia scheffleri).* Il s'agit d'un petit arbre bas (ne dépassant pas 5 m de haut), originaire de Nouvelle-Zélande. Les feuilles sont ici formées de 7–10 folioles allongées, étroites, longues de 15 cm environ, souvent irrégulièrement découpées dans leur jeunesse.

La culture est relativement simple : surtout à l'état jeune, *Schefflera* représente une excellente plante pour appartements modernes, car elle demande alors des températures relativement élevées, ne s'abaissant pas, même au cœur de l'hiver, pendant de longues périodes au-dessous de 16–18 °C. Des sujets d'un certain âge ont bien entendu des exigences moindres, et ne devraient pas être soumis en hiver à des températures dépassant 18 °C, ni s'abaissant en-dessous de 12 °C. Les sujets d'une certaine taille conviennent d'ailleurs mieux pour des halls vitrés ou des jardins d'hiver.

Le substrat doit être moyennement lourd, de préférence composé de compost, de tourbe, de terreau de feuilles, de terreau de couche et de sable. La multiplication ne se fait qu'à l'aide de graines importées : on est donc contraint d'acheter de jeunes sujets « tout faits ».

É 15–25 °C

H 12–18 °C

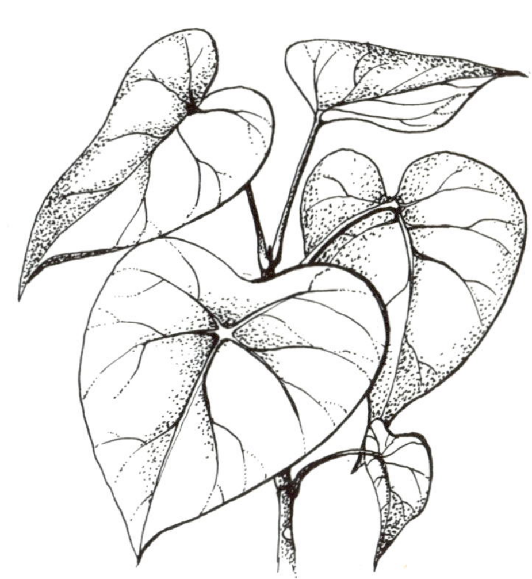

Oreopanax capitatus

Zebrina × pendula 'Quadricolor'

Zébrine

Le genre *Zebrina,* cultivé avec prédilection par tous nos ancêtres, nous ramène sur le territoire centre-américain. *Zebrina pendula* Schnizl. (syn. *Tradescantia zebrina* Loud.) est distribuée dans toute l'Amérique centrale, où elle croît dans les forêts humides, sur les rives des ruisseaux et des rivières, tout comme sur les versants rocheux des montagnes, jusqu'à une altitude de 2 000 m. C'est une plante rampante qui présente une tige rougeâtre, des feuilles plus ou moins glabres, portant deux stries argentées sur l'endroit, l'envers étant pourpre. Les fleurs sont petites, blanchâtres, l'envers des pétales est rose soutenu. C'est une plante cultivée depuis 1840, qui se trouve toutefois supplantée par son cultivar 'Quadricolor' (illustration), dont le feuillage est encore plus ornemental, malgré le fait que les stries argentées aient souvent tendance à disparaître.

Comme le genre ne comprend que trois espèces, il est possible de les présenter toutes, car les deux autres se rencontrent aussi fréquemment en culture.

Z. flocculosa mérite à perfection son nom spécifique, car tous ses organes sont couverts d'un duvet floconneux. Les feuilles sont vert uni. Cette espèce reçoit souvent le nom horticole de *Tradescantia commeliniifolia. Z. purpusii* ressemble beaucoup à l'espèce représentée, mais elle est plus robuste et la face supérieure des feuilles est dépourvue de stries argentées, leur coloration générale étant en même temps plus rouge. Parfois, on rencontre également *Z. purpusii* var. *minor* aux feuilles courtement ovoïdes, densément couvertes d'un duvet hérissé, mais plus petites que chez l'espèce.

Le genre *Zebrina* convient surtout pour la culture en suspensions. Il croît très bien dans l'eau, encore mieux en culture hydroponique. Il se multiplie par boutures.

Cyanotis somaliensis (gauche) et *Tradescantia sillamontana* (droite) reçoivent les mêmes soins que les plantes succulentes.

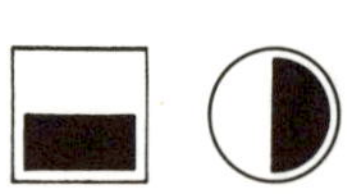

15–30 °C

PLANTES À FLEURS

Abutilon × hybridum

Abutilon hybride

Nous nous sommes engagés, dans la partie introductive, à présenter aussi des plantes de l'éventail « traditionnel », malgré leur fréquent inconvénient de devoir passer l'hiver au frais. Cette demande peut d'ailleurs être satisfaite même dans les habitations modernes, en plaçant les plantes dans une cave, un couloir, voire une terrasse vitrée ou un atrium couvert. De nombreuses personnes préfèrent dormir au frais et ferment ou diminuent le chauffage des chambres à coucher : il suffit alors d'y transporter les plantes... Chez les plantes à fleurs, l'abaissement hivernal de la température est souvent une condition de la mise à fleur, sans laquelle on n'obtient que des sujets feuillus et d'une verdure exubérante.

Abutilon × hybridum est une plante qui a donné satisfaction à des générations d'amateurs. Toute une série de merveilleux cultivars trouvent leur origine dans deux espèces principales : *A. darwinii* Hook., originaire du Brésil, et *A. striatum,* originaire du Guatemala. La première de ces espèces a des fleurs campanulées rouge-orange soutenu, la seconde, rouge clair. Les hybrides présentent toute une gamme de coloris allant du jaune au brun-rouge foncé, en passant par toutes les nuances de rouge et de saumon. Les arbustes atteignent quelque 1,50 m de hauteur et les cultivars au feuillage panaché sont particulièrement décoratifs.

Les cultivars de *A. megapotamicum,* une espèce provenant de l'État brésilien du Rio Grande, connaissent également une grande popularité. Leur taille est également de 1 m à 1,50 m, leurs feuilles sont allongées, acuminées, grossièrement dentées. Le calice pentagonal est renflé, de couleur pourpre sombre. La corolle est jaune pâle, et ne s'ouvre pas complètement. Le tube staminique, qui se projette loin en dehors de la fleur, est violet foncé.

Toutes les espèces et tous les cultivars demandent un substrat assez lourd et nutritif, composé de préférence de compost, de terreau de couche, de terreau de feuilles et de sable. Pendant la durée de végétation, on apportera régulièrement de l'engrais au moins une fois par mois. La multiplication se fait très facilement par graines, mais la descendance n'est bien évidemment pas homogène (chez les cultivars) et il vaut mieux procéder par boutures au tout début du printemps.

Abutilon megapotamicum 'Variegatum'

5–25 °C

Achimenes × hybridum

C'est vers le milieu du XIXᵉ siècle que l'horticulture découvrit cette magnifique plante, originaire le plus souvent du Mexique. Une seule espèce, *A. coccinea,* sans grande importance commerciale, était déjà connue à la fin du siècle précédent. La découverte de nouvelles espèces et leurs hybridations furent l'occasion d'une véritable mode, d'un entichement pour ces plantes à floraison estivale, qui passent l'hiver sous forme de rhizomes écailleux.

Dans son milieu naturel, *Achimenes* croît le plus souvent sur de gros rochers moussus, les murs de pierre ombragés, voire des parois rocheuses présentant une petite couverture d'humus. Certaines espèces se plaisent également sur des pentes herbeuses. *A. ehrenbergii* croît même à une altitude élevée et présente une épaisse couverture de poils argentés, marquant son adaptation à ce milieu.

Les établissements horticoles proposent d'une part des espèces botaniques « pures » comme *A. candida* (corolle blanche, seule la gorge étant ornée de rouge et de jaune), *A. coccinea* (corolle mesurant seulement 1 cm environ de diamètre, écarlate lumineux) et *A. grandiflora* (corolle rouge-violacé) ; d'autre part des hybrides, parmi lesquels le plus remarquable est 'Little Beauty', une plante menue, compacte, présentant une très longue et abondante floraison rose. On connaît également des hybrides inter-génériques, notamment avec l'espèce *Smithiantha zebrina,* apparaissant dans les catalogues sous le nom × *Eucodonopsis.* Par exemple, × *Eucodonopsis naegelioides* représente l'hybride *Achimenes ehrenbergii* × *Smithiantha zebrina ;* × *E. roezlii* = *A. americana* × *S. zebrina.*

La culture ne présente guère de difficultés. Nous avons vu que les plantes passaient l'hiver sous forme de rhizomes écailleux, particulièrement fragiles. On les conserve dans de la tourbe et on les laisse complètement à sec dans une pièce chaude. Vers le mois de mars, on place quelques rhizomes dans des coupelles plates, sur une couche de substrat composé de tourbe, de compost et de sable, et on recouvre d'une mince couche (1–2 cm) de terre. Au cours des premiers mois de croissance, on ajoute sans arrêt du nouveau substrat en enfouissant à chaque fois les plantes pour les obliger à produire des racines abondantes. (Au moment de la plantation, la couche de substrat ne devra pas dépasser la moitié de la hauteur du récipient.)

É

H

10–20 °C

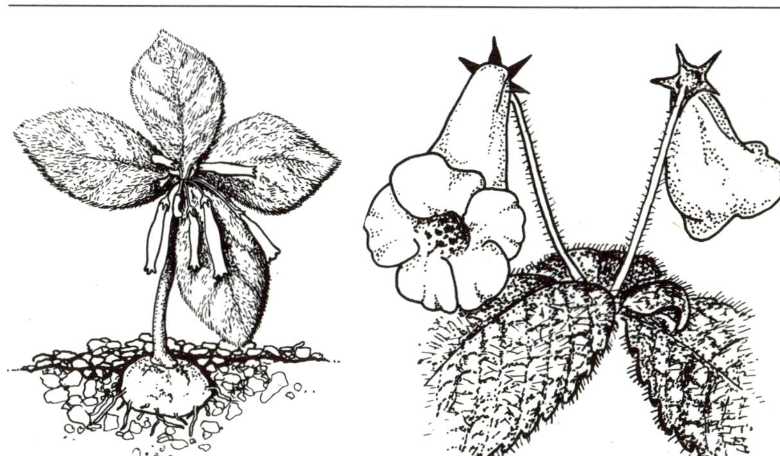

Rechsteineria leucotricha est une plante tubéreuse qui se cultive comme le gloxinium. *Achimenes ehrenbergii* provient des montagnes mexicaines. Dans les conditions fraîches, il garde son port compact et sa dense toison de poils blancs.

Alpinia coccinea (BL.) ROXB.

Alpinia

Les zingibéracées constituent un groupe encore peu estimé des horticulteurs : rares sont les espèces cultivées dans les jardins comme c'est le cas des *Roscoea,* dans les collections de plantes thermophiles comme *Costus* ou *Kaempfera.* Même dans ces cas, les espèces représentées sont rarement nombreuses, deux ou trois tout au plus. Pourtant, il s'agit de végétaux souvent caractérisés par une très bonne croissance et une bonne floraison, même dans des conditions qui sont loin de représenter leur milieu idéal. Ils sont souvent parfumés et présentent un feuillage parmi les plus décoratifs.

L'espèce représentée originaire d'Asie du Sud-Est est une plante de grandes dimensions, réservée plutôt à la culture en jardin d'hiver ou en patio couvert : sa hauteur atteint facilement 1,20 m. Les fleurs elles-mêmes sont insignifiantes, mais leurs panicules se cachent à l'aisselle de grandes bractées rouge éclatant. Les feuilles atteignent 50 cm de longueur et sont vert clair soutenu. Malheureusement, cette magnifique espèce n'a pas encore trouvé le chemin de l'horticulture européenne, et on la rencontrera plutôt dans les parcs tropicaux et subtropicaux. Nos collections abritent plus souvent *A. calcarata* Rosc., une espèce ne dépassant pas 1 m de hauteur, produisant de grandes fleurs blanches, aux ornementations roses et violettes ou encore *A.* × *sanderae,* ne dépassant pas 80 cm, aux feuilles bariolées de blanc.

Le genre *Costus* comprend des espèces magnifiques, dont la plupart ne fleurissent que brièvement. Leur intérêt réside dans le fait que ce sont des plantes de sous-bois de forêts tropicales, supportant même une ombre profonde. Dans ce domaine, la palme revient à *C. igneus,* belle espèce brésilienne, mesurant quelque 50 cm de hauteur, qui supporte même une ombre qui serait néfaste à d'autres espèces végétales. De plus, elle est résistante à l'air sec, à la fumée et à la poussière et représente donc une occasion unique de fleurir même des pièces particulièrement mal loties. Le genre *Hedychium,* également assez rare en culture, est un des représentants les moins inconnus de la famille. On rencontre le plus souvent *H. gardnerianum.* Pourtant, *H. coronarium,* espèce himalayenne, aux grandes fleurs blanc pur et fortement parfumées, est beaucoup plus belle. Cette dernière espèce exige une humidification permanente du substrat et un bon éclairement : elle convient à merveille aux paludariums d'intérieur de grandes dimensions.

Les zingibéracées sont à cultiver dans un mélange de compost, de terreau de feuilles et de tourbe. La plupart des espèces demandent une période de repos marqué en hiver. La multiplication se fait aisément par segments de rhizomes forts ou par graines.

Costus malortieanus

12–25 °C

Anthurium
(Andreanum – hybrides)

(syn. : *Anthurium* × *cultorum*)

Anthurium

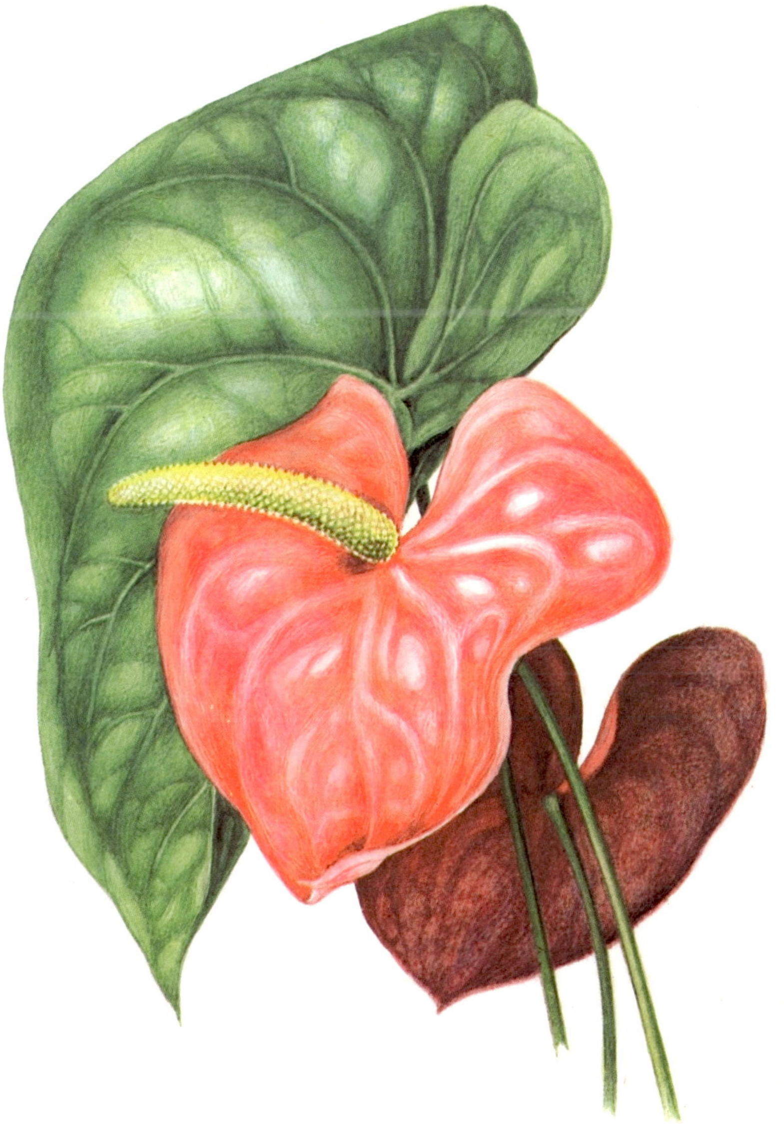

Nous avons déjà rencontré plusieurs représentants du vaste genre *Anthurium,* originaire d'Amérique tropicale, dans la section précédente, consacrée aux plantes au feuillage ornemental. Nous sommes bien obligés d'avertir le lecteur que les anthuriums au feuillage décoratif conviennent mieux pour la culture en appartement que ceux présentant une belle inflorescence, qui demandent à la fois une forte hygrométrie et une température élevée, si bien qu'ils refusent de fleurir à l'air libre de la pièce, ou, au mieux, fleurissent sans atteindre la beauté des exemplaires cultivés en serre.

Deux groupes d'hybrides sont cultivés pour leurs belles inflorescences ornementales : ceux dérivés de l'espèce colombienne *A. andreanum* Lind., et ceux appartenant à un groupe, désigné comme *A.* (Hortulanum – hybrides), dérivé de *A. scherzerianum* Schott, originaires du Guatemala et de Costa Rica.

Anthurium andreanum et ses hybrides se distinguent à leurs feuilles longuement cordées, portées par un long pétiole inséré sur un axe court. Chez *A. scherzerianum,* cet axe est contracté si bien que les feuilles allongées, lancéolées et assez courtement pétiolées forment une touffe au ras du sol.

Comme chez les autres aracées, l'inflorescence se compose d'un spadice, soutenu par une bractée nommée spathe. L'épi floral a une couleur assez insignifiante, mais la spathe des hybrides, particulièrement grande et plane, est de plus intensément colorée de rouge soutenu, de rose saumon, parfois aussi simplement de blanc ou de rose pâle, ces couleurs différant selon les cultivars. Les inflorescences ont une durée de vie exceptionnelle : elles survivent pendant plus d'un mois même en vase. Les anthuriums sont pour cette raison des plantes particulièrement précieuses pour les fleuristes.

Les deux groupes de cultivars doivent être placés dans un endroit clair, à peine ombragé, dans une pièce peu aérée et relativement chaude. Le substrat doit être suffisamment perméable, mais en même temps absorbant : il se composera de tourbe, de terreau de feuilles de hêtre, avec adjonction de compost de sable et de charbon de bois concassé. On recommande d'entourer de sphaigne vive maintenue humide en permanence les axes des anthuriums du groupe hybrides d'Andreanum. Il peut être également utile d'en recouvrir le dessus du pot ou de la coupelle. La multiplication se fait aisément par graines, celle des cultivars uniquement par voie végétative en découpant les axes.

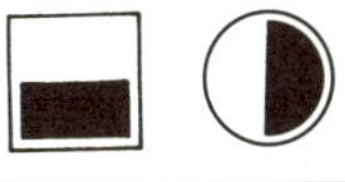
18–30 °C

Anthurium gladifolium, de Venezuela : les vieux sujets peuvent constituer une magnifique dominante sur un tronc porteur d'épiphytes de grande taille.

Brunfelsia calycina

(HOOK.) BENTH.

(syn. : *Franciscea calycina* Hook.)

Brunfelsia calycina est cultivé depuis le milieu du XIXe siècle et comptait alors parmi les espèces croissant dans les serres privées des châteaux. Son apparition récente sur les marchés européens représente donc une véritable « résurrection ». C'est une espèce originaire du Brésil, où elle croît en forêt sur une épaisse couche d'humus, surtout dans des sites perpétuellement détrempés.

Brunfelsia calycina est un arbuste bas, richement ramifié dès le niveau du sol, présentant des feuilles brillantes, de couleur sombre. Les fleurs apparaissent à la fin de l'hiver et au printemps ; elles sont étalées et larges d'environ 5 cm. Leur effet est vraiment superbe et l'arbuste est probablement cultivé dans tous les parcs d'Amérique centrale et du Sud.

Il est dommage que d'autres espèces du même genre ne soient pas plus souvent cultivées. Citons, parmi la trentaine d'espèces connues, *B. hopeana,* un arbuste qui atteint jusqu'à 2 m de hauteur, richement ramifié, aux fleurs un peu plus petites que l'espèce représentée, mais très nombreuses, bleu clair violacé blanchissant en fin de floraison (tout comme blanchissent les fleurs de *B. calycina* var. *eximia,* pourpre-violacé au moment de leur épanouissement). Il existe même des espèces dont les teintes ne sont pas bleues ou violettes : *B. americana,* espèce antillaise, a des fleurs blanches, fortement parfumées, virant au jaune en fin de floraison, *B. undulata,* des fleurs blanc neigeux, aux lobes ondulés.

Tous les brunfelsias se caractérisent par leurs tissus de réserve contenus dans la partie ligneuse de la tige et connaissent à l'état spontané une période, quoique relativement courte, de repos hivernal. Il faut donc, si on veut s'assurer de leur floraison, leur donner une période de repos de trois mois environ, à basse température, en réduisant au maximum les arrosages.

Par ailleurs, leur culture est aisée. Le substrat doit être un mélange bien perméable, composé de terreau de couche riche en matières nutritives, de compost et de tourbe mêlée de sable, enrichi tous les printemps par un apport de poudre de corne. Après la floraison on rabat fortement les rameaux pour stimuler leur ramification : les parties coupées seront autant de boutures qu'il suffit de piquer dans un bac chaud dans un mélange de tourbe et de sable. L'enracinement est assez irrégulier et surtout très lent : il faut parfois compter deux mois.

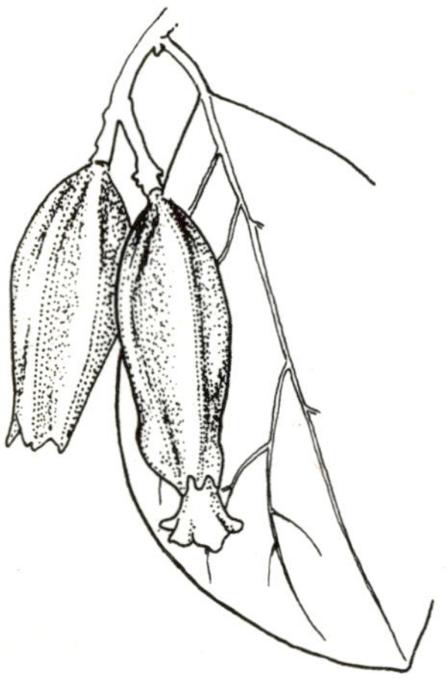

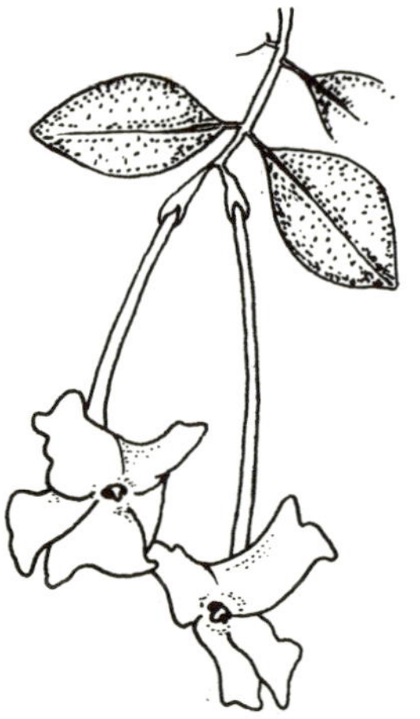

Juanulloa aurantiaca est un joli arbuste de la famille des *Solanaceae*. Dans sa patrie, au Pérou, il est exclusivement épiphyte, tout comme d'autres espèces du même genre.

Brunfelsia undulata est une antillaise aux fleurs blanches.

É 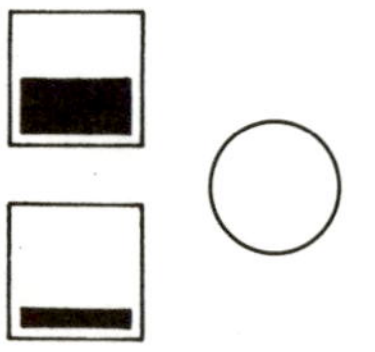 15–25 °C

H 5–15 °C

Camellia × japonica
'Chandleri Elegans'
Camélia

Les camélias ont connu leur heure de gloire il y a quelque temps déjà, mais les maisons horticoles continuent à les proposer régulièrement, malgré leur incapacité à survivre dans un appartement moderne avec chauffage central. Leur popularité est certainement due à l'extraordinaire splendeur de leurs fleurs, alliée à une exceptionnelle richesse de formes et de coloris : on en connaît de nos jours plusieurs milliers de cultivars. Avouons qu'il suffit de feuilleter les publications spécialisées comme les périodiques des horticulteurs japonais, pour succomber une fois de plus à la tentation de se lancer dans leur culture.

Pourtant, à moins de disposer d'un jardin d'hiver ou d'une serre où l'on puisse conserver ces espèces cryophiles à basse température pendant l'hiver, on ne peut vraiment pas escompter de succès durable. Le camélia demande en effet un abaissement hivernal des températures jusqu'à des valeurs de 3–5 °C ; dans un appartement chaud et sec de surcroît il ne tarde pas à perdre ses feuilles puis à périr. C'est la raison pour laquelle on le cultive de nos jours surtout comme une plante temporaire que l'on élimine entièrement après la floraison.

L'espèce d'origine, *Camellia japonica* L., croît spontanément dans les forêts subtropicales coréennes, en Chine du Nord et au Japon (îles Okinawa et Kyushu), pays où elle atteint jusqu'à 15 m de hauteur. La variabilité colorée des fleurs la prédestine littéralement à l'hybridation : on trouve dans la nature des exemplaires à fleurs blanches, roses, rouges, voire multicolores. Le cultivar représenté, le plus fréquent en Europe à cause de la régularité de sa floraison, présente des fleurs larges d'environ 10 cm. Il fut obtenu par Chandler dès 1824. Cela n'aurait pas de sens de vouloir énumérer les dizaines de noms de cultivars existants : l'amateur qui peut leur offrir des conditions favorables en hiver consultera les revues spécialisées où il ne manquera pas de trouver un camélia tout à fait à son goût.

Les camélias demandent un substrat acide (pH variant entre 4,5 et 5,5), qu'on peut obtenir en mélangeant du terreau d'aiguilles noir, de la tourbe et un peu de sable. La multiplication se fait facilement par boutures que l'on pique vers le mois de février dans un bac chaud et humide, dans un substrat sablo-tourbeux. L'eau d'arrosage doit être exclusivement douce, voire partiellement acidifiée.

5–15 °C

Catharanthus roseus

(L.) G. DON

(syn. : *Vinca rosea* L.,
Lochnera rosea [L.] Rchb.)

Lorsqu'on rencontre cette plante pour la première fois en pleine nature, on a peine à croire qu'il ne s'agit pas d'une plante cultivée. Son nom qui vient du grec (catharos = pur, sans défaut, anthos = fleur) la décrit parfaitement. Il s'agit d'un « arbuste » bas et compact, densément couvert d'un feuillage vert brillant, portant des fleurs d'environ 3,5 cm de diamètre, rose satiné.

Tous les pays tropicaux abritent des dizaines d'exemplaires de cette espèce, croissant toujours dans des lieux chauds et ensoleillés, sur des à-plats sableux ou des versants. Les fleurs ne sont pas toujours roses : certaines sont blanc pur, d'autres blanches avec un œil rose au centre, d'autres encore carmin foncé : toutes ces couleurs existent en culture.

Bien qu'il s'agisse d'une espèce pérennante, elle est souvent cultivée en Europe comme annuelle. Semée très tôt au printemps, elle fleurit dès le milieu de l'été, puis sans discontinuer jusqu'aux premières gelées, si bien qu'elle peut fort joliment décorer une jardinière extérieure. Placée dans un local frais, elle passe très bien l'hiver et refleurit l'année suivante dès la fin du printemps.

Cette espèce qui atteint selon les conditions de milieu et d'alimentation de 30 à 70 cm de hauteur s'est trouvée il y a quelques années au centre des attentions de nombreux médecins travaillant à la recherche sur le cancer. Elle contient en effet certains alcaloïdes (poisons végétaux) qui ont une action significative sur certains types de cancer : ce fait ne peut servir au lecteur qu'à titre d'avertissement : la plante est fortement vénéneuse.

Voici le meilleur mode de culture pour cette espèce : semis en février, mise à fleur, forte taille à l'automne et utilisation des rameaux comme boutures. On peut également essayer de garder en vie la plante mère. Les boutures s'enracinent facilement et supportent mieux l'hiver que les plantes d'un certain âge : on peut souvent les garder sans dommage même dans une pièce chauffée. Le substrat sera moyennement lourd, assez nutritif et perméable : mélange de compost, de sable et de tourbe par exemple.

Thevetia peruviana

10–25 °C

Clerodendrum thomsonae BALF. f.

Clerodendron

Il est assez rare de trouver une espèce à floraison exceptionnellement belle, qui soit en même temps de culture facile. La culture des plantes à fleurs se double le plus souvent de la quête d'un lieu d'hivernage frais et un grand nombre d'espèces conviennent plus à des jardins d'hiver ou des vitrines qu'à la culture à l'air libre d'un appartement.

Pour réussir la culture de l'espèce représentée, il suffit de disposer d'une pièce chaude, d'une fenêtre ensoleillée et d'un grand emplacement à sa proximité. La plante se contente tout aussi bien d'une pièce plus fraîche pourvu qu'elle soit suffisamment lumineuse.

Clerodendrum thomsonae est un arbuste volubile croissant dans les forêts chaudes d'Afrique occidentale. Il fleurit généralement au printemps, mais lorsqu'on le taille sévèrement après la floraison, il refleurit la plupart du temps une deuxième fois dans l'année. La riche grappe florale fait vraiment un très bel effet : les fleurs ont un calice renflé blanc et une corolle rouge brillant. La valeur décorative de la plante est encore accrue par la beauté du feuillage : celui-ci se développe surtout après la chute hivernale d'une partie des feuilles. Les calices persistent sur la plante longtemps après la floraison et prennent souvent alors une nuance carminée.

Le clerodendron a beau atteindre jusqu'à 4 m de hauteur, il ne risque pas d'envahir toute la pièce. La taille sévère n'est pas simplement une possibilité, mais une condition nécessaire à la belle apparence, donc à une culture correcte de cette espèce. Généralement, les arbustes ne devront pas dépasser 60 cm. La taille se pratique au tout début du printemps, lorsque les conditions lumineuses commencent à s'améliorer et que les bourgeons éclatent. Elle a pour effet de stimuler une production rapide de nouveaux rameaux.

Une très belle espèce appartenant au même genre, *C. speciosissimum* a un port d'arbuste dressé portant de grandes feuilles duveteuses et de grandes inflorescences terminales de couleur rouge vif.

Le clerodendron doit être cultivé dans un substrat nutritif relativement lourd, composé de terreau de couche, de compost et de sable, une adjonction de tourbe n'étant pas déconseillée. La multiplication ne fait pas de problème : les boutures obtenues lors de la taille de printemps s'enracinent assez facilement dans un mélange de tourbe et de sable en bac chaud. En été, un apport d'engrais substantiel et répété est nécesaire, car il favorise la bonne lignification des nouvelles pousses.

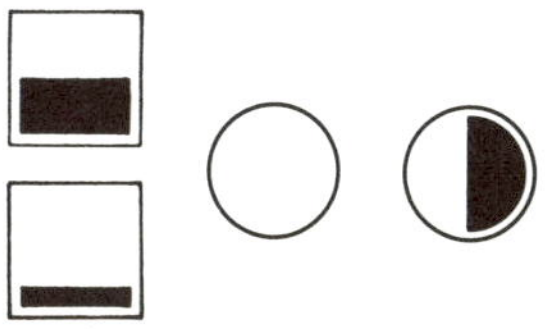

É 15–30 °C

H 5–15 °C

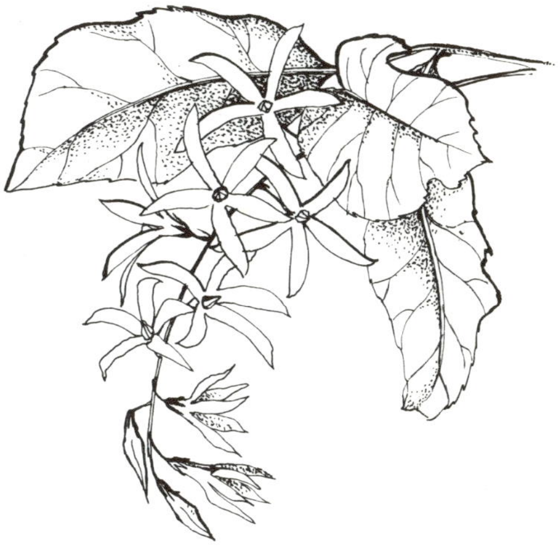

Petrea volubilis

Clivia × miniata

Clivia

Bien que caractéristique de l'assortiment traditionnel de l'horticulture ornementale, le clivia n'est certainement pas une plante à dédaigner. Des générations de cultivateurs amateurs plaideront au contraire en faveur de sa culture. Il suffit de lui trouver un endroit frais pour l'hiver pour avoir une belle croissance et une floraison garantie.

L'espèce d'origine croît au Natal, en Afrique australe, toujours dans des couverts hauts et denses, donc à l'ombre et protégée des rayons directs du soleil. Une absence de floraison peut donc résulter de deux erreurs de culture fréquemment commises : la plante a passé l'hiver dans une pièce très chaude (la température doit varier entre 8 et 15 °C), ou elle a été placée sur une fenêtre recevant le soleil toute la journée, ou encore complètement à l'ombre. Les plantes croissent, et parfois très vigoureusement, même dans ces conditions, mais en refusant de fleurir.

Le clivia se plaît surtout sur une fenêtre tournée au nord ou au nord-est. Lorsqu'on ne dispose que de fenêtres ensoleillées, il vaut mieux poser le pot de fleur par terre sous la fenêtre pour contraindre la plante à « se tendre » vers la lumière. En hiver, la plante doit être placée au frais sans arrosage : les conditions lumineuses sont assez peu importantes à ce moment, un minimum d'éclairement suffit.

Un grand nombre de types de clivia de floraison et de port légèrement différents existent en culture. Le cultivar 'Striata' aux feuilles striées longitudinalement de blanc ou de jaunâtre est très décoratif.

On rencontre parfois d'autres espèces telles que *C. gardenii* ou *C. nobilis* aux fleurs rouge soutenu, presque écarlates.

Lorsqu'on réussit à fertiliser les fleurs et à obtenir des graines, il faut les semer dès la récolte en janvier et garder les jeunes sujets au moins un an et demi au chaud.

Le substrat doit être lourd et nutritif, l'idéal est une terre argileuse enrichie d'humus et additionnée de sable. Pendant la végétation on arrose suffisamment en apportant souvent de l'engrais. On transplante le clivia tous les deux-trois ans, mais il vaut mieux remplacer une partie du substrat par du sol nutritif frais.

Clivia nobilis

10–20 °C

Cyclamen × persicum

Cyclamen de Perse

Le cyclamen compte comme le clivia parmi les plantes « classiques » convenant plutôt aux appartements frais. Il se développe mal dans les maisons modernes où on le cultive comme une ornementation temporaire et occasionnelle, destinée à disparaître après la floraison. C'est dommage, car les fleurs du cyclamen ont une richesse de formes et de coloris comparable à celles des plus nobles productions de la nature et un joli bouquet placé sur une table peut être aussi beau qu'un bouquet d'orchidées.

Que faire ? Même à la campagne, on finira bientôt par ne plus trouver les conditions favorables pour cette plante et il faudra bien se faire à la voir disparaître au lieu de refleurir d'année en année.

Malgré son nom, *Cyclamen persicum* ne vient pas de Perse, mais de Palestine centrale et d'une zone située de Cilicie jusqu'à Chypre, Égée du Sud-Est, Crète et Rhodes. On connaît également un site isolé dans la région de Tunis, mais il semble très probable que la plante ait été plantée là à titre ornemental. Le cyclamen croît le plus souvent sur les rochers calcaires parmi la végétation du sous-bois des forêts claires et basses. Les feuilles tombées lui fournissent la couche d'humus nutritif nécessaire à son développement. Le bulbe donne naissance à des feuilles longuement pétiolées au limbe sub-cordé. Les fleurs de l'espèce originelle sont blanches ou roses, la plupart du temps fortement parfumées.

Le cyclamen est cultivé depuis le XVIIe siècle et ses premières hybridations remontent également assez loin. De nos jours, on connaît des dizaines de magnifiques cultivars de coloris purs ou mélangés, aux pétales diversement ondulés ou frangés. Recommander un nom n'a pas grand sens ici : chacun choisira selon son goût chez son fleuriste.

Il est souvent possible de conserver au frais les bulbes de cyclamen après le flétrissement des feuilles consécutif à l'interruption automnale des arrosages. Au printemps, on plante dans un mélange de tourbe, de terreau de feuilles et de terreau de couche, et on recommence à arroser avec prudence.

Lorsqu'on dispose de conditions favorables, on peut essayer de cultiver d'autres espèces de cyclamens, comme *C. africanum,* très voisin du *C. neapolitanum* cultivé dans les jardins. Le bulbe de cette espèce atteint jusqu'à 20 cm de diamètre, les fleurs sont roses et relativement grandes. C'est une espèce originaire d'Algérie.

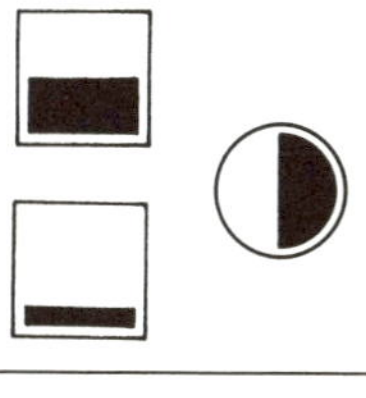

É 10–20 °C

H 5–10 °C

Ardisiandra sibthorpoides

Dalechampia spathulata (SCHEIDW.) BAILL. var. *spathulata*

(syn. : *D. roezliana* var. *rosea* Müll. Arg.; *D. spathulata* var. *rosea* (Müll. Arg.) Pax ex K. Hoffm.)

Cette espèce est certainement familière aux habitués des jardins botaniques, mais encore malheureusement inconnue dans les vitrines des fleuristes.

Dalechampia est une euphorbiacée à laquelle on ne fait vraiment pas justice. Jusqu'à présent, nous avons présenté comme un point douloureux, à l'origine de la « rupture de l'éventail horticole classique », l'évolution des conditions régnant dans nos habitations : celle-ci a créé d'excellentes conditions de vie pour l'espèce qui nous intéresse ici.

Ce genre comprend plus de 100 espèces distribuées surtout en Amérique tropicale, en Afrique, en Asie et à Madagascar, mais celle que nous avons choisi de présenter est vraiment tout à fait gracieuse. Originaire des forêts chaudes mexicaines, elle y atteint jusqu'à un mètre de hauteur et se présente sous la forme d'un arbuste dressé. En culture, la plante reste beaucoup plus basse et ne dépasse pas 25,30, voire 50 cm. Les feuilles restent longues d'environ 20 cm et sont décoratives même lorsque la plante ne fleurit pas, ce qui est rare, car *Dalechampia* fleurit sans discontinuer presque à longueur d'année. Les fleurs en elles-mêmes n'ont rien d'extraordinaire, mais sont entourées de belles bractées roses.

Dalechampia doit à ses origines de nécessiter des températures relativement élevées, fait assez facile à réaliser dans les habitations modernes. La température ne devrait jamais descendre en-dessous de 15 °C ; ce n'est qu'à la fin de l'automne, le plus souvent au moment où les habitations enregistrent une baisse de température avant le début de la saison de chauffe, que la plante connaît aussi une très courte période de repos.

Dalechampia se plaît essentiellement en compositions groupées, comme constituant de la « basse strate » des vasques, ou sur la partie « sèche » d'un paludarium, en terrarium ou dans une vitrine. Le substrat importe assez peu, il suffit d'un mélange de terreau de feuilles, de tourbe et de sable. La multiplication se fait par boutures ou facilement par semis.

Dalechampia scandens

15–30 °C

Dorstenia contrajerva L.

Dorstenia

Si l'espèce précédente, assez peu connue, était toutefois familière au visiteur attentif de jardins botaniques, le genre *Dorstenia,* est, quant à lui, à peu près inconnu. Il n'existe pourtant pas un jardin botanique qui ne possède dans ses collections au moins un représentant de ce genre, particulièrement intéressant par la forme et la disposition de ses fleurs.

Le genre *Dorstenia* comprend en tout qulques 120 espèces distribuées en Amérique tropicale et en Afrique (une espèce peut-être aussi en Inde orientale). Il s'agit le plus souvent de plantes herbacées ou d'arbustes relativement bas, souvent caractérisés par un feuillage ornemental. L'inflorescence est tout à fait curieuse : les fleurs des deux sexes sont en effet portées par une sorte de réceptacle large et plan de formes les plus diverses. Les fleurs mâles sont nombreuses, le plus souvent à deux anthères, et fortement réduites ; les fleurs femelles, beaucoup plus rares, sont presque fermées, seul le style dépassant. L'inflorescence entière est souvent entourée de bractées frangées, filiformes ou bizarrement découpées.

Dorstenia contrajerva croît en Amérique Centrale, aux Antilles et jusqu'au continent sud-américain, au Venezuela et en Colombie. C'est une plante relativement basse que l'on trouve surtout dans les forêts humides tropicales, aux abords des cascades et le long des rivières, parfois sur des rochers couverts de mousse, à des altitudes de 300 à 1 000 m. Elle préfère toujours une ombre profonde, ce qui en fait une plante cultivée particulièrement précieuse : peu d'espèces présentent en effet de telles exigences. Elle demande des températures élevées à longueur d'année, un substrat et une atmosphère humides : ce qui la prédestine aux parties sèches du paludarium ou à la strate basse de grandes compositions.

Certains cultivars de dorstenias sont très décoratifs, comme *D. urceolata* 'Variegata' au feuillage panaché de jaune et de blanc.

Les dorstenias se multiplient par graines, mais aussi assez facilement par boutures dans un bac chaud, complétement clos.

Dorstenia nervosa, originaire du Brésil, a des feuilles ornées de gris argent.

15–30 °C

Euphorbia fulgens KARW.

(syn. : *E. jacquiniaeflora* Hook.)

Euphorbe brillante

Jatropha podagrica

On assiste très souvent à la « redécouverte » de certaines espèces végétales, qu'elles aient ou non une floraison décorative. Elles ont beau exister dans l'éventail cultivé des jardins botaniques depuis des dizaines d'années, elles finissent par disparaître des catalogues horticoles puis réapparaissent dans toute leur gloire et leur popularité à la faveur d'une exposition ou d'une entreprise audacieuse.

Euphorbia fulgens, originaire du Mexique, a connu un tel renouveau d'intérêt il y a quelques années, bien qu'il ait été introduit en culture dès 1836. A ce moment, il était plutôt cultivé comme plante à fleurs coupées et ce n'est que depuis quelque temps qu'il commence à trouver une place plus permanente dans les intérieurs modernes.

Ce petit arbuste ne présente qu'un inconvénient qui est d'être assez peu ramifié, alors que les cyathia (fausses fleurs) sont groupés en inflorescences terminales (fausses ombelles). Il en résulte que seuls les sujets âgés, régulièrement taillés, présentent une riche floraison. Les feuilles mesurent, pétiole compris, environ 7–13 cm de longueur. La floraison a lieu le plus souvent en automne et au début de l'hiver : elle dépend étroitement de l'abaissement de l'intensité lumineuse c'est-à-dire au moment où le jour ne dure que 12–13 heures (plante dite des jours courts).

La culture est relativement facile. Le substrat doit être léger et perméable, mais suffisamment nutritif : un terreau standard allégé par une adjonction de sable, ou un terreau pour chrysanthèmes conviennent assez bien. A la fin de mars, on accorde aux plantes une courte période de repos (six semaines environ) à température basse et arrosages réduits, mais jamais totalement interrompus. La multiplication est également facile : on fait tremper les boutures à l'eau tiède pour bien dissoudre le latex qui boucherait autrement les vaisseaux en se solidifiant, et on les enfonce dans un mélange de tourbe et de sable, en bac chaud et humide.

Une autre euphorbe ornementale, *E. pulcherrima* (syn. *Poinsettia pulcherrima)* ou étoile de Noël demande les mêmes conditions, mais un repos plus long et plus « absolu » au printemps, sans arrosage d'aucune sorte.

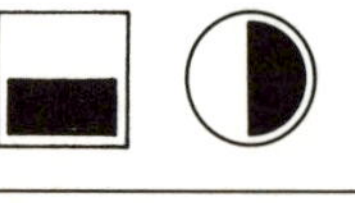

18–25(30) °C

Euphorbia milii DESM.

(syn. : *Euphorbia splendens* Boj. ;
Sterigmanthe splendens Kl. et Garcke)

Épine du Christ

Parmi les quelque 2 000 espèces d'euphorbes, il s'en trouve environ 500 qui sont des succulentes (voir aussi la section consacrée aux succulentes dans cet ouvrage). Un grand nombre d'entre elles ont trouvé leur place dans les collections botaniques, mais une seule est de nos jours couramment cultivée pour ses fleurs ornementales.

L'épine du Christ est originaire de Madagascar, mais croît à l'état naturalisé à peu près dans tous les pays tropicaux et subtropicaux du monde. Il s'agit d'un arbuste armé contre tous ses ennemis potentiels à la fois par son suc vénéneux et ses longues épines solides. Seule la tige est succulente. Les feuilles sont planes, ovales à longuement ovoïdes selon la variété ou le cultivar, longues de 1,5 à 7 cm. Toute la plante peut généralement atteindre jusqu'à 1 m de hauteur, certains exemplaires robustes arrivent à mesurer 1,80 m. Comme chez toutes les euphorbes, les fleurs insignifiantes et minuscules sont groupées en cyathia, entourés de deux bractées rouge vif.

Cette espèce est certainement des plus faciles à cultiver. Une fenêtre chaude et ensoleillée, un bon substrat – mélange de sable et de compost – et un bon arrosage pendant les mois d'été, en veillant à ne pas laisser trop longtemps de l'eau dans la soucoupe ce qui ferait pourrir les racines, et voilà tout. Il est recommandé de diminuer l'arrosage et la température en hiver, mais ce n'est pas nécessaire et les plantes survivent fort bien à un hiver chaud. Pendant la végétation, on apportera de l'engrais de temps en temps.

La multiplication est facile : on laisse sécher au soleil un à deux jours la bouture terminale après en avoir lavé le latex à l'eau tiède, puis on la plante dans du sable. Une fois la bouture enracinée, on la transplante dans un substrat un peu plus nutritif.

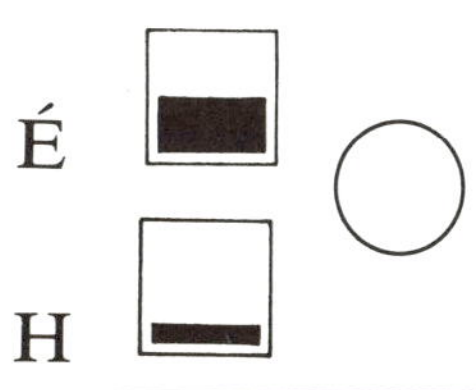

5–25 °C

Jatropha multifida est une bonne euphorbiacée d'intérieur.

Fuchsia magellanica LAM.

Fuchsia

Les fuchsias comptent parmi les plantes à fleurs les plus appréciées de tout temps. Leurs magnifiques fleurs, composées d'un tube terminé par les sépales entourant une corolle à quatre pétales, sont diversement colorées, surtout chez les cultivars. Il est intéressant de constater que dans ce cas précis, les amateurs de fleurs savent également apprécier les espèces botaniques si bien qu'on rencontre chez les particuliers des espèces naturelles à petites fleurs, mais d'une grande élégance.

Bien entendu, certaines espèces spontanées présentent aussi des formes à grandes fleurs : *Fuchsia macrantha,* une espèce péruvienne, caractérisée par l'absence de corolle, a des fleurs atteignant 12 cm de longueur. D'autres formes sont au contraire miniatures : si on a l'occasion de voir *F. minimiflora,* par exemple dans une forêt de sapins sur les flancs du volcan mexicain Popocatepetl, où elle est tout à fait commune, on aura du mal à reconnaître un fuchsia dans les fleurettes rougeâtres, à peine longues d'un demi-centimètre, qu'il produit.

Malheureusement, le genre *Fuchsia,* dont il existe environ 100 espèces croissant essentiellement dans les montagnes d'Amérique centrale et du Sud, quelques espèces vivant également en Nouvelle-Zélande et à Tahiti, ne peut se passer d'un repos hivernal au froid, à des températures voisines de 0 °C. De nombreuses espèces supportent même des températures négatives et on peut, même en Europe Centrale, essayer de les installer en pleine terre au jardin, à condition de les couvrir légèrement de branchages de conifères en hiver. C'est le cas de l'espèce représentée provenant de la côte magellane chilienne et argentine. C'est un arbuste atteignant jusqu'à 5 m de hauteur à l'état spontané, capable de passer l'hiver en pleine terre en Angleterre ou dans les régions viticoles allemandes.

La première condition pour la culture des fuchsias est donc de trouver un endroit assez frais pour leur repos, même une cave pouvant convenir. Pendant la période de végétation, les plantes sont placées dans des endroits ensoleillés voire légèrement ombragés, suffisamment aérés. Les arbustes apprécient d'être placés sur un balcon ou une terrasse. Le sol sera relativement lourd, nutritif, par exemple un mélange de compost, de terreau de gazon, de terreau de feuilles, de sable et de tourbe. Au printemps, on pratique une taille assez sévère : les rameaux coupés s'enracinent facilement dans un bac à 18 °C environ, si bien que la taille peut être mise à profit pour la multiplication.

Fuchsia excorticata est une espèce néo-zélandaise qui atteint un port arborescent à maturité.

5–15 °C

Heliconia imbricata

HOOK.

Héliconia

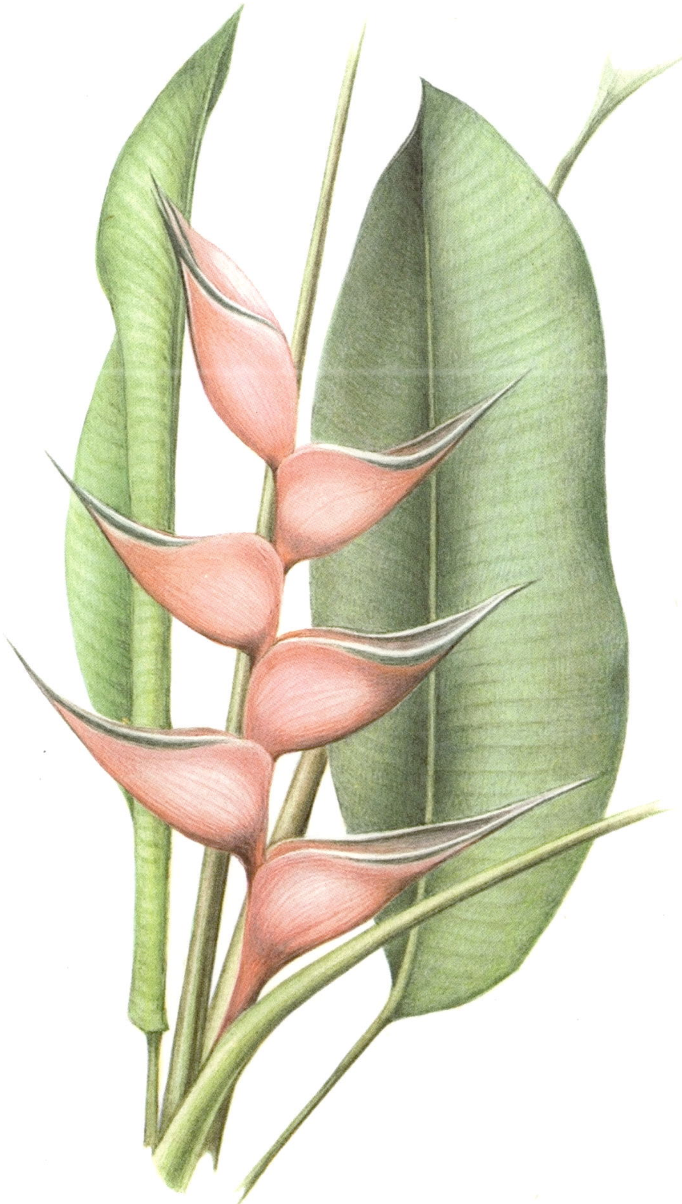

Pour rencontrer l'espèce précédente, il nous a fallu monter aux fraîches altitudes des montagnes. Voici qu'il nous faut redescendre presque au niveau de la mer, dans les forêts tropicales ombrophiles et les marais toujours détrempés, exhalant une chaleur humide. Car c'est de là que nous vient une espèce merveilleuse apparue il y a quelques années comme plante cultivée tant pour sa valeur marchande, que pour la joie des simples particuliers.

A première vue, la plupart des héliconias font penser à des strelitzia à plusieurs étages : la ressemblance n'a rien de fortuit car les deux genres sont des proches parents. Cependant, *Strelitzia* ne comprend que cinq espèces sud-africaines, tandis que *Heliconia* est un genre originaire d'Amérique tropicale, comprenant quelque 150 espèces.

Dans les jardins botaniques, on trouve généralement d'autres espèces que celle de notre illustration, originaire de Costa Rica, et surtout *Heliconia bihai,* qui croît du Mexique jusqu'au sud du Brésil et atteint dans la nature 6 m de hauteur (la moitié seulement en culture). Les inflorescences mesurent jusqu'à 60 cm, les bractées sont écarlate lumineux à pointe jaune, les fleurs sont également jaunes. *H. metallica* est une espèce merveilleusement colorée, haute d'environ 2 m : les pétioles sont rouge sang et portent des feuilles pourpre-violacé sur l'envers, et vert velouté brillant sur l'endroit du limbe. La hampe florale est rouge, les bractées vertes, les fleurs vertes et rouges. L'image et la description prouveront peut-être qu'il s'agit vraiment de plantes magnifiques, plus encore qu'exotiques, qui méritent toute l'attention des amateurs. Mais toutes les espèces n'ont pas une croissance aussi vigoureuse. Dans les montagnes de la région de Machu Picchu au Pérou, j'ai jadis trouvé *H. affinis,* une plante ne dépassant pas 1,5 m de hauteur, dont la moitié représentée par l'inflorescence multicolore, jaune-orange-rose-rouge. L'hybridation d'espèces de petite dimension est ici pleine d'avenir.

Les héliconias se cultivent dans un substrat tourbeux, enrichi en humus et en terreau de couche, à température et hygrométrie élevées, donc en serres, en grandes vitrines et en paludariums.

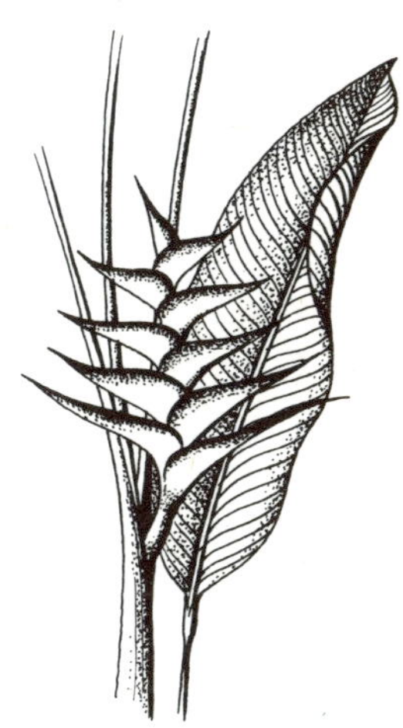

Heliconia caribaea est une plante herbacée robuste, présentant des feuilles qui atteignent un mètre de longueur. Les bractées sont d'un jaune d'or cireux, orné de vert vif.

18–30 °C

Hibiscus × rosa-sinensis

Hibiscus

Peu de plantes exotiques sont aussi populaires que l'hibiscus. Et non sans raison : il est rare de trouver dans le règne végétal des plantes à fleurs aussi grandes et aussi splendidement variées. Pourtant, l'hibiscus a un inconvénient : il prend trop de place et on peut remercier les substances morphorégulatrices (produits chimiques ralentissant la croissance, parfois au point de nanifier tout le végétal), utilisées couramment dans la production horticole, d'avoir rendu cette belle plante à la culture depuis quelques années.

Il est probable que l'hibiscus vient vraiment de Chine, comme son nom l'indique. Il s'est depuis longtemps répandu et naturalisé dans les pays tropicaux et subtropicaux du monde entier, sans doute parce que sa beauté est appréciée depuis toujours.

Si on le laisse croître à sa guise, l'hibiscus peut atteindre 6 m de hauteur ; point n'est cependant besoin de produits chimiques pour le contrôler : de bons ciseaux suffisent. Ses besoins essentiels se résument comme suit : chaleur, lumière, bonne alimentation. Le repos végétatif à faible température est recommandé, mais non absolument nécessaire. Toutefois, s'il est possible de transporter l'arbuste au frais et de réduire les arrosages, on s'assure ainsi une riche floraison pour toute la saison suivante.

A côté de toute une série de cultivars de formes et de coloris les plus divers, on rencontre souvent la variété panachée *H. rosa-sinensis* var. *cooperi* au feuillage ourlé de blanc et présentant des taches roses et carmin sur le limbe foliaire. La fleur est ici moins belle, les pétales sont d'un vilain rose, et étroits qui plus est. Par contre, l'espèce africaine *H. schizopetalus* est d'une grande beauté, avec ses fleurs penchées en « turban » présentant des pétales frangés rouge sang. Cette espèce demande un emplacement chaud même en hiver et convient à merveille aux appartements modernes.

Tous les hibiscus se multiplient aisément par bouture en bac chaud au printemps, au moment de la taille. Celle-ci doit être particulièrement courte notamment chez *H. schizopetalus* dont les dimensions deviennent sinon trop importantes.

Le substrat sera nutritif, composé de terreau de feuilles, de gazon et d'une faible part de tourbe et de sable. On fume abondamment pendant toute la durée de la végétation.

Hibiscus schizopetalus est une espèce africaine, tout à fait adaptée à la culture en appartement, à condition de la maintenir par la taille dans de justes proportions.

É 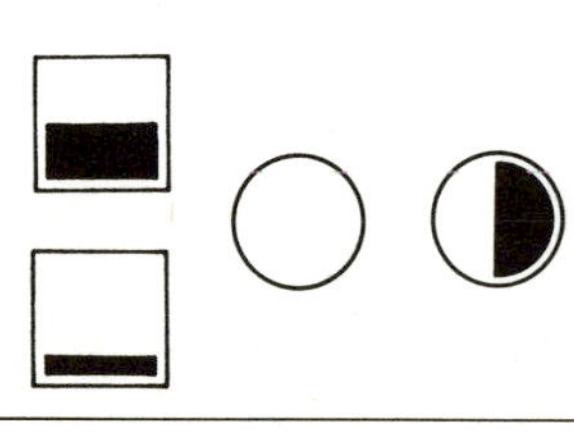 15–30 °C

H 10–15 °C

Jacobinia pohliana

(NEES) LINDAU

(syn. : *Cyrtanthera pohliana* Nees.)

Jacobinia

L'Amérique tropicale a vraiment apporté à l'horticulture d'immenses possibilités nouvelles. Pourtant, il n'est pas juste de dire qu'elle ne recèle plus rien à découvrir, car de nombreuses espèces introduites et décrites jadis en Europe ont peu à peu disparu des cultures et attendent de nos jours leur redécouverte. D'autre part, les immenses étendues de ce continent cachent très certainement encore bien des secrets.

Les espèces du genre *Jacobinia* (également appelé *Justicia*) attendent sans doute elles aussi leur retour en grâce. On en connaît plus de 50, décoratives tant par leur feuillage que par leur floraison. La plupart d'entre elles, jadis cultivées, ont fini par disparaître faute d'une connaissance suffisante de leur mode de culture, si bien que les collections et les entreprises horticoles ne disposent de nos jours que de deux survivants : *Jacobinia carnea* et *J. pohliana.* Exceptionnellement, on rencontre aussi d'autres espèces dont l'inflorescence se compose de fleurs isolées ou clairsemées et insignifiantes comme chez *J. pauciflora* et *J. ghiesbreightiana.*

J. pohliana provient du Brésil. Très voisine de *J. carnea,* elle est plus robuste et plus densément feuillée. L'arbuste atteint dans la nature plus de 2 m de hauteur, en culture, la moitié de cette taille. Les feuilles dépassent 20 cm de long. Les fleurs longues de 5 cm environ sont un peu gluantes. Malheureusement, l'inflorescence se flétrit rapidement et il vaut donc mieux planter les jacobinias là où leur floraison n'a rien de primordial, par exemple en vasques composées.

La culture est facile : un sol assez lourd et nutritif, des arrosages réguliers, une bonne aération pendant l'été et un léger ombrage garantissant les plantes des feux du soleil, et le succès est assuré. Un léger repos hivernal est recommandé mais non indispensable : même si on ne le respecte pas, les plantes fleurissent de mai à octobre. La multiplication se fait facilement par boutures.

Chameranthemum gaudichaudii

5–25 °C

Kaempfera rotunda L.

Il est intéressant de noter à quel point les habitants des pays tropicaux sont mieux disposés que ceux des pays européens à l'égard des plantes qui disparaissent sous terre pendant l'hiver. Visitez donc un intérieur tropical avant et après le démarrage printanier (pour parler à l'européenne) : la deuxième fois, vous y verrez deux fois plus de plantes que la première. Sans doute est-ce parce que la nature environnante est assez multicolore et riche pour qu'on ne ressente pas une telle pression, une telle faim de verdure, un tel besoin d'être constamment entouré de plantes vertes, que sous nos climats. Il est évidemment dommage de se priver de certaines très belles espèces de culture facile ; il suffirait pourtant, si on ne veut pas voir un pot vide pendant l'hiver, de les placer en composition simple. L'espèce représentée, qui passe l'hiver sous forme d'un épais rhizome, peut être plantée côte à côte avec une espèce toujours verte aux racines peu profondes (par exemple marante).

Il existe environ 45 espèce de *Kaempfera* dans les régions tropicales et subtropicales asiatiques, sporadiquement aussi en Afrique. L'espèce représentée *K. rotunda* provient de la région indo-malaisienne où elle est très appréciée pour sa valeur décorative. Après le « repos hivernal » (période sèche alternant avec les moussons), ce sont d'abord les fleurs qui apparaissent au-dessus du sol. Elles sont relativement grandes (6–7 cm de diamètre) et merveilleusement parfumées. Les feuilles apparaissent plus tard. L'endroit du limbe porte une ornementation argent, l'envers est pourpre-violacé. La longueur dépasse souvent 50 cm. L'organe de réserve est un rhizome charnu fournissant une huile d'abord camphrée, puis sentant l'estragon, de couleur jaune. Une espèce fréquemment cultivée est aussi *K. galanga* L. croissant dans une région qui va de l'Inde au Viêt-nam et de la Malaisie jusqu'en Nouvelle-Guinée. C'est une espèce menue dont les feuilles sont étalées au sol, largement ovales, ne dépassant pas 10 cm de longueur. Une plante donne à peu près douze fleurs ne dépassant pas 2 cm, mais très jolies. Le rhizome comprend des huiles et des essences parfumées, ainsi que des substances toxiques : les Papous de Nouvelle-Guinée l'utilisent comme narcotique dangereux dans certaines de leurs cérémonies.

La culture est vraiment simple : le substrat se composera de tourbe, de terreau de feuilles et de sable et les plantes seront plutôt placées dans des coupelles plates que dans des pots. Après la disparition hivernale, on n'arrosera que rarement et avec une grande parcimonie.

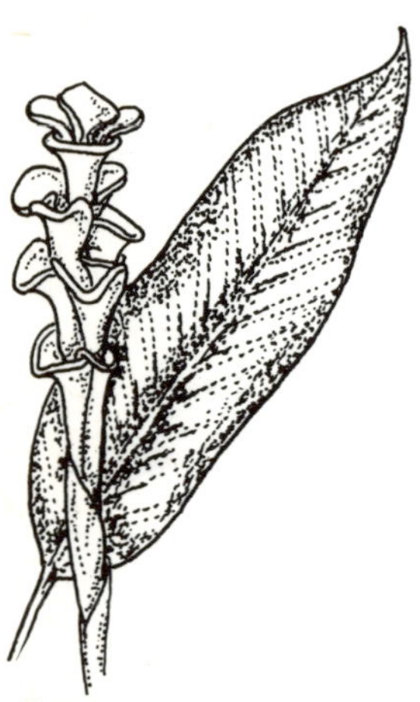

Curcuma roscoeana : les bractées vertes rougissent au cours de la floraison.

Phaeomeria magnifica est une plante de la famille des zingibéracées, souvent cultivée sous le nom de *Nicolaia elatior*. C'est une plante magnifique, mais qui ne convient qu'à une grande serre.

É 15–30 °C

H 10–15 °C

Lantana
(Camara – hybrides)
Lantana

Les plantes cultivées pour leur beauté chez nous sont souvent des adventices détestables dans les pays tropicaux. C'est le cas de nombreuses espèces de lantana qui couvrent la moindre murette, le moindre espace nu dans leur patrie, jouant ainsi l'office de nos prunelliers et atteignant à peu près leur taille.

Les quelque 160 espèces de *Lantana* que nous connaissons actuellement proviennent essentiellement d'Amérique tropicale, d'après certaines données aussi d'Asie orientale. On ne cultive pratiquement pas les espèces spontanées mais des hybrides, dont surtout *Lantana camara* L. × *L. montevidensis* (Spreng./Briq. × *L. urticaefolia* Mill.), toutes les espèces ayant pris part à l'hybridation n'étant d'ailleurs probablement pas mentionnées. Tout un grand groupe d'hybrides reçoit le nom générique de *Lantana* (Camara – hybrides) parmi lesquels on distingue ensuite différents cultivars. Les fleurs de l'inflorescence s'épanouissent de manière centripète et changent de couleur au cours de leur évolution. Ainsi, une plante entièrement fleurie présentera par exemple des fleurs périphériques rose soutenu, celles du centre étant jaune pâle (cultivar 'Arlequin') ; une autre, une combinaison d'écarlate et d'orange ('Professor Raoux'). Il existe toute une série de combinaisons colorées, parmi lesquelles on trouvera probablement une couleur à son goût.

Les lantanas sont des arbustes ligneux qu'on maintient aisément par la taille dans des proportions raisonnables. Ils supportent des emplacements relativement frais comme les appartements chauds, à condition d'avoir suffisamment de lumière, le mieux étant le plein soleil. En été, on peut facilement les transporter dehors et les utiliser pour la décoration de balcons ou de jardinières de fenêtres, où on plantera le pot entier. La multiplication est très facile par boutures qui s'enracinent rapidement même dans l'eau : un seul pied permettra donc, au moment de la taille printanière, d'obtenir une abondance de jeunes sujets qui fleuriront abondamment l'année même et pourront être utilisés pour la décoration de fenêtres. Le sol doit être plutôt lourd tel qu'un mélange de terreau de feuilles, de compost, de terreau de gazon et de terreau de couche additionné d'un peu de tourbe qui permettra de maintenir une humidité constante pendant l'été.

Duranta repens

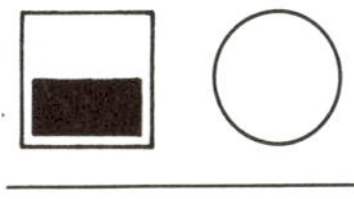

5–25 °C

Medinilla magnifica

LINDL.

Originaire des Philippines, *Medinilla* est certainement le représentant le plus connu, le plus beau et le plus souvent cultivé de sa famille. Bien connu sur les marchés horticoles – sa culture a commencé vers le milieu du XIXe siècle – il ne s'est répandu vraiment que vers les années soixante de notre siècle.

Medinilla magnifica est un arbuste relativement robuste pouvant atteindre 1,50 m de hauteur. Les tiges fortes et anguleuses, lignifiées à la base portent des feuilles de trente centimètres, à nervuration apparente. Mais le plus bel ornement de cette plante sont les fleurs et surtout les bractées enveloppant l'inflorescence. La floraison dure très longtemps et les sujets vigoureux peuvent avoir des inflorescences de 70 cm de long.

D'autres espèces, un peu moins décoratives, peuvent également être cultivées : *M. curtisii* (Sumatra), *M. javanensis* (Java), *M. sieboldiana* (Moluques) et *M. venosa* (Malaisie).

L'espèce représentée n'a pas de grandes exigences ct convient parfaitement à la culture en intérieur. Elle supporte mal un abaissement des températures automnales au-dessous de 15 °C et demande une période de repos avec arrosage réduit en hiver, moment où démarre la mise à fleur.

Le substrat doit être légèrement acide et aussi léger que possible : un mélange de terreau de feuilles de hêtre, de terreau d'aiguilles, de tourbe et de sable, additionné d'une petite part de terreau de couche, convient pour la culture. Au printemps, on ajoute de la poudre de corne comme réservoir d'alimentation, et on fume régulièrement chaque semaine pendant la végétation.

La multiplication se fait le plus facilement par graines, mais les jeunes sujets se développent lentement et fleurissent sans enthousiasme. Il vaut donc mieux procéder par boutures : on choisit des rameaux non entièrement aoûtés que l'on pique dans un mélange de sable siliceux et de sphaigne hachée en bac chaud. L'enracinement est assez lent et ne réussit pas toujours.

Miconia magnifica

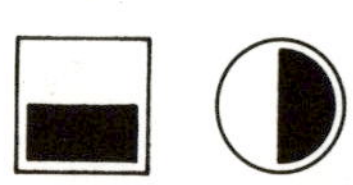

10–30 °C

Pachystachys lutea NEES

Il est assez rare maintenant de trouver une espèce végétale qui enrichisse significativement l'éventail des disponibilités horticoles, comme ce fut le cas pour *Pachystachys,* qui représente incontestablement un apport de premier intérêt.

C'est un arbuste bas, se lignifiant à la base, atteignant à peine 1 m de hauteur en culture, originaire, comme les six autres espèces de ce genre, des régions tropicales sud-américaines, et plus exactement du Pérou. Son principal attrait sont ses merveilleuses inflorescences, des épis de 10–12 cm, couverts de bractées jaune soutenu, à l'aisselle desquelles prennent naissance des fleurs d'un blanc pur.

L'inflorescence rappelle beaucoup celles de *Beloperone* et *Aphelandra,* ce qui explique pourquoi ce genre recevait souvent dans les catalogues un nom erroné, ou était confondu avec un cultivar de *Beloperone guttata* 'Yellow Queen'. Pourtant, il n'est pas difficile de les distinguer l'un de l'autre : le genre *Pachystachys* présente des inflorescences dressées, pointées droit vert le haut, tandis qu'elles sont retombantes chez *Beloperone.*

Les plus beaux sujets sont ceux qu'on soumet chaque année à une forte taille, ce qui permet d'obtenir des plantes compactes, denses, richement feuillées et fidèlement florifères. Sans cette taille, les plantes se dégarnissent du bas ce qui nuit à leur apparence.

La taille se fait au printemps et fournit des boutures pour la multiplication. Celles-ci sont écourtées à trois yeux et piquées obliquement dans un mélange de tourbe et de sable, en bac de multiplication chaud, où elles s'enracinent vite et bien même sans l'aide de stimulants. Lorsque les sujets ont formé 2–3 paires de feuilles nouvelles, on les transplante dans un substrat courant à base de tourbe, ou dans un mélange de tourbe, de terreau de feuilles et de sable.

Pendant la végétation, l'arrosage doit être copieux et des apports d'engrais organiques ou organo-minéraux, fréquents. En hiver, on réduit les arrosages et on place *Pachystachys,* dans la mesure du possible, dans un endroit clair, mais frais.

Crossandra × *infundibuliformis* est une plante d'appartement fort appréciée. De nombreuses espèces du même genre (comme *C. nilotica*) supportent même une ombre profonde.

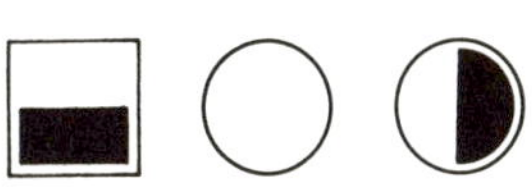

18–30 °C

Pavonia multiflora

ST.–HIL.

Pavonia

La famille des malvacées est une véritable mine de belles et précieuses espèces : il suffit de penser à *Hibiscus* ou à *Abutilon* pour s'en assurer. Pourtant, ses possibilités sont loin d'être épuisées, car elle comprend de très belles espèces de culture aisée qui n'ont pas encore, pour des raisons incompréhensibles, réussi à franchir les murs des jardins botaniques.

Le pavonia est un exemple criant de cette injustice. Il appartient à un genre relativement étendu, comprenant environ 70 espèces appartenant à la flore d'Afrique et d'Amérique tropicales. Les collections comportent le plus souvent l'espèce représentée, mais sous un faux nom : *Pavonia intermedia* hort. (attention à ne pas confondre avec *P. intermedia* St.–Hil.). Il s'agit d'un arbuste haut d'environ 1 m, dont l'axe a tendance à se coucher si bien qu'il est souvent nécessaire en culture de l'attacher à un tuteur. Les feuilles mesurent environ 20 cm, elles sont vert soutenu, persistantes. Les fleurs apparaissent en grappes terminales à longueur d'année. La combinaison des pétales rose carminé et des anthères bleu foncé intense est d'un très bel effet, comparable à celui de certaines passiflores. Bien d'autres espèces sont cependant cultivées, aux belles et grandes fleurs pourpre soutenu, violettes, roses et jaunes : la voie est donc ouverte à la création d'hybrides à grandes fleurs de colorations intéressantes. Les fruits sont des akènes souvent munis de griffes et de crochets. Dans la nature, ils sont disséminés par les animaux à fourrure. Les graines germent très facilement et conservent leur vitalité pendant un grand nombre d'années.

Les pavonias doivent être placés dans une pièce chaude sans période de repos marquée. Ils supportent le plein soleil comme une ombre légère, mais demandent un substrat et, dans la mesure du possible, une atmosphère constamment humides, ce qui en fait des plantes de grandes compositions en vasques ou adaptées à la « zone sèche » des paludariums. Ils se multiplient par boutures obtenues lors de la taille de printemps, ou par graines. Ils se plaisent dans un substrat de tourbe, de terreau de feuilles, de terreau de gazon et de sable mélangés.

Malvaviscus penduliflorus

15–25 °C

Pelargonium
(Peltatum-hybrides)
'Crocodile'

Pélargonium à feuilles de lierre

Les pélargoniums sont des plantes très appréciées depuis le milieu du XVIIIe siècle environ : ils trouvent leur place dans la décoration des intérieurs, et surtout des bords de fenêtres. Il en existe environ 250 espèces, croissant essentiellement en Afrique australe (seules quelques-unes atteignent l'Asie) ; l'horticulture disposait donc d'un bon réservoir pour les hybridations et l'éventail des firmes horticoles comprend de nos jours des centaines de cultivars fidèlement proposés à la vente.

Le cultivar représenté 'Crocodile' (le nom vient de l'ornementation des feuilles, faisant penser à une peau de crocodile) appartient à un vaste groupe d'hybrides dérivés de l'espèce spontanée *P. peltatum* (L.) Ait. Originaire d'Afrique australe, il croît à l'état naturalisé dans le Bassin Méditerranéen. Les hybrides de *P. peltatum* résultent du croisement de cette espèce à fleurs roses et au feuillage de forme peltée caractéristique, pentagonales ou pentalobées, avec l'espèce *P. lateripes*. Plus récemment, on a vu également apparaître des hybrides de *P. peltatum* avec d'autres grands groupes de pélargoniums, tels que les hybrides de *P. grandiflorum* et les hybrides de *P. zonale*. C'est surtout le port qui est ici caractéristique : la tige est le plus souvent couchée, voire retombante, ce qui fait de ce groupe une très bonne plante pour jardinières.

Les pélargoniums ne se plaisent pas au chaud toute l'année. Avant les premiers gels, on les transporte dans une pièce fraîche sans geler, voire dans une cave, avec leur jardinière. C'est aussi dans une pièce fraîche que passent l'hiver les jeunes sujets obtenus par bouturage en août (on peut également bouturer en mars ; dans ce cas, on veille à les placer suffisamment à la lumière). Au printemps, les plantes reçoivent un nouveau substrat nutritif assez lourd, ainsi que des arrosages et des fumures copieuses pendant la fin du printemps et tout l'été. Bien que les hybrides de *P. peltatum* se cultivent surtout comme plantes retombantes, il est possible de leur associer d'autres cultivars, au port dressé, obtenus par hybridations avec les autres groupes de pélargoniums. Une espèce « botanique », très belle et croissant facilement dans les mêmes conditions est le *P. endlicherianum* d'Asie Mineure et de Syrie, qui est pratiquement résistant au gel. Les fleurs de cette espèce sont très intéressantes : les deux pétales supérieurs sont grands, rose carmin, les trois autres sont atrophiés. Cette espèce convient bien pour la plantation en rocailles, à condition de la garantir d'un excès d'humidité en hiver.

Pelargonium havlasae, originaire d'Australie occidentale, est une espèce très rare aux fleurs rose tendre.

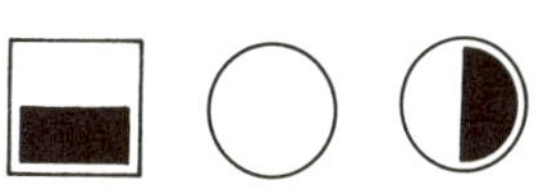

5–20 °C

Saintpaulia × ionantha

Violette d'Usambara

Qui ne connaît cette plante ? Elle se trouve régulièrement dans toutes les vitrines, chez tous les fleuristes et des enveloppes contenant quelques feuilles qui serviront de matériau maternel circulent dans le monde entier d'un spécialiste à l'autre. Il existe un grand nombre de clubs, d'associations et de publications spécialisées, consacrées en fait à une espèce unique, ou plus exactement aux hybrides obtenus par le croisement de deux espèces de base : *Saintpaulia ionantha* H. Wendl. et *S. confusa* B. L. Burtt.

Les 19 espèces connues de *Saintpaulia* proviennent de la région du Tanganyika où elles croissent depuis le niveau de la mer jusqu'à 2 000 m d'altitude (par exemple *S. goetzeana*), surtout dans les sous-bois des forêts pluvieuses. Chez toutes les espèces les fleurs sont bleues ou violacées et les feuilles le plus souvent velues.

Saintpaulia confusa se distingue de l'espèce « principale » seulement par ses fleurs un peu plus foncées et ses feuilles densément et régulièrement tomenteuses, couvertes de poils à la fois plus longs et plus raides.

Dans les années 50, il existait quelque 800 hybrides enregistrés aux États-Unis. Leur nombre actuel doit avoisiner le double de ce chiffre, et chaque amateur peut donc choisir un cultivar tout à fait à son goût. On connaît des hybrides à fleurs blanches, rose clair ou carmin, bleues, violettes ou bicolores, simples, semi-doubles au feuillage plus ou moins panaché, joliment ondulé ou différemment tomenteux.

Bien entendu, la simplicité de sa culture a contribué à l'extension de cette plante. Il lui suffit d'une pièce régulièrement chauffée, d'une ombre légère et d'un pot de faible taille (elle végète dans un grand récipient) et un substrat humide en permanence, composé de terreau de feuilles, de tourbe et de sable. Une autre condition de bonne réussite est de ne jamais bassiner les feuilles, surtout par faibles températures : elles se couvrent de vilaines taches et pourrissent. La multiplication se fait facilement par boutures de feuilles que l'on pique dans le sable, ou dans un mélange sablo-tourbeux avec environ 1 cm de pétiole. L'enracinement est rapide et sûr.

Saintpaulia grotei

15–25 °C

Sinningia regina SPRAGUE

(syn. : *Gloxinia regina* hort.)

Gloxinia

Les gloxinias font partie de l'éventail permanent, classique, des plantes d'intérieur. Le lecteur connaît certainement, sous le nom courant, mais erroné de *Gloxinia,* l'hybride complexe obtenu à partir de l'espèce *Sinningia speciosa,* et qui fleurit avec de grandes corolles veloutées.

Les hybrides comme les espèces botaniques, dont il existe une quinzaine au Brésil, ont les mêmes exigences culturales. Il leur faut un emplacement clair, mais abrité du soleil direct, une température élevée en permanence et un substrat toujours humide pendant la période de végétation. Les bulbes de gloxinia sont plantés à peu de profondeur dans un substrat aéré et suffisamment alimenté en matières nutritives, obtenu par un mélange de terreau de couche, de terreau de feuilles, de tourbe, de sable et de charbon de bois. Comme il s'agit de plantes très gourmandes d'éléments nutritifs, des apports d'engrais réguliers sont indispensables durant toute la période végétative. L'idéal est un apport de fumure organique, par exemple des arrosages à l'extrait de fumier de bovin.

La multiplication se fait aisément soit par graines, qui sont menues et doivent être semées sur une surface de tourbe stérile, soit par boutures de feuilles. On peut appliquer une méthode voisine du bouturage des bégonias et poser des fragments de limbe à la surface du substrat, ou piquer la feuille entière par le pétiole dans un mélange de sable et de sphaigne hachée. Une seule condition à ces procédés : un bac chaud et humide.

L'arrosage est ici d'une grande importance : l'eau ne doit pas toucher les feuilles au risque de les faire pourrir rapidement. On arrose donc systématiquement soit les racines, soit en plaçant la plante dans une coupelle d'eau.

L'espèce représentée est assez rare en culture, mais a déjà été utilisée dans les croisements et a donné naissance il y a une vingtaine d'années à une nouvelle lignée d'hybrides. L'espèce miniature *S. pusilla* est un peu plus sensible que le grand gloxinia. Sa taille ne dépasse pas 2,5 cm. La corolle est lilas, blanche à l'intérieur et mesure presque 2 cm de long. L'espèce *S. barbata,* aux feuilles brillant comme du métal, pourpres sur l'envers et aux fleurs blanches, tachetées de rouge à l'intérieur, est vraiment superbe.

Tous les gloxinias doivent avoir une période de repos total en hiver. On sort le tubercule de terre et on le conserve au sec et à basse température jusqu'au printemps.

É 15–30 °C

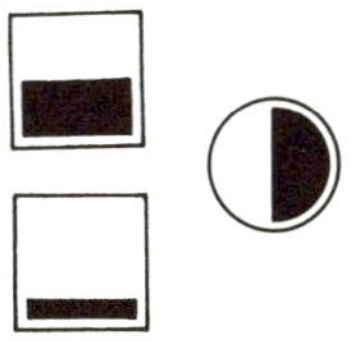

H 5–15 °C

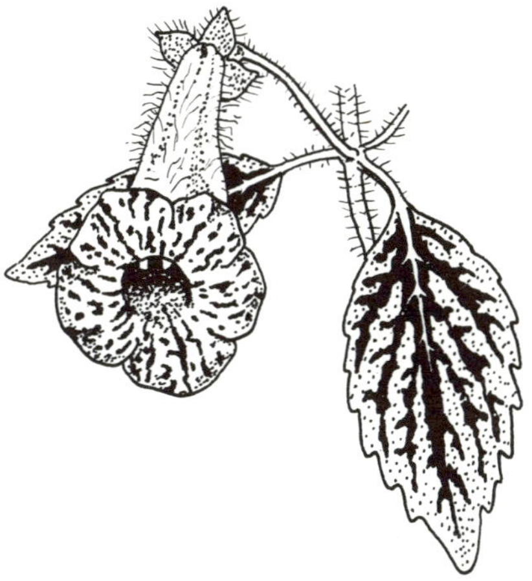

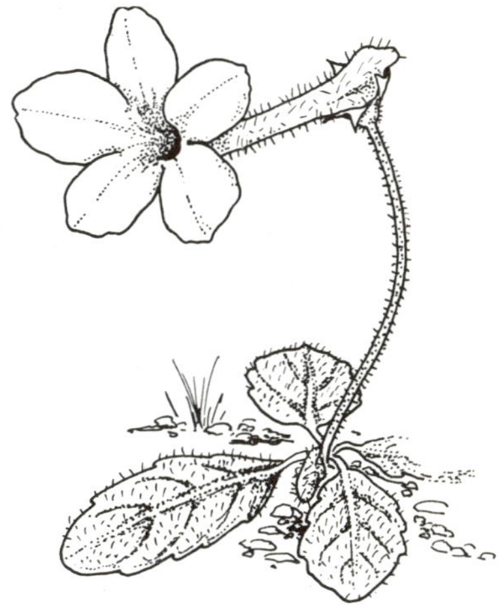

Kohleria amabilis, d'Amérique Centrale et d'Amérique du Sud, est une plante fort populaire croissant facilement en appartement moderne.

Sinningia pusilla est une espèce miniature ne dépassant guère 2,5 cm de hauteur. La fleur est lilas et blanc.

Spathiphyllum wallisii

REGEL

Rares sont les aracées cultivées pour la beauté de leurs fleurs. Bien des représentants de cette famille sont des espèces cryophiles de plein air *(Arum, Lysichitum, Symplocarpus, Calla, Arisaema)*, d'autres ne conviennent qu'aux appartements frais *(Zantedeschia,* à l'exception des espèces à fleurs colorées tel que *Z. elliotiana)*. Peu d'aracées à floraison décorative conviennent donc pour la culture en appartements modernes : *Anthurium, Typhonium, Steudnera* ... et *Spathiphyllum.*

Les 36 espèces actuellement connues du genre *Spathiphyllum* proviennent d'Amérique du Sud. L'espèce représentée a une bien curieuse histoire : elle fut jadis découverte dans les « marais de Colombie » et envoyée au jardin botanique de Saint-Pétersbourg. De là, elle se répandit dans les collections mondiales et les cultures horticoles, mais n'a jamais été retrouvée à l'état spontané. Il s'agit d'une plante haute de 30–40 cm au feuillage vert sombre marqué par une nervuration apparente. Le sol cache un rhizome court et épais. Une espèce voisine, fréquemment cultivée, se nomme *S. blandum* et croît sur un vaste territoire du Mexique jusqu'au Brésil, dans les chaudes forêts tropicales, aux abords de l'eau et dans les dépressions des savanes où l'eau se maintient pendant longtemps.

Les spathiphylles sont par excellence des plantes de paludarium. Ce sont le plus souvent des végétaux palustres qui exigent des inondations périodiques ou un niveau de nappe phréatique élevé. Elle demandent une bonne température, ne s'abaissant pas pendant longtemps au-dessous de 18 °C même en hiver.

Le substrat sera tourbeux, avec adjonction de sable et de terreau de feuilles. Il ne doit jamais sécher complètement, car les racines des spathiphylles doivent toujours rester humides. Les spathiphylles présentent l'immense avantage de supporter une ombre permanente, même assez épaisse en été.

Ils se multiplient aisément par division de touffes ou par semis des graines dans de la tourbe.

Spathicarpa sagittifolia

18 – 30 °C

Strelitzia × *reginae*

Strélitzia, Oiseau de paradis

C'est à une date relativement récente que sont apparues en grand nombre chez les fleuristes les fleurs coupées de strélitzia, faisant penser à des oiseaux exotiques en plein vol. La culture des strélitzias, pourtant relativement simple, n'a en effet vraiment démarré qu'à cette date, avec l'apparition de cultivars de petite taille (1 m de hauteur au maximum) actuellement utilisés en horticulture, et qui ont remplacé les exemplaires volumineux, peu rentables pour la plupart des entreprises.

Originaire d'Afrique australe, *Strelitzia reginae* Banks est une plante acaule, dont les feuilles apparaissent en touffe. Leur pétiole solide, long d'environ 1,20 m, porte un limbe ovale, vert glauque, s'enroulant en cuiller à l'extrémité, long d'environ 80 cm. L'inflorescence est portée par une hampe aussi haute que les feuilles. Elle est bien développée, protégée par une gaine florale qui laisse sortir les fleurs oranges et bleu sombre. Les formes basses furent obtenues par sélection de semis de caractère variable, et non par hybridation : il s'agit donc plutôt de clônes et de leurs hybrides réciproques, dans le cadre d'une espèce unique. Leur multiplication est uniquement végétative.

Leurs grandes dimensions nc pcrmcttcnt pas la culture en appartement des autres espèces du genre *Strelitzia,* à l'exception de l'espèce représentée sur la figure, mais introuvable en culture. Elles forment en effet un axe ligneux qui peut atteindre jusqu'à 5 m de hauteur, comme chez *S. nicolai.* On pourrait éventuellement envisager la culture de *S. parvifolia,* également acaule, aux feuilles plus courtes et aux fleurs de couleurs comparables à celles de *S. reginae,* quoiqu'un peu plus fades. La croissance de cette espèce est néanmoins lente et on ne la trouve que rarement en culture.

Les strélitzias se cultivent le plus souvent à partir de semis, parfois par division des touffes importantes. Les jeunes sujets sont capables de fleurir à partir de la troisième année.

La culture ne pose pas de difficultés lorsqu'on dispose d'un jardin d'hiver ou d'un autre espace clair et frais (10 °C environ) pour faire hiverner les plantes. Les récipients de culture doivent être suffisamment vastes, le sol très nutritif, composé de tourbe compostée, de terreau de couche, de compost, de terreau de gazon, de fumier de bovin et de sable. On ajoutera aussi une part de gravier grossier pour faciliter un rapide drainage de l'eau excédentaire. Un arrosage copieux, des apports d'engrais réguliers pendant toute la végétation, sont indispensables. Lors de la division des touffes, on veillera à bien couvrir la surface de coupe avec de la poudre d'aluminium et à laisser bien sécher la plaie. On s'efforcera de ne pas léser les racines qui pourrissent facilement.

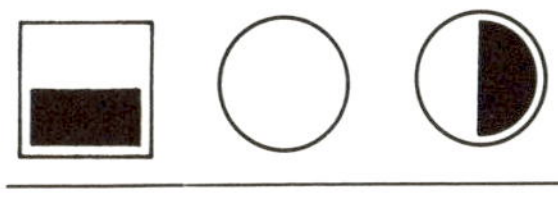

10–30 °C

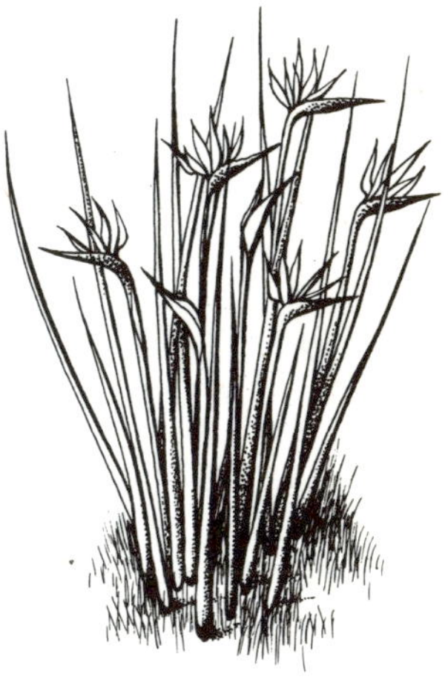

Strelitzia parvifolia var. *juncea* n'est malheureusement pas cultivée, mais c'est une des espèces de grand avenir.

Streptocarpus × hybridus

Les streptocarpus sont sans doute les plantes les plus connues et le plus souvent cultivées de leur famille. On en connaît quelque 90 espèces, originaires surtout d'Afrique australe, quelques-unes croissant également à Madagascar, voire en Asie méridionale. La plupart d'entre elles se plaisent dans un humus léger et un terreau de feuilles, de nombreuses espèces sont également saxicoles, voire épiphytes (comme *S. caulescens, S. rexii, S. saxorum*).

Les collections recèlent surtout des hybrides ayant pour origine *Streptocarpus rexii* Lindl., espèce spontanée au Cap, caractérisée par des feuilles ridées, longues d'une vingtaine de centimètres, vert vif. Les lobes de la corolle sont bleu pâle et inégaux. Comme chez la plupart des autres espèces, la tige est fortement contractée. (Seule espèce cultivée présentant une tige d'environ 20 cm, *S. kirkii.*)

Les espèces à feuille unique, mais gigantesque, sont particulièrement belles et intéressantes. Rappelons ici au moins *S. dunnii,* dont la feuille atteint 80 cm et les fleurs sont rouge brique ; *S. galpinii,* originaire du Transvaal, avec une feuille de 20 cm et des fleurs violettes ; le gigantesque *S. grandis,* dont la feuille atteint 1 m de longueur et 70 cm de largeur, aux fleurs bleu pâle, ne dépassant pas 2,5 cm et le populaire *S. wendlandii* dont la feuille mesure 90 cm sur 60, aux fleurs bleu pâle, mais un peu plus grandes.

La culture des streptocarpus, semblable à celle du genre *Sinningia,* ne présente pas de difficultés. A la différence de ce genre, *Streptocarpus* ne possède pas de tubercule et doit passer l'hiver soit dans une pièce fraîche, soit au chaud. Dans ce dernier cas, on veillera à lui assurer une atmosphère suffisamment humide. Ce genre se distingue des gloxinias en demandant moins d'ombre et plus d'air.

Streptocarpus se multiplie facilement par semis sur de la tourbe stérile, ou par boutures de feuilles : celles-ci seront piquées par le pétiole dans un mélange de tourbe et de sable, ou dans de la sphaigne pure fraîche. Ce sont d'excellentes plantes de petites compositions en coupes.

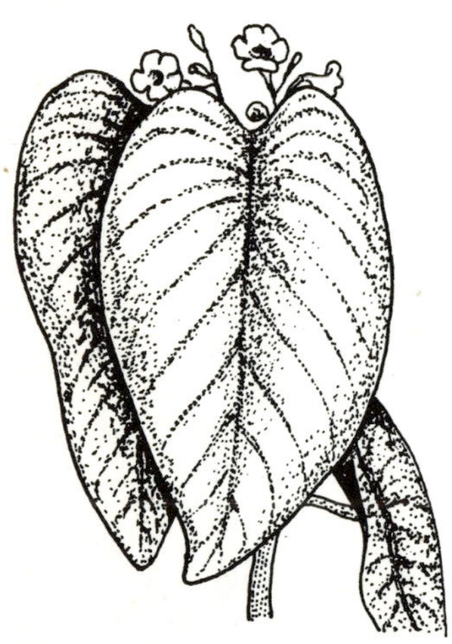

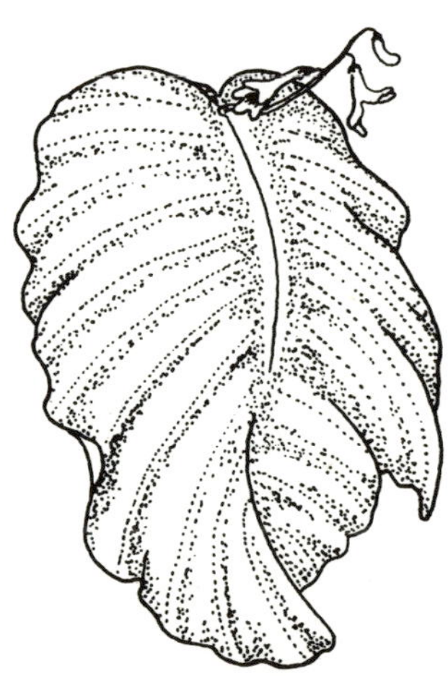

Chirita micromusa, appartenant à la même famille, rappelle un bananier miniature.

Streptocarpus wendlandii

5–25 °C

Tetranema mexicanum

BENTH.

On a souvent envie de décorer un peu son bureau, on un autre emplacement un peu réduit. Généralement, le choix se porte alors sur de petites compositions où dominent des espèces au feuillage ornemental. Évidemment, de telles espèces doivent être assez modestes d'un part pour ne pas se gêner les unes les autres, d'autre part pour ne pas occuper un volume plus important que celui réservé au départ à la composition. On peut également aspirer à voir une plante fleurie, et c'est là qu'on rencontre des difficultés : peu d'espèces sont suffisamment petites et rares sont celles qui supportent d'être éclairées et chauffées à longueur d'année.

Dans un tel cas, *Tetranema mexicanum,* une plante pour le moment sans raison sous-estimée des horticulteurs, pourrait rendre bien service. Il s'agit d'une menue plante herbacée dont les feuilles groupées en rosette terrestre ne dépassent pas 15–20 cm de longueur. Le centre de la rosette donne naissance, toute l'année durant, à des hampes longues d'une vingtaine de centimètres, portant un grand nombre de jolies fleurettes rose-violacé.

Dans sa patric, lc Mcxiquc, commc son nom l'indique, *Tetranema* se plaît en bordure des broussailles ripariales, à la lisière des forêts etc. Ses besoins culturaux sont dictés par son mode de vie : il supporte même le plein soleil, mais préfère une ombre légère. Le substrat doit être acide (tourbe additionnée de terreau de feuilles et de sable de préférence, la tourbe pure étant également possible) et ne doit jamais sécher complètement. La fumure peut être même faible, car la plante n'est pas gourmande d'éléments nutritifs. On l'apportera en plusieurs fois pendant la période végétative. La température ne devrait jamais descendre au-dessous de 15 °C : les conditions des appartements modernes conviennent donc à cette plante. Elle demande d'autre part une forte humidité atmosphérique, condition satisfaite à l'aide d'un évaporateur, ou encore par des bassinages.

La multiplication se fait aisément par graines semées sur de la tourbe. Les sujets fleurissent l'année même et *Tetranema* se multiplie même souvent en appartement par semis spontané.

Ourisia coccinea

15–30 °C

Tibouchina semidecandra

(SCHRANK et MART.) COGN.

Voici, pour terminer cette courte revue de plantes à fleurs, un arbuste malheureusement assez rare en culture, appartenant à une famille encore peu utilisée par les horticulteurs. Il faut espérer que l'apparition de plus en plus fréquente de serres et de vitrines d'appartement, qui assurent aux végétaux une lumière suffisante et une hygrométrie élevée (indispensable à un grand nombre d'espèces de cette famille) permettra de corriger quelque peu cet état de fait. Des genres comme *Osbeckia, Heterocentron, Bertolonia, Sonerila* ou *Miconia* le méritent en vérité, car ils comprennent des espèces au feuillage décoratif, et à la floraison souvent très ornementale.

Lorsqu'on visite des parcs de bonnes dimensions en Amérique centrale ou en Amérique du Sud, on ne peut que s'émerveiller devant ces grands arbustes aux immenses fleurs bleu gentiane, mesurant jusqu'à 12 cm de diamètre. *Tibouchina semidecandra,* spontanée dans le sud du Brésil, s'est disséminée en culture partout où elle trouve des conditions favorables, et surtout dans des régions subtropicales.

A l'état cultivé, cette espèce ne dépasse généralement pas 1 m de hauteur, tandis que la littérature mentionne des sujets six fois aussi grands à l'état spontané. Comme c'est un arbuste à croissance relativement désordonnée, on s'efforce de le former par une taille sévère au printemps, qui supprime de surcroît tout risque de le voir devenir trop grand.

L'espèce supporte bien les conditions estivales des appartements, comme une installation au jardin ou sur un balcon ; en hiver, des températures de 8–10 °C sont conseillées, mais la culture au chaud est également possible sans dommage, à condition d'aérer souvent. Le substrat sera léger, acide, sans calcium : le plus recommandé étant un mélange de tourbe, de terreau de feuilles, de sable et de fragments de charbon de bois.

La multiplication est simple : on place dans un bac chaud (22–25 °C) des boutures légèrement aoûtées que l'on pique au printemps dans un mélange sablo-tourbeux. L'enracinement est relativement sûr.

Les autres espèces de ce genre, au nombre de 250 en tout, ne devraient pas être non plus oubliées.

Osbeckia cinerea

É

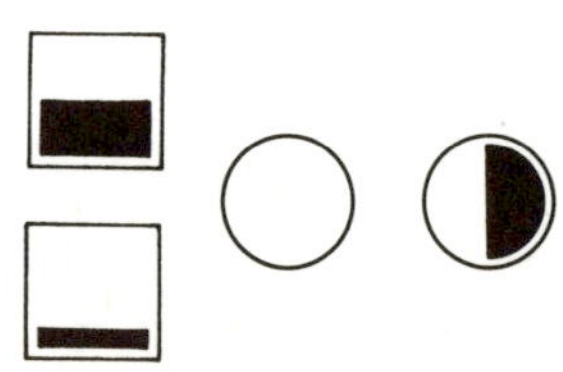

H

15–25 °C

5–10 °C

PLANTES À FRUCTIFICATION DÉCORATIVE

Anthurium scandens var. *violaceum* (SWARTZ) ENGL.

Anthurium

Anthurium scandens est sans doute la plus belle plante à fructification décorative, à la fois par la beauté de ses menues baies, et du fait qu'il s'agit d'une espèce miniature, facilement cultivable dans les conditions d'un appartement moderne.

L'espèce représentée provient selon certains auteurs de toute l'Amérique tropicale, selon d'autres uniquement de la région des Antilles. Il s'agit d'une plante relativement petite, épiphyte dans son jeune âge (la chair poisseuse de la baie facilite sa fixation sur l'écorce des arbres, selon le même principe que pour le gui). Sa croissance est très lente et ses fortes racines s'insinuent dans les fissures de l'écorce où elles trouvent à la fois un peu d'humus et un peu d'humidité. Ce n'est qu'au bout d'un certain temps que la plante devient typiquement grimpante ou plus exactement rampante, ce qui justifie son nom spécifique (*scandens* = grimpant). Les feuilles mesurent, pétiole compris, au maximum 15 cm, mais sont souvent plus courtes, le spadice floral mesure 5 cm environ. Même des sujets extrêmement jeunes sont capables de fleurir. Les inflorescences apparaissent aux aisselles des feuilles à mesure de leur formation. Tandis que les autres espèces d'anthuriums se caractérisent par la complexité de leur fécondation, celle-ci s'autopollinise fréquemment, pour ne pas dire habituellement, si bien qu'on peut toujours compter sur l'apparition des belles baies d'aspect cireux, blanches ou bleu pâle chez l'espèce, violettes chez la variété représentée.

A. scandens produit le meilleur effet comme épiphyte cultivé sans substrat sur une écorce de liège. Les sujets restent alors petits et compacts tout en fleurissant abondamment. Ils supportent le plein soleil, mais la mi-ombre est préférable. On peut également les cultiver en pots contenant un mélange léger à base de tourbe : la croissance est plus rapide dans ce cas. La multiplication se fait très facilement par semis des baies à la surface d'une couche de tourbe stérile additionnée de sable. On peut aussi les enfouir très légèrement.

Anthurium gymnopus

18–30 °C

Ardisia crispa A. DC.

Ardisia

A la différence de l'espèce précédente, l'ardisia fait partie de l'éventail horticole traditionnel, ce qui signifie qu'il demande une température hivernale relativement fraîche. Toutefois, comme il ne s'agit pas d'un grand froid, mais de valeurs avoisinant 15 °C, températures assez courantes dans les couloirs des immeubles, les patios vitrés ou les halls, il serait certainement dommage de mépriser cet arbuste décoratif.

A. crispa est originaire de Chine, où il croît à la lisière de forêts subtropicales, périodiquement desséchées ou dans des couverts clairsemés analogues. Selon certains auteurs, cette espèce s'étendrait jusqu'en Indo-Malaisie. Le genre *Ardisia* n'a rien d'étriqué : il comprend quelque 250 espèces distribuées dans les régions tropicales du monde entier (sauf en Afrique et en Australie, à quelques exceptions près).

A. crispa est un arbuste de petite taille, au feuillage persistant vert soutenu. Ses magnifiques baies rouges se maintiennent sur les branches presque six mois et constituent une belle décoration hivernale.

A. crispa et d'autres espèces du même genre comme le très voisin *A. crenata* spontané en Asie du Sud-Est et au Japon, présentent une curieuse particularité biologique : les bords crénelés des feuilles sont en même temps épaissis car ils contiennent des colonies bactériennes *(Bacillus foliicola)* symbiotiques. Leur présence dans ces renflements a certainement son importance : les sujets chez qui ces bords ont fait, au cours de certaines expériences, l'objet d'une élimination systématique ont peu à peu dépéri malgré des conditions par ailleurs optimales.

Dans les serres d'intérieur, on peut planter aussi *Ardisia malouiana,* originaire de Bornéo. C'est un arbuste bas aux grandes feuilles atteignant 25 cm de longueur présentant un limbe vert sombre velouté sur l'endroit, orné d'une tache allongée, gris-clair, comme fondue, au voisinage de la nervure centrale. L'envers du limbe est rouge soutenu chez les jeunes feuilles.

A. crispa et les espèces voisines demandent un sol humifère enrichi de tourbe. La multiplication se fait assez facilement par boutures ou par graines semées en hiver dans un bac chaud (25 °C idéalement). Avant le semis, on aura soin d'éliminer la pulpe des baies, souvent à l'origine d'un pourrissement des plantules.

Ardisia malouiana est surtout cultivée pour son feuillage ornemental.

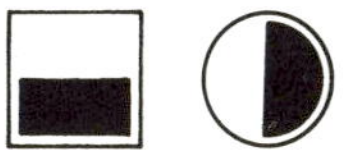

10–20 °C

Capsicum × *hybridum*

Piment

Une section spéciale de notre ouvrage est réservée aux plantes annuelles, toutes les autres espèces étant exclusivement pérennes. Pourtant, il est parfois très difficile de savoir où tracer la limite entre une plante annuelle et une pérenne : bien des annuelles peuvent survivre de nombreuses années lorsqu'elles hivernent au chaud, si bien que la distinction s'applique différemment selon les régions du globe. Le piment *Capsicum annuum,* qui doit justement son nom spécifique à son caractère annuel *(annuus)* peut également se maintenir, dans des conditions favorables, jusqu'à devenir un arbuste vigoureux, mesurant 2 m de haut. Dans les hybridations aboutissant aux piments d'ornement sont de plus intervenues même des espèces vivaces, telles *Capsicum frutescens* et *C. baccatum.* Qui plus est, on a appelé à la rescousse également de nombreuses morelles *(Solanum),* comme *S. capsicastrum.* Il serait donc particulièrement malaisé, si on cherchait de nos jours à établir la parenté des piments d'ornement hybrides, d'y voir vraiment clair : de nombreux parents de ces plantes étaient déjà eux-mêmes des hybrides, souvent même apparus spontanément au hasard des fécondations survenues dans une serre contenant plusieurs espèces côte à côte.

Ce sont actuellement les Japonais qui possèdent les plus belles variétés de piment d'ornement : leur maîtrise des techniques horticoles est inégalée dans tous les domaines. Il existe de nos jours des fruits de toutes tailles et formes, blancs, verts ou jaunes, rouges, oranges, violacés voire noirs. Les États-Unis disposent également d'un très bel éventail de toutes sortes de *Capsicum.*

Le plus souvent, on reçoit cette plante à l'automne, couverte littéralement de fruits merveilleusement colorés, et les soins consisteront surtout à les maintenir le plus longtemps possible dans cet état. Pour cela, on les placera à la lumière dans une pièce fraîche, l'optimum se situant aux alentours de 10 °C. Lorsque la plante a trop chaud, elle perd rapidement feuilles et fruits et finit parfois par mourir. Au printemps, on peut semer quelques graines provenant des fruits secs et cultiver les nouveaux sujets sur un bord de fenêtre ensoleillé. La plante-mère doit être sévèrement taillée, transplantée dans un sol nutritif et lourd, placée au chaud et au soleil, où elle se met généralement à bourgeonner. Mais attention ! Les piments d'ornement ont le plus souvent pour parents lointains des espèces du genre *Solanum* et leurs fruits sont donc toxiques.

Datura arborea

10–25 °C

Cyphomandra betacea

(CAV.) SENDTN.

L'espèce précédente était un exemple caractéristique de végétal connu pour son intérêt alimentaire et devenu par la suite purement décoratif. L'hybridation à l'aide de morelles *(Solanum)* toxiques a fait complètement disparaître la fonction utilitaire qui justifiait sa culture pour la remplacer par le seul aspect décoratif du piment d'ornement.

Le cas est différent pour *Cyphomandra betacea* qui est également une espèce utilitaire, mais cultivée justement à ce titre. Originaire du sud-est du Brésil, il est de nos jours cultivé dans toute l'Amérique chaude comme arbuste fructifère. Par endroits, et notamment au Pérou, il procure un des fruits les plus populaires et les plus recherchés sur les marchés des villages, et cela malgré sa fadeur relative. Les baies fraîches font penser à des tomates de qualité médiocre et se préparent en conséquence ; après un temps de stockage, leur goût se rapproche, sans l'égaler, de la groseille à maquereau. Mais ce qui est sans doute le plus important, c'est qu'il s'agit de fruits riches en vitamine C, denrée rare dans les Andes péruviennes.

Cyphomandra est une espèce subtropicale et non tropicale : même dans sa patrie, on la rencontre à des altitudes relativement élevées. Il est donc impossible de conserver cette plante dans une pièce chaude pendant l'hiver : elle ne tarderait pas à y dépérir. D'ailleurs, même pendant l'été, il ne s'agit pas d'une plante d'intérieur idéale : ses dimensions peuvent dépasser deux mètres de hauteur. Il est donc conseillé de la transporter, après un hiver passé dans un couloir ou un hall, sur un balcon ou une terrasse au moment où tout risque de gel a disparu. Son feuillage clair y fera un très bel effet. Les fleurs s'épanouissent en grappes ; elles sont tubulaires, blanches, un peu bleutées.

Cyphomandra doit être cultivé dans un sol suffisamment nutritif, lourd, composé par exemple de terreau de feuilles, d'humus, de terreau de couche, de sable et de tourbe. Pendant la végétation, on arrose copieusement en apportant une fumure de complément régulière.

La multiplication est très facile par graines qui conservent plusieurs années leur pouvoir germinatif ou par boutures.

Browallia speciosa

10–20 °C

Fortunella × japonica

(syn.: *Citrus japonica* Thunb.)

Kumquat

Les agrumes sont certainement les préférées des plantes à fruits décoratifs. Des dizaines d'associations et de grandes compagnies s'intéressent de par le monde à leur culture, réalisent de nouvelles hybridations, font des expériences de culture en plein air, à l'extérieur des serres, éditent un grand nombre de publications spécialisées. Et de fait, il s'agit de végétaux attrayants par leur feuillage, leur jolie floraison et leur parfum délicieux. Les fruits ont une couleur magnifique, sont très parfumés et se maintiennent longtemps sur la plante, sans compter qu'ils sont comestibles.

La systématique des agrumes (genres *Fortunella, Citrus* et *Poncirus*) est très compliquée, car il s'agit d'espèces cultivées et hybridées depuis des millénaires. Les opinions sur la position systématique des espèces sont très variables, si bien que, selon les auteurs, le nombre d'espèces du genre *Citrus* varie de 16 à 60 ; *Fortunella* pose également des problèmes et on y distingue 6 à 10 espèces.

Tous les agrumes proviennent de l'Asie du Sud-Est et demandent généralement (c'est le cas pour l'espèce représentée) un temps de repos hivernal à des températures d'environ 10 °C. On ne peut donc les cultiver en appartement qu'à condition de pouvoir arrêter le chauffage d'une des pièces, ou de posséder un jardin d'hiver.

Fortunella japonica est une espèce chinoise, n'en déplaise à son nom spécifique. Elle fut introduite au Japon comme plante d'ornement et décrite dans ces conditions. Il s'agit d'un arbuste bas aux fleurs roses odorantes et aux fruits menus (environ 3 cm de diamètre seulement) mais très abondants. C'est l'un des agrumes d'intérieur préférés, supportant même des hivers très froids, surtout s'il est greffé sur *Poncirus trifoliata.*

Parmi les espèces vraiment recommandables pour les appartements, citons le mandarinier 'Unshiu' et le citronnier 'Meyeri' qui supportent bien les conditions d'un appartement et sont à la fois très florifères et très fructifères. Le sol sera toujours assez nutritif, relativement lourd, semblable, par exemple à celui de l'espèce précédente.

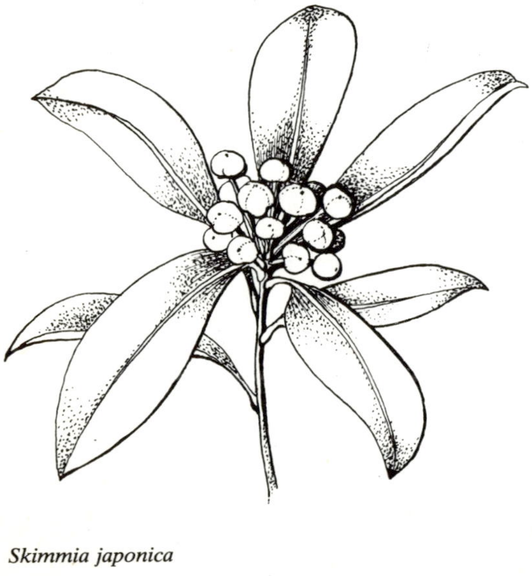

Skimmia japonica

É 15–20 °C

H 5–10 °C

Nephthytis afzelii SCHOTT

(syn. : *N. liberica* N. E. Br.)

A la différence des espèces précédentes, toutes relativement bien connues, ne serait-ce que par les collections des jardins botaniques, *Nephthytis* est une plante à peu près inconnue. On la trouve tout au plus dans les très grandes collections, mais personne n'a encore tenté de l'introduire sur le marché horticole, et c'est dommage car il s'agit d'une plante à très beau feuillage et aux fruits extraordinairement décoratifs. De plus elle convient à merveille aux appartements chauds.

Quatre espèces appartenant au genre *Nephthytis* croissent en Afrique occidentale. Elles se caractérisent par une souche souterraine horizontale, contractée et épaissie en forme de tubercule, des pétioles longs et droits portant un limbe sagitté à hasté. L'inflorescence se compose d'un spadice court et droit portant en bas les fleurs femelles et en haut les fleurs mâles et d'une spathe solide, écartée à l'horizontale.

Chez l'espèce représentée, la spathe est vert émeraude, le pétiole atteint 30 (à 50) cm et le limbe presque 20 cm. Les feuilles sont coriaces et très solides. La plante fructifie même sans fécondation artificielle. La spathe est persistante et porte à son aisselle le plus souvent 4 baies d'un orange éclatant qui atteignent 2,5 à 3 cm de longueur. L'intérêt de ces fruits est qu'ils se colorent très rapidement, puis continuent à mûrir sur le pied presque six mois durant. Ils sont monospermes et ne germent que très lentement (jusqu'à 4 mois) et à la seule condition d'être plantés entiers dans un mélange sablo-tourbeux.

Nephthytis afzelii est la plus cultivée de son genre. Parfois, les grandes collections spécialisées comportent également une espèce voisine mais plus menue, *N. gravenreuthii*.

Comme plantes d'intérieur, ces espèces sont particulièrement résistantes et fiables. On peut très bien les utiliser en coupes composées, ou sur la « terre ferme » d'un paludarium ; elles sont très utiles comme plantes de terrariums car les animaux laissent intactes leurs feuilles dures. Elles supportent une ombre légère ou plus profonde, des températures variant de 10 à 35 °C et résistent à la poussière, à la fumée et à l'air sec. Le substrat doit être acide, tourbeux et sableux, additionné de terreau de couche.

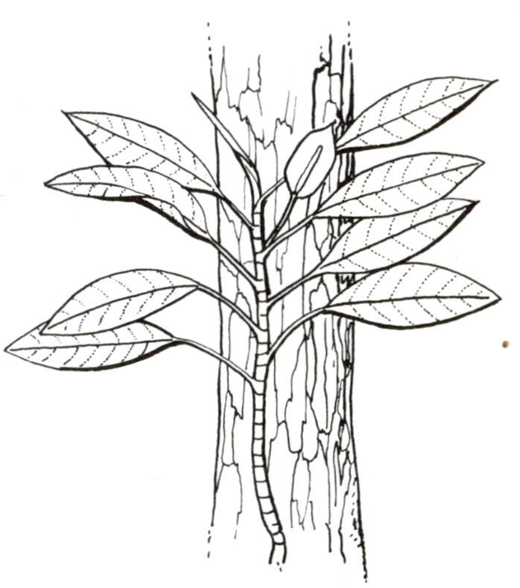

Rhodospatha latifolia

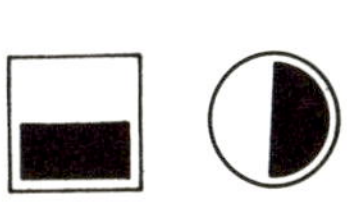 10–35 °C

Nertera granadensis

(MUTIS ex L. f.) DRUCE

(syn. : *N. depressa* Banks et Sol. ; *Gomozia granadensis* L. f.)

Mousse de corail

Les montagnes de l'hémisphère austral sont la patrie d'un genre particulier, ne comprenant que 8 espèces. L'aspect en est suggéré déjà par le nom générique : nerteros signifie « bas » en grec. Il s'agit effectivement de petites plantes couchées, en coussinets, finement feuillées, présentant une floraison insignifiante, mais une très belle fructification.

Nertera granadensis croît dans les Andes d'Amérique centrale et d'Amérique du Sud, ainsi que dans les montagnes de Nouvelle-Zélande et de Tasmanie. Elle se présente sous forme de petits coussinets de tiges appliquées contre le sol portant de menues feuilles arrondies, comparables à celles de l'espèce bien connue *Helxine soleirolii*. Les minuscules fleurs vertes et insignifiantes apparaissent en mai-juin et passent très souvent inaperçues ; elles se transforment par la suite en belles baies rouge-orangé mesurant jusqu'à 6 mm de diamètre, se colorant vers la mi-août et persistant sur la plante jusqu'au cœur de l'hiver, donc plus de six mois.

Plante alpine de l'hémisphère austral, la mousse de corail se caractérise par deux exigences : une abondance d'air frais et des hivers sans chauffage. Elle vivote en appartement chaud, passe parfois le premier hiver, dépérit souvent bien avant. Il s'agit donc de la cultiver dans un endroit fréquemment aéré et présentant une température voisine de 10 °C, donc idéalement dans un jardin d'hiver, un patio couvert, un couloir d'immeuble, une serre à peine chauffée destinée à abriter certaines cactées sur un balcon pendant l'hiver, etc.

Nertera a un enracinement relativement peu profond, qui permet de l'installer dans une coupe composée abritant d'autres végétaux, notamment dans le cas où on veut couvrir la surface du substrat entourant des plantes à haute tige. Le sol doit être légérement acide et assez nutritif : un mélange de terreau de couche et de compost additionné d'autant de tourbe convient parfaitement.

La multiplication est facile, soit par séparation des tiges couchées radicantes au mois d'août, par bouturage à la même époque ou par semis des graines. Ni les boutures, ni les semis ne demandent des températures élevées pour commencer à se développer : on les place donc au frais et à l'humidité.

Coprosma baueri

5–15 °C

ARBRES ET ARBUSTES D'INTÉRIEUR

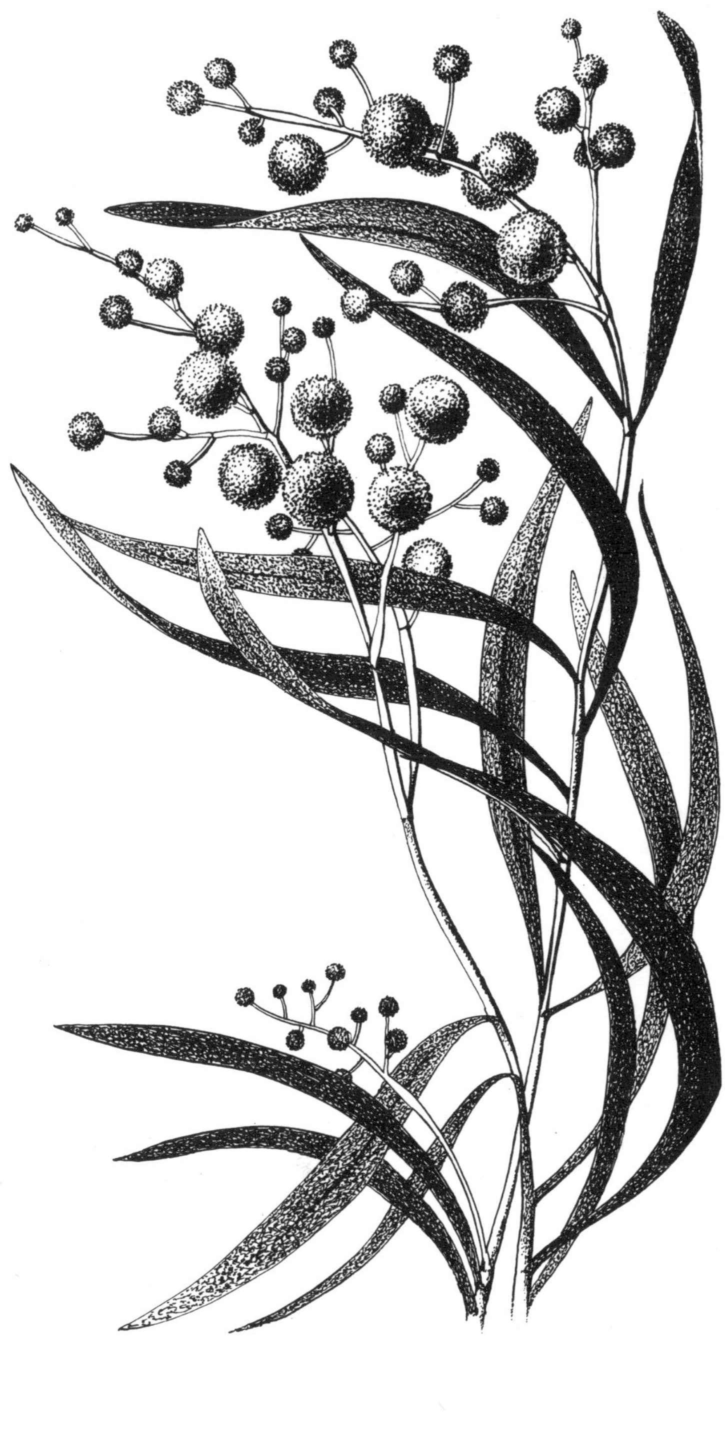

Acacia armata R. BR.

(syn. : *A. paradoxa* DC.)

Acacia

Avant de commencer ce chapitre sur les végétaux ligneux d'intérieur, il vaut la peine de rappeler qu'on pourrait y inclure certains végétaux fruticuleux à floraison ornementale (*Hibiscus, Fuchsia,* p. ex.) ou à feuillage décoratif *(Ficus...)*. Réciproquement, certaines espèces classées dans ce chapitre pourraient trouver leur place ailleurs (*Bougainvillea* parmi les lianes, etc.). Ce genre d'imprécision est inévitable dès qu'on essaie d'établir des catégories, et il ne reste plus à l'auteur qu'à compter sur l'indulgence de ceux qui le liront.

Les acacias sont des plantes bien connues, qui apparaissent au printemps dans les vitrines des fleuristes sous forme d'arbustes ou de petits arbres couverts de fleurs. Celles-ci sont le plus souvent jaunes et groupées en capitules sphériques ; certaines espèces présentent également des fleurs en épis cylindriques. Les feuilles sont soit doublement pennées, soit transformées en phyllodes : leur limbe peut être atrophié ou transformé avec le pétiole en une formation foliacée. Les stipules sont chez la plupart des espèces transformées en épines.

Acacia armata est originaire d'Australie où il a un port arborescent et atteint jusqu'à 5 m de hauteur. Sous forme cultivée, c'est un arbuste nettement plus bas, densément ramifié. Feuilles et pétioles sont transformés en phyllodes à nervure unique, longues d'environ 2 cm. Les stipules sont des épines persistantes paires. L'arbuste se couvre en mars-avril d'une généreuse floraison jaune.

Parmi les espèces à feuilles pennées, on rencontre le plus souvent en culture *A. drummondii* à inflorescence spiciforme courte, ne dépassant pas 3–4 cm et *A. pulchella* à fleurs groupées en capitules. Ces deux espèces sont également australiennes.

Les acacias vivant en symbiose avec des fourmis sont d'un grand intérêt biologique : c'est le cas de *A. sphaerocephala* qui croît au Mexique et présente des épines brun-rouge, creuses et enflées, abritant des fourmis qui se nourrissent des petites particules jaunâtres, riches en albumine, qui se forment à l'extrémité des folioles.

Les acacias ne doivent être cultivés que si l'on dispose d'un endroit frais pour leur hivernation (les curieux acacias à fourmis supportent cependant des appartements chauds). La température de repos ne devra pas dépasser 5–10 °C. Le substrat sera nutritif, riche en compost. En été on fait de copieux apports de fumure et d'arrosage. La multiplication se fait par boutures et par graines.

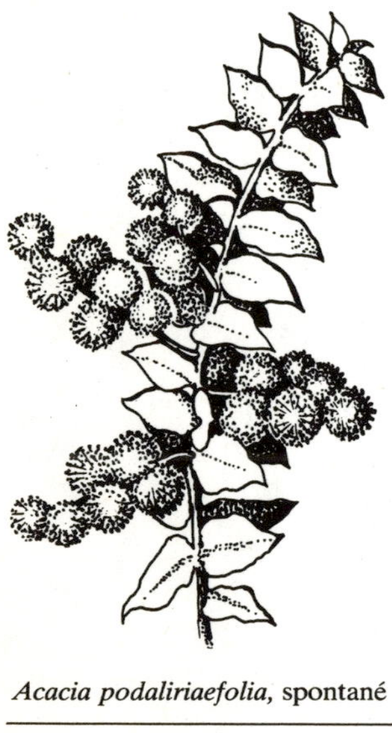

Acacia podaliriaefolia, spontané au Queensland, fleurit au cours de l'hiver.

5–15(20) °C

Araucaria bidwillii HOOK.

Araucaria

La famille des araucariacées ne comprend que deux genres, *Araucaria* et *Agathis,* croissant exclusivement dans l'hémisphère austral. Il s'agit de conifères particulièrement archaïques, d'arbres le plus souvent robustes aux branches apparemment groupées en verticilles. Les troncs ont un port caractéristique, absolument rectiligne, qui, joint à la distribution régulière des branches, donne à l'arbre un air quelque peu ridige. Les araucarias possèdent des feuilles persistantes, alternes, aciculaires, à une seule nervure (le genre *Agathis* présente des feuilles plus larges, marquées par un grand nombre de nervures concurrentes). Ce sont des arbres monoïques, portant à la fois des cônes mâles et femelles. Jadis, les forêts d'araucarias abondaient même en Europe, mais ont été repoussées dans l'hémisphère sud à la fin du tertiaire.

L'espèce représentée provient des côtes du Queensland australien. Dans sa patrie, elle se présente sous la forme d'un arbre robuste doté d'un tronc droit portant des branches régulières, obliquement écartées du tronc. Les feuilles sont aciculaires, longues d'environ 1–2 cm et leur envers est dépourvu de carène, ce qui représente le principal signe distinctif qui différencie cette espèce de *A. angustifolia.* A l'état cultivé *A. bidwillii* ne dépasse pas 2–3 m de hauteur, même dans des conditions optimales. L'espèce la plus connue de ce genre, *A. excelsa* (pin colonnaire) provient de l'île Norfolk. Dans sa patrie, c'est un arbre qui peut atteindre 60 m de hauteur, au branchage pyramidal, aux feuilles aciculaires.

Les araucarias forment une composante fort appréciée des orangeries de châteaux, mais sont également souvent cultivés comme végétaux d'intérieur. Toutefois, ils demandent à passer l'hiver au frais et il est donc indispensable de les transporter dans un jardin d'hiver, un atrium couvert etc., dont la température hivernale ne dépasse pas 3–10 °C. Même en été, ils doivent bénéficier d'une bonne aération, et on veillera à les placer près d'une fenêtre toujours ouverte. Malheureusement, ce sont des arbres qui supportent très mal l'air pollué des villes, et, comme les appartements frais ne cessent de se faire de plus en plus rares, il s'agit d'espèces condamnées, malgré leur grande beauté. Les araucarias doivent être plantés dans un mélange de terreau de feuilles, de compost, de tourbe et de sable ; la multiplication se fait par boutures apicales.

A. araucana, originaire du sud du Chili, peut être planté au jardin en situation abritée ou dans les régions assez chaudes d'Europe.

Agathis robusta

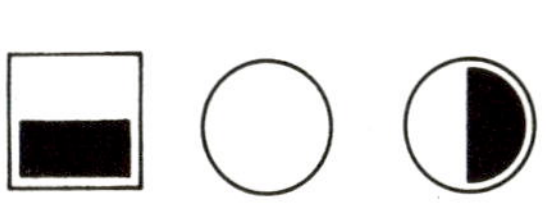

5–15 °C

Aucuba japonica THUNB. 'Variegata'

Aucuba du Japon

Les forêts sempervirentes des régions subtropicales d'Asie du Sud-Est offrent à l'horticulture une série de belles espèces, pour la plupart décoratives par leur feuillage. Les aucubas font partie de ce groupe et leur culture demande essentiellement le respect de leurs conditions naturelles : de l'air frais en abondance, une atmosphère assez humide et dans tous les cas un hiver frais, voilà leurs principaux besoins. Ce sont donc surtout des végétaux servant à la décoration de halls vitrés, de jardins d'hiver ou d'atriums couverts ; en été, on peut les transporter à l'extérieur et les placer soit au jardin, soit sur un balcon ou une terrasse. Le genre *Aucuba* ne comprend que trois espèces croissant dans l'Himalaya et en Asie orientale.

Aucuba japonica est spontanée au Japon, ainsi que dans la partie méridionale de la Corée. Elle y constitue une des composantes des couverts sempervirents situés à quelques 600 m d'altitude. L'arbuste atteint dans la nature jusqu'à 5 m de hauteur et croît toujours à l'ombre d'arbres plus importants.

L'espèce spontanée présente des feuilles vertes ; un grand nombre de cultivars, dont celui de notre illustration, furent obtenus par l'horticulture. Parmi les autres cultivars remarquables, citons 'Crassifolia' (feuilles coriaces particulièrement épaisses), 'Hillieri' (grandes feuilles vertes, très fructifère), 'Longifolia' (feuilles vertes, étroitement lancéolées, longues d'environ 12 cm), ou encore 'Luteocarpa' (feuilles dentées, ponctuées de jaune, fruits jaunes).

Comme *A. japonica* est un arbuste unisexué, et que les cultivars se multiplient par voie végétative, un grand nombre d'entre eux ne présentent que des sujets mâles ou femelles.

La culture est ici très simple. Les aucubas seront plantés dans un sol nutritif humifère additionné de tourbe et copieusement fumés et arrosés pendant la période de végétation. La taille de formation permet d'obtenir une abondance de boutures qui s'enracinent rapidement dans un bac chaud (20 °C environ).

Aucuba japonica 'Goldieana'

5–15(20) °C

Bauhinia variegata L.

Bauhinia

Le genre *Bauhinia* comprend quelque 200 espèces d'arbres et d'arbustes distribuées dans les régions tropicales et subtropicales d'Asie, d'Afrique et d'Amérique. Bon nombre de ces espèces à splendide floraison se sont disséminées bien au-delà des frontières de leur aire naturelle.

L'espèce représentée vient d'Inde et de Chine, mais constitue une composante classique des espaces verts urbains dans toute l'Afrique du Nord. Les fleurs sont à la fois très nombreuses, très grandes et d'une belle couleur, si bien que l'arbuste est très apprécié même dans sa patrie. Dans la région de Kangra, en Inde, il n'existe pas de village qui n'en renferme un grand nombre d'exemplaires. La floraison a généralement lieu au printemps, en février-mars. Les fruits sont de longues gousses contenant 10–25 graines.

D'autres espèces du genre, d'aspect voisin, croissent souvent dans les jardins botaniques, où elles sont surtout cultivées à titre de curiosités botaniques : les feuilles profondément découpées présentent en effet plusieurs « articulations », à l'endroit de l'insertion du pétiole sur la branche, au contact du pétiole et du limbe et peuvent de plus, souvent, se replier le long de la nervure centrale. Les *Bauhinia* disposent donc d'une extraordinaire aptitude à s'assurer un éclairement optimal du feuillage. Chez la plupart des espèces cultivées, les feuilles mesurent environ 15 cm de longueur.

Parmi les autres espèces, citons l'arbuste volubile *B. galpinii* originaire du Mozambique et de la Rhodésie, une espèce xérophile qui fructifie souvent même dans les jardins botaniques ; on rencontre aussi l'espèce sud-asiatique *B. purpurea* aux fleurs rouge-violet.

Pour les appartements chauds, nous recommanderons surtout *B. acuminata,* une espèce indienne, chinoise et birmane. Il s'agit d'un arbuste ne dépassant pas 1–2 m de hauteur dont les belles fleurs blanc pur s'épanouissent sans difficulté.

Comme les autres espèces, celle-ci se cultive à partir de graines qui germent une semaine à peine après le semis. On transplante les jeunes sujets au stade de la troisième feuille dans un substrat meuble, composé de terreau de feuilles, de terreau de gazon, de sable, de tourbe et additionné de gravillons facilitant le drainage. Les plants seront pincés pour la première fois à un mois ; ils supportent très bien la taille. Du printemps à l'automne on apporte des fumures et des arrosages généreux : les plantes sont placées en plein soleil. En hiver, on limite quelque peu les arrosages en baissant légèrement la température. Certaines espèces perdent régulièrement leur feuillage pendant l'hiver.

15(10)–30 °C

Bauhinia picta est une des espèces à plus élégante floraison.

Bougainvillea × buttiana
'Mistress Butt'
Bougainvillée

L'Amérique tropicale et subtropicale est la patrie de quelque 14 espèces du genre *Bougainvillea,* ainsi nommé en hommage au célèbre navigateur français. Seules deux de ces espèces présentent un intérêt pour l'horticulture : *B. spectabilis* Willd. et *B. glabra* Choisy, toutes deux brésiliennes. La première est un arbuste volubile, robuste, présentant de fortes épines recourbées. Les bractées de l'espèce naturelle sont lilas. La seconde est un peu moins vigoureuse, ses feuilles sont à peine velues et ses épines moins développées. L'inflorescence a une coloration semblable.

Les deux espèces spontanées sont très variables et on trouve des bractées de toutes les nuances : leur hybridation a permis d'aboutir à toute une série de formes présentant des bractées blanches, roses, jaune-orange ou jaunes, ainsi que de toutes les nuances de rouge et de violet-pourpre.

Le cultivar représenté résulte d'un croisement spontané (dans les ouvrages un peu anciens, il porte les synonymes 'Presas' ou 'Crimson Lake') des espèces *B. glabra* et *B. peruviana,* et fut appelé par Holttum et Standley *B. × buttiana.* L'hybride fut découvert dès 1910 dans la ville colombienne de Cartagena et compte parmi les plus cultivés même de nos jours. Les plus importantes hybridations furent obtenues sur la Riviera, en Inde et au Brésil où l'on trouve également les plus riches assortiments de ces plantes merveilleuses.

Les bougainvillées sont des plantes plus subtropicales que tropicales, car elles demandent, comme la plupart des ligneux, de basses températures hivernales. Une grande partie du feuillage tombe pendant cette période de repos, et on veillera à diminuer les arrosages en conséquence. Au printemps a lieu une forte taille de formation. Les boutures obtenues sont placées en bac chaud dans un mélange sablo-tourbeux où elles s'enracinent rapidement. On transplante avec une grande prudence car les racines sont très fragiles. On choisit comme substrat un mélange de compost, de tourbe et de sable.

Mirabilis jalapa

É 15–25 °C

H 5–10 °C

Caesalpinia pulcherrima (L.) SWARTZ

Le genre *Caesalpinia* comprend des espèces vraiment merveilleuses, dans la plupart des cas, arbres ou arbustes de petite taille aux feuilles pennées et aux fleurs jaunes, oranges ou rouge vif. Ce sont essentiellement des plantes d'Amérique et d'Asie tropicales, mais leur grande valeur décorative a favorisé leur dissémination dans toutes les régions du monde et il est difficile d'établir les origines précises des différentes espèces.

La provenance exacte de *C. pulcherrima* reste également obscure : selon de nombreux auteurs, il s'agirait d'une espèce antillaise et centre-américaine, d'autres par contre situent sa patrie en Asie tropicale. La première de ces hypothèses apparaît comme la plus vraisemblable : on sait en effet que les Aztèques et les Mayas utilisaient déjà cette espèce à des fins médicinales (comme fébrifuge, contre les maladies cutanées ou vénériennes par exemple). Une autre possibilité, pour le moment du domaine de la pure théorie, seraient d'éventuels contacts commerciaux entre les anciennes civilisations d'Amérique Centrale et cellcs d'Asie orientale ou sud-orientale, au cours desquels ces plantes médicinales auraient constitué des présents ou des marchandises de grande valeur.

La culture de cette espèce décorative est relativement simple et on comprend mal pourquoi elle n'appartient pas encore à l'éventail horticole courant. Elle demande un bon ensoleillement, des arrosages abondants et une riche fumure en été ; à l'automne, après la floraison, les arrosages sont limités au plus strict minimum, sans réduction importante de température. Il s'agit donc d'une excellente plante d'appartement moderne chauffé, où ces conditions sont aisément satisfaites dès qu'on la place près d'une fenêtre ensoleillée. Elle supporte relativement bien la taille, mais les rameaux sont difficilement utilisables comme boutures et elle doit être exclusivement multipliée par semis. Le substrat sera nutritif, assez lourd, composé par exemple de compost, de terreau de mottes, de terreau de feuilles, de sable et d'une faible partie de tourbe.

Brownea angustiflora

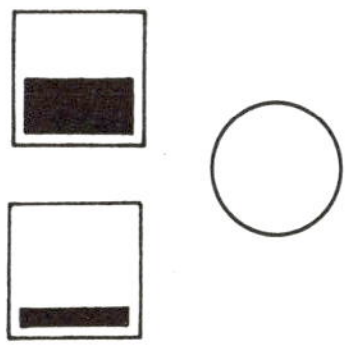

É 15–30 °C

H 5–15 °C

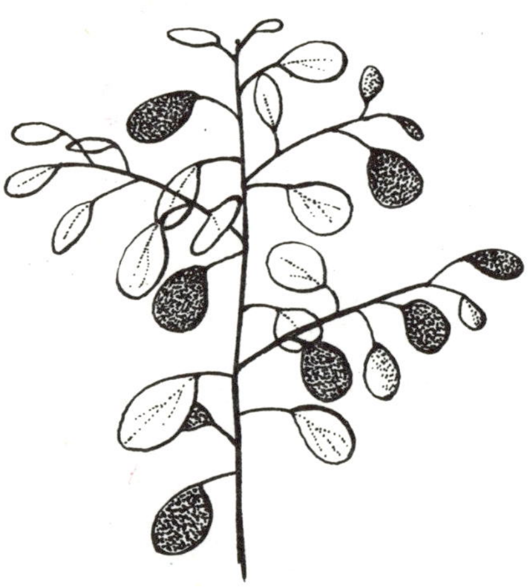

Eucalyptus polyanthemos

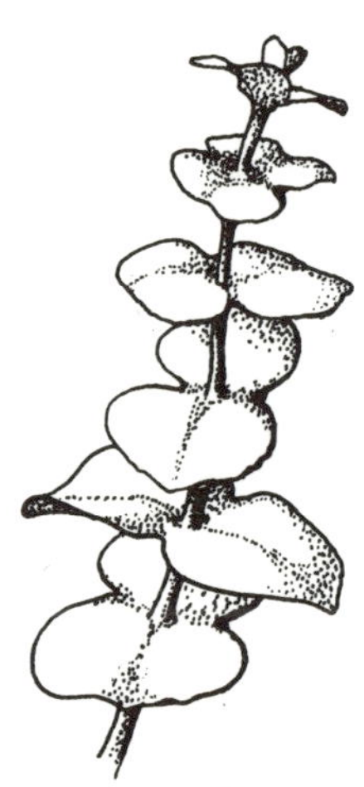

Eucalyptus cinerea

Callistemon citrinus

(CURT.) STAPF.

(syn. : *C. lanceolatus* [SM.] DC.)

Il ne sera sans doute pas très nécessaire de présenter spécialement aux amateurs de fleurs l'espèce représentée : elle est présente dans un grand nombre de collections, chez un grand nombre d'horticulteurs.

Tout comme les 11 autres espèces (ou jusqu'à 25 selon certains auteurs) de son genre, *C. citrinus* provient du sud-est de l'Australie. Dans les conditions naturelles, c'est un petit arbre mesurant jusqu'à 5 m de hauteur ; en culture, il reste beaucoup plus bas, le plus souvent sans dépasser la moitié de cette taille. De plus, il est facile à former par la taille, si bien qu'il n'y a pas de risque de le voir devenir envahissant. Sa valeur décorative est due à ses feuilles lancéolées de couleur exceptionnellement sombre. Pourtant c'est au printemps ou au tout début de l'été que les arbustes atteignent leur « plein éclat » : à ce moment apparaissent aux extrémités des rameaux des inflorescences dont les étamines aux filets rouge soutenu se projettent loin à l'extérieur de la fleur.

On pense généralement que les végétaux d'origine australienne présentent une certaine résistance à la sécheresse et les feuilles minces et raides de cette plante tendraient à corroborer cette hypothèse. Cependant, en étudiant les sites d'apparition de ce genre, on s'aperçoit au contraire que la plupart de ses espèces croissent soit au voisinage des rivières soit dans des sables détrempés, donc dans un milieu caractérisé par une humidité abondante. Seul *Callistemon teretifolius,* rare en culture, croît sur les pentes sèches et pierreuses d'Australie orientale. On veillera donc à adapter les conditions culturales à ces exigences en apportant aux plantes pendant l'été une quantité suffisante d'eau et de nutriments.

En hiver, les arbustes nécessitent un repos vraiment frais : si on les laisse complètement à sec, ils supportent même que la température s'abaisse jusqu'à 0 °C, mais la température optimale avoisine 8–10 °C pendant cette période.

La multiplication est facile, soit par boutures obtenues au moment de la taille de printemps (ou plutôt de la fin de l'hiver) et qui s'enracinent sans problèmes particuliers en bac chaud, soit par semis des menues graines sur une tourbe humide additionnée de sable. Lorsque les conditions culturales sont correctes, les boutures fleurissent au bout d'un an et demi. Le sol doit être toujours acide, idéalement composé d'un mélange de terreau de feuilles, de terreau de couche, de sable (une part) et de tourbe (une part également).

É 15–20 °C

H 5–10 °C

Cycas revoluta THUNB.

(syn. : *Cycas taiwanensis* Miq.)

Cycas

Son allure de palmier majestueux fait du cycas l'une des plus belles plantes vertes ornementales. C'est une plante sans grand besoin, qui convient par exemple pour la décoration d'une grande pièce, d'un jardin d'hiver ou d'un hall d'entrée vitré.

Les cycas sont des végétaux archaïques, ce qui apparaît surtout dans la structure de leurs organes reproducteurs, groupés en cônes ou bouquets de feuilles carpellaires ligneuses, portant des ovules nus. Les feuilles sont d'abord enroulées en crosse comme celles des fougères. On connaît actuellement 15 espèces de cycas (genre *Cycas*), distribuées dans les régions subtropicales et tropicales de l'Ancien Monde, depuis Madagascar jusqu'au sud du Japon. Toutes les espèces se caractérisent par un tronc droit couvert de cicatrices lignifiées, laissées par les feuilles mortes ; des feuilles une fois pennées, relativement grandes, adaptées à un milieu sec (les cycas supportent relativement bien les pièces sèches). Il est intéressant de noter que c'est chez les cycas qu'on trouve la plus faible quantité de pigment vert (chlorophylle) de toutes les plantes jusqu'à présent étudiées.

L'espèce représentée provient d'Asie du Sud-Est, où elle croît depuis l'Inde orientale jusqu'au sud du Japon en passant par la Chine. A l'âge adulte, elle atteint 3 m de hauteur, mais sa croissance est si lente qu'il n'y a aucun danger de la voir devenir envahissante. Les feuilles pérennes atteignent 2 m de longueur ; elles sont d'un magnifique vert sombre.

Le substrat à donner à cette plante est un mélange de terreau composté et de tourbe, additionné de sable. Des apports d'engrais réguliers sont à faire en cours de végétation. La transplantation sera exceptionnelle : on se contente plutôt de remplacer partiellement le substrat du récipient. La multiplication est relativement aisée : soit par graines, longues d'environ 3 cm, soit, de préférence, par rejets latéraux apparaissant à la base des anciens troncs. Ils s'enracinent facilement en bac constamment humide chauffé par le sol ; l'air environnant devrait être plutôt sec.

D'autres genres voisins sont également beaux et résistants. Citons *Encephalartos, Ceratozamia, Dioon.* Certains se caractérisent par un axe souterrain *(Stangeria),* sans doute par adaptation aux incendies réguliers dévastant les savanes où ils croissent.

É 15–30 °C

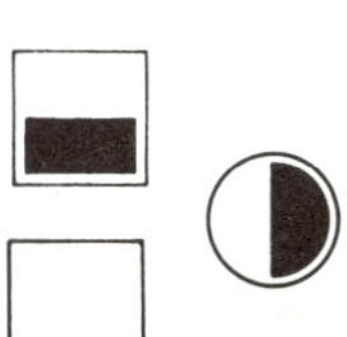

H 10–15 °C

Stangeria eriopus provient d'Afrique australe et possède un axe souterrain : c'est une adaptation aux nombreux incendies de steppe de sa patrie.

Erythrina crista-galli L.

Érythrine

Pour réussir la culture de cette espèce, un lieu frais est réellement indispensable. Souvent cultivé dans les jardins botaniques, cet arbuste dont la floraison est toujours digne d'admiration, passe par une période de repos absolu en hiver, à des températures avoisinant 0, et à sec. Ces conditions reproduisent celles des campos, forêts de savanes brésiliennes, où l'érythrine croît sur des sols sableux et caillouteux.

L'érythrine est un arbuste relativement robuste qui atteint couramment environ 2 m de hauteur. A l'automne, on le transporte dans les conditions déjà décrites, soit dans un jardin d'hiver frais, soit dans un patio couvert. Au printemps, lorsque les bourgeons commencent à éclater, on endurcit les plantes par aérations progressives. Vers la mi-mai, on les transporte dehors et on les plante avec le pot dans le sol. Une fois les feuilles sorties, on arrose suffisamment, en laissant le sol se ressuyer partiellement : les racines ne doivent pas rester en permanence dans l'eau.

Dans le courant de l'été apparaissent les longs et forts rameaux de l'année, armés, tout comme les pétioles des feuilles imparipennées, de longues épines. Si toutes les conditions décrites ont été scrupuleusement respectées, l'arbuste fleurit en septembre et cette floraison vaut vraiment toute la peine investie dans la culture : les inflorescences se composent de quelque 50 fleurs de 5 cm de longueur environ, d'une belle couleur rouge cerise.

Les fruits sont des gousses. Bien que les graines présentent un bon taux de germination, il faut souvent attendre au moins 4–5 ans avant de voir fleurir les nouveaux sujets, même dans des conditions optimales. On préfère donc procéder par boutures : celles-ci sont prélevées au printemps avec un talon de vieux bois et racinées dans un mélange de tourbe et de sable à température moyenne. La floraison apparaît au bout de deux ans.

Calliandra emarginata

É 15–20 °C

H 0–5 °C

Ixora × coccinea

Ixora

L'ixora a beau être connu des horticulteurs depuis fort longtemps, ce n'est qu'au cours de la dernière décennie qu'il s'est vraiment répandu en culture, sans doute parce qu'il s'agit d'une espèce supportant bien la vie en appartement chaud.

Le genre, qui comprend de 150 à 400 espèces selon les auteurs, est originaire d'Asie tropicale. Il croît également dans les tropiques des autres continents.

Ixora coccinea, l'unique espèce cultivée à l'état pur, a également fourni à l'horticulture une multitude d'hybrides. C'est une espèce originaire de l'Inde. Les inflorescences ne dépassent pas 10 cm de diamètre, les fleurs sont d'un rouge éclatant. Les ixoras croissent souvent à la lisière des forêts, dans une ombre légère, parfois aussi isolés en plein soleil. Ils demandent un sol profond, humifère, formé d'un terreau de feuilles sur substrat feralitique. Ils croissent dans des sites relativement humides à longueur d'année et demandent une bonne température. Ils connaissent une période de sécheresse à la fin de l'automne, s'étendant sur 3–4 mois.

Mais ce sont surtout les hybrides qu'on trouve le plus souvent en culture : l'écarlate 'Fraseri', les oranges saumonés comme 'Savoi' ou 'Shawi', ce dernier présentant une inflorescence gigantesque, ou encore l'orangé 'Bier's Glory'.

Les cultivars ont à peu près les mêmes exigences que l'espèce. Ils doivent être placés dans un endroit clair de l'appartement, légèrement abrité du soleil. Les arbustes d'un certain âge bénéficieront d'une courte période de repos après la floraison : on limite alors les arrosages et on abaisse légèrement la température par aération. Le sol doit être humique, composé de terreau de feuilles, de tourbe et de sable. La multiplication est facile par boutures en bac chaud, tout au long de l'année.

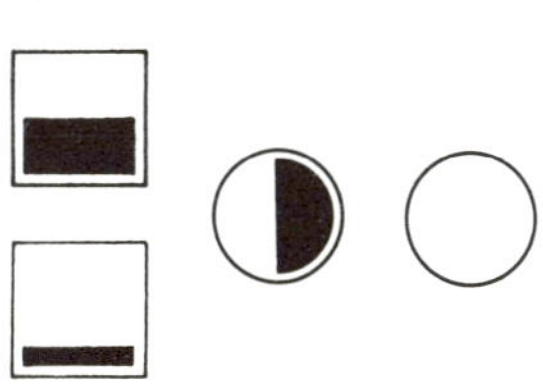

É 18–25 °C

H 10–15 °C

Plumeria acutifolia est souvent cultivée dans les régions tropicales. Elle se multiplie par boutures et se plaît au chaud sur un bord de fenêtre ensoleillée.

Malpighia coccigera L.

La famille des *Malpighiaceae* est assez peu connue même des amateurs éclairés : il s'agit d'un groupe croissant en Amérique Centrale et en Amérique du Sud et comprenant quelque 800 espèces, pour la plupart des lianes. Les personnes qu'attire la « médecine verte », connaîtront certainement au moins l'ayahuasca *(Banisteriopsis caapi),* également appelée la « liane de la mort ».

Malpighia est un arbuste bas, dépassant à peine 1 m de hauteur, originaire des Antilles. Il y croît dans les forêts de montagne et dans les formations arbustives ou sur les sols sableux aux abords des cours d'eau.

Les feuilles sont imparipennées, les folioles profondément découpées, les bords du limbe portant de menues épines acérées au contact douloureux. L'espèce est décorative par la couleur sombre de son feuillage, mais connaît surtout une grande faveur à cause de sa floraison : les fleurs ne dépassent pas 1 cm, mais ont une belle forme, une belle couleur et se transforment ensuite en menues drupes rouge vif.

Malpighia possède des rameaux très fins et souples, faciles à courber et à former ; il supporte très bien la taille. C'est donc une plante littéralement prédestinée à recevoir toutes sortes de formes – inhabituelles pour un Européen – dans les parcs et jardins est-asiatiques. Au Viêt-nam, on peut en voir un grand nombre, sculptés en formes de vases, d'oiseaux ou d'animaux. Il est évident qu'une telle utilisation s'intègre dans un cadre de culture et de tradition nationales, d'atmosphère générale, d'architecture...

Dans les jardins botaniques, on peut rencontrer d'autres espèces de *Malpighia,* comme la cerise des Barbades *(M. glabra)* aux fruits acidulés comestibles, ou encore *M. urens,* aux épines acérées.

Tous les malpighias se cultivent sans mal dans une pièce chauffée.

Le substrat sera un mélange de tourbe et de sable (1/1, ou à forte proportion de sable). Les sujets d'un certain âge recevront un complément de sol plus riche, comportant du terreau de feuilles ou du compost. La multiplication se fait très facilement par boutures dans un bac chaud et humide, à toute saison de l'année. Les jeunes sujets, atteignant à peine 25 cm de hauteur, sont déjà capables de fleurir.

Malpighia glabra

10–25 °C

Podocarpus macrophyllus

(THUNB.) D. DON

(syn. : *P. chinensis* Wall.)

A première vue, il est difficile à croire que les *Podocarpus* soient des résineux. Leurs feuilles sont planes, longuement lancéolées à linéaires, marquées d'une nervuration concurrente simplifiée à l'extrême. Les inflorescences sont des sortes de cônes, les femelles comportant un ovule unique et plusieurs écailles carpellaires.

Le genre *Podocarpus* vit surtout dans l'hémisphère sud, certaines espèces d'importance horticole croissent en Asie du Sud-Est, d'autres dans les stations subalpines du Kilimandjaro en Afrique. Il s'agit surtout d'arbres, plus rarement d'arbustes bas. Les sujets cultivés n'atteignent jamais les dimensions des plantes spontanées. Le tronc est rectiligne, les branches disposées régulièrement et densément feuillées.

L'illustration représente *P. macrophyllus,* originaire du Japon et de la Chine. C'est un arbuste élevé présentant un feuillage dense. Les feuilles mesurent une dizaine de cm. Selon les ouvrages spécialisés, c'est une espèce de serre froide capable même de croître en plein air dans les parties les plus chaudes de l'Allemagne. En fait, elle fait preuve d'une grande adaptabilité : certains exemplaires se développent exceptionnellement bien en appartements chauds. Le cultivar 'Aureus', plus fragile que l'espèce, à l'instar de toutes les plantes panachées, convient particulièrement bien à de telles conditions.

De nombreuses espèces présentent des feuilles encore plus larges : le rare *P. fleuryi,* croissant au Viêt-nam, a par exemple des feuilles largement lancéolées. *P. acutifolius,* originaire de Nouvelle-Zélande, se caractérise au contraire par ses feuilles aiguës et très étroites ; la taille permet de maintenir cette espèce à l'état d'arbuste bas.

Les podocarpus se multiplient par boutures des extrémités à peine aoûtées des rameaux, piquées dans un mélange sablo-tourbeux en bac chaud et humide. L'enracinement est lent mais assez sûr. Les jeunes sujets sont ensuite transplantés dans un mélange d'humus, de terreau de gazon, d'argile désagrégée, de tourbe et de sable. En été, on arrose copieusement ; les sujets placés dans une pièce chaude continuent à pousser même pendant l'hiver et l'arrosage sera à peine réduit pendant cette saison. Des aérations fréquentes et un bassinage des feuilles sont tout à fait bénéfiques.

É 10–25 °C

H 0–10 °C

Podocarpus nagi

Polyscias balfouriana

BAILEY 'Marginata'

(syn. : *Aralia balfouriana* hort.)

L'espèce qui nous intéresse n'apparaît que rarement, et c'est grand dommage, derrière les vitrines des fleuristes. Ces arbustes élancés présentent une allure légère et fine, rappelant la fougère, tout à fait unique dans son genre. C'est une plante appréciée dans les parcs tropicaux et dans certains pays comme le Japon, où l'on trouve plusieurs cultivars merveilleusement colorés, ou encore aux États-Unis.

P. balfouriana provient de Nouvelle-Calédonie. L'espèce naturelle peut atteindre une dizaine de mètres, mais reste beaucoup plus basse en culture, si bien que les sujets même adultes dépassent rarement 1 m de hauteur. Les feuilles sont imparipennées et les folioles atteignent quelque 10 cm de largeur. Même chez l'espèce, leurs bords sont ornés de taches claires. Une autre espèce, *P. guilfoylei,* aux feuilles pennées, est également assez courante dans les collections : les folioles sont ovoïdes à arrondies, la terminale étant plus grande (jusqu'à 15 cm) et plus allongée. Les bords des feuilles sont aussi ici bordés de blanc. Citons également le beau cultivar 'Laciniata' aux feuilles finement divisées en découpes aiguës.

Polyscias balfouriana convient même aux appartements très chauffés, à condition de disposer d'une bonne humidité atmosphérique obtenue à l'aide d'évaporateurs ou en l'installant dans de grandes vasques composites ou sur la « terre ferme » d'un paludarium. Les conditions idéales sont réalisées en grandes vitrines d'intérieur. Le substrat doit être une terre humifère, pas trop légère, bien drainée par exemple par addition de gravillons grossiers ou de sable.

La multiplication est très facile à l'aide de boutures lignifiées ou non. Celles-ci sont piquées par la base biseautée dans un mélange de tourbe et de sable en bac chaud et humide. Il n'est pas nécessaire d'éliminer les feuilles.

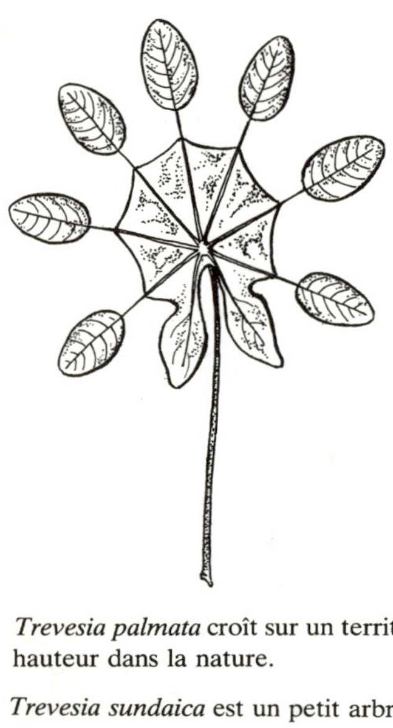

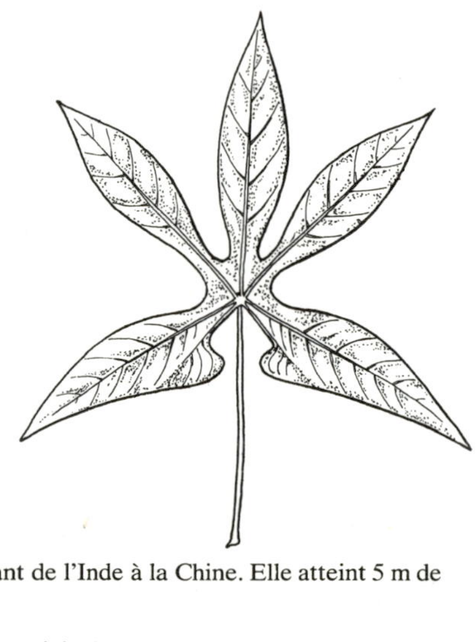

Trevesia palmata croît sur un territoire allant de l'Inde à la Chine. Elle atteint 5 m de hauteur dans la nature.

Trevesia sundaica est un petit arbre élégant originaire de Java.

15–25 °C

Polyscias fruticosa

HARMS.

(syn. : *Panax fruticosus* L., *Nothopanax fruticosus* Miq., *Tieghemopanax fruticosus* R. VIG.)

Nous avons dû maintes et maintes fois remarquer, dans les pages précédentes, que les espèces décrites se trouvaient négligées des horticulteurs et du public. Ici, c'est toute la famille qui se trouve délaissée, à l'exception des lierres, des genres *Schefflera, Fatsia,* voire de leurs hybrides × *Fatshedera*. Pourtant, il serait sûrement facile de choisir, parmi plus de 700 espèces, de menues formes d'une grande beauté qui constitueraient une décoration toujours verte dans nos intérieurs.

Polyscias fruticosa est originaire de l'Asie du Sud-Est. C'est aussi là qu'il fut introduit en culture et qu'il compte parmi les grands favoris. Des formes horticoles, plus décoratives, y furent même obtenues : au Viêt-nam, par exemple une forme panachée dont les feuilles portent de grandes taches blanc crème, et une autre forme, aux folioles enroulées, si bien que tout l'arbuste paraît particulièrement compact.

Les sujets mesurent en moyenne 80 cm de hauteur, mais peuvent atteindre jusqu'à 1,50 m avec l'âge. Les feuilles composées mesurent environ 40 cm, les folioles 3–10 cm. Toute la plante est plus ou moins odorante. Les fleurs sont insignifiantes, les fruits, des baies.

Ces plantes font le plus bel effet lorsqu'elles sont traitées en bonsaï, ou encore cultivées dans des coupes plates sur des blocs de tuf. L'arbuste croît également sans problèmes dans des récipients classiques. Le substrat doit être perméable, composé de tourbe, de terreau de gazon ou de compost additionnés de sable.

La multiplication est facile, soit par graines germant irrégulièrement et lentement, soit par boutures terminales qui s'enracinent rapidement dans un mélange tourbo-sableux. L'arbuste supporte très bien la taille, et peut donc être modelé à souhait.

Dans sa patrie, *Polyscias fruticosa* est très répandu dans les régions tant tropicales que subtropicales. Un repos hivernal est donc à recommander, mais n'est pas absolument indispensable. S'il se trouve au chaud et à la lumière en hiver, on évitera de réduire les arrosages et la croissance se poursuivra normalement. Les apports d'engrais seront réservés à la période végétative principale qui est l'été.

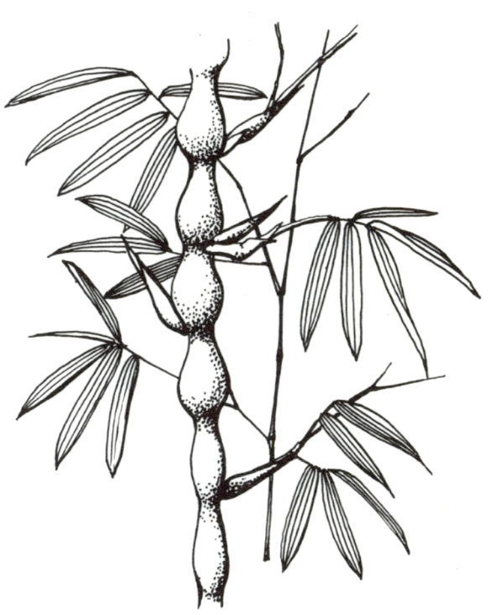

Bambusa ventricosa, spontané en Chine, est très élégant, mais, comme la plupart des bambous, dédaigné par l'horticulture d'appartement.

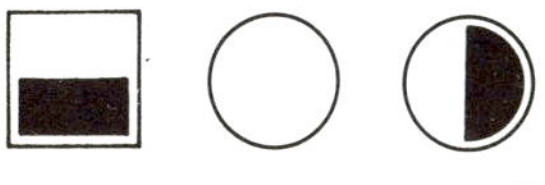

15–25 °C

Protea barbigera L.

Protea serait sans nul doute couronné si on cherchait à élire le roi des arbustes. De nombreux amateurs, et de nombreux botanistes le considèrent même comme le roi des plantes.

Le genre comprend environ 100 espèces, essentiellement distribuées en Afrique du Sud, certaines, pénétrant en Afrique tropicale, se rapprochent sensiblement de l'équateur tout en restant dans l'hémisphère austral.

Protea barbigera, appelé Queen Protea outre-Manche, est l'un des plus beaux représentants du genre. L'arbuste atteint jusqu'à 2 m de hauteur. Il provient des hautes montagnes d'Afrique du Sud, tout en supportant les conditions plus tempérées de la plaine, ce qui en fait une plante abondamment cultivée dans les jardins de son pays. Les fleurs groupées en capitules sont entourées de bractées ligneuses rouges. Il s'agit apparemment d'une plante assez variable : près de Franschhoek furent découverts des exemplaires aux bractées rose pastèque et prés de Du Toit's Kloof, également en République sud-africaine, des exemplaires aux bractées jaunes bordées de poils orange soutenu.

En Europe, on voit le plus souvent les capitules de *P. cynaroides,* aux fleurs dotées d'un duvet blanc et aux bractées rose vif : ce sont, avec leurs 30 cm de diamètre, les plus grandes du genre. Elles sont particulièrement résistantes et se maintiennent souvent jusqu'à deux mois en vase sans flétrissure. Les inflorescences séchées, d'un bel effet, conviennent à la confection de compositions et de bouquets secs.

Les espèces de haute montagne, à l'axe souterrain et à l'inflorescence plaquée au sol sont également dignes d'intérêt. Leurs feuilles peuvent être fines et aciculaires *(P. lorea, P. tenuifolia, P restionifolia) ;* ils peuvent présenter des rameaux rappelant les bruyères *(P. acerosa)* ou au contraire de grandes feuilles rappelant le chou *(P. acaulis, P. amplexicaulis, P. convexa).*

Les espèces hautes, arbustives, aux grandes fleurs merveilleuses, conviennent seules pour la culture, à condition que soient respectés leurs besoins d'emplacement relativement frais (jardin d'hiver etc.), d'aérations fréquentes, d'air humide. Elles demandent également un sol assez lourd, composé par exemple de terreau de feuilles, de terreau de gazon et de sable, de préférence sans tourbe. Multiplication par semis.

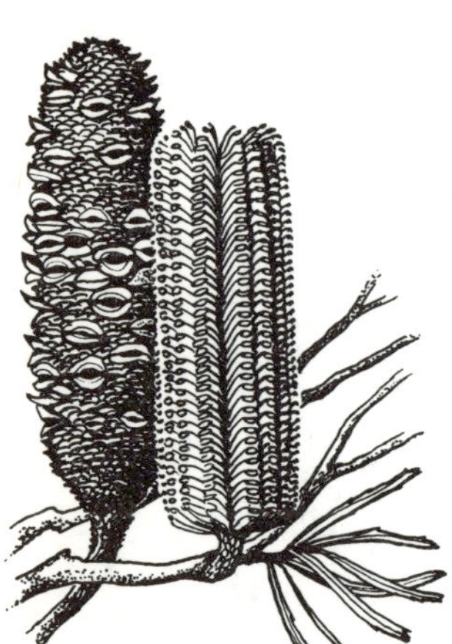

Banksia littoralis vient d'Australie occidentale.

É

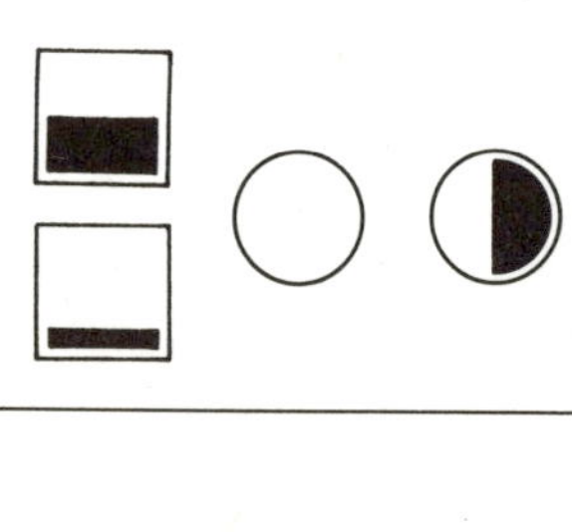

H

15–25 °C

5–10 °C

PALMIERS

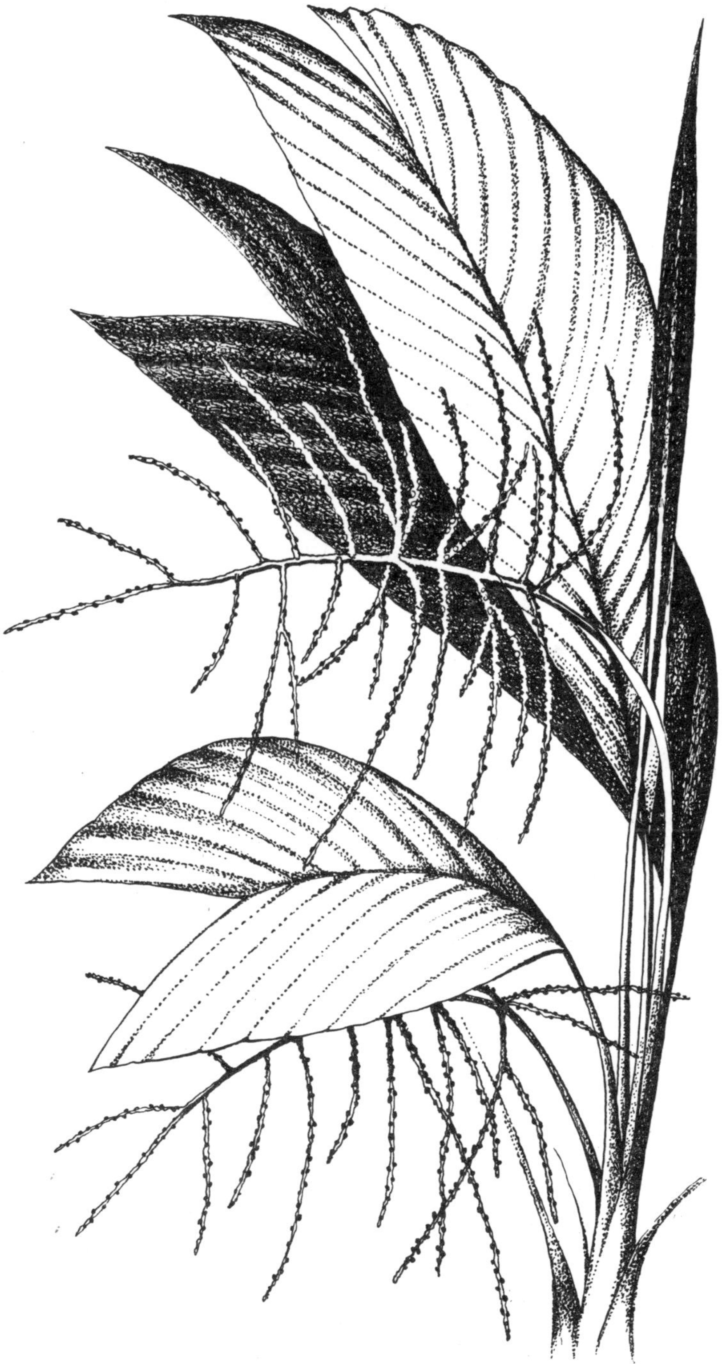

Licuala grandis WENDL.

Cette illustration et les deux suivantes représentent les espèces *Licuala grandis* Wendl. originaire de la Nouvelle-Bretagne (archipel au Nord de la Nouvelle-Guinée) ; *Microcoelum martianum* (Glaz. ex Drude) Burret et Potztal (souvent vendu sous le nom de Cocos weddeliana) originaire de la partie tropicale du Brésil ; et *Phoenix loureiri* Kunth (syn. : *P. roebelenii* O'Brien) croissant de l'Assam jusqu'au Viêt-nam.

Il s'agit de trois représentants de la famille des palmiers, comprenant sept sous-familles, quelque 220 genres et 1300 espèces. Quels sont les caractères communs à l'ensemble de la famille ? Les palmiers sont le plus souvent des arbres élancés présentant un tronc mince et très souple, pouvant atteindre 60 m de hauteur. Certains ont un port en touffe ou en rosette *(Chamaerops),* d'autres sont des lianes à articles portant des feuilles alternes *(Calamus* [Rotang] ou *Daemonorops).* C'est parmi eux que l'on trouve les espèces possédant les plus longues tiges de tout le règne végétal (jusqu'à 300 m). Chez les palmiers arborescents, les articles du stipe sont courts et les feuilles sont groupées en spirale au sommet. Les stipes des palmiers ne se ramifient pas, à l'exception du genre africain *Hyphaene* chez qui on rencontre une ramification dichotomique.

Les cicatrices des feuilles tombées donnent au tronc des palmiers son aspect typiquement annelé. Chez certaines espèces, ces marques sont à peine perceptibles et les stipes sont donc lisses. Chez d'autres, le tronc est en grande partie recouvert par les gaines foliaires ou par des racines adventives transformées en épines puissantes. Sur les troncs, les pétioles ou les spathes des inflorescences, ces épines sont chose courante : il suffit de prendre pour exemple *Acrocomia mexicana* des basses stations humides de la côte pacifique. Ces épines n'ont pas uniquement une fonction défensive : chez les palmiers-lianes, les épines recourbées des pétioles foliaires permettent aux espèces grimpantes de s'agripper aux troncs. Parfois, le pétiole épineux se trouve même longuement prolongé et dépasse d'une bonne longueur le limbe foliaire.

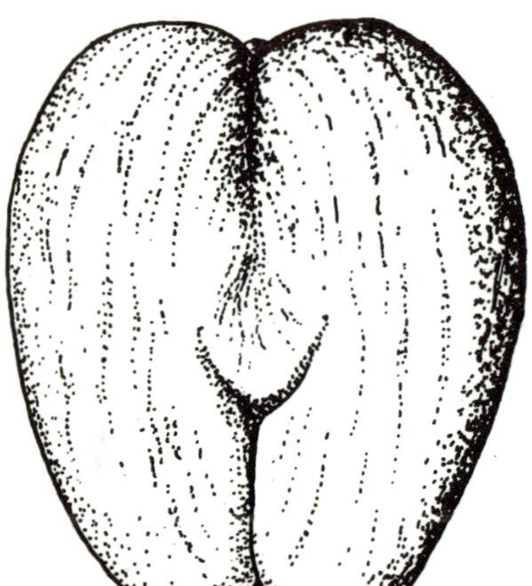

Lodoicea seychellarum a les plus grandes graines de tout le règne végétal : longueur 40 cm environ, poids jusqu'à 10 kg.

Copernicia pauciflora

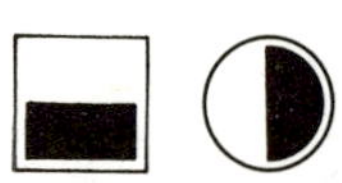

15–30 °C

Microcoelum martianum (GLAZ. ex DRUDE) BURRET et POTZTAL

L'inflorescence des palmiers est entourée d'une ou plusieurs spathes. Les fleurs sont trimères, le plus souvent unisexuées et groupées en spadice. Chez la plupart des palmiers, l'inflorescence est axillaire et l'arbre est capable de fleurir un grand nombre de fois. Certaines espèces présentent au contraire une inflorescence terminale gigantesque : chez le genre *Corypha,* on estime à 100 000 le nombre de fleurs par inflorescence. Ces espèces, appartenant aux genres *Corypha, Metroxylon* (sagoutier) ou *Caryota,* meurent après la maturation de leurs fruits. Elles sont dites monocarpiques, et le phénomène reçoit le nom d'hypaxanthie. Les fleurs sont généralement insignifiantes, mais nectarifères et très parfumées : les entomologues qui travaillent dans les tropiques le savent bien et ne laissent jamais passer une occasion d'examiner une telle inflorescence et les hôtes qu'elle attire. Les insectes sont d'ailleurs les principaux pollinisateurs des palmiers. Parfois, cette fonction est laissée à la discrétion du vent, voire de mcnus oiscaux, tcls lcs colibris, attirés par lcs insectes.

Les fruits des palmiers ne sont pas des noix, comme on le pense souvent à tort, mais des baies ou des drupes protégées par des enveloppes dures à maturité. Les graines présentent un endosperme richement développé (albumen de la graine), soit dur et corné (comme chez le genre *Phytelephas,* parfois rangé dans une famille particulière, et dont l'endosperme permet de réaliser des travaux de sculpture sous le nom d'ivoire végétal) ; soit mou et huileux. Lors de la germination, le cotylédon s'allonge, une partie en reste dans la graine et permet le transport des matières nutritives de l'endosperme à l'embryon qui se développe à l'extérieur de la graine. Cette alimentation endospermique peut durer même plusieurs années (coco).

Les palmiers sont les végétaux caractéristiques des zones tropicales et subtropicales. En Europe, ils sont uniquement représentés par les espèces bien connues *Chamaerops humilis* et *Ch. macrocarpa* croissant dans la région méditerranéenne. Notons la découverte d'un troisième palmier européen, *Phoenix theophrasti,* en Crète dans la province de Sitie par le botaniste allemand Greuter (1967).

Drymophloeus olivaeformis vient d'Indonésie.

Hyphaene thebaica est l'unique palmier à présenter un tronc à ramification dichotomique.

10–30 °C

Phoenix loureiri KUNTH

(syn. *Phoenix roebelenii O'Brien)*

Les espèces représentées sont également d'origine tropicale. Elles sont très thermophiles, à l'exception de la dernière citée qui demande des conditions plutôt tempérées. Tous ces palmiers croissent à merveille dans les appartements modernes dotés d'un chauffage central, à condition qu'on leur assure un éclairement suffisant, un ensoleillement direct de préférence. *Licuala* est celui des trois qui présente les exigences d'éclairement les plus modestes, car il croît plutôt dans sa patrie à l'ombre de végétaux exubérants ; il doit néanmoins recevoir une lumière abondante.

Tous les palmiers, comme ceux de notre illustration, demandent à être plantés en sol lourd, chargé de compost et enrichi par exemple d'une terre de jardin tirée d'une ancienne plate-bande bien entretenue et fumée pendant des années, et additionnée d'un peu de sable. Le substrat ne doit jamais sécher complètement, les palmiers sont très gourmands d'eau et doivent recevoir des arrosages très copieux en période de végétation. En été, on apporte également un complément de fumure, de préférence sous forme d'un extrait de fumier ou d'une fumure organique.

Les palmiers se multiplient le plus souvent par graines rapportées de vacances ou achetées en même temps qu'un paquet de dattes. Les graines sont d'abord trempées pendant deux jours dans de l'eau tiède ou très prudemment limées. On les plante ensuite dans des coupelles garnies de tourbe et de sable, on humecte et on recouvre d'une plaque de verre pour maintenir une humidité suffisante. Selon les espèces, les graines germent au bout de 1–3 mois. Lorsque les jeunes sujets présentent deux feuilles, on les transplante dans des pots assez profonds mais pas très larges.

Personne ne doute un seul instant de l'intérêt des palmiers pour l'humanité : il suffit de se souvenir des photographies de huttes couvertes de feuilles de palmiers, du bois de construction fourni par les troncs, des fruits comestibles de certaines espèces (dattes, noix de coco). *Copernicia cerifera,* espèce sud-américaine a des feuilles couvertes d'une cire exploitée à des fins utilitaires. *Arenga saccharifera* donne le sucre de palme, *Elaeis guineensis* produit des fruits fortement oléagineux fournissant des huiles de palme. Et nous n'avons énuméré que les principales utilisations des palmiers.

Licuala spinosa

Caryota urens présente des feuilles de forme curieuse qui lui ont valu le nom de „Fishtail Palm".

10–20 °C

BROMÉLIACÉES

Aechmea fasciata BAK.

Commençons ce bref aperçu de la famille des broméliacées par une espèce qui n'est pas loin de son centième anniversaire en tant que plante cultivée. *Aechmea fasciata* est originaire du Brésil (État de Rio de Janeiro et District Fédéral) où elle croît en épiphyte. Elle est adaptée à la dessication de son environnement par un système d'écailles absorbantes recouvrant les feuilles et utilisant l'humidité atmosphérique pour récupérer l'eau nécessaire à leur vie. Ces écailles sont assemblées en bandes transversales, surtout sur l'envers, mais également sur l'endroit du limbe. Tous les organes de la plante, y compris sa remarquable inflorescence, sont rigides, comme faits de tôle. L'inflorescence se caractérise par ses bractées roses et ses fleurs bleues, l'ensemble se maintenant pendant un mois sur la plante. La dureté est également un indice de l'adaptation à la sécheresse. Il est donc compréhensible que cette plante connaisse une telle faveur dans les maisons modernes, du fait de son exceptionnelle résistance à la sécheresse de l'air. *Aechmea* supporte également un air pollué par la poussière, la fumée ou diverses émanations toxiques. Elle supporte le plein soleil, mais se plaît davantage dans une mi-ombre claire. Comme toutes les broméliacées en entonnoir (celuici retenant l'eau des précipitations) elle souffre lorsque sa réserve d'eau centrale est laissée trop longtemps à sec.

Cette espèce se prête tant à la culture en épiphyte, qu'aux installations classiques (pot contenant un substrat composé de terreau de feuilles de hêtre, de tourbe, de sable et de particules contribuant à alléger le sol, tel que du polystyrène ou des fragments de charbon de bois).

On connaît de nos jours plus de 150 espèces appartenant au genre *Aechmea,* les unes plus belles que les autres. Contentons-nous donc d'en mentionner encore un spécimen : *Aechmea chantinii.* C'est probablement l'une des plus belles plantes que soient. Les feuilles sont rigides, larges, transversalement zébrées de vert sombre et de blanc argenté. L'inflorescence, dressée, présente des bractées rouge vif. Malheureusement, c'est une espèce très difficile à multiplier, qui reste donc à la fois rare et relativement chère.

Par contre, la plupart des aechmeas se multiplient facilement par graines, semées soit sur une couche de tourbe stérile, soit directement sur l'écorce qui leur servira de support.

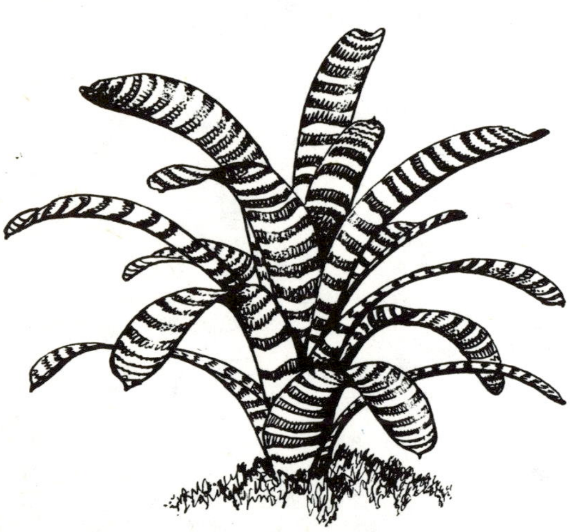

Aechmea chantinii est sans nul doute le plus beau représentant de son genre.

15–30 °C

Ananas comosus (STICKM.) MERILL. 'Variegatus'

Ananas

Le genre auquel la famille doit sa célébrité est originaire du Brésil. L'ananas est certainement la broméliacée la mieux connue, sinon comme plante ornementale, du moins comme plante alimentaire. Pourtant, on aurait du mal à trouver les sites spontanés de cette espèce : ils sont inconnus. Tout ce que l'on peut rencontrer, ce sont des sujets naturalisés. Mais il est sûr que l'ananas croissait à l'origine sur des sols ensoleillés, sableux, assez riches en humus, peut-être des alluvions fluviales. Lorsqu'on voit les grandes plantations d'ananas, on ne peut pas ne pas remarquer la bonne qualité du sol et l'important système d'irrigation qu'elles mettent en œuvre. Au contraire des autres broméliacées, l'ananas doit disposer d'un substrat constamment pourvu d'une humidité abondante. L'inflorescence est magnifique, rose-rouge vif. Elle se transforme par la suite en un fruit composé. Dans les plantations tropicales veillant à la haute qualité de leurs produits, on enveloppe le jeune fruit par exemple de papier journal. L'ananas mûrit ensuite pendant plusieurs mois abrité du fort soleil et acquiert ainsi sa saveur optimale. Évidemment, tout dépend aussi du cultivar utilisé : les grandes cultures n'utilisant que des variétés sûres.

Lorsqu'on veut cultiver son propre ananas, on peut utiliser à cette fin la rosette apicale qui couronne le fruit. On la coupe avec une partie de la pulpe et on la plante dans de l'humus sableux. Les plantes ainsi obtenues sont capables de fleurir et de porter un fruit, mais (c'est du moins ce que disent les planteurs), des plantes obtenues par cette méthode ne donnent pas d'aussi bons fruits que celles obtenues à partir des jeunes rosettes latérales. Les fruits mûris en Europe sont de toute manière moins savoureux.

Le cultivar représenté atteint dans les conditions optimales (températures estivales de 30 °C max., hivernales de 20 °C environ, forte humidité atmosphérique, bon ensoleillement direct et fumure abondante) un diamètre de 1,5 m. L'inflorescence rouge sang et les feuilles centrales teintées de rouge sont un magnifique ornement. Il est généralement difficile d'obtenir ces conditions optimales chez soi, mais avec les années, on peut obtenir même là des exemplaires de toute beauté.

Acanthostachys strobilacea

 15–30 °C

Billbergia × *saundersii*

Billbergia

De nombreuses broméliacées ne se formalisent aucunement d'un traitement même assez dur. Billbergia est vraiment un de ces genres capables de « tout » supporter. Tout le monde connaît sans doute *Billbergia nutans,* cette espèce que l'on peut laisser en plein soleil ou dans une ombre profonde, sans arrosage pendant des mois, sans jamais essuyer la pousière de ses feuilles, que l'on peut placer dans l'endroit le plus enfumé qui soit et qui continue de fleurir fidèlement chaque année. C'est à juste raison une des broméliacées les plus souvent cultivées.

L'espèce représentée est tout aussi résistante. On la considère parfois comme un cultivar, parfois comme une espèce naturelle originaire du Brésil. Elle est presque aussi souvent cultivée que *B. nutans,* supporte également tous les traitements, presque n'importe quel emplacement, une sécheresse totale, un froid avoisinant zéro, comme des températures dépassant 30 °C. Il s'agit pourtant d'une espèce plutôt cryophile. Elle fleurit facilement et forme de nombreux rejets : la multiplication est donc à la fois rapide et facile. Ce sont les sujets cultivés à mi-ombre et dans des pièces tempérées voire froides, qui atteignent leur maximum de beauté. L'envers des feuilles est alors d'un rouge vineux soutenu ou d'un violet-pourpre, l'endroit d'un vert soutenu brillant. Les feuilles présentent des « fenêtres » translucides d'un blanc laiteux, caractéristiques de l'espèce. L'illustration représente un sujet cultivé dans de mauvaises conditions par suite d'un manque de lumière (on voit ici que même un billbergia négligé ne refuse pas de bien fleurir), qui explique la mauvaise coloration de l'envers des feuilles.

Citons quelques hybrides connus, obtenus par croisements avec d'autres espèces de *Billbergia* voire leurs hybrides. Le plus beau est certainement *B.* 'Fascinator' *(B.×windii × B.×saundersii)* obtenu par l'Allemand Walter Richter : la rosette foliaire est contractée, les feuilles sont vert-rouge, presque entièrement recouvertes de grandes taches jaunes. L'inflorescence apparaît en hiver, elle est plus compacte que celle de l'espèce représentée, les bractées sont grandes, rouge-pourpre.

Bien que la grande majorité des quelque 60 espèces connues de Billbergia croissent en épiphytes, ce genre supporte aussi très bien une culture en pot classique.

Billbergia 'Fantasia' est l'une des plus belles obtenue par W. Richter.

Billbergia 'Muriel Watermann'

10–30 °C

Cryptanthus

Avec ses quelque 2 000 espèces, la famille des broméliacées offre un riche choix de possibilités. Elle comporte des géants de plusieurs mètres (les inflorescences du célèbre *Puya gigas* atteignent 10 m de haut) comme des nains de quelques centimètres. Certaines de ses espèces aiment une ombre humide, d'autres un ardent soleil ; certaines ont des coloris fades dans les verts et les gris, d'autres, des couleurs éclatantes... bref, il y en a pour tous les goûts et pour toutes les possibilités d'une serre ou d'un appartement. *Cryptanthus* est un genre dont les représentants devraient trouver leur place dans toutes les maisons. Les rosettes généralement terrestres, de faible taille, permettent de composer de merveilleux ensembles car elles s'associent parfaitement à de nombreux autres végétaux qui complètent leurs coloris ou mettent en valeur leurs formes. De plus, la plupart de ses espèces sont capables de supporter même de très grossières erreurs de culture, sans en souffrir apparemment. Ce sont donc de très bonnes plantes pour débutants en cultures tropicales.

A la différence de la majorité des broméliacées, *Cryptanthus* est un genre géophyte (croît au sol). A l'état spontané, dans l'est du Brésil, il croît dans la strate herbacée des forêts sèches. Il demande donc à être cultivé dans un substrat légèrement acide, analogue par sa composition aux mélanges utilisés pour les orchidées. Lorsqu'on fixe un gros paquet de substrat à la branche d'un « arbre à épiphytes », on peut l'intégrer à un tel arrangement. Un tel montage ne peut cependant être que temporaire et les plantes se maintiennent en bon état tout au plus une année.

La plupart des espèces naturelles sont assez peu exigeantes quant à la température et se contentent de 18 °C en hiver ; les cultivars colorés, *Cryptanthus lacerdae, C. zonatus, C.* × *fosterianus* présentent un optimum plus élevé de 5 °C environ. Les besoins de lumière diffèrent également. La plupart des espèces demandent une ombre plus ou moins légère, tandis que *C. bromelioides* 'Tricolor' et *C. acaulis* et ses cultivars demandent le plein soleil. *C. acaulis* peut passer l'été par exemple sur une couche en plein soleil. Pendant la période de croissance on arrose et on fume assez copieusement, l'idéal étant cependant de mélanger un peu de bouse de vache séchée au substrat. La multiplication se fait très facilement par boutures de rejets, apparaissant en grand nombre à la base des sujets âgés.

1 *Cryptanthus bivittatus*
2 *C. lacerdae*
3 *C.* × *fosterianus*

Cryptanthus beuckeri présente des feuilles pétiolées, uniques dans tout le genre.

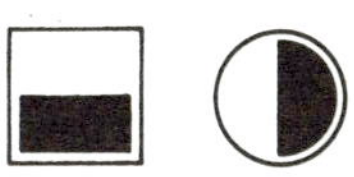

15–25 °C

Guzmania minor MEZ 'Red'

Guzmania

Voici sans doute l'une des broméliacées les plus courantes à l'étal des fleuristes depuis des années. Souvent, on trouve des sujets aux bractées jaune-orangé au lieu du rouge vif habituel : il s'agit alors du cultivar 'Orange', également très courant. Souvent, on voit fleurir des sujets dont la rosette feuillée ne dépasse pas 25 cm, alors que celle de l'espèce mesure généralement une dizaine de centimètres de plus. Il y a à cela deux raisons : d'une part, les cultivars sont un peu plus menus que l'espèce, d'autre part, la floraison des broméliacées est souvent, dans les cultures modernes induite par l'emploi de certains produits chimiques (Ethrel* par exemple). La décomposition de ces produits libère le plus souvent de l'acétylène auquel la plante réagit au bout de quelques mois par la floraison. Lorsque la floraison tant désirée se fait attendre plusieurs années, on peut essayer ce procédé même à domicile. Une fois l'eau de l'entonnoir sèche, on verse dans la rosette feuillée une nouvelle provision d'eau saturée en acétylène. Toutefois, seules les plantes n'ayant pas fleuri réagissent à ce traitement, chaque pied de broméliacée ayant une floraison unique.

Comme la plupart des guzmanias, *Guzmania minor* demande une température relativement élevée, une situation à l'ombre et une atmosphère en permanence fortement humide. Ces conditions sont nécessaires aux cultivars comme à l'espèce, donc à tous les sujets cultivés dans les conditions européennes. Dans la nature, il n'est pas impossible de rencontrer des populations adaptées à un froid même assez rigoureux : *G. minor* croît par exemple même dans les hautes montagnes de Colombie, dans des sites où les températures nocturnes hivernales approchent certainement zéro. De nombreux guzmanias au feuillage ornemental (*G. musaica* par exemple) croissent le plus facilement en vitrines fermées. Une seule espèce ne pose pas de grands problèmes même dans une pièce relativement sèche et chaude et en plein soleil, *G. sanguinea,* aux feuilles striées longitudinalement de pourpre et aux grandes feuilles jaunes. Tous les guzmanias produisent leur meilleur effet en compositions d'épiphytes, mais supportent une culture « classique » en pot dans un substrat léger faiblement acide.

* Il s'agit de produits à usage professionel ne faisant pas l'objet d'une commercialisation courante. (N.d.t.)

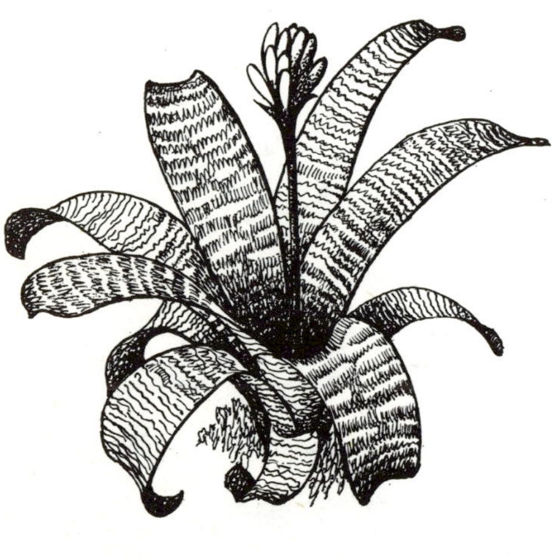

Guzmania musaica est l'une des plus belles broméliacées qui soient, mais ne supporte pas l'atmosphère sèche des pièces : sa culture n'est possible qu'en vitrine.

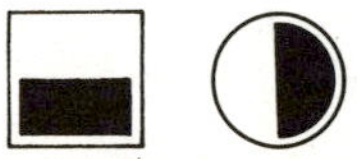

15–25 °C

Neoregelia carolinae
L. B. SMITH 'Tricolor'

Il n'est sans doute plus nécessaire de chercher à persuader qui que ce soit du fait que les broméliacées comptent parmi les plus belles plantes ornementales par leur feuillage et par leur floraison, utilisables dans les habitations modernes. Pourtant, cette famille est encore à peine exploitée par les horticulteurs et bien des espèces attendent leur redécouverte – par des amateurs d'une beauté particulière cette fois-ci.

Le cultivar représenté descend d'une espèce que l'on rencontre souvent dans les établissements horticoles sous le nom de *Nidularium meyendorffii.* L'espèce naturelle *Neoregelia carolinae* présente un feuillage vert. C'est une plante relativement grande (la rosette atteint 50–60 cm de diamètre). Les fleurs bleues sessiles s'épanouissent en commençant par le bord de l'inflorescence (bon caractère distinctif, car l'ordre est inverse chez le genre voisin *Nidularium*). Elles sont entourées de bractées d'un rouge éclatant. Chez le cultivar représenté, c'est tout le cœur de la rosette qui rougit au moment de la floraison.

Le genre *Neoregelia* comprend un grand nombre de belles espèces convenant à la culture en appartement : citons par exemple *N. spectabilis* aux feuilles vert soutenu, brun-rouge violacé sur l'envers, portant à leur extrémité une tache rose-violet lumineux. Cette espèce supporte tous les traitements et se montre encore plus résistante que l'espèce représentée. Pour les amateurs de la beauté particulière des épiphytes, on peut recommander le merveilleux *N. ampullacea,* une plante menue, ne dépassant pas 10–12 cm, dont la base des feuilles forme un menu réservoir. L'envers des feuilles porte des taches brun-rouge et elles ne s'écartent qu'après le tiers de leur longueur environ pour former une rosette minuscule. Cette espèce convient très bien à la culture en vitrines d'intérieur, où elle peut être installée sur un fragment d'écorce nue, sans substrat. Comme elle forme un grand nombre de rejets, elle ne tarde pas à y constituer des touffes décoratives.

Presque toutes les espèces et tous les cultivars de ce genre peuvent être cultivés en épiphytes sur des écorces : les quelque 35 espèces connues (dont 34 originaires du Brésil) présentent en effet ce mode de croissance. Les plantes atteignent leur maximum de beauté à la chaleur, en plein soleil et dans un air suffisamment humide, idéalement dans des serres placées dans une fenêtre. La culture est facile : il suffit de veiller à ce que l'entonnoir formé par la base des feuilles soit toujours rempli d'eau. Les cultivars de couleurs ne se multiplient que par rejets, les autres espèces, très facilement par semis.

Neoregelia mooreana, du Pérou amazonien, est plus connue en culture sous le nom de *N. ossifragi.*

15–30 °C

Nidularium innocentii

LEM.

Bien que la grande majorité des broméliacées demandent une abondance de lumière, certains membres de cette riche famille suportent bien, voire demandent, une ombre permanente. La plupart des espèces du genre *Nidularium* sont dans ce cas : le plein soleil leur est littéralement néfaste.

Les quelque 23 espèces de nidulariums croissent en épiphytes ou en pétrophytes (sur des pierres ou des rochers) dans le sud et l'est du Brésil. Leur aspect est relativement proche : les feuilles forment une dense rosette terrestre au cœur de laquelle s'épanouissent des fleurs sessiles. Le principal ornement du genre sont les feuilles centrales qui se colorent souvent en rouge vif à l'époque de la floraison. Certaines espèces – *N. burchellii* par exemple – ne présentent pas cette particularité, mais sont cependant souvent cultivées pour leur résistance, et dans le cas présent, pour sa merveilleuse fructification de couleur orange.

Nidularium innocentii, originaire du Brésil, présente une rosette foliaire plate : les feuilles longues d'environ 25 cm et larges d'environ 5 cm ont des bords densément spinuleux. Leur endroit est vert, l'envers pourpre ou rouge-violacé, vert uni chez la variété *wittmackianum.* Les feuilles centrales présentent une coloration rouge variable, les fleurs sont blanches. Parmi les très beaux cultivars, citons 'Lineatum' et 'Striatum' : chez le premier, les feuilles sont longitudinalement striées de blanc, chez le second les stries sont jaunes.

A côté de l'espèce représentée, on rencontre souvent en culture *N. fulgens,* une espèce un peu plus grande, aux feuilles vert clair, portant des taches irrégulières vert sombre; les feuilles centrales sont rouge vif, les fleurs blanc-rouge-violet.

Le système racinaire des nidulariums est suffisamment développé, malgré leur caractère nettement épiphyte, pour qu'on puisse les cultiver avec succès en pots, dans un mélange léger à prédominance de tourbe et de sable. Les plantes doivent être fréquemment bassinées et le substrat doit être maintenu légèrement humide en permanence. Le fruit est une baie contenant un grand nombre de menues graines de couleur foncée que l'on sème sur une surface de tourbe stérile. Il faut deux ans de culture avant que les jeunes sujets soient en état de fleurir. Les cultivars panachés ne peuvent évidemment se multiplier que par division des rosettes latérales.

Vriesea hieroglyphica 'Marginata' demande une forte humidité atmosphérique.

15–25 °C

Tillandsia

Le joyau de règne végétal que sont les tillandsias pourrait fournir matière à un ouvrage volumineux et guère inintéressant. Rien d'étonnant donc à ce qu'on trouve de par le monde un grand nombre de clubs spécialisés dans leur culture : aucun amoureux de la nature ne peut rester indifférent à la diversité de leurs exigences et aux allures bizarres d'un grand nombre d'espèces.

Il n'est effet sans doute pas de genre dont la variété soit aussi grande. De nombreux tillandsias sont des broméliacées typiques aux feuilles formant une rosette-entonnoir caractéristique, permettant à la plante de retenir l'eau des précipitations ; chez d'autres espèces, la base épaissie des feuilles forme une sorte de bulbe qui stocke l'eau dans ses tissus protégés par un épais épiderme. Une des espèces les plus connues, *T. usneoides,* rappelle par sa forme les lichens du genre *Usnea :* dépourvue de racines, elle laisse retomber librement dans l'espace ses tiges aux feuilles étroites, comme des bouquets de barbe grise. Bien évidemment, ces adaptations morphologiques résultent des différences de leurs milieux vitaux. La forme de la plante permet donc assez aisément de deviner ses besoins écologiques. Les larges feuilles vertes, disposées en entonnoir régulier, de *T. imperialis,* indiquent que l'espèce provient d'un milieu caractérisé par des précipitations abondantes et des périodes insignifiantes de sécheresse. Et de fait, l'espèce pousse au Mexique, sa patrie, à des altitudes voisines de 1 700 m, où les écarts importants entre les températures diurnes et nocturnes assurent quotidiennement un bon approvisionnement en rosée.

Les feuilles de *T. dasylirifolia* sont également en entonnoir, mais voilà toutes les ressemblances. Elles sont rigides, ou plus exactement dures, comme faites de tôle ; étroites, elles ne s'élargissent qu'à la base où la plante conserve sa réserve d'eau. De plus elle sont couvertes d'écailles absorbantes qui peuvent retenir même l'humidité des brouillards. Une fois l'eau absorbée, elle est transmise aux tissus internes de la plante, protégés par un épiderme solide. Les feuilles ont également une coloration toute particulière : on dirait que la plante est faite de cuivre brûlé, tant sont bizarres les coloris de cuivre, de rouge, de violet et de gris qui recouvrent le fond vert. Pareille coloration représente une protection contre un trop fort ensoleillement, si bien que commencent à s'esquisser de nouveau les besoins écologiques de cette espèce. Le paysage où elle croît

1 *Tillandsia tectorum*
2 *T. ionantha*
3 *T. streptophylla*

15–25 °C

Tillandsia cyanea supporte bien la culture en pot.

Tillandsia juncea – une plante pratiquement indestructible en appartement chaud.

Tillandsia imperialis

normalement est marqué par la sécheresse, la chaleur, le plein soleil. On la trouve souvent sur les cactus colonnaires auxquels elle se fixe par quelques racines rigides, qui ont depuis longtemps perdu leur fonction initiale. La plante n'absorbe donc d'eau et de matières nutritives que par son feuillage. De nombreuses tillandsias originaires de sites secs prennent une forme sphérique (minimum de surface, donc minimum d'évaporation). Dans ce cas, les feuilles sont étroites à filiformes, densément couvertes d'écailles absorbantes. C'est par exemple l'allure de *T. tectorum* (syn. *T. argentea*) ou de *T. filifolia.* Ailleurs, c'est la touffe de plusieurs sujets qui prend la même forme. Ce genre de croissance caractérise par exemple *T. ionantha* (syn. *T. erubescens*) ou encore *T. recurvata* que l'on aperçoit souvent parmi les fils télégraphiques.

Mais l'intérêt des cultivateurs ne s'arrête pas à la forme ou aux adaptations particulières des tillandsias. Ce sont également des espèces caractérisées par une belle floraison, que ce soient les classiques inflorescences en épis plans de *T. cyanea,* avec leurs grandes fleurs bleu gentiane, ou les fleurs bleu sombre toutes simples apparaissant au cœur de la rosette de *T. brachycaulos,* contrastant violemment avec le rouge luminescent de toute la rosette. Le phénomène de rougissement de toute la plante au moment de la floraison ne se limite pas à cette espèce, mais concerne également entre autres *T. ionantha* dont il a été question un peu plus haut.

Comment réussir la culture de ces magnifiques broméliacées ? Il leur faut un emplacement chaud, exposé au plein soleil, de préférence directement sur une fenêtre tournée au sud ou à l'est. On les plante à la surface de branches ou de plaques d'écorce de chêne-liège ; des racines de vigne sont également parfaites. On peut les fixer à l'aide d'un mince fil de fer isolé ou d'une bande découpée dans un bas nylon ; les espèces jeunes ou de petite taille peuvent être collées sur l'écorce avec un point de colle non soluble à l'eau. *T. cyanea, T. brachycaulos* et d'autres espèces en grandes rosettes suportent aussi bien une culture en pots remplis d'un substrat léger. L'eau et les engrais seront apportés de préférence par nébulisation. On n'oubliera pas que les épiphytes stricts ne supportent les engrais qu'en très faibles concentrations. La multiplication se fait facilement par rejets latéraux ou par semis (semer dès la maturation, car les graines perdent rapidement leur pouvoir germinatif !) directement sur l'écorce.

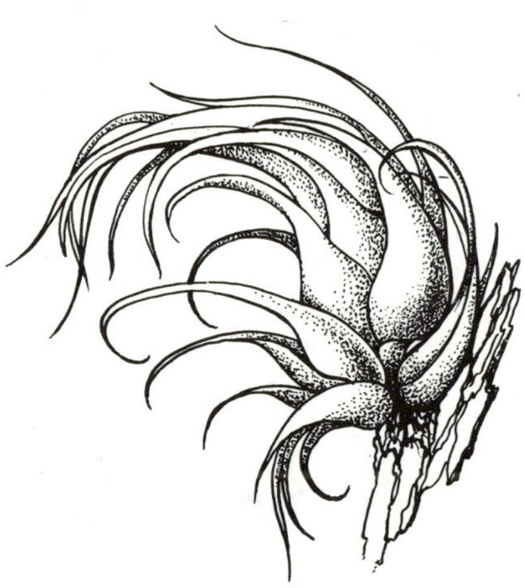

Tillandsia butzii, spontanée au Mexique et en Amérique Centrale, compte également parmi les espèces modestes.

Tillandsia seleriana est un merveilleux épiphyte qui supporte parfaitement les conditions sèches des appartements modernes.

15–25 °C

ORCHIDÉES

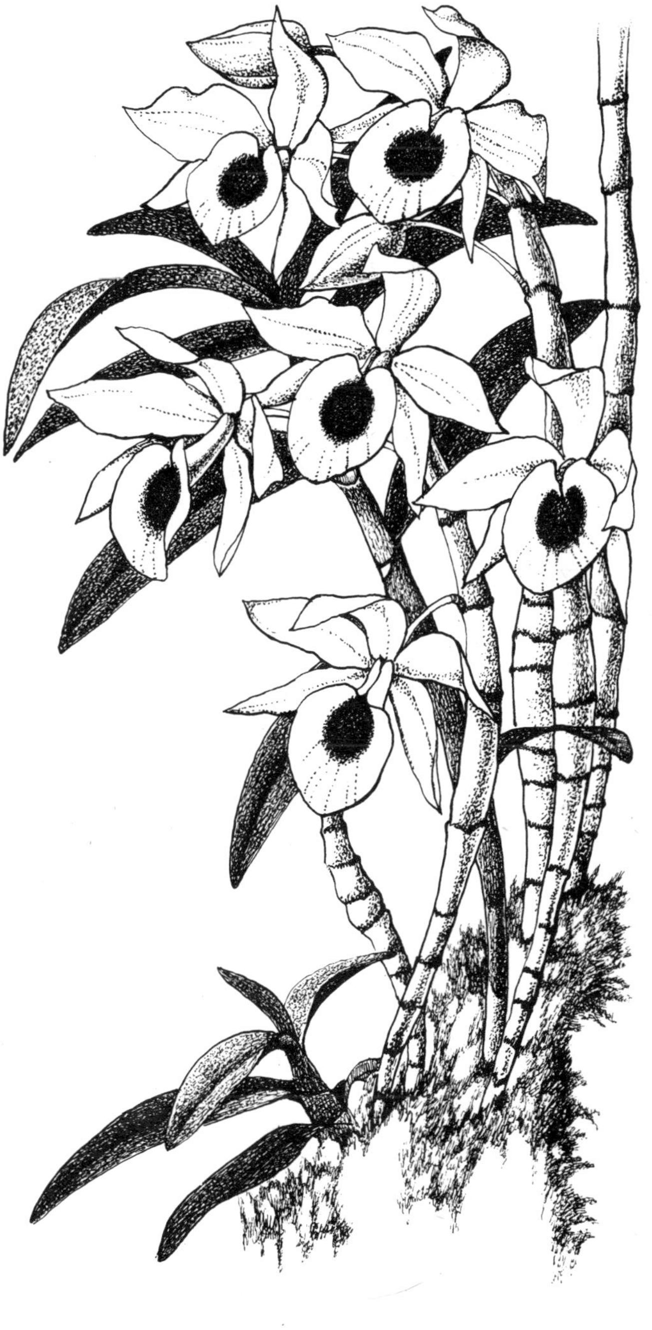

Arundina graminifolia

SCHLTR.

Imaginons-nous un instant au Viêt-nam, dans les montagnes qui entourent le village de Tam Dao. C'est l'automne, l'époque où fleurit *Arundina graminifolia.* Nous suivons un chemin, au-dessus duquel se dresse une pente abrupte, couverte de hautes herbes et de fougères, que survolent comme des papillons les magnifiques et grandes fleurs de cette orchidée. Les exemplaires locaux sont plutôt bas et ne dépassent guère un mètre de hauteur, sans doute parce que nous nous trouvons ici à la frontière septentrionale de son aire d'extension et dans un site nettement frais. *Arundina graminifolia* s'étend sur une aire relativement vaste de l'Inde jusqu'au Viêtnam et en Malaisie, ce qui explique aisément la variabilité de sa taille et de la coloration de ses fleurs. On trouve des exemplaires de collection qui atteignent jusqu'à 2 m de hauteur, avec des feuilles longues de 30 cm.

Il s'agit toutefois toujours de plantes aux allures de roseaux ou de certains bambous, croissant au sol. Leur aspect et leurs exigences rappellent fortement ceux du genre sud-américain *Sobralia.* Les racines médulleuses et particulièrement fragiles (attention lors de la transplantation, car les racines cassées ont tendance à pourrir), donnent naissance à une tige mince, solide, souple, portant des feuilles alternes, lancéolées à linéaires. Les fleurs longues d'environ 5 cm rappellent étrangement les fleurs de cattleya : les sépales sont lancéolés, les pétales plutôt elliptiques, le labelle merveilleusement coloré est relativement grand. La forme et la taille de l'ovaire apparaissent clairement sur l'illustration.

Arundina doit être cultivée dans un substrat léger, composé de tourbe, de racines de fougères, de fragments de polystyrène ou de charbon de bois, et de sable, additionnés d'une part de terreau de compost qui sert de réserve alimentaire. Les racines doivent se trouver assez près de la surface. La température, surtout hivernale, ne sera pas trop élevée ; les arrosages sont également réduits en hiver.

Au printemps, on augmente l'arrosage après l'apparition des boutons floraux. Avant la floraison, on nébulise les plantes fréquemment car elles risquent de sécher dans un milieu trop sec. Néanmoins, *Arundina* reste une espèce capable de se plaire en appartement chaud même sans soins particuliers.

Masdevallia veitchiana aux fleurs rouge vif provient de Machu Picchu au Pérou.

É 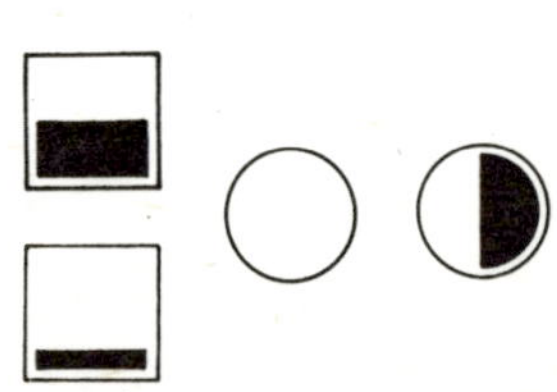 15–25 °C

H 10–15 °C

Bifrenaria harrisoniae

(HOOK.) RCHB. f.

Il y a une centaine d'années, à l'époque des grandes découvertes et de l'introduction intensive de nouvelles espèces dans les cultures européennes, seuls les propriétaires de serres pouvaient se permettre la culture des orchidées. A l'époque actuelle, cette culture passe peu à peu dans le domaine du grand public. On peut même parler d'une sorte de « mode » des orchidées et d'autres épiphytes, mode introduite en Europe occidentale dans les années 1970 et entraînant à sa suite de nombreux amateurs. A côté du perfectionnement de la vision et de la conception esthétiques, ce mouvemment s'est trouvé stimulé par l'évolution déjà souvent évoquée des conditions de l'habitat et le développement de l'équipement technique, notamment des serres et vitrines d'appartement, permettant de cultiver même les espèces les plus exigeantes. Néanmoins, l'intérêt du public continuera, espérons-le, à se porter aussi sur les espèces qui sont capables de vivre et de fleurir même dans les conditions banales de l'appartement.

Bifrenaria harrisoniae est justement une de ces plantes modestes d'appartement. Malgré la période de repos marqué qui lui est nécessaire, elle se contente d'être placée en hiver dans une pièce tempérée et de recevoir un arrosage limité. Au printemps et en été, la plante doit recevoir le maximum de soleil et de chaleur, un bon arrosage et une bonne aération : presque tout le monde peut disposer de pareilles conditions.

L'espèce représentée provient du Brésil d'où sont également originaires les quelque trente espèces connues qui constituent le genre *Bifrenaria.* Épiphyte à l'état spontané, elle se plaît en culture dans divers récipients, à condition d'être plantée dans un mélange pour épiphytes léger. C'est une plante relativement robuste : les pseudo-bulbes quadrangulaires, hauts de 8 cm environ, donnent naissance à des feuilles solides, longues d'environ 30 et larges d'environ 12 cm. *Bifrenaria* fleurit au printemps : à la base du plus jeune pseudo-bulbe apparaissent le plus souvent deux courtes hampes, ne dépassant généralement pas 5 cm de hauteur, portant 1–3 fleurs délicieusement parfumées, d'environ 8 cm de diamètre.

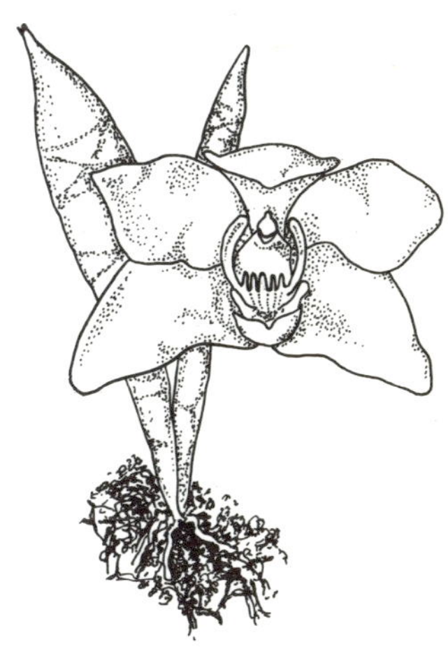

Chysis bractescens est une orchidée épiphyte du Mexique et du Guatemala.

É 20–30 °C

H 10–20 °C

Brassavola nodosa (L.) LDL.

Le genre *Brassavola* comprend une quinzaine d'espèces seulement, distribuées depuis les Antilles jusqu'au sud du Brésil, au Paraguay et en Bolivie, en passant par toute l'Amérique Centrale. Ce genre présente le plus souvent des pseudo-bulbes non épaissis, ressemblant à des tiges, portant généralement une feuille unique. Celle-ci est très mince, longue, épaisse et coriace, sauf chez les espèces *B. digbyana* et *B. glauca* où elle est large et ressemble aux feuilles du genre *Laelia.*

Les fleurs sont d'une grande beauté : elles sont grandes et se caractérisent surtout par leur labelle élargi. Les autres pétales sont relativement étroits, soit blancs comme le labelle, soit, le plus souvent, jaunes ou verdâtres. Parfois, le labelle a des formes fantastiques : chez *B. digbyana,* son bord se divise en une abondance de franges longues et étroites.

Il est peu d'orchidées qui conviennent aussi bien à la culture en appartements que les *Brassavola,* à qui les conditions des habitations modernes conviennent à merveille et qui supportent même assez bien un air sec. L'espèce représentée comme bien d'autres de son genre ne connaît pas de repos hivernal marqué, si bien qu'il suffit de limiter un peu les arrosages à l'automne, où la plupart des habitations connaissent pendant quelques semaines une baisse des températures avant le début de la saison de chauffe.

B. nodosa a une très vaste extension : du Mexique jusqu'au Venezuela et au Pérou. Il s'installe essentiellement dans des stations épiphytes, sur les troncs et les branches, les grands cactus colonnaires, les racines de la mangrove et parfois aussi sur les rochers. Il ne dépasse généralement pas les altitudes de 600 m. Les feuilles atteignent jusqu'à 30 cm de longueur, les fleurs 9 cm de diamètre. Elles sont fortement parfumées.

Brassavola se cultive en appartement soit à l'air libre, soit au sein de vitrines, toujours en pleine lumière, voire en plein soleil. Le substrat peut être tout simple : il suffit de lier l'orchidée sur une branche recouverte d'un coussinet de mousse.

Ce genre s'hybride très facilement avec d'autres membres de la subtribu des *Laeliinae,* tels que *Cattleya, Laelia* ou *Epidendrum ;* la plupart de ces hybrides se plaisent également en appartement.

Encyclia citrina (= *Cattleya citrina*) est une orchidée cryophile originaire des hautes montagnes centre-américaines, caractérisée par son port retombant.

15–25 °C

Coelogyne cristata LDL.

Coelogyne

Voici une espèce particulièrement indiquée pour les débutants qui s'intéressent depuis peu aux orchidées et désirent éprouver leurs aptitudes d'éleveurs.

C. cristata a pour patrie l'Himalaya, où elle croît à des altitudes de 1 600–2 300 m, en épiphyte sur l'écorce des arbres, mais aussi sur les rochers, les murettes de pierre délimitant les champs des cultivateurs locaux. Un site caractéristique de cette espèce sont les rochers au voisinage des cascades.

Les besoins de cette orchidée découlent de ce qui précède. La première et la plus absolue de ses exigences concerne les basses températures hivernales, sans lesquelles la plante refuse absolument de fleurir. Ces températures devraient avoisiner 5–7 °C et peuvent même descendre en dessous de ces valeurs. Dans ce cas, il est évidemment indispensable de tenir la plante au sec. En été, on la transporte dans un jardin ou sur un balcon, où elle se plaît à mi-ombre sous les branchages des arbres.

Les magnifiques inflorescences qui apparaissent au printemps à la base des pseudo-bulbes sont malheureusement de courte durée. Pourtant, même cette orchidée fut jadis utilisée comme fleur coupée. Les fleurs furent justement comparées par un éleveur à un « œuf à la coque » dont elles ont la couleur et la consistance.

Un organe important sont ici les pseudo-bulbes qui représentent, comme chez les bulbeuses, l'organe persistant de réserve de la plante. Les anciens pseudo-bulbes dépourvus de feuilles peuvent servir à la multiplication : on coupe la souche traçante et on place un groupe de trois anciens pseudo-bulbes dans un sachet en plastique contenant du sphagnum frais, ou même dans le substrat définitif composé de 1/3 de sphagnum haché, 1/3 de fragments de polystyrène ou de charbon de bois et 1/3 de mélange de racines de fougères, d'écorce de chêne broyée et de sable. L'enracinement se fait sans grande difficulté.

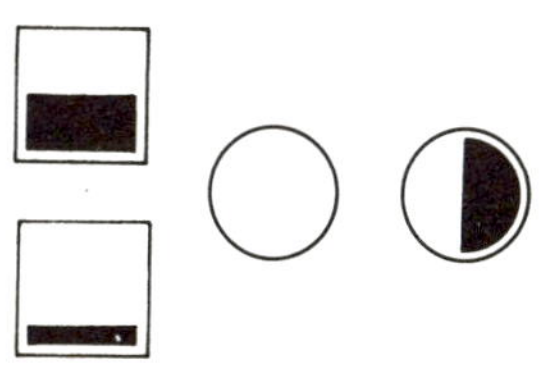

É 15–20 °C

H 5–10 °C

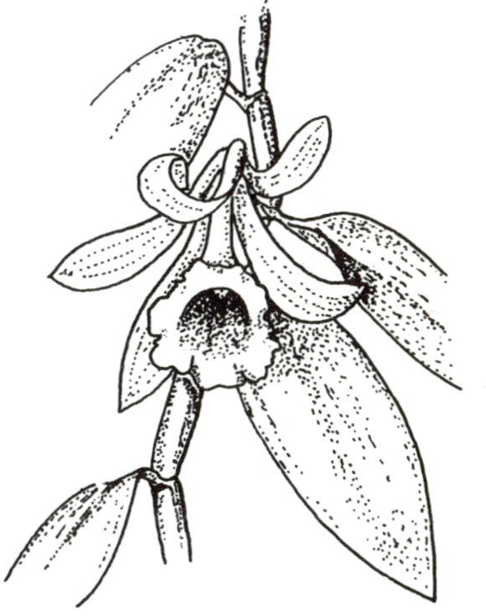

Vanilla planifolia donne la célèbre vanille (fruits séchés).

Cycnoches ventricosum BATEM. var. *chlorochilum* P. H. ALLEN

L'espèce représentée semble comme incarner l'exotisme des tropiques. Les genres voisins *Cycnoches* et *Catasetum* présentent une particularité caractéristique, rare parmi les orchidées : les fleurs sont unisexuées. De plus, la fleur mâle est souvent si différente de la fleur femelle que les deux sexes peuvent apparaître comme des espèces séparées. Ceci n'est toutefois pas le cas pour l'espèce représentée chez laquelle les deux sortes de fleurs ont un aspect voisin.

Cycnoches ventricosum (dont la variété représentée ne se distingue que par la coloration et la forme du labelle) croît en Amérique Centrale, du Mexique au Panama ; la variété *chlorochilum* est, elle, distribuée du Panama au Venezuela.

Les pseudo-bulbes sont longuement fuselés, hauts souvent d'une trentaine de cm. Les feuilles qui tombent souvent toutes au moment de la floraison, mesurent 40 cm de longueur et 6 cm de largeur environ. C'est à la fin du printemps et au début de l'été que s'épanouissent les immenses fleurs qui atteignent 15–18 cm de diamètre.

Ces plantes présentent d'intéressantes exigences écologiques. On les trouve très souvent sur des troncs secs d'arbres morts ou sur les stipes des palmiers, sur lesquels elles se fixent solidement sans même un soupçon de substrat. Leurs racines croissent dressées vers le ciel et forment une sorte de brosse qui accroche les feuilles mortes et les particules de sol emportées dans les cimes par les fourmis et les termites. Les feuilles, fragiles et de structure fine, ne correspondent apparemment pas à ce type de conditions. Néanmoins, elles sont intégralement éliminées lors de la sécheresse responsable du repos végétatif, si bien que les pseudo-bulbes fortement succulents s'offrent seuls en pâture aux rayons torrides du soleil.

Bien que rien ne s'oppose à sa culture en appartement, cette orchidée offre l'inconvénient de sa taille (les pseudo-bulbes feuillés atteignent environ 70 cm de hauteur). Si l'on peut cependant disposer d'un grand espace sur un bord de fenêtre ensoleillé, on la plante directement sur une écorce de liège et on supprime complètement les arrosages d'hiver. La récompense de ces soins viendra certainement sous la forme d'une merveilleuse floraison.

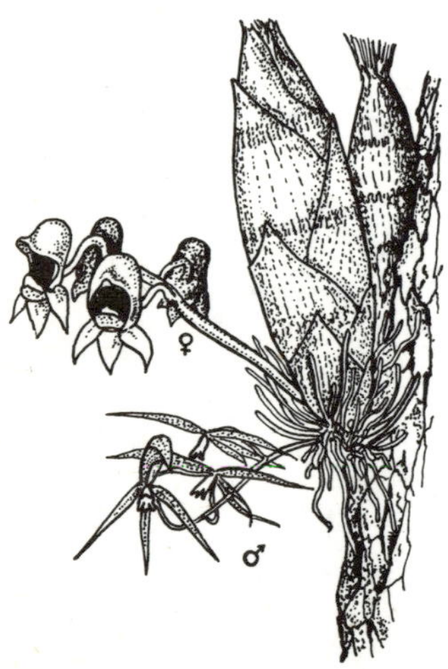

Catasetum bicolor est une espèce centre-américaine aux fleurs femelles vertes et aux fleurs mâles essentiellement brunes.

É 15–25 °C

H 15–20 °C

Dendrobium nobile LDL.

Dendrobium

D. nobile est comme *Coelogyne cristata* une orchidée pour débutant. Sa culture est réellement simple et sa floraison magnifique. De plus, c'est une plante à floraison fidèle, si bien que même les débutants rencontrent ici le succès dans la mesure où ils respectent les règles fondamentales de culture.

D. nobile est originaire d'un vaste territoire du Népal et de l'Indochine jusqu'en Chine et à Formose. C'est encore un épiphyte, croissant dans les stations montagneuses, cette fois-ci le plus souvent à des altitudes ne dépassant pas 1 600 m. Il passe par une période de repos marqué : les plantes sont alors laissées à basse température et presque sans arrosages pendant plusieurs mois. Cette période de repos se termine au moment de l'apparition des boutons floraux : c'est le moment de reprendre les arrosages et d'augmenter la température.

Dendrobium est une orchidée qui se plaît en appartement, à condition d'être placé à une température au moins un peu plus basse qu'à l'accoutumée pendant la période de repos. Les hybrides ont une période de repos moins marquée. Au cours des dernières décennies, plusieurs de ces hybrides sont apparus notamment au Japon : leur taille et leur coloration surpassent de beaucoup l'espèce naturelle et ils comptent, depuis leur introduction sur le marché horticole, parmi les végétaux les plus demandés.

D. nobile présente des pseudo-bulbes épais, hauts d'une trentaine de cm, atteignant le double de cette taille chez les sujets âgés. Les feuilles sont lancéolées, coriaces, persistant généralement durant deux ans sur la plante. Elles tombent pendant la période de repos : les pseudo-bulbes défeuillés ne sont nullement signe de mauvais état de la plante, mais représentent un phénomène courant chez les orchidées. Les fleurs apparaissent le plus souvent par trois, les hampes étant groupées dans la moitié ou le tiers supérieur du pseudo-bulbe. Elles atteignent 9 cm de diamètre et leur coloration est très variable.

L'espèce représentée se cultive le plus souvent en épiphyte sur un coussin de substrat léger (de même composition que pour *Coelogyne cristata* par exemple). Pour les particuliers, sa multiplication n'est réalisable que par voie végétative : par division des vieilles touffes puissantes ou par séparation, une fois leurs racines suffisamment développées, des jeunes sujets qui apparaissent sur les pseudo-bulbes.

Angraecum eichlerianum d'Afrique occidentale a une floraison vert-jaune.

É 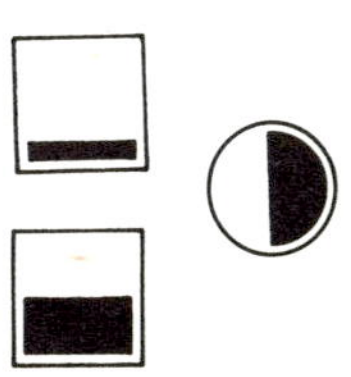 15–25 °C

H 10–15 °C

Dendrobium phalaenopsis FITZG.

Dendrobium

Alors que l'espèce précédente appartenait au groupe des dendrobiums croissant à basse température, il en va tout autrement de celle-ci. Tout le monde a certainement vu ses inflorescences élégantes derrière les vitrines des fleuristes, peut être différemment colorées, d'ailleurs : l'espèce naturelle est en effet très variable et les fleurs peuvent aller du blanc pur au violet-pourpre foncé.

D. phalaenopsis est originaire de Nouvelle-Guinée, de Timor et du Queensland, donc de régions absolument tropicales. Ses besoins culturaux essentiels sont une abondance de chaleur et d'humidité, notamment atmosphérique. C'est donc une espèce qu'on peut cultiver en appartement soit au-dessus d'un grand aquarium, soit au-dessus d'un paludarium exposé de plus au soleil. Evidemment, il suffit de bassiner fréquemment les plantes. Celles-ci passent par une courte période de repos hivernal pendant laquelle la température restera inchangée, mais les arrosages seront fortement réduits.

Les pseudo-bulbes de *D. phalaenopsis* sont dressés, solides, surmontés de quelques feuilles plus ou moins persistantes. Les panicules de fleurs apparaissent tout d'abord au sommet du pseudo-bulbe, dans les floraisons ultérieures « un étage plus bas », à l'aisselle des feuilles. Même les vieux pseudo-bulbes défeuillés, mais florifères les années précédentes, sont à même de refleurir. A l'état spontané, cette espèce croît en épiphyte ou en géophyte. Son mode de culture, son substrat, sa multiplication sont analogues à l'espèce précédente.

Les espèces appartenant au même genre peuvent donc faire preuve d'exigences écologiques totalement différentes. Le genre *Dendrobium* comprend en effet quelque 1 500 espèces, ce qui en fait, avec deux autres genres connus, *Pleurothallis* et *Bulbophyllum,* un des plus riches genres de cette famille.

Lorsqu'on cultive de telles plantes, il est donc très important de consulter la littérature spécialisée où l'on trouvera énumérées toutes les conditions de succès et un certain nombre de « ficelles » culturales.

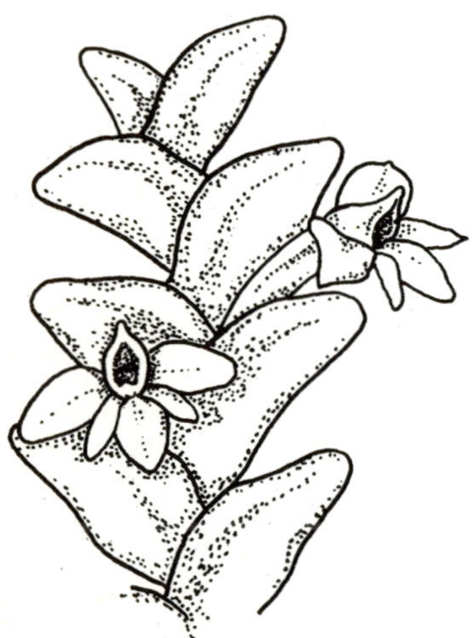

Angraecum (Mystacidium) distichum – espèce d'Afrique occidentale à fleurs blanches.

20–30 °C

Epidendrum falcatum

LDL.

Épidendrum

Epidendrum est encore un vaste genre d'orchidées bien adaptées à la culture en appartement. Le genre comprend quelque 800 espèces distribuées depuis la Floride jusqu'aux États méridionaux sud-américains.

E. falcatum est l'une des nombreuses espèces croissant en Amérique Centrale, du Mexique jusqu'au Panama. C'est une espèce indifféremment épiphyte et géophyte qui remonte en montagne à 2 000 m d'altitude. Elle se distingue par son port retombant, les feuilles pendant librement des branches ou des troncs. Les pseudo-bulbes, ne dépassant pas 3 cm de longueur, sont fortement réduits et ne portent qu'une feuille unique. Celle-ci mesure environ 30 cm, elle est linéaire, coriace, vert sombre. La floraison a lieu en été : les fleurs sont portées par des hampes courtes, également retombantes. Le diamètre floral atteint en moyenne 8–12 cm.

Comme cette espèce croît en altitude, elle demande des conditions plutôt tempérées et une période assez marquée de repos en hiver, à température un peu plus basse et avec peu d'arrosage. Sa culture en appartement est aisée : il suffit de la placer dans la pièce la plus froide en hiver, moyennant quoi elle croît et fleurit régulièrement.

D'autres belles espèces d'épidendrum reçoivent des soins analogues. Le débutant pourra se faire la main par exemple sur *E. ciliare,* une des espèces les plus élégantes du genre, présentant un labelle blanc finement frangé, *E. nemorale* aux fleurs atteignant 10 cm, roses et odorantes, ou sur *E. mariae* aux fleurs longues de 8 cm, blanc, vert et jaune. Dans les appartements bien chauffés en permanence, on envisagera la culture de *E. cochleatum* aux fleurs tournées de 180° (le labelle pointe vers le haut) ou de *E. atropurpureum.* Le très beau et populaire *E. vitellinum* aux fleurs rouge-orangé demande plutôt de la fraîcheur et de l'humidité car il croît dans sa patrie (Mexique du Sud et Guatemala) en montagne à des altitudes de 2 000 à 2 700 m.

Tous les épidendrums se cultivent aisément fixés sur des branches dans une poignée de substrat léger. Ils se multiplient soit par séparation des jeunes sujets apparaissant souvent sur les pseudo-bulbes, ou par division des touffes âgées.

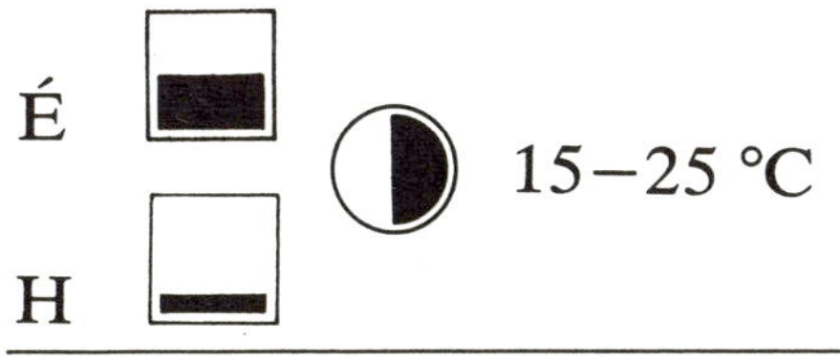

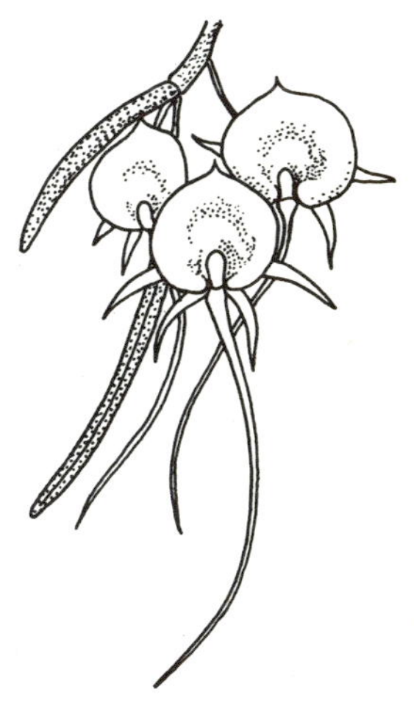

Angraecum scottianum

Gongora armeniaca

RCHB. f.

« Un joyau de métal ciselé », voilà comment on peut au mieux décrire l'inflorescence de ces plantes merveilleuses. Elégante et absurde, mystérieuse et bizarre, elle contient tout à la fois le monde changeant et multicolore des orchidées.

Gongora est un genre relativement pauvre, comprenant tout au plus une trentaine d'espèces, dont deux faisant l'objet d'une culture suivie, *Gongora galeata* et *G. armeniaca. G. galeata,* une orchidée mexicaine, présente des fleurs larges de 5 cm, cuivre brûlé, brun-jaune pourpré ou jaunes à reflet cuivré. Elle apparaît comme extrêmement élégante et est très souvent photographiée comme une des plus belles orchidées qui soient. *G. armeniaca* provient du Nicaragua. Les pseudo-bulbes sont ovoïdes, hauts d'environ 6 cm, portant deux feuilles. Celles-ci, d'un vert soutenu, sont solides et marquées d'une nervuration longitudinale apparente. Étroitement elliptiques, elles mesurent un peu plus de 20 cm de longueur. Comme chez *G. galeata,* l'inflorescence est retombante, multiflore. Les fleurs mesurent un peu plus de 4 cm de diamètre. *G. armeniaca* fleurit généralement en juillet ou en août. Les fleurs sont relativement durables, malgré leur aspect fragile ; elles sont toutefois très sensibles aux aspersions : on évitera de bassiner les plantes pendant la floraison et on se contentera d'en arroser la motte.

Les gongoras ne présentent pas de période de repos marqué. Après la floraison, on réduit les arrosages durant une période de 6–8 semaines. Par ailleurs, ces plantes doivent être tenues toute l'année au chaud et à l'humidité (elles supportent bien une atmosphère sèche, à condition de recevoir de fréquents bassinages). Elles se plaisent en plein soleil ou tout au moins dans un endroit très éclairé. Elles comptent parmi les meilleures orchidées d'appartements chauds où leur culture n'offre pas de difficultés majeures (la période de repos sans arrosage a même la bonne idée de tomber au moment des vacances d'été !).

Les gongoras se cultivent en épiphytes, et il suffit de les fixer à une branche, sur un coussin de mousse ou de sphagnum. Ils se multiplient facilement par division des anciens pseudo-bulbes.

Comme chez la plupart des orchidées épiphytes, la fumure est ici aisée : il suffit d'ajouter une faible quantité d'engrais (1/10 de la concentration indiquée sur le mode d'emploi) à l'eau du bassinage (engrais Substral par exemple).

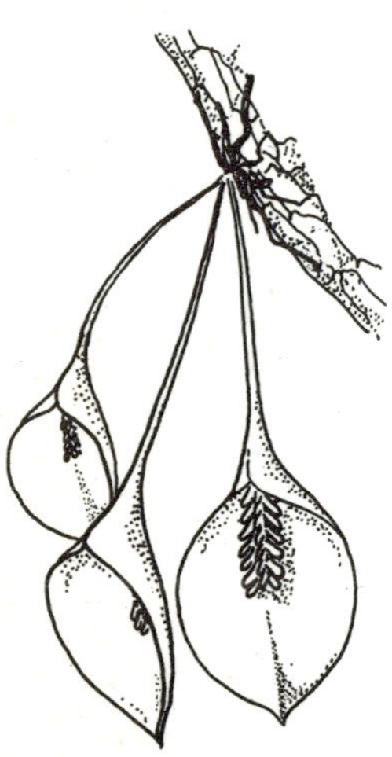

Pleurothallis pectinata

15–30 °C

Laelia pumila RCHB. f.

Qui d'entre nous ne soupire après une plante de la beauté du célèbre *Cattleya ?* Les magnifiques fleurs de *Laelia pumila* peuvent vraiment prétendre à ce titre. Il s'agit de plus d'une plante miniature qui permet de compléter sans cesse une collection, sans avoir à redouter un manque d'espace dans la maison. C'est une plante qui prospère très bien dans les appartements modernes bien chauffés et bien éclairés : point n'est besoin pour la cultiver de posséder serres ou vitrines d'appartements.

Les pseudo-bulbes sont relativement petits (5–10 cm), hauts et cylindriques de forme. Ils ne portent jamais qu'une feuille unique, coriace, épaisse, à peu près de la même longueur. En septembre-octobre, s'épanouissent des fleurs merveilleusement parfumées, grandes par rapport au reste de la plante, puisqu'elles mesurent également environ 10 cm. La fleur est le plus souvent unique, plus rarement on assiste à une floraison double. Les fleurs épanouies conservent très longtemps leur fraîcheur. *L. pumila* provient du Brésil méridional où elle croît en épiphyte ou en géophyte à des altitudes de 500–800 m.

Le genre *Laelia* comprend d'autres très belles orchidées, de taille un peu plus grande, en tout, on a le choix entre 75 espèces. Pour les appartements modernes (chauds et ensoleillés) on peut recommander *L. xanthina,* espèce brésilienne aux sépales étroits, d'une magnifique couleur jaune d'or ; *L. anceps,* originaire du Mexique et du Honduras, aux hampes d'une cinquantaine de centimètres portant jusqu'à cinq fleurs larges de 12 cm, dont la couleur rappelle un peu l'espèce représentée ; ou encore la très populaire *L. gouldiana* (syn. : *L. autumnalis* var. *gouldiana*) aux grandes fleurs violet sombre, magnifiquement parfumées.

Toutes les espèces du genre *Laelia* se cultivent soit en épiphytes attachés sur un coussinet de matériau léger, soit « classiquement » dans des pots contenant un substrat léger (p. ex. sphaigne hachée, tourbe, racines de fougères, fragments de polystyrène ou de charbon de bois, écorce de pin ou de chêne broyée, feuilles de hêtre hachées). En hiver, on observe une courte période de repos avec arrosage réduit. Ce genre convient mieux pour la culture en appartement que le genre *Cattleya* dont ses fleurs ont par ailleurs la splendeur.

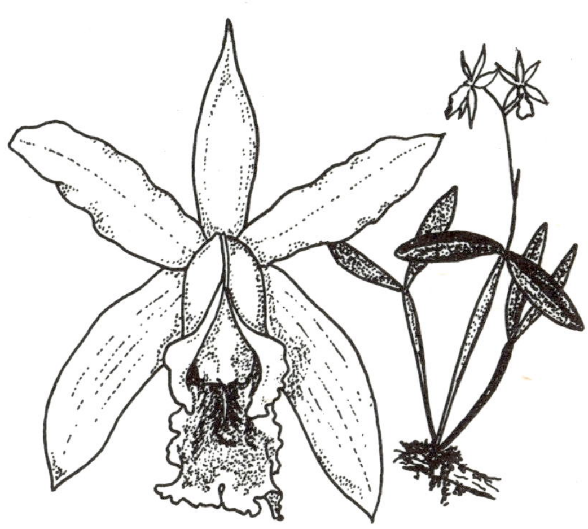

Cattleya intermedia est à l'origine d'une série d'hybrides fort appréciés.

15–30 °C

Macodes petola BL.

Le nom d'orchidée évoque le plus souvent de grandes fleurs multicolores aux allures de papillons exotiques. Il existe pourtant plusieurs centaines d'espèces d'orchidées qui comptent parmi les plus belles plantes à feuillage décoratif. Il en est même certaines dont la beauté du feuillage égale largement celle des fleurs d'espèces voisines.

L'orchidée la plus souvent cultivée pour son feuillage est *Haemaria discolor,* dont il existe plusieurs variétés et cultivars. Ses feuilles d'un vert-rouge velouté sont ornées d'une fine nervuration rouge. Il s'agit d'une espèce plus que modeste qui croît sans problème dans un substrat tourbeux assez léger, dans les appartements chauds en station mi-ombrée. Ses fleurs blanches, de petite taille, mais très parfumées s'épanouissent vers Noël. Sa culture est à la portée de tout débutant.

L'espèce représentée est au contraire l'une des plus problématiques des orchidées et plus d'un éleveur chevronné échoue dans sa culture. Pourtant, sa beauté est si exceptionnelle qu'il vaut la peine de répéter encore et encore l'expérience.

Macodes petola provient des forêts montagnardes de Java et de Malacca. Elle y croît au sol sur une épaisse couche d'humus formé par les feuilles en décomposition ou sur les troncs tombés des fougères arborescentes. Ses stations de prédilection se caractérisent par leur lumière diffuse, leur température toujours élevée et leur très forte humidité atmosphérique : ces seules données suffisent à conclure qu'il est impossible de la cultiver à l'air libre de la pièce. Elle ne peut survivre en appartement qu'au sein d'une vitrine dans laquelle on maintient sans arrêt, par le chauffage, une température élevée et par nébulisation une forte humidité. *Macodes* doit être planté dans un substrat léger de sphaigne hachée, de racines de fougères, de fragments de charbon de bois, de tourbe, de feuilles de hêtre hachées et de sable ; la surface sera couverte d'une faible couche de sphagnum vif. Ces plantes sensibles se développent rapidement et se multiplient facilement par division de touffes lorsqu'elles sont placées en milieu favorable. Une autre espèce, peut-être encore plus belle, est *M. sanderiana* qui demande les mêmes conditions mais une ombre peut-être un peu plus profonde. *M. dendrophila,* veinée d'argent, est épiphyte.

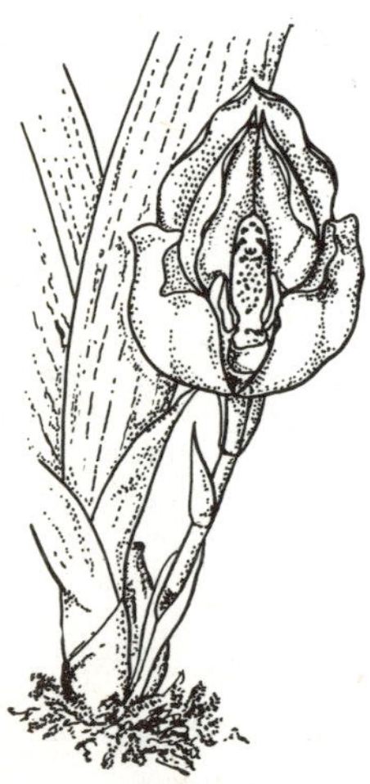

Anguloa ruckeri est une espèce colombienne aux fleurs olive à taches noires.

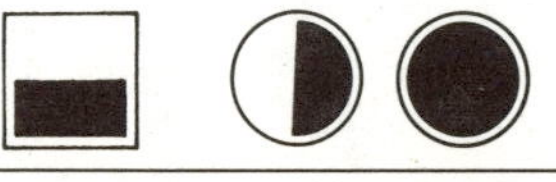

20–30 °C

Odontoglossum grande

LDL.

Odontoglosse

Voici une espèce qui compte parmi les plus belles et les plus intéressantes des orchidées, en même temps que parmi les plantes le plus souvent recherchées par les débutants. Il faut pourtant savoir qu'à moins de disposer d'un endroit frais à longueur d'année (ou au moins très aéré) on n'aura que des déceptions, car si l'odontoglosse accepte de croître dans d'autres conditions, il refuse absolument de fleurir.

Odontoglossum grande est en effet une vraie plante alpine : à l'état spontané, au Mexique et au Guatemala, il croît dans les montagnes à des altitudes avoisinant 2 000 m si bien que sa floraison est conditionnée par de fortes amplitudes entre les températures diurnes et nocturnes, par la fraîcheur et la sécheresse hivernales.

C'est donc une plante très indiquée pour les propriétaires de jardins d'hiver. On l'installe en épiphyte sur un coussin de substrat léger, ou même dans un pot classique comme le genre *Laelia*. En été, les plantes supportent d'être placées dans un jardin ou sur un balcon et suspendues à mi-ombre (de nombreuses orchidées apprécient ce traitement). Pendant cette période de croissance on arrose régulièrement et très copieusement. A l'automne ou au début de l'hiver, lorsque les plantes sont à nouveau rentrées dans l'appartement ou dans une serre froide, s'épanouissent les fleurs larges d'une quinzaine de centimètres. Elles sont groupées par 4–8 sur une hampe de 30 cm environ et leur coloration très variable peut aller du rouge vif au châtain.

Le genre *Odontoglossum*, qui comprend quelque 300 espèces, est donc particulièrement riche : on peut donc y trouver des plantes qui conviennent à la culture en appartements modernes (elles demandent toujours une abondance de soleil, d'air et des conditions tempérées). Citons par exemple *Odontoglossum pendulum* (syn. : *O. citrosmum*) aux merveilleuses fleurs blanches au labelle rosé, inclinées, dégageant un parfum citronné ; *O. krameri* à la floraison rose, la base du labelle étant brun-jaune ; ou encore *O. reichenheimii* (souvent classé dans le genre *Miltonia*) à dominante rouge châtain.

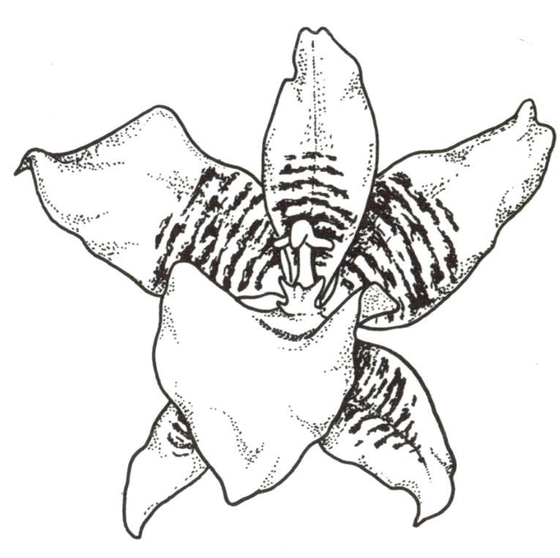

Odontoglossum cervantesii est une espèce cryophile des montagnes mexicaines.

É

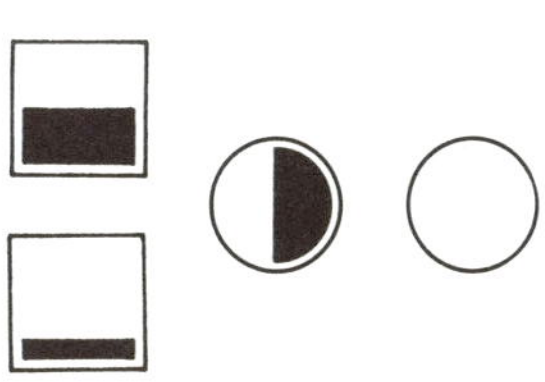

10–20 °C

H

Oncidium papilio LINDL.

Les souvenirs de voyages et les anciens journaux de chasseurs d'orchidées recèlent souvent des comparaisons grâce auxquelles les voyageurs essayaient de rendre les formes inhabituelles des fleurs : celles-ci sont tour à tour comparées à des tigres à l'affût, des casques guerriers, des crânes ou des bijoux d'orfèvres. Mais la comparaison qui revient le plus souvent fait appel aux papillons. Il n'est donc pas très étonnant que Lindley, charmé par le noble port de l'espèce représentée, lui ait donné le nom spécifique de *papilio,* qui est le nom latin du machaon.

Oncidium papilio croît en Amérique du Sud, sur un vaste territoire qui s'étend de Trinidad et du Venezuela jusqu'au Pérou en passant par la Colombie. C'est une espèce épiphyte que l'on trouve le plus souvent sur de vieux arbres, dans les fourches des branches ou des crevasses profondes de l'écorce. Exceptionnellement, certains exemplaires s'installent sur les rochers dans la fine couche de substrat formé par les couverts de sélaginelles et de menues fougères.

Les pseudo-bulbes sont plans, ovales, hauts d'environ 8 cm. Ils portent une feuille unique atteignant 20 cm de longueur, raide, coriace, ornée de taches rougeâtres et diffuses. Même les plantes défleuries constituent donc un bel ornement. La hampe florale est solide, rigide, longue d'environ 60 cm. On pensera donc à laisser aux plantes suffisamment d'espace en les installant dans la vitrine, pour que la hampe puisse se développer à son aise. Les fleurs mesurent environ 8 cm de diamètre. Elles se développent progressivement sur la hampe, parfois sur une période atteignant plusieurs années. Malgré leur résistance, on s'abstient donc de les utiliser comme fleurs coupées car on risque de se priver de nouvelles floraisons au cours des mois suivants.

Oncidium papilio ne connaît pas de période de repos au cours de l'année : on le place donc dans une pièce chauffée (mais non torride !) et on l'arrose régulièrement pendant toute l'année. L'arrosage est un peu augmenté au moment de l'apparition des boutons. L'espèce se plaît particulièrement dans une vitrine, où elle doit être fixée sur une branche ou une plaque d'écorce, sur une fine épaisseur de substrat léger pour épiphytes. Lorsqu'on choisit de la cultiver en récipients, on peut utiliser un substrat très léger, essentiellement composé de racines de fougères.

Une espèce voisine, *O. krameranum* présente des fleurs plus ondulées et de couleurs un peu plus soutenues. Ses besoins culturaux sont à peu près les mêmes.

Lycaste skinneri reçoit plutôt de nos jours le nom *L. virginalis.* Elle provient d'Amérique Centrale et ses fleurs présentent toutes les intensités de rose.

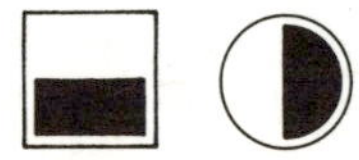

15–25 °C

Paphiopedilum callosum (RCHB. f.) PFITZ.

Sabot de Vénus

Quand on peut les acheter couramment en pots dans la moindre boutique de fleuriste, on finit par ne plus considérer certaines orchidées comme des plantes rares. C'est le cas d'une des espèces les plus connues et les plus courantes d'entre elles, *Paphiopedilum callosum.*

Cette espèce terrestre est originaire du Viêt-nam, du Cambodge et de la Thaïlande, où elle croît sur les pentes humides des montagnes, sur une épaisse couche d'humus, dans les vallées moussues et dans les couverts d'herbes basses. Les feuilles apparaissent en rosette basse distincte ; elles sont vert clair marbré d'un « damier » sombre, longues de 20–25 cm. Ces seules indications suffisent à trahir une espèce à la fois thermophile et sciaphile. Les sabots de Vénus cryophiles qui demandent une abondance de lumière et supportent sans dommage même le plein soleil (comme *P. spicerianum*) présentent des feuilles uniformément vertes sur le dessus.

En hiver ou au début du printemps apparaissent les fleurs, larges d'une dizaine de centimètres, portées par une hampe droite, longue de trente centimètres environ. Cette hampe est le plus souvent unique, mais peut porter jusqu'à cinq fleurs chez les sujets anciens et bien développés.

Le sabot de Vénus est une orchidée de terre : le substrat ne peut pourtant être un sol courant, cela va de soi : on choisit ici aussi un mélange pour orchidées. Pour les sujets petits et jeunes, il suffit d'un mélange de sphaigne hachée et de fragments de polystyrène ou de charbon de bois ; les sujets un peu âgés, aux racines déjà bien développées, doivent recevoir un mélange un peu plus riche, additionné de feuilles de hêtre et de tourbe.

La principale condition d'une bonne culture est une chaleur permanente (la température des appartements modernes est le plus souvent suffisante) et une bonne humidité, réalisée au moyen d'évaporateurs et entretenue par une couche de sphaigne vive dont on recouvre le dessus des coupelles de culture. Comme les autres orchidées, les sabots de Vénus ne supportent pas d'avoir la motte racinaire humide en permanence : on les humecte de préférence le matin, pour leur permettre de sécher un peu durant la nuit.

Evidemment, ces orchidées (et bien d'autres) prospèrent le mieux dans des vitrines ou des serres d'intérieur, dont le fond permet également de répondre à leur besoin d'ombre assez profonde. D'autres espèces conviennent mieux pour l'appartement : *P. sukhakuli, P. glaucophyllum* et la majorité des hybrides.

Paphiopedilum fairrieanum

18–25 °C

Phalaenopsis lueddemanniana RCHB. f.

Comme les espèces du genre précédent, les *Phalaenopsis* ne forment pas de pseudo-bulbes. De nombreux représentants de ce genres sont épiphytes et croissent dans les régions chaudes et toujours humides d'Asie du Sud-Est, des îles voisines et d'Australie. Lorsqu'elles croissent au sol, ces plantes choisissent des rochers verticaux couverts d'une épaisse couche de mousse ou de fougères. Les racines de ces espèces sont relativement peu nombreuses, épaisses, couvertes d'un voile blanchâtre : c'est le velamen, chargé d'absorber l'eau et les matières nutritives en solution qu'elle contient. Les plantes se protègent contre l'évaporation par un épiderme épais qui recouvre leurs feuilles succulentes.

L'espèce représentée, originaire des Philippines, est fortement variable. Les feuilles elliptiques atteignent environ 25 cm de longueur, 7–8 cm de largeur. La hampe florale est relativement courte, atteignant à peine la longueur des feuilles. Les fleurs, de coloration variable, mais toujours blanches à striation transversale rouge, sont larges de 4–5 cm. En culture, cette espèce fleurit le plus souvent au printemps, en mai au plus tard.

Comme chez de nombreuses autres espèces de ce genre, les anciens sujets émettent souvent des stolons portant de nouvelles plantes jeunes radicantes (ce phénomène arrive même souvent à la hampe florale défleurie). Les jeunes sujets enracinés mais encore reliés à l'exemplaire maternel fleurissent rapidement facilement, plus volontiers même que les exemplaires adultes.

Parmi les quelque 70 espèces, les hybridations ont surtout fait appel à *P. amabilis,* distribué sur un territoire qui s'étend de l'Indonésie jusqu'en Australie en passant par la Nouvelle-Guinée : ses fleurs sont blanches, grandes (jusqu'à 10 cm de diamètre), portant une ornementation jaune et rouge sur le labelle. Le merveilleux *P. schilleriana* a donné quant à lui aux hybrides sa belle couleur rose et souvent aussi les magnifiques zébrures transversales argentées de ses feuilles. Bien d'autres espèces du même genre, voire parfois des genres voisins (*Doritis* par exemple) ont également servi aux hybridations.

Les *Phalaenopsis* demandent des conditions chaudes et humides sans période de repos. On les cultive le plus souvent dans un mélange léger analogue à celui du genre précédent. Le feuillage doit être fréquemment vaporisé d'eau. On peut très bien les cultiver dans une pièce peu aérée, mais ils se portent mieux en vitrines. Une des conditions de réussite est également un ombrage suffisant des sujets.

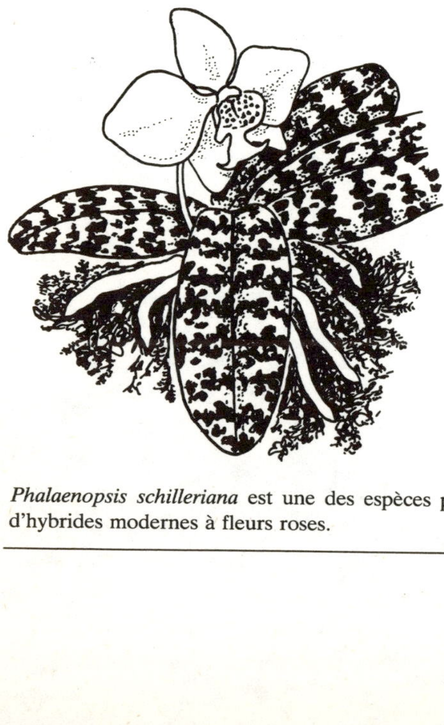

Phalaenopsis schilleriana est une des espèces parentales ayant servi à l'obtention d'hybrides modernes à fleurs roses.

20–30 °C

Stanhopea tigrina BATEM.

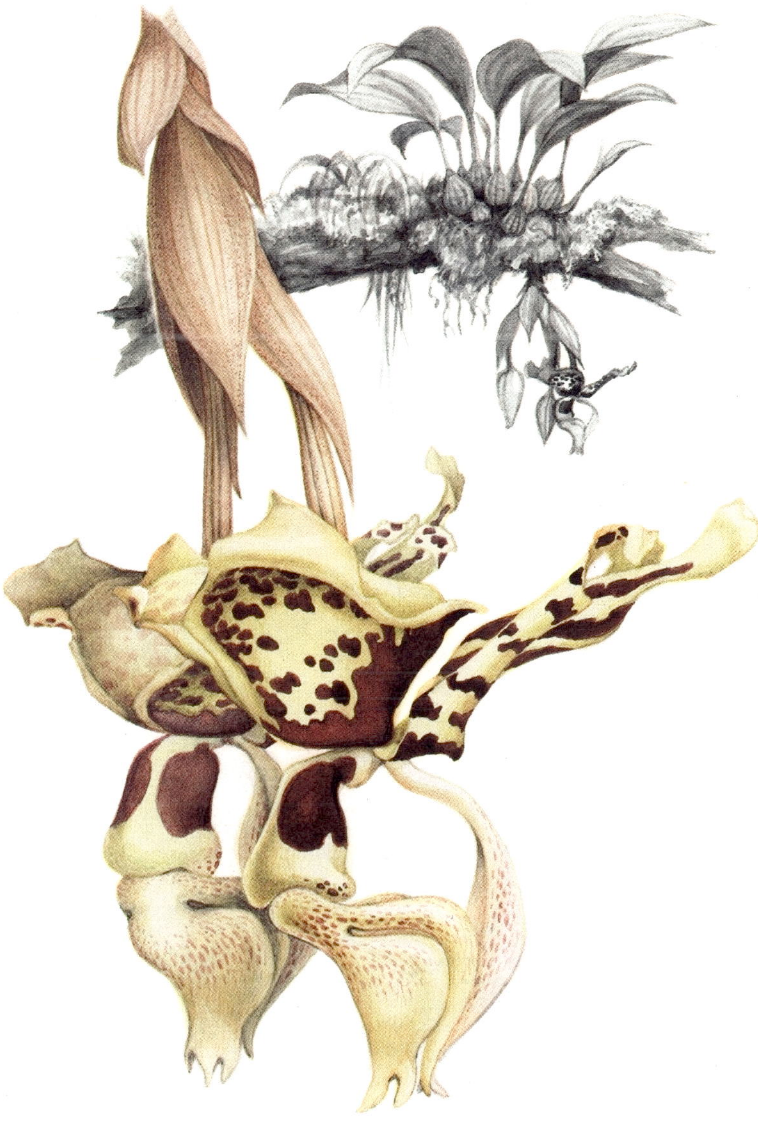

En comparant la structure florale de l'espèce représentée avec celle de *Gongora armeniaca,* on ne peut manquer d'être frappé par un certain nombre d'analogies : ces deux genres appartiennent en effet à la même subtribu des *Gongorinae.* La structure de la fleur, et surtout celle du labelle, est très complexe et mérite donc une description explicative, fût-elle brève. Le labelle est charnu et se compose généralement d'un hypophile sacculiforme ou naviculaire, d'un mésochile portant deux excroissances cornues et d'un épichile le plus souvent courtement elliptique, fréquemment terminé par trois indentations. C'est également le labelle qui sert d'élément déterminatif et permet de reconnaître les quelque 50 espèces de formes assez voisines, mais de colorations souvent variées et chatoyantes.

Il est difficile de distinguer ces plantes à l'état défleuri. Toutes les espèces présentent des pseudobulbes ovoïdes donnant naissance à une unique feuille coriace marquée par une nervuration soutenue.

Les *Stanhopea* sont des plantes épiphytes dont l'inflorescence se fraie un passage au travers du substrat qui les porte et pointe vers le bas sous la plante. Il est donc impossible de les cultiver en pots, mais uniquement dans les montages d'épiphytes ou dans des paniers à orchidées dont le fond est constitué soit par des lattes suffisamment écartées, soit par un treillis métallique aux mailles suffisamment larges.

L'espèce représentée, la plus connue et la plus cultivée en Europe, y reçoit souvent le nom erronné *S. hernandezi.* Comme il s'agit d'une espèce plutôt cryophile, elle doit être placée en hiver dans un emplacement assez frais et bien aéré. En été, elle se plaît par exemple dans un jardin, suspendue à l'ombre d'un arbre. Il vaut vraiment la peine de se donner un peu de mal pour sa culture, car les fleurs sont magnifiquement colorées et parfumées (elles sentent un mélange de melon et de vanille). Elles atteignent jusqu'à 18 cm de diamètre.

L'espèce est originaire du Mexique, le genre s'étend de l'Amérique Centrale jusqu'au Pérou.

Pterostylis curta est une orchidée terrestre rare de Nouvelle-Zélande.

É

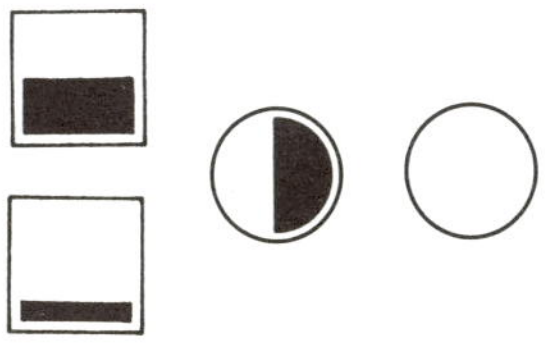

15–30 °C

H

10–15 °C

Vanda × Herziana 'Blaue Donau'

Vanda

L'hybride représenté appartient à un groupe classique, déjà un peu ancien. Ses parents sont probablement les représentants les plus cultivés de leur genre en Europe : on les trouve dans toutes les grandes collections, dans tous les jardins botaniques.

Le premier de ces parents est *Vanda coerulea* Griff. ex Ldl., une espèce cryophile distribuée dans les montagnes de 700 à 1 700 m d'altitude, croissant dans l'Himalaya, en Birmanie, en Thaïlande. C'est une orchidée épiphyte robuste, atteignant jusqu'à 1,50 m de hauteur. Sa tige est couverte de feuilles écartées à l'horizontale, longues d'environ 25 cm et larges de 2,5 cm, entre lesquelles apparaissent de nombreuses racines aériennes. Les fleurs sont bleues, couleur très rare et précieuse chez les orchidées, et atteignent jusqu'à 10 cm de largeur. Le second parent se nomme *V. tricolor* Ldl. et provient de Java et de Bali. C'est également une plante robuste, caractérisée par des feuilles encore plus longues, des fleurs au contraire plus petites, mais merveilleusement colorées : le labelle est pourpre violacé, les autres parties de la fleur surtout jaunes avec des taches brun-rouge soutenu.

Les vandas et leurs hybrides sont actuellement cultivés surtout dans les îles Hawaii, en Thaïlande et aux États-Unis pour la fleur coupée. Les hybrides les plus célèbres proviennent du Mandai Garden de Singapour ; des genres voisins, également de la sous-tribu des *Sarcanthinae,* comme *Rhynchostylis, Renanthera* ou *Aerides* ont également pris part à leur obtention. Le résultat de ces croisements sont des fleurs d'une grande beauté, de teintes pastel « sourdes » caractéristiques. Bien qu'il s'agisse à l'origine de plantes épiphytes, on les cultive souvent en pots, voire, dans les régions tropicales, directement en pleine terre où elles prospèrent merveilleusement.

Les vandas hybrides ne posent pas de grands problèmes même en appartement. Ils demandent une abondance de lumière mais une très légère protection contre les rayons directs du soleil. La température des maisons modernes leur convient le plus souvent. Pendant la végétation, il leur faut des arrosages copieux et des fumures suffisamment riches ; pendant la période de repos hivernal, le substrat ne doit être humecté que pour l'empêcher de sécher complètement. Les hybrides de *Vanda* se contentent d'un substrat pour épiphytes standard, mais léger.

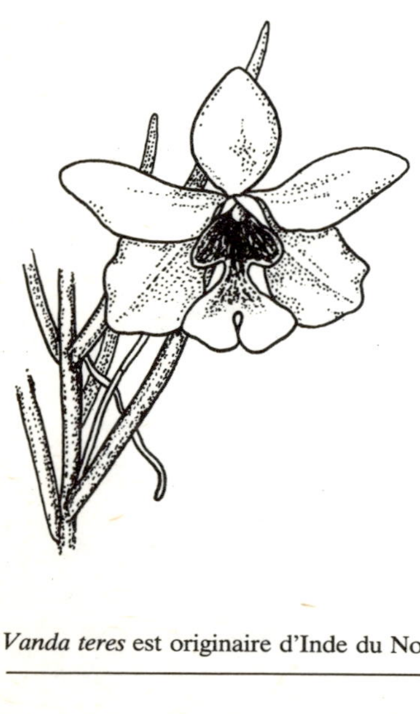

Vanda teres est originaire d'Inde du Nord-Est et de Birmanie.

É

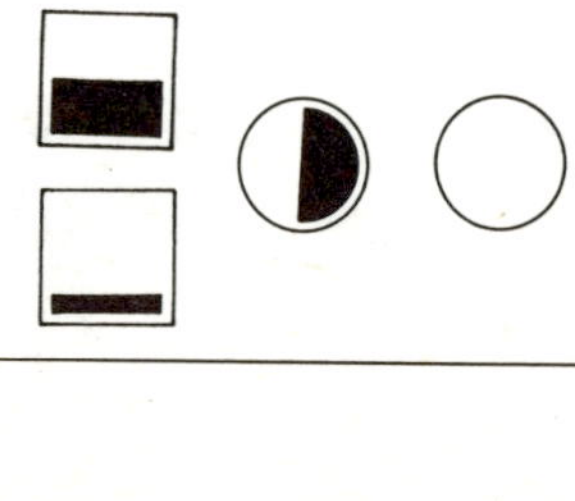

H

18–30 °C

PLANTES BULBEUSES ET TUBÉREUSES

Agapanthus orientalis

LEIGHTON

Agapanthe

Malgré le titre de ce chapitre, nous commencerons par une espèce qui n'a ni bulbe ni tubercule, mais une courte souche souterraine portant des racines charnues. *Agapanthus* comprend environ 10 espèces, originaires d'Afrique australe où elles croissent le plus souvent sur les versants montagneux découverts ou légèrement ombrés par des broussailles.

L'espèce représentée possède des feuilles terrestres, en lanières amincies à l'extrémité et terminées par une pointe obtuse. Leur jolie couleur vert frais les rend décoratives en elles-mêmes. Les fleurs sont portées par de hautes hampes. Elles sont groupées en fausse ombelle soutenue par deux bractées. Leur forme est tubulaire-campanulée, leur coloration bleue, elles sont grandes et très durables.

Il est difficile de savoir précisément quelle est le véritable nom botanique des plantes vendues sous le nom courant de *A. africanus*. Trois espèces au moins sont en effet cultivées : le véritable *A. africanus* (L.) Hoffmgg., dont les feuilles ne dépassent pas 15 cm de longueur et 1 cm de largeur et dont les fleurs sont bleu-violet sombre; *A. orientalis* Leight., aux grandes fleurs bleues et aux feuilles atteignant 70 cm de long, 3–5 cm de large. Ces deux espèces ont des feuilles persistantes, vertes pendant toute l'année. La troisième espèce cultivée, *A. campanulatus* Leight. a des feuilles plus petites que celles de l'espèce précédente et passe l'hiver sous terre. Il est clair que toutes ces espèces, qui s'hybrident facilement, ont donné naissance à un grand nombre de cultivars commercialisés. Comme les inflorescences des espèces naturelles ont un aspect très voisin, il est vraiment difficile d'établir la parenté des différents cultivars. La plupart des espèces cultivées en Europe répondraient cependant plutôt à la description de *A. orientalis*.

Les cultivars résistants au gel, commercialisés par les États-Unis, qui passent l'hiver sous terre et survivent assez facilement même à des conditions vraiment rigoureuses descendent vraisemblablement de l'espèce *A. campanulatus*.

Les agapanthes sont à cultiver dans un bon sol riche en compost, additionné de sable, dans un endroit ensoleillé, en été même en plein air. Le repos végétatif hivernal doit avoir lieu à température aussi basse que possible. L'arrosage est alors réduit au strict minimum. La multiplication se fait par division des touffes et très facilement par semis.

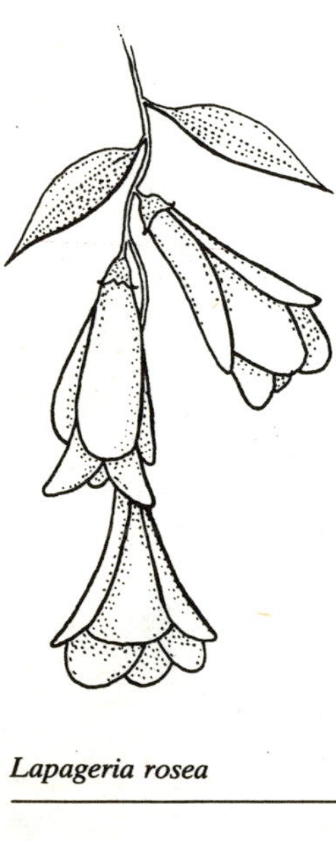

Lapageria rosea

É 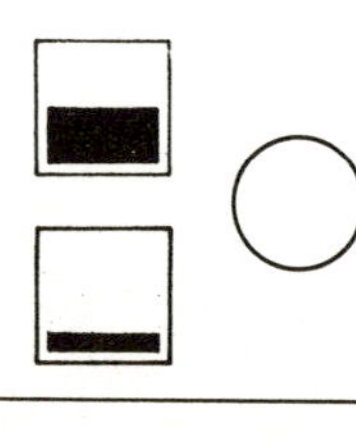 15–25 °C

H 15–10 °C

Alstroemeria × aurantiaca

Bien des lecteurs connaissent certainement cette plante par ses fleurs coupées décoratives, disponibles chez les fleuristes à toutes les saisons de l'année. Le genre *Alstroemeria* comprend environ 60 espèces qui croissent surtout dans les Andes. Leurs organes de réserve sont des racines épaissies en tubercule, en forme de massue, très fragiles et facilement cassantes lors de la transplantation. Les tiges portent des feuilles qui se retournent durant leur croissance de 180°, si bien qu'elles croissent finalement avec le revers tourné vers le ciel. Ce signe est caractéristique d'un groupe comprenant également les genres *Leontochir, Schickendantzia* et le magnifique genre *Bomarea.* Les fleurs sont le plus souvent groupées en fausse ombelle. Elles sont grandes et leurs pétales sont disposés en deux cercles bien distincts : le plus grand est le pétale inférieur du cercle interne. Tous les pétales internes portent des taches colorées.

L'hybride simple représenté ne se distingue que peu de l'espèce naturelle *A. aurantiaca* D. Don, spontanée au Chili. L'espèce atteint jusqu'à 90 cm de hauteur, ses feuilles gris-vert atteignent 10 cm de longueur. La fausse ombelle peut comporter jusqu'à 30 fleurs ; il s'agit alors d'un exemplaire déjà âgé croissant en place depuis des années.

L'espèce la plus connue, *A. ligtu* L. atteignant dans la nature quelque 60 cm de hauteur, est également originaire du Chili. Les fleurs, de nouveau groupées en fausse ombelle, possèdent des pédoncules ramifiés. Leur nombre atteint 20–25 et elles sont le plus souvent violet pâle marqué de rose et de jaune. La sélection et les croisements ont permis d'obtenir un groupe dit Ligtu-hybrides : des cultivars robustes, très florifères, particulièrement indiqués pour la coupe.

La plupart des espèces de ce genre sont résistantes au gel, du moins assez pour pouvoir passer l'hiver dehors sans couverture dans les régions viticoles d'Europe. Elles se plaisent surtout en serre froide, dans un bon sol humifère additionné de sable. Elles se multiplient facilement par division des touffes, mais n'atteignent leur plus beau développement qu'au bout de plusieurs années passées sans transplantation. La multiplication par graines est également facile et le semis peut être effectué directement en place.

Bomarea edulis

É 15–25 °C

H 5–10 °C

Amaryllis belladonna L.

Amaryllis

Le genre qui a donné son nom à toute la famille est très réduit : il contient en effet une espèce unique, assez rare en culture. Celle-ci est souvent confondue avec une espèce couramment cultivée, du genre *Hippeastrum*. Comment distinguer ces deux genres très voisins ? C'est relativement facile : *Amaryllis*, originaire d'Afrique australe, fleurit à l'automne, la hampe porte généralement plus de 6 fleurs et la graine est verte et arrondie. *Hippeastrum* au contraire provient d'Amérique du Sud ; il fleurit au tout début du printemps, les fleurs ne sont jamais plus de six sur la hampe et les graines sont plates et noires.

Les bulbes de l'amaryllis sont grands, leur collet est long, leur surface couverte d'un grand nombre de peaux sombres. Les feuilles en lanières atteignent 50 cm de longueur, 2 cm de largeur environ. Elles apparaissent au début du printemps ; à l'automne, lors de la floraison, elles jaunissent et sèchent : la période de végétation recouvre donc le printemps et l'été. La hampe florale haute d'environ 60–70 cm porte 6–12 grandes fleurs écartées à l'oblique, voire légèrement inclinées. Leur parfum est très agréable.

La culture de cette espèce est simple. Elle peut se faire en pot ou au jardin. Les pots ne doivent pas être très grands (diamètre de 4 cm supérieur à celui du bulbe), le sol doit être nutritif mais perméable, formé de terreau de couche ou de compost additionné de sable.

Dès l'apparition des premières feuilles au printemps, on arrose copieusement et on place la plante dans un endroit ensoleillé. En été, elle se plaît sur un balcon ou une terrasse. A l'automne, les feuilles disparaissent pendant la croissance de la hampe florale. Après la floraison, on cesse les arrosages. Le bulbe passe l'hiver dans son pot (il supporte mal des transplantations fréquentes) et presque à sec (on humecte la surface du sol de temps en temps) dans un endroit tiède, où il reste jusqu'au printemps. On peut également planter le bulbe en pleine terre, auquel cas on le couvre bien pendant l'hiver d'une épaisse couche de feuilles mortes, voire d'une feuille de plastique qui le protégera de l'humidité. La multiplication se fait par bulbes-fils qui apparaissent chez les sujets d'un certain âge. La multiplication par semis est également possible, mais il faut attendre la floraison pendant de longues années.

Pamianthe peruviana

É 15–25 °C

H 5–10 °C

Amorphophallus rivieri

DUR.

(syn. : *Hydrosme rivieri* [Dur.] Engl.)

Cette espèce présentant à la fois un feuillage intéressant et une inflorescence curieuse convient surtout pour les amateurs de bizarreries.

Seule l'espèce représentée est cultivée couramment ; dans les collections des spécialistes et des jardins botaniques, on rencontre parfois certaines des 80 autres espèces de ce genre. *Amorphophallus* est surtout distribué dans les régions tropicales de l'Ancien Monde, s'étendant jusqu'en Australie en passant par la zone insulaire. Il est regrettable que d'autres espèces ne soient pas plus souvent cultivées : certaines sont vraiment menues et ne dépassent pas 20–30 cm, d'autres gigantesques mesurent plusieurs mètres (*A. titanum,* croissant à Sumatra, peut atteindre 5 m et son inflorescence 1 m de diamètre).

A. rivieri est originaire du Viêt-nam où il croît dans les montagnes à environ 1000 m d'altitude, à la limite des denses forêts nébuleuses. Même à l'état spontané, le tubercule n'est jamais très profondément enfoncé dans le sol : un exemplaire de 1,50 m croissant sur l'humus profond et moelleux d'une lisière de forêt peut avoir un tubercule gros comme une petite tête d'enfant, caché seulement à 10–15 cm sous la surface du sol.

En Asie du Sud-Est, certaines espèces croissent également en plein champ. Au Japon notamment, *A. conjaku* constitue un aliment de choix : le tubercule doit être longuement cuit (sans quoi il est toxique). Il contient alors une substance gélatineuse couleur gris-blanc, sans attrait gustatif particulier pour un Européen.

Après le repos hivernal apparaît le pétiole de la feuille unique. Il atteint jusqu'à 1,50 m de hauteur et porte des ornementations blanches. Le limbe s'insère perpendiculairement sur le pétiole ; il est trichotome et ses différentes parties sont encore une fois pennées.

Au tout début du printemps, souvent bien avant la plantation, les tubercules d'une bonne taille produisent une inflorescence à la spathe longue d'environ 30 cm, pourpre foncé. Le spadice de même longueur est violet sombre. L'ensemble dégage une odeur intense de viande pourrie.

A l'automne, on sort les tubercules de terre et on les conserve à sec et à la chaleur pendant leur période de repos. Le sol doit être nutritif : on peut recommander un mélange de tourbe, de terreau de couche et de sable. Parfois, on conseille la culture en pleine terre au jardin. Celle-ci conduit le plus souvent à un affaiblissement de la plante.

Floraison d'*Amorphophallus titanum* de Sumatra.

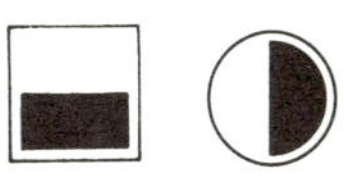

15–25 °C

Crinum × *powellii*

Crinum

Cette espèce compte parmi les plantes dont la popularité ne cesse de s'accroître. D'année en année, de nouveaux parcs utilisent ces merveilleuses plantes bulbeuses pour la plantation en massifs. Leurs fleurs s'épanouissent à la fin de l'été et attirent à ce moment toute l'attention du public.

Les parents de *Crinum* × *powellii* sont *C. bulbispermum* (Burm.) Milne-Redh. et Schweickerdt et *C. moorei* Hook. f. La première de ces espèces provient d'Afrique australe : ses bulbes robustes, au long collet produisent des feuilles atteignant 90 cm de longueur. L'inflorescence, haute d'une quarantaine de centimètres, comporte 8–12 grandes fleurs campanulées, longues d'environ 15 cm, blanches, avec un extérieur lavé de pourpre. Cette espèce apparaît souvent dans les collections sous le nom de *C. longifolium.* Elle est également cultivée et résiste assez bien au gel, si bien qu'on peut la placer au jardin sous une mince couverture de tourbe ou de feuilles. Le second parent, *C. moorei,* vient du Natal et de la Cafrerie, en Afrique du Sud. C'est une espèce dans l'ensemble plus robuste que la précédente : le bulbe atteint environ 20 cm de diamètre et présente un collet d'une cinquantatine de centimètres environ. Les feuilles mesurent quelque 90 cm de longueur et 10 cm de largeur. L'inflorescence, haute de 60 cm, comporte jusqu'à 10 fleurs, à peine plus petites que celles de l'espèce précédente. Leur couleur est rose.

Crinum × *powellii* a une taille intermédiaire entre les deux parents. C'est une plante de jardins d'hiver froids mais directements ensoleillés. Elle convient très bien à la culture en extérieur. Les bulbes sont plantés de manière que seule une faible longueur du collet dépasse du sol. On les place dans un site abrité, chaud et ensoleillé, dans un sol riche en matières nutritives. Pour améliorer le drainage, on ajoute au sol une partie de sable et on place le bulbe sur une épaisse couche de pierres. Pendant l'été, il faut arroser et fumer copieusement, à l'automne, on protège la plante du gel en la couvrant d'une épaisse couche de feuilles qu'on n'ôte qu'avec le printemps. La multiplication se fait par bulbes-fils qui fleurissent au bout de trois années environ.

Pour les appartements chauffés, on choisit l'une des quelque 100 autres espèces de ce genre, par exemple la sud-américaine *C. erubescens* aux grandes fleurs blanches, pourpres à l'extérieur. Lorsqu'on dispose d'un grand paludarium, on peut cultiver dans l'eau ou dans le sol détrempé aussi l'espèce africaine *C. purpurascens* aux pétales rouges et étroits, ou, sur la partie « sèche » le gigantesque *C. asiaticum* aux fleurs blanches.

Crinum giganteum est une plante robuste qui se prête surtout à la plantation en paludarium.

É ▬ ○ ◐ 15–25 °C

Eucharis grandiflora

PLANCH. et LIND.

(syn. *Urceolina grandiflora* Traub.)

Les fleurs de cette espèce apparaissent souvent en bouquets coupés derrière les vitrines des fleuristes. Malheureusement, rares sont les personnes à savoir qu'il s'agit d'une plante très facilement cultivable dans les appartements chauds et tempérés où ses merveilleuses fleurs blanches, finement parfumées, peuvent s'épanouir même deux fois par an.

Dans les collections, on trouve souvent le nom erroné *E. amazonica,* faux du point de vue botanique et géographique tout à la fois : cette espèce est originaire des Andes de Colombie, où elle semble croître à la lisière des tourbières de montagne.

Eucharis est belle même en dehors de l'époque de floraison, car ses grandes feuilles sont également décoratives. Le limbe est vert soutenu, largement ovale, pointu à l'extrémité, long d'une trentaine de cm, donc autant que le solide pétiole. L'organe de réserve est un bulbe sphérique de petite taille, couvert d'un épiderme brun.

Les fleurs sont le plus souvent au nombre de six. Elles s'épanouissent progressivement en fausse ombelle au sommet d'une hampe robuste. Elles rappellent un peu des narcisses largement ouverts à très courte couronne. Leur diamètre atteint 12 cm et elles persistent sur la plante environ un mois. Ce sont d'excellentes fleurs coupées.

Eucharis est une plante absolument modeste. Elle se plaît à des températures voisines de 20 °C, mais supporte très bien les variations et peut être cultivée sans difficultés dans n'importe quel appartement. Ce qu'il lui faut, c'est une abondance de lumière diffuse, condition facile à satisfaire dans une habitation moderne. Le substrat doit être perméable, un mélange de bon compost, de sable et de tourbe convient parfaitement, mais *Eucharis* arrive à prospérer dans tous les mélanges pour plantes, y compris dans la tourbe pure. La floraison a lieu généralement au printemps, mais lorsqu'on observe une période d'un mois de repos en été (avec réduction des arrosages) on peut espérer une deuxième floraison à l'automne.

É  15–30 °C

H 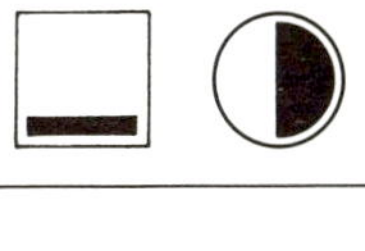 15–20 °C

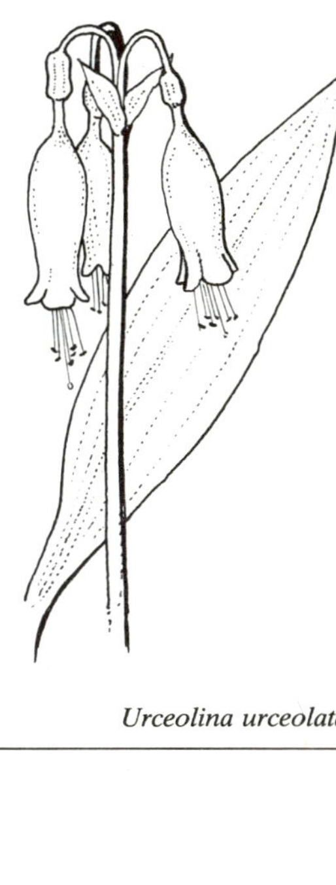

Urceolina urceolata

Eucomis punctata

(THUNB.) L'HER.

Voici une plante que connaissent surtout les amateurs de plantes grasses d'Afrique australe dont elle égaie souvent les collections. Il en existe une dizaine d'espèces croissant au Cap, au Natal et partiellement aussi en Orange, en Afrique du Sud.

Il s'agit de plantes bulbeuses aux feuilles terrestres allongées, souvent ornées de ponctuations ou de bords ondulés. Les fleurs apparaissent en grappe sur de fortes hampes dressées et sont ensuite surmontées d'une touffe de feuilles décoratives ; le bulbe est sphérique.

On cultive surtout trois espèces. A côté de celle représentée, dont les feuilles atteignent 60 cm de longueur et présentent un limbe tacheté de brun sur l'envers ainsi qu'une hampe florale d'une trentaine de centimètres, on cultive surtout *E. bicolor* aux feuilles en lanières d'une cinquantaine de centimètres, larges d'environ 10 cm et aux bords joliment ondulés. Les fleurs sont vert-jaune à bord violet ou rouge-violet. Même le toupet de feuilles surmontant l'inflorescence présente des limbes bordés de rouge. *E. undulata* a des feuilles de même longueur, dont l'envers est strié de lignes interrompues brunes et le limbe entier a des bords ondulés. L'inflorescence est relativement insignifiante : elle ne dépasse pas une quinzaine de cm et les fleurs sont verdâtres. Les feuilles du toupet terminal sont ondulées.

La culture de ces plantes ne présente guère de difficultés, à condition d'observer un repos marqué en hiver. On peut donc les cultiver en pleine terre au jardin, où on couvre en hiver les bulbes enfouis d'une épaisse couverture de feuilles mortes ; ou encore en appartement chaud, on sort les bulbes du sol à l'automne et on les tient au sec et au frais. On peut aussi les laisser dans leur pot et les entreposer complètement à sec dans une cave.

Eucomis se multiplie facilement par bulbes latéraux, ou, moins rapidement, par graines. Le sol doit être humifère et sableux.

Eucomis undulata

É 10–20 °C

Haemanthus ×katharinae

C'est sans doute parmi les bulbeuses que l'on trouve les plus belles plantes à fleurs convenant aux simples appartements sans conditions particulières. *Haemanthus* est un de ces genres, et, à juste titre, l'un des plus populaires.

Il en existe environ 60 espèces croissant en Afrique tropicale ou australe. Un bulbe généralement grand donne naissance à plusieurs feuilles coriaces ou relativement fragiles. L'inflorescence, une fausse ombelle, se compose de fleurs de petite taille, mais l'ensemble atteint jusqu'à 15–20 cm de diamètre.

L'espèce la plus cultivée est *H. albiflos,* dont les fleurs sont moins décoratives, mais les feuilles charnues, longues d'une vingtaine de centimètres, toujours vertes, assez peu nombreuses puisqu'il s'en forme souvent deux ou quatre. C'est l'une des plantes succulentes les plus souvent cultivées et qui supporte en vérité toutes sortes de traitements. L'inflorescence est relativement insignifiante, les fleurs sont blanches. La variété *pubescens,* aux feuilles velues sur l'endroit et aux fleurs roses est beaucoup plus décorative.

Mais cc sont surtout les espèces à floraison rouge vif qui sont les plus appréciées, comme *H. katharinae,* provenant du Natal. Le bulbe mesure environ 7 cm de diamètre et donne naissance à des feuilles pétiolées, longues parfois de 30 cm. La hampe florale est densément tachetée de brun à la base et se termine par une fausse ombelle de fleurs, large de presque 25 cm. La floraison a le plus souvent lieu en plein été.

Le croisement avec l'espèce *H. puniceus* a permis d'obtenir dès 1900 le merveilleux hybride 'König Albert', à l'inflorescence encore plus grande et vivement colorée et au port robuste : on vend souvent cette plante au moment de sa floraison.

Parmi les espèces aux feuilles coriaces et aux fleurs rouges, on cultive souvent aussi *H. cinnabarinus, H. lindenii, H. magnificus, H. multiflorus, H. natalensis* et le déjà cité *H. puniceus.* Mentionnons aussi le genre *Buphane,* très proche d'aspect : originaire des confins du Kalahari, c'est lui qui fournit aux Bochimans les redoutables poisons de leurs flèches, extraits de ses bulbes.

L'espèce représentée ne perd jamais entièrement ses feuilles et doit donc passer l'hiver à des températures seulement un peu réduites et une légère diminution des arrosages. Elle doit être placée sur un bord de fenêtre claire, mais non pleinement ensoleillée. Elle demande de rares transplantations dans un mélange nutritif de terreau de compost et de couche, additionnés de tourbe et de sable. La multiplication est facile par bulbes adventifs et par graines.

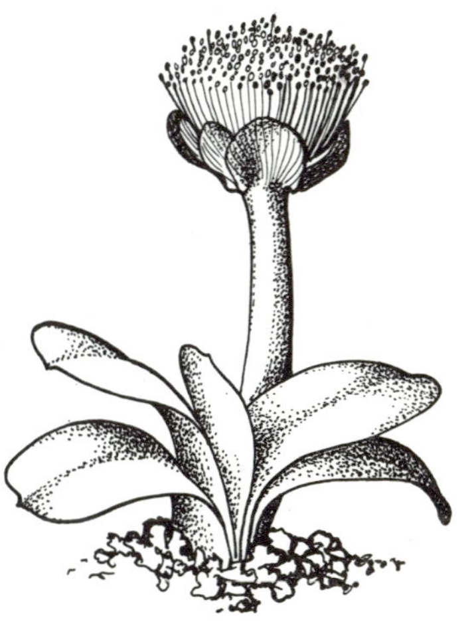

15–25 °C

Haemathus albiflos est l'espèce la plus connue du genre ; c'est une plante à peu près indestructible.

Hippeastrum × hortorum

Le genre *Hippeastrum* n'existe qu'en Amérique tropicale, où il croît dans les montagnes, les savanes et les forêts relativement sèches. Le nombre d'espèces varie selon les auteurs de 40 à 70. Il n'est pas impossible qu'il soit d'ailleurs plus important, car c'est un genre largement distribué dans les Andes où il existe un grand nombre de localités encore inaccessibles. Le Professeur Vargas à Cuzco, au Pérou, possède un herbier spécialisé consacré à ce genre et contenant plusieurs espèces de découverte récente. L'espèce *H. machupicchense,* par exemple aux immenses fleurs campanulées blanches portant des stries rose soutenu sur chaque pétale, ne fut décrite que dans les années 1970. Ce fut une surprise générale et pourtant, la plante provenait de Machu Picchu, une localité visitée par des dizaines de milliers de touristes, et croissait tout près de la voie de chemin de fer. On peut donc s'attendre encore à de nouvelles découvertes dont on est loin de soupçonner l'importance.

Parmi les espèces spontanées, rarement cultivées, on peut toutefois rencontrer *H. reticulatum* var. *striatifolium,* originaire du sud du Brésil. Ses feuilles atteignent 50 cm de longueur, 5 cm de largeur et présentent une strie longitudinale blanche qui souligne la nervure principale. Les grandes fleurs roses, de surcroît très parfumées, s'épanouissent à la fin de l'été.

Les hybrides modernes ont des fleurs littéralement gigantesques (elles atteignent presque 30 cm de diamètre) et résultent surtout du croisement de deux espèces péruviennes, *H. leopoldii* et *H. vittatum,* avec intervention probable d'autres espèces.

La culture de ces hybrides exige surtout une bonne alimentation au moment du développement et le respect d'un repos complet à la fin de l'été et au début de l'automne. D'une manière générale, *Hippeastrum* demande des conditions plutôt fraîches, surtout au moment de la floraison, sous peine de voir les fleurs passer très rapidement. Les plantes passent l'été sur une fenêtre ensoleillée. Les pots doivent être petits et le sol nutritif. On arrose suffisamment et on apporte une solution d'engrais complet une fois par semaine. A la fin de l'été on arrête d'arroser et on laisse « griller » les bulbes au soleil automnal. Ils passent l'hiver avec leur pot au frais, éventuellement à l'obscurité.

Hippeastrum reticulatum 'Striatifolium'

É ■ ○ 15–25 °C

Hymenocallis calathina

(HERB.) NICHOLS.

(syn. : *Ismene calathina* Herb.)

Hyménocalle

Le sud des États-Unis, les Antilles, l'Amérique Centrale et l'Amérique du Sud sont la patrie d'un genre dont l'élégance des fleurs est rarement égalée dans le monde végétal. A l'état spontané, les espèces d'hyménocalle croissent souvent sur les littoraux sableux maritimes, comme le genre européen *Pancratium* d'aspect d'ailleurs très voisin.

La forme fantastique des fleurs leur a valu en anglais le nom de spider-lily (lis-araignée) : la corolle se termine par des pétales linéaires ou rubannés et les étamines sont unies par une basse couronne en entonnoir.

De nos jours, on connaît au total une quarantaine d'espèces d'hyménocalles, toutes à fleurs blanches, ou exceptionnellement jaunes. L'espèce à fleurs jaunes *H. amancaes* provient du Pérou et ses fleurs atteignent 15 cm de diamètre. Malgré sa grande beauté, elle est peu courante en culture. On trouve plus souvent *H. calathina,* espèce péruvicnnc ct bolivienne au bulbe large d'environ 8 cm et aux feuilles en lanières longues de quelque 50 cm à peine. Les hampes d'une soixantaine de centimètres portent une fausse ombelle de six fleurs qui atteignent plus de 20 cm de largeur. La floraison se situe en juin et juillet. Comme cette espèce a souvent été croisée avec des espèces voisines, on trouve très souvent des plantes répondant presque exactement à cette description sous le nom commercial *H. × hybrida,* ou en Angleterre *H. × stafforthiae.* Parmi les espèces voisines, citons *H. caribaea* (Antilles), *H. littoralis* (toute l'Amérique tropicale), *H. speciosa* (Indes occidentales), ou la merveilleuse *H. undulata* (Venezuela).

Les conditions de culture de ces espèces n'offrent pas de grands problèmes ; *H. caribaea, H. macrostephana* et *H. undulata* prospèrent peut-être mieux dans une pièce très chaude. Les autres espèces, y compris celle de l'illustration, ont les mêmes besoins que le genre *Eucharis.* Elles passent l'hiver dans le sol et au chaud, mais sans arrosage. La multiplication se fait par bulbes latéraux ou par graines, ces dernières ne donnant des sujets florifères qu'au bout de 4 ans environ.

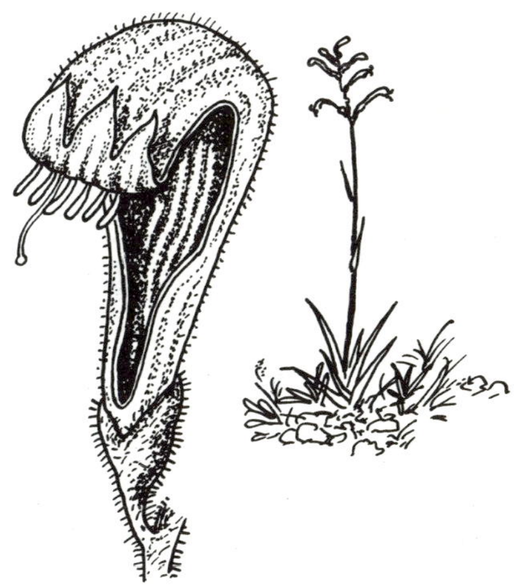

Anigosanthos manglesii, la « patte de kangourou » à tige rouge sombre et aux fleurs vert émeraude est la plante emblème de l'Australie occidentale.

É 18–25 °C

H 5–15 °C

Lachenalia pendula

Lachenalia

(Aloides – hybrides)
'Nelsonii'

Bien des plantes bulbeuses présentent l'inconvénient d'une taille excessive, souvent difficilement conciliable avec une culture en intérieur. Souvent, on arrive même à trouver un lieu frais pour leur hivernage, et seul le manque de place vous empêche d'étendre votre collection. C'est alors que les espèces de petite taille sont particulièrement bienvenues.

Le genre *Lachenalia* qui comprend surtout de petites espèces est justement indiqué dans ce cas. Ses quelque 50 représentants sont essentiellement distribués dans la région du Cap. Certains fleurissent à la fin de l'été et à l'automne *(L. rubida, L. unicolor)*, d'autres, plus nombreux, s'épanouissent au printemps. Les feuilles de 15–20 cm sont le plus souvent au nombre de deux et elles sont ornées de taches brunes ou brun-rouge. Les fleurs, en épis ou en grappes simples, sont portées par une hampe droite. Les pièces florales sont disposées sur deux cercles, les pétales internes souvent plus longs et dépassant les pétales externes.

Le plus souvent, on cultive un groupe d'hybrides de *L. aloides* (syn. : *L. tricolor*), groupe recevant le nom de *L.* (Aloides-hybrides), et dont le cultivar 'Nelsonii' est l'un des plus beaux et des plus cultivés. Voisin de celui-ci, mais un peu plus clair, citons le cv. Luteola ; 'Quadricolor' est superbe, avec ses fleurs rouges à la base, vert-jaune au milieu et vert-pourpré à la pointe des pétales. Les amateurs d'espèces « botaniques » ne devraient pas négliger *L. glaucina* aux feuilles simplement vertes et une grappe lâche de fleurs bleu pâle, inclinées, fortement parfumées.

Après la floraison, on laisse faner entièrement les espèces qui fleurissent au printemps, puis on les laisse « griller » à sec au soleil. A l'automne, on les transplante dans un mélange neuf de terreau d'aiguilles, de tourbe et de sable et on recommence les arrosages. Elles passent l'hiver dans une pièce fraîche et lumineuse avec des arrosages parcimonieux mais réguliers. La multiplication se fait par bulbes latéraux abondants.

Les espèces à floraison automnale ont une période de repos en hiver.

É 18–25 °C

H 10–15 °C

Neomarica gracilis

(HERB.) SPRAGUE

(syn. : *Marica gracilis* Herb.)

Nombreux sont les véritables amateurs de plantes, capables de cultiver une espèce même pour un seul jour de floraison : il suffit de penser au Tigridia horticole, aux genres rares comme Cypella ou Herbertia.

Neomarica a également une floraison éphémère, mais elle produit un grand nombre de fleurs si bien que la floraison s'en trouve sensiblement prolongée. Les fleurs sont, de plus, d'une telle beauté qu'il vaut vraiment la peine de cultiver ce genre.

Les feuilles étroites du genre *Neomarica gracilis,* originaire d'un territoire allant du Mexique au Brésil, apparaissent en éventail et atteignent 30–40 cm de hauteur. Les plantes s'étendent très rapidement grâce à une fine souche traçante souterraine : il vaut donc mieux ne pas planter cette espèce dans un ensemble composite.

L'inflorescence – le corymbe – ne dépasse généralement pas la hauteur des feuilles. Il s'épanouit progressivement, les fleurs s'ouvrant par 2–3 chaque jour. Leur diamètre mesure environ 5 cm. Elles s'autofécondent souvent et se transforment en une capsule triloculaire contenant des graines nombreuses.

La division se fait lors de la transplantation, mais on peut également multiplier cette espèce par graines semées sur un substrat sablo-tourbeux et recouvertes d'une couche de sable de 0,5 cm d'épaisseur. La germination et la croissance sont rapides, et les sujets fleurissent dès l'année suivante. Parfois, de jeunes sujets apparaissent aussi à l'extrémité de la hampe florale : on peut les séparer et on obtient généralement des sujets florifères.

Le substrat sera à base de tourbe, éventuellement additionnée de sable et de terreau de couche qui constitue la réserve alimentaire.

Neomarica est un genre qui se plaît dans les appartements modernes, même devant une fenêtre en plein soleil, mais préfère toutefois des stations légèrement ombrées.

Moraea pavonia var. *villosa* est une plante de culture facile, originaire d'Afrique australe.

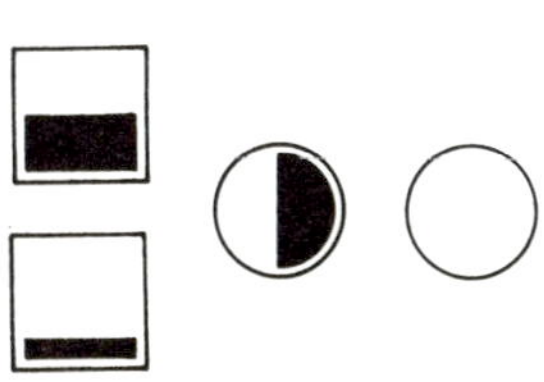

É 18–30 °C

H 10–18 °C

Nerine × *bowdenii*

Il est peu de plantes aussi belles et aussi faciles à cultiver que *Nerine.* Avec un peu de bonne volonté, on ne manquera certainement pas de trouver un endroit où le sujet pourra passer l'hiver au frais et à la lumière ; pour le reste, les soins sont vraiment simples.

Le genre comprend environ 15 espèces distribuées surtout en Afrique australe, toutes d'aspect voisin : les feuilles sont en lanières étroites à linéaires, longues d'une trentaine de centimètres, lisses et brillantes. La hampe mesure environ 30 cm et porte une fausse ombelle de grandes fleurs roses ou écarlates aux pétales réfléchis et aux longues étamines dotées d'anthères colorées. Le style est également très long et porte un petit stigmate trilobé.

Cette description ne s'adapte évidemment pas absolument à toutes les espèces. Chez *N. flexuosa,* la hampe est fortement ondulée et atteint 80 cm ; *N. filifolia* est une espèce minuscule aux feuilles linéaires, mesurant moins de 20 cm, et à l'inflorescence menue et fragile. On trouve cependant de moins en moins souvent ces espèces botaniques en culture, à l'exception de l'espèce représentée et de *N. sarniensis* (Guernsey-lily), naturalisée dans l'île de Guernesey après le naufrage d'un navire transportant ses bulbes, mais en fait originaire du Cap.

Le genre *Nerine* fait de nos jours l'objet d'une sélection intensive, tant en Europe et aux États-Unis, qu'au Japon où ont été obtenus de nombreux hybrides d'un grand charme. Il s'agit en effet d'une plante précieuse en intérieur, mais également pour les fleuristes : les inflorescences peuvent se maintenir intactes pendant 14 jours en vase.

La culture ne présente aucune difficulté. Les bulbes sont plantés dans un substrat argilo-sableux, de préférence dans de petites caissettes. En hiver, on les maintient en végétation en arrosant à basse température mais en pleine lumière : la conservation des feuilles à cette époque est une condition absolue de la floraison. Au printemps, les feuilles se flétrissent et les plantes ne doivent pas être arrosées pendant tout l'été tandis qu'elles sont exposées au soleil. A l'automne, les fleurs apparaissent en même temps que le feuillage : c'est le moment de reprendre les arrosages. La multiplication se fait facilement grâce aux nombreux bulbes latéraux.

Lycoris radiata

É 18–30 °C

H 10–18 °C

Scilla violacea HUTCH.

Scille

L'espèce *Scilla violacea* présente une résistance comparable à celle du genre *Sansevieria :* elle est pratiquement indestructible. On peut la cultiver dans un sol perméable, dans de la tourbe, en culture hydroponique, la noyer d'eau, oublier de l'arroser, la laisser hiverner à une température inférieure à 10 °C ou au contraire supérieure à 20 °C, la placer près d'une fenêtre au Nord-Ouest ou au contraire en plein Sud-Est, il n'y a aucun risque, elle survivra et poussera même la plupart du temps d'une manière très satisfaisante. Bien entendu, les sujets cultivés dans un sol nutritif et perméable, en plein soleil et recevant un arrosage copieux pendant l'été, puis passant l'hiver dans un endroit frais et bien aéré seront particulièrement beaux, mais rien de tout cela n'est indispensable. Même des « quartiers d'été » dans une jardinière sur le bord de la fenêtre ne leurs déplaisent pas et l'ensemble obtenu est très décoratif. Bref, *Scilla violacea* convient à toutes les habitations.

Scilla violacea est l'une des quelques espèces de ce genre à ne pas résister au gel. Elle provient d'Afrique australe. C'est une plante bulbeuse qui présente la particularité d'avoir des bulbes aériens, couverts de plusieurs peaux sèches brun-pourpre. L'envers des feuilles est également pourpré, l'endroit est gris argenté avec des zébrures transversales d'un vert sombre sourd. Toute la plante ne dépasse pas 20 cm de hauteur. Au printemps apparaît la grappe florale, comportant une vingtaine de fleurs menues. Les filets des étamines sont rouge-violacé, caractère qui permet de distinguer cette espèce sans risque d'erreur du voisin *S. pauciflora,* aux feuilles presque sessiles. Le limbe foliaire est ici vert, les marbrures grises et l'envers a une couleur moins soutenue. Les deux espèces se multiplient facilement par séparation des bulbes adventifs latéraux.

Smilax ornata

■ ○ 10–30 °C

Sprekelia formosissima

(L.) HERB.

Lis Saint-Jacques

C'est en 1593 que les conquistadors espagnols introduisirent en Europe cette merveilleuse plante bulbeuse originaire des régions semi-désertiques du Mexique et du Guatemala. Il fallut attendre 1764 pour que ses bulbes soient envoyés par J. H. van Sprekelsen, secrétaire municipal de Hambourg, à K. Linné, célèbre systématicien suédois qui fut le premier à décrire l'espèce, en la rangeant par erreur dans le genre *Amaryllis*.

Que peut-on dire de la patrie de cette espèce ? Un semi-désert au sous-sol souvent gypseux. Les hivers y sont relativement chauds mais à peu près sans précipitations pendant plusieurs mois : les bulbes ont donc l'occasion de sécher complètement. Leur floraison a lieu au printemps au moment des premières pluies et pendant toute la période d'humidité relative quatre feuilles linéaires, longues de quelques 40 cm persistent sur le bulbe. A l'état spontané, les bulbes se trouvent dans un sol compact, recuit, apparemment stérile : ce sont les seules conditions qu'il est déconseillé d'imiter lors de la culture de ces plantes. Pour le reste, le lis Saint-Jacques conserve ses exigences originelles.

C'est au printemps, vers mars ou début avril, que les bulbes secs commencent à reverdir, même lorsqu'ils se trouvent à l'obscurité. C'est également à ce moment qu'il faut les planter dans un sol nutritif argilo-sableux, où il est indispensable d'assurer le meilleur drainage possible, en ajoutant du gravillon au substrat et en plaçant le bulbe sur un lit assez profond de cailloux et de sable, lit qui sera recouvert de substrat nutritif.

Le lis Saint-Jacques peut être planté en pots en appartement, ou en pleine terre dans un jardin ou un patio couvert. Les plantes doivent être bien arrosées et souvent fumées de la floraison jusqu'à la fin d'août. C'est seulement en automne que l'on extrait du sol les bulbes, dont les parties vertes sont alors flétries ; une fois nettoyés, les bulbes sont stockés au chaud jusqu'à la reprise de végétation au printemps.

La multiplication se fait couramment par séparation des bulbes latéraux. On peut multiplier par semis, mais les graines perdent rapidement leur pouvoir germinatif et les nouveaux sujets ne sont florifères qu'au bout de quatre ans.

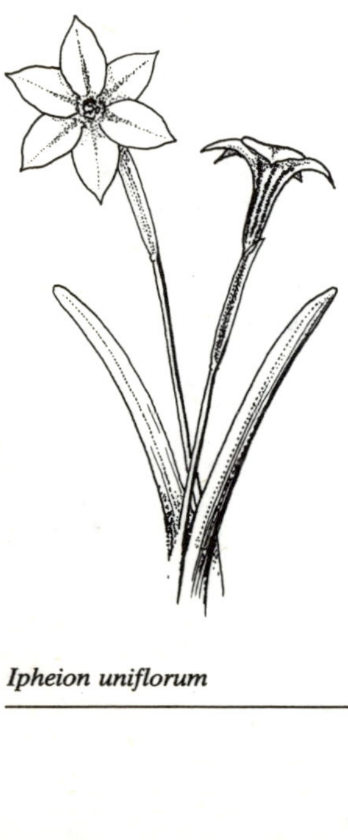

Ipheion uniflorum

É 15–25 °C

Zantedeschia elliotiana

(KNIGHT) ENGL.

(syn. : *Calla elliotiana* Knight, *Richardia elliotiana* W. Watson)

Arum jaune

Qui ne connaît l'arum blanc, dont les inflorescences ornaient jadis les bouquets de mariées de nos grand-mères et qui fut, en son temps, une plante d'appartement fort appréciée. Mais les temps changent et la multiplication des intérieurs modernes et bien chauffés a peu à peu conduit à éliminer des cultures l'espèce originellement répandue, *Zantedeschia aethiopica,* pour la remplacer par d'autres espèces, plus thermophiles et plus intéressantes, avec leurs spathes non plus blanches, mais vivement colorées. Il est même difficilement compréhensible que ces espèces ne pénètrent pas plus vite dans les circuits culturaux, car elles sont vraiment très belles. Souvent, on ne les trouve même pas dans les collections des grands jardins botaniques : elles attendent sans doute qu'un amateur éclairé se charge de les importer de leur patrie : l'Afrique tropicale et australe.

La seule espèce que l'on rencontre encore assez souvent dans les collections d'amateurs avancés, voire en culture, est justement *Z. elliotiana,* originaire des plateaux du Sud-Est africain et cultivée comme fleur à couper. Un épais tubercule, ou plus exactement une souche tuberculeuse raccourcie, donne naissance à des feuilles longuement pétiolées, aux limbes en court ovale cordé, portant de nombreuses taches blanches et translucides. La spathe, longue d'une quinzaine de centimètres, est jaune soutenu, sans tache brune à la base.

Plusieurs cultivars de grande beauté ont été obtenus aux États-Unis à partir de cette espèce : ils se caractérisent par de grandes inflorescences aux couleurs vives. Il en existe de roses, dérivant certainement de *Z. rehmanii* dont la spathe est pourpre-violet.

Au contraire de l'espèce traditionnelle qui était cryophile, *Z. elliotiana,* comme les autres cultivars et espèces à fleurs colorées, est thermophile et convient à la culture en appartements modernes. Les tubercules doivent passer l'hiver complètement à sec et à des températures pouvant atteindre 30 °C ; on peut placer les pots directement sur un radiateur de chauffage central. Ce traitement à première vue drastique est nécessaire à la floraison. Au printemps, on transplante les tubercules dans un substrat neuf, formé d'un mélange de tourbe, de sable, de terreau de couche et on reprend les arrosages, qui doivent être, comme la fumure, copieux pendant toute la période de végétation. Les pires ennemis de ces plantes sont les acariens et les mouches blanches qu'elles semblent littéralement attirer. On veillera à effectuer des traitements préventifs.

Zantedeschia × rehmannii

É 25–30 °C

Zephyranthes grandiflora LINDL.

(syn. *Zephyranthes carinata* (Spreng.) Herb.)

Certaines plantes sont vraiment peu connues, et c'est dommage, comme dans le cas présent : le genre *Zephyranthes* est intéressant, présente une belle floraison, il est modeste, de petite taille, capable de trouver les meilleures conditions de croissance dans un appartement moderne.

L'espèce représentée *Z. grandiflora* provient du Mexique et de la Jamaïque. Elle fleurit au printemps : les fleurs, merveilleusement lumineuses, mesurent environ 6 cm de diamètre et attirent vraiment tous les regards. Dans les collections, on rencontre cette espèce sous son synonyme *Z. carinata,* ou, par erreur, sous le nom de *Z. rosea,* qui est, quant à elle, une espèce cubaine, plus petite, et fleurissant à l'automne. Parmi les plantes d'intérieur de très bonnes dispositions, citons *Z. atamasco,* du sud des États-Unis une espèce à fleurs blanches qui s'épanouissent au début du printemps et persistent, dans des conditions favorables (copieux arrosages et fumure) jusqu'au milieu de l'été. Citons deux autres espèces voisines, *Z. candida* de La Plata et *Z. tubispatha* des Antilles, du Venezuela et de Colombie, très rarement cultivées, mais avec lesquelles on confond souvent *Z. atamasco.* Une très belle espèce à fleurs jaunes, *Z. aurea,* croît au Pérou dans les friches, souvent juste à la limite de la capitale Lima : les Indiens l'utilisent pour décorer les tombes et les chapelles. Elle fleurit à l'automne comme *Z. rosea :* les deux espèces peuvent être plantées en extérieur en málange. D'autres espèces fleurissent au printemps : l'argentine *Z. andersonii* aux fleurs rouge et jaune, la mexicaine *Z. verecunda* aux fleurs vert, rouge et blanc et la brésilienne *Z. versicolor,* rouge et blanche.

Tous les *Zephyranthes* se cultivent de la même manière : les bulbes sont plantés à peu de profondeur ; chez les espèces à long collet, on laisse dépasser une partie du collet. Le substrat doit être nutritif, composé de terreau de gazon, de terreau de feuilles, de compost, de sable et d'une partie de tourbe. Une lumière abondante, voire pléthorique, est nécessaire. La période de repos a lieu chez la plupart des espèces à floraison printanière pendant les mois d'été : on réduit alors au strict minimum les arrosages par ailleurs abondants. La multiplication est très facile, car les bulbes d'un certain âge produisent une abondance de petits bulbes latéraux qui donnent le plus souvent des sujets florifères la deuxième année.

Habranthus robustus

É ■ ○ 15–30 °C

LIANES

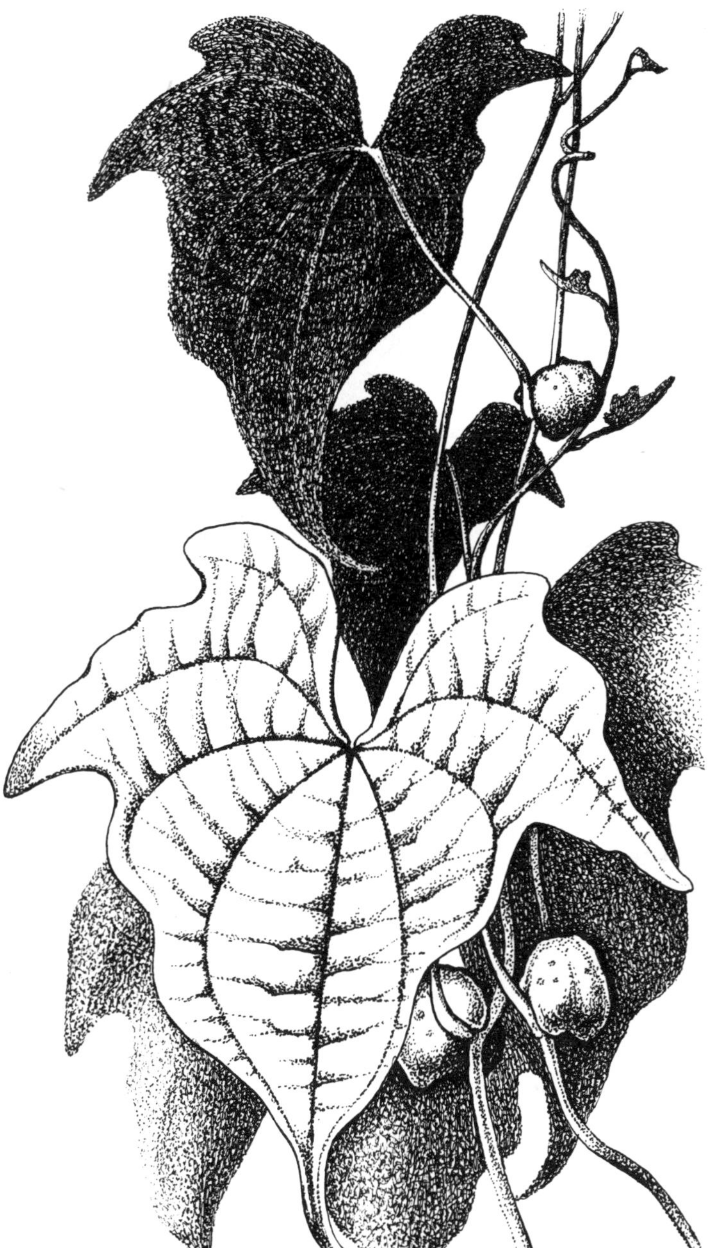

Allamanda cathartica L.

Allamanda

L'apparition de cette belle plante derrière les vitrines des fleuristes est relativement récente. C'est d'une part l'augmentation du nombre d'habitations chaudes à longueur d'année, d'autre part le développement de la décoration intérieure, demandant des plantes capables d'entrer dans des compositions inhabituelles, qui ont conduit de nombreuses maisons horticoles à l'inclure parmi l'éventail de leurs disponibilités.

Allamanda est une liane semi-frutescente, originaire du Brésil tout comme les 11 autres espèces de ce genre. Une seule d'entre elles est allée « se perdre » jusqu'en Amérique Centrale. C'est une liane qui convient très bien pour recouvrir une grille décorative servant de cloison dans une pièce, pour encadrer de verdure une fenêtre, pour garnir une grande serre contiguë à une fenêtre ou une vitrine d'intérieur. Elle atteint 6 m de haut dans la nature, à peine plus de 2 m en culture. Les feuilles, coriaces et solides, sont groupées en verticilles par trois ou quatre. Les pétales sont soudés en un large tube en entonnoir, subdivisé en lobes à son extrémité. Chez l'espèce représentée, la plus souvent cultivée, les fleurs atteignent 12 cm de diamètre.

En culture, la floraison a lieu vers le milieu de l'été et se prolonge jusqu'à l'automne ; dans les régions tropicales, il n'est pas rare de voir la plante fleurir pendant toute l'année, ce qui se produit parfois aussi en vitrine. Pourtant, un court repos hivernal est bénéfique : pendant deux à trois mois, on arrose moins et on réduit les températures.

Allamanda demande surtout un ensoleillement abondant, ou à la rigueur, un très léger ombrage. Une bonne aération est également bénéfique uniquement pendant les mois d'été : lors d'un changement brutal de température, la liane peut perdre brutalement une partie de son feuillage.

Le substrat sera composé de terreau de feuilles, de terreau de gazon, de tourbe et de sable, l'accent étant mis sur la première composante. On arrose très copieusement pendant toute l'année, à l'exception de la période de repos, et on apporte un complément de fumure de quinze en quinze jours.

D'autres espèces sont également très belles, mais nettement plus rares en culture. Dans les collections, on peut rencontrer *A. neriifolia* à fleurs jaunes striées de brun à l'intérieur, ou *A. violacea,* de croissance moins vigoureuse, aux fleurs violet pourpre.

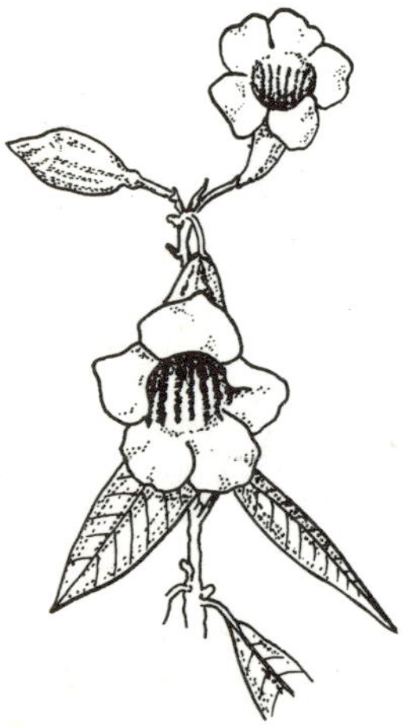

Allamanda neriifolia

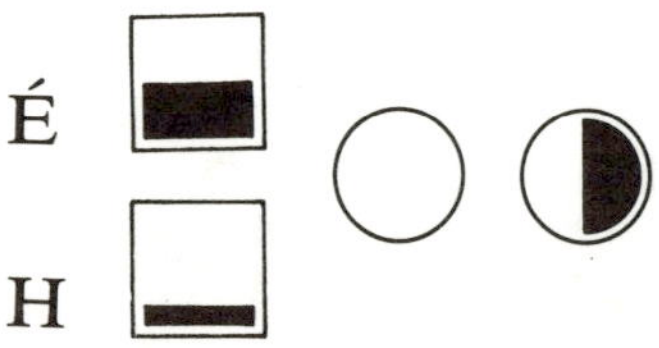

18–30 °C

15–18 °C

Aristolochia elegans

MAST.

Aristoloche élégante

Le groupe des lianes comporte des plantes à belle floraison, mais peu d'entre elles sont aussi intéressantes que l'aristoloche, aux fleurs zygomorphes d'une forme vraiment fantastique : le périanthe est étiré en trompette et son rebord s'élargit souvent en une sorte de lèvre, éventuellement ornée de divers appendices. Ces fleurs sont fertilisées par des insectes qui se trouvent souvent emprisonnés grâce à divers dispositifs dans le tube coudé de la fleur et ne sont libérés qu'une fois la fécondation effectuée.

Le genre *Aristolochia* est très riche et offre une infinité de choix : selon les auteurs, le nombre de ses espèces varie de 300 à 500. Elles sont essentiellement tropicales, mais on peut rappeler ici par exemple l'espèce européenne *A. clematitis,* ou encore *A. durior,* aux immenses feuilles, souvent utilisée pour la garniture de clôtures et de tonnelles, qui montrent que le genre offre vraiment de grandes possibilités.

Lorsqu'on dispose d'un appartement chaud et ensoleillé, on a intérêt à choisir l'une des espèces tropicales, la plus intéressante étant sans conteste l'espèce représentée, originaire du Brésil. Densément feuillée, elle fleurit dès sa jeunesse, qu'elle provienne de semis ou de bouture. Les fleurs atteignent 12 cm de longueur et 10 cm de largeur environ. Elle supporte très bien la taille printanière qui permet de la maintenir dans des proportions raisonnables. Pour les grands appartements qui ne sont pas limités par la place, on peut recommander d'autres espèces tropicales comme *A. grandiflora,* originaire des Antilles et du Guatemala, aux fleurs de 30 × 35 cm environ, dotées d'un appendice filiforme atteignant 60 cm. Leur couleur principale est lilas, et elles sont tachetées de brun-rouge. Cette plante, dont la croissance est pourtant sans problèmes, est évidemment trop grande pour un appartement normal. Une autre espèce intéressante est la menue *A. odoratissima* croissant au Mexique : elle porte des fleurs de 7 cm environ, de couleur principale jaune, la lèvre en cuiller prolongeant le tube étant brun-rouge.

Cette dernière espèce (illustration) doit être cultivée en plein soleil, les espèces à grandes fleurs plutôt à mi-ombre. Elles fleurissent souvent sur les rameaux retombants. Le sol doit être tourbo-sableux avec une part de terreau de couche. Les arrosages et les fumures sont copieusement distribués, car les aristoloches sont gourmandes de nourriture. La multiplication se fait facilement par semis ou par boutures en bac chaud.

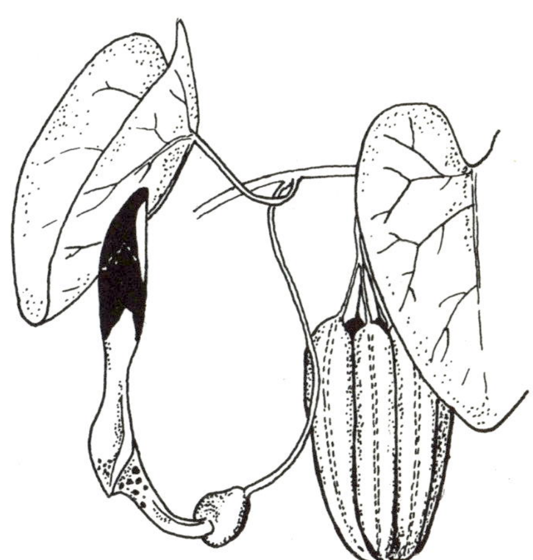

Aristolochia odoratissima : une fois mûres et sèches, les graines dégagent un délicieux parfum épicé.

18–30 °C

Asarina erubescens

(A. GRAY) PENNEL

(syn. : *Maurandia erubescens* A. Gray)

L'espèce représentée, originaire du Mexique, où elle croît à des altitudes avoisinant 1 000 m, appartient à un genre relativement peu étendu, comprenant un total d'environ 10 espèces croissant au Mexique et dans le sud des États-Unis.

C'est en 1956 que Pennel et De Wolf procédèrent à un remaniement de ce genre et des genres voisins, donnant à l'ancien genre *Maurandia* le nouveau nom *Asarina.*

A. erubescens est un arbuste vivace, relativement robuste, haut de 2–3 m, sa base devenant ligneuse avec l'âge. Les pétioles foliaires et les tiges flexueuses lui permettent de grimper sur la végétation environnante. Le feuillage seul est déjà décoratif : les feuilles sont exceptionnellement molles, courtement laineuses à tomenteuses. Les fleurs apparaissent au milieu de l'été et continuent à s'épanouir jusqu'en automne ; elles atteignent 7,5 cm de longueur. Le fruit est une grande capsule globuleuse, contenant un grand nombre de petites graines planes et ailées.

Une autre espèce fréquemment cultivée et également mexicaine est *A. barclaiana,* aux feuilles triangulaires et aux longues fleurs tubulaires, également recouvertes de poils glanduleux à l'extérieur, pourpres chez la forme originelle. On cultive aussi des formes à fleurs blanches ou lilas, moins belles toutefois que l'espèce.

La culture nécessite avant tout un sol nutritif relativement lourd, comportant une part de tourbe et de sable ; un site ensoleillé, chaud et abrité en été ; et dans la mesure du possible un repos hivernal au frais. Au printemps, on pratique une taille courte poussée jusqu'à la partie lignifiée, on transplante et on augmente les arrosages, qui n'ont pas été complètement supprimés pendant l'hiver. La multiplication se fait facilement d'une part par boutures, d'autre part par graines capables de donner des sujets florifères la même année, si elles ont été semées assez tôt au printemps.

Asarina antirrhiniflora

15–25 °C

Cissus antarctica VENT.

Cissus

L'espèce représentée décore fort gracieusement nos intérieurs depuis le milieu du XIXe siècle. Elle convient assez mal aux appartements modernes chauffés, mais a apporté tant de plaisir aux gens depuis son introduction en culture, qu'il serait ingrat de ne pas la mentionner ici. Il s'agit en effet d'une plante exceptionnellement modeste, supportant avec autant de bonne grâce des températures à peine positives, une ombre profonde ou un intérieur poussiéreux. Cultivée en appartement chaud, elle a facilement tendance à se développer d'une manière excessive et à perdre son beau port caractéristique : elle convient donc surtout pour la culture en jardins d'hiver ou dans les couloirs frais des maisons.

Les 350 autres espèces de ce genre offrent leurs chances à tous les amateurs de plantes d'intérieur, quelles que soient les conditions de leurs habitations. Les amateurs de plantes grasses apprécieront par exemple la beauté de l'espèce grimpante *C. quadrangularis* croissant de Madagascar jusqu'en Inde en passant par l'Afrique, ou de *C. cactiformis,* aux allures de parfait cactus, croissant en Somalie, au Kenya et en Tanzanie ou encore de *C. juttae,* du Sud-Ouest africain. Ces dernières espèces reçoivent les mêmes soins que les stapélias.

C'est cependant *C. discolor,* originaire de Java, d'Inde et de Birmanie, qui répond le mieux aux conditions des appartements actuels et à nos exigences esthétiques. C'est une magnifique liane aux grandes feuilles ovales, pointues à l'extrémité, vertes, marbrées d'argent sur l'endroit, rouge-violet lumineux sur l'envers. Les tiges et les pétioles des feuilles sont également pourprés.

Malheureusement, cette espèce manque de lumière en hiver et l'air chauffé de l'appartement est pour elle trop sec, si bien qu'elle perd ses feuilles et convient plutôt à la plantation en grandes vitrines auxquelles elle donne un charme particulier. C'est également en vitrines qu'il vaut mieux cultiver le fin et menu *C. amazonica,* aux couleurs semblables. D'autres espèces comme *C. gongyloides, C. njegerre* ou *C. adenophora* se plaisent dans de grandes pièces, où on peut les utiliser pour couvrir par exemple des arbres à épiphytes.

Tous ces cissus thermophiles et héliophiles demandent une humidité atmosphérique relativement élevée, à laquelle on peut substituer de fréquents bassinages du feuillage et d'abondants arrosages tout au long de l'année. Le substrat doit être tourbeux, additionné de sable et de terreau de feuilles. La multiplication se fait très facilement par boutures en bac chaud.

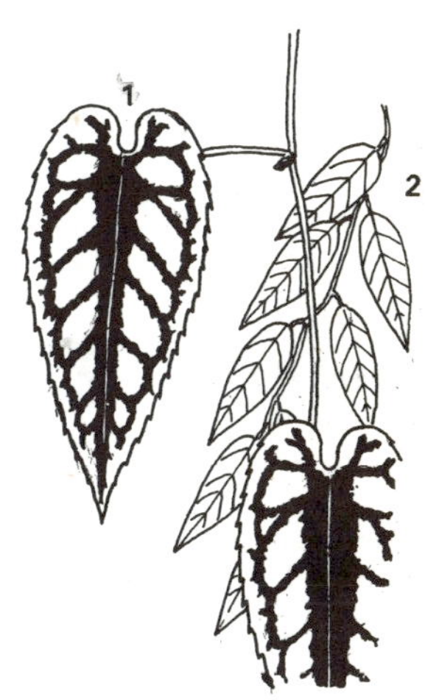

Cissus discolor est une belle liane pour grande vitrine. *C. amazonica* est plus petit mais tout aussi beau.

 5–25 °C

Dioscorea × discolor

Igname

Lorsqu'on dispose d'une grande pièce lumineuse, on souhaite parfois trouver une plante modeste qui couvrirait un peu les fenêtres par trop ensoleillées l'été, puis disparaîtrait ou perdrait ses feuilles à l'automne, rendant à la pièce sa clarté. L'igname est justement une de ces plantes : ses tubercules se développent en plantes d'une forte végétation seulement du printemps à l'automne.

L'hybride représenté résulte de plusieurs croisements dont certains restent obscurs ; il a probablement pour parents les espèces brésiliennes *D. multicolor* var. *chrysophylla, D. amarantoides* et *D. vittata,* mais ce n'est probablement pas tout. Toutes les espèces citées sont des lianes relativement menues portant des feuilles de 10–15 cm de longueur environ, ne dépassant pas 2 m de longueur dans les conditions normales d'un appartement. Les feuilles sont multicolores, présentent souvent des reflets et des surfaces dorés, et une partie claire près de la nervure principale. L'envers est presque toujours rouge-violet.

Parmi les espèces plus robustes, on peut recommander *D. sansibarensis,* souvent cultivée dans les serres des jardins botaniques sous le nom erroné de *D. macroura.* Ses feuilles sont effectivement très grandes : chez les sujets robustes un peu âgés, elles atteignent environ 30 cm de largeur ; le limbe est largement cordé, étiré en oreillettes, et sa pointe se prolonge par un bec effilé permettant l'évacuation de l'eau excessive. La nervuration apparente est d'un très bel effet et la plante présente la curiosité botanique de former des bulbilles aériennes axillaires, servant à sa multiplication. Cette caractéristique est commune à plusieurs espèces : elle a donné son nom à *D. bulbifera,* une plante tropicale bien connue pour son intérêt alimentaire (les bulbilles comme le tubercule souterrain sont comestibles).

L'igname le plus connu est *D. batatas,* originaire du Sud-Est asiatique. C'est une bonne plante d'intérieur qui se développe aussi très bien sans protection spéciale au jardin, où elle s'enroule en été autour des troncs et des tiges des arbustes.

Les ignames se cultivent dans des sols nutritifs, lourds, à forte proportion de terreau de couche, additionné de tourbe et de sable. Ce sont des plantes modestes à croissance rapide : les espèces à feuilles vertes se satisfont même d'un emplacement peu lumineux, du moment que le sol est nutritif. La multiplication se fait par les bulbilles et par boutures. A l'entrée de l'hiver on sort les tubercules du sol et on les stocke au chaud et à sec jusqu'au printemps.

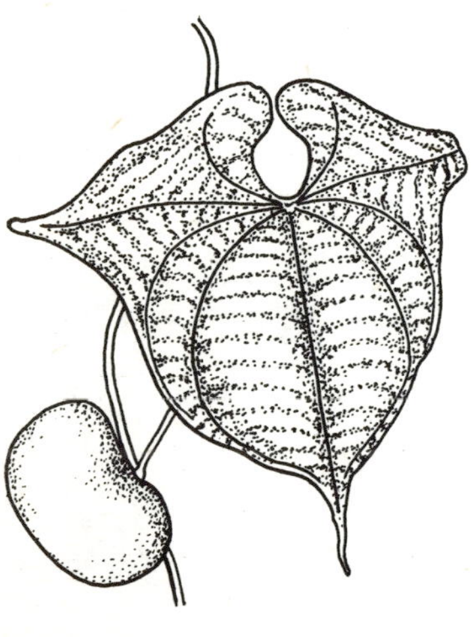

Dioscorea sansibarensis avec une bulbille aérienne. Cette espèce souvent cultivée est fortement vénéneuse !

É 20–30 °C

Dipladenia × *sanderi*
'Rosea'

Lorsqu'on rencontre dans la nature une des espèces botaniques de ce genre, on a peine à croire qu'il s'agit d'une plante « sauvage », tant ses fleurs sont belles et grandes. Le genre comprend une quarantaine d'espèces croissant en Amérique tropicale.

Dipladenia est cultivé depuis fort longtemps, mais faisait partie, jusqu'en 1955, des espèces oubliées. Sa redécouverte par les horticulteurs danois suscita une telle vague d'intérêt que de nombreuses maisons horticoles la présentent actuellement dans leurs catalogues.

On ne rencontre pas, en culture, d'espèces pures : seuls les hybrides, résultant du croisement de plusieurs espèces brésiliennes dont *D. sanderi, D. atropurpurea, D. eximia* et *D. splendens,* sont actuellement cultivés. Il s'agit de lianes robustes, ligneuses, portant de solides feuilles brillantes, de couleur vert sombre et de grandes fleurs dont la base soudée en tube s'élargit progressivement en entonnoir. Le fruit est une grosse et lourde double vésicule, suintant un épais latex vénéneux à la moindre blessure, se desséchant en mûrissant. Les graines sont dotées d'un long duvet facilitant leur dissémination ; elles sont petites, plates, brun sombre.

Dipladenia est une plante d'appartement richement et régulièrement florifère, dont les besoins et le mode de culture recouvrent ceux du genre voisin *Allamanda.* Le substrat sera cependant plus léger et plus perméable, car les racines ne supportent pas un contact prolongé avec l'eau.

La multiplication se fait comme celle d'*Allamanda :* au printemps, lors d'une taille assez sévère, on rince les boutures à l'eau tiède (élimination du latex) et on les pique dans du sable (éventuellement additionné de tourbe) en bac chaud. L'enracinement est plus facile que chez *Allamanda :* il se produit en 3–4 semaines.

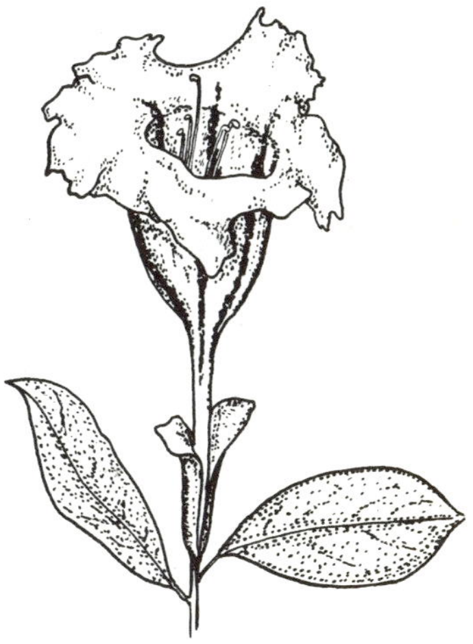

Solandra nitida est une liane robuste de la famille des solanacées.

É 15–30 °C

H 10–15 °C

Ficus parcellii est un magnifique arbuste aux feuilles molles, qui convient plutôt à la culture en serre.
Ficus diversifolia est un arbrisseau capable de prospérer en épiphyte.

Ficus villosa BL.

(syn. *Ficus barbata* Wall.)

Ficus

Voulez-vous trouver cette espèce en pleine nature ? Partons donc ensemble dans le Sud-Est asiatique, par exemple dans le parc national vietnamien Cuc Phuong, où elle est relativement abondante. Sur l'épais humus forestier se dressent jusqu'au ciel les troncs d'arbres gigantesques. Le sol reçoit souvent une lumière plus que rare, dans laquelle croissent difficilement les immenses fougères *Tectaria decurrens,* atteignant un mètre de hauteur et montant souvent en quête de lumière dans les couronnes des arbres, tout comme les robustes *Rhaphidophora* et *Piper* qui sont ici les lianes les plus courantes. Dans la partie la plus obscure de la forêt, là où on s'attend à rencontrer les seules sélaginelles *(Selaginella)* et les espèces sciaphiles de fougères, voilà tout à coup un ficus qui monte sur un tronc et imite de ses feuilles appliquées la surface de son écorce. Visiblement, il ne souffre pas de se trouver dans l'ombre, au contraire, il semble éviter les endroits si peu que ce soit effleurés par la lumière solaire.

Ficus villosa est probablement le ficus-liane le plus sciaphile de son groupe. D'ailleurs, la surface des ses feuilles vert sombre, témoignant d'une forte concentration de chlorophylle, est brillante, ce qui caractérise bien des plantes d'ombre. Bien entendu, c'est ici un brillant particulier, velouté, un peu bleuté, apparaissant lorsqu'on regarde les feuilles sous un certain angle.

Cette propriété et sa grande résistance à la chaleur des appartements font de *F. villosa* une très bonne plante pour coupe contenant un tronc à épiphytes : on peut l'y planter sur la face détournée du soleil et tournée vers l'intérieur de la pièce, face qui se présente le plus souvent à nos regards. Il fait aussi un bel effet lorsqu'on le « lâche » librement sur un mur.

Un autre ficus, également bien connu, *F. pumila,* demande au contraire au moins une bonne lumière diffuse et convient donc mieux pour les pièces bien éclairées.

F. villosa se multiplie assez facilement par boutures : on les laissera assez longtemps dans de l'eau tiède pour en éliminer le latex. Les boutures sont ensuite piquées dans un mélange de tourbe et de sable (qui peut être le substrat définitif) dans un bac à multiplication chaud, mais surtout humide, où elles s'enracinent au bout de 5–6 semaines environ. On les transplante seulement après l'apparition de 2–3 feuilles.

15–30 °C

Gloriosa rothschildiana

O'BRIEN

Malgré leur beauté fugace, les fleurs de *Gloriosa rothschildiana* comptent parmi les plus belles créations de la nature. Il est vraiment curieux qu'une plante aussi belle et aussi intéressante, n'ait été introduite en culture qu'au tout début du XXe siècle. La seule explication à ce fait, c'est que *Gloriosa* provient d'Afrique, continent à cette époque encore méconnu du point de vue botanique et renfermant même de nos jours des réserves considérables d'espèces à découvrir.

La culture de cette espèce fut pendant la dernière décennie surtout le fait des horticulteurs hollandais qui ont réussi à maîtriser complètement la technique et à découvrir que, malgré son allure extrêmement exotique, la plante ne présente pas d'exigences extravagantes. Il suffit d'avoir assimilé les principes horticoles fondamentaux pour arriver à un bon résultat.

Le genre comporte au total 6 espèces croissant en Asie et en Afrique tropicale. La forme des fleurs est toujours très voisine ; jaunes ou vertes chez certaines espèces, elles virent au rouge vif pendant la floraison. La plante possède un tubercule cylindrique souterrain à l'extrémité duquel se trouve le bourgeon de croissance. Celui-ci produit au printemps une tige de 1,50 m environ aux grandes feuilles brillantes, terminées par une vrille qui permet à la plante de s'accrocher dans la nature à la végétation environnante, en culture, à une ficelle solide ou à un tuteur. Le nombre de fleurs produites dépend de la taille du tubercule : grosso modo, on peut dire 1 cm de tubercule = une fleur. Chez l'espèce représentée, les fleurs atteignent 15 cm de largeur et se maintiennent sans flétrir trois semaines sur la plante, ou au moins dix jours en vase.

La culture est relativement simple. Les tubercules passent l'hiver dans du sable sec au chaud ; en mars, on les plante dans un mélange de tourbe, de sable et de terreau de couche. On arrose, puis, après le départ de végétation, on place les plantes au chaud en plein soleil et on arrose et fume copieusement. La multiplication se fait soit par division (coupe) des tubercules, soit par semis : les jeunes sujets sont florifères au bout de la troisième année.

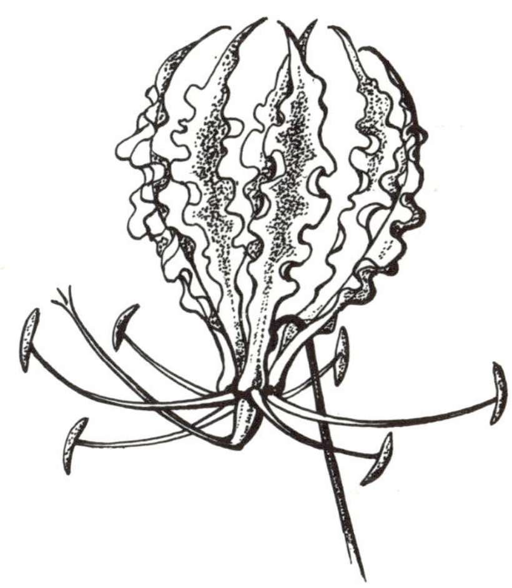

Gloriosa superba d'Asie du Sud présente des pétales fortement ondulés.

É 15–25 °C

Gynura aurantiaca DC.

Gynura

L'immense famille des astéracées offre vraiment à l'horticulture de très riches possibilités. Ceci est vrai dans le domaine de la culture en plein air d'annuelles ou de vivaces capables de vivre sous nos climats, mais aussi de la culture en intérieur de représentants de la flore tropicale ou subtropicale. Il suffit de penser aux gerberas, fleurs coupées populaires depuis une décennie, ou, parmi des plantes moins simples, aux *Pachystegia, Mutisia* ou *Othona* etc. Avec *Gynura,* l'éventail s'élargit encore : après des plantes curieuses par leur port, la forme de leur feuillage ou la beauté de leurs fleurs, voici une espèce à coloration tout à fait unique.

Le genre *Gynura* est relativement pauvre : quelque 20 espèces en croissent en Asie et Afrique tropicales, toutes d'aspect assez voisin. L'espèce représentée est toutefois la plus belle et la plus couramment cultivée.

Gynura aurantiaca provient des forêts montagnardes de Java, où elle atteint environ 1 m de hauteur. Il s'agit d'un arbrisseau grimpant, légèrement lignifié à la base. La couleur vert foncé du feuillage se trouve du moins dans sa jeunesse dissimulée sous une épaisse couverture de poils violet intense, recouvrant toute la surface du limbe dont le bord est de plus profondément échancré. Les fleurs n'ont rien de bien intéressant : elles ressemblent à celles de nos épervières.

Pour conserver sa belle coloration, le gynura demande le plein soleil, ou, au pire des cas, une ombre légère. Les conditions des appartements modernes lui conviennent tout à fait : il supporte sans trop souffrir un air sec et poussiéreux, voire enfumé. En hiver, on limite quelque peu les arrosages, par ailleurs copieux, pour entraîner un repos végétatif partiel. Le substrat doit être tourbeux, additionné de terreau de feuilles et de sable. Ce sont les jeunes pousses qui présentent la plus belle coloration : on pratiquera donc une taille très sévère au printemps. Les boutures terminales s'enracinent facilement même dans l'eau.

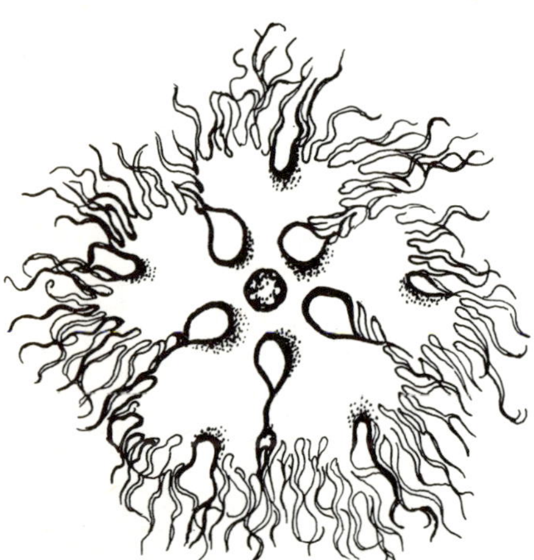

Trichosanthes japonicum est une belle cucurbitacée à port de liane, facile à cultiver en appartement ou sur une terrasse.

É 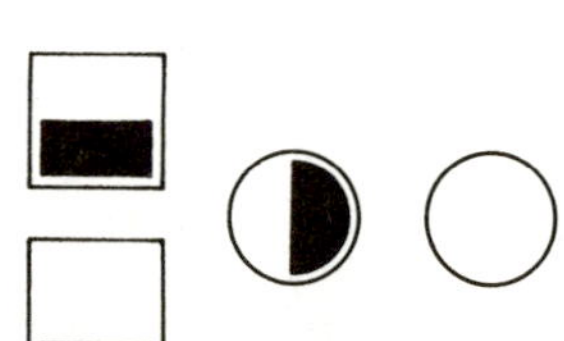 15–30 °C

H 10–20 °C

Hoya carnosa (L.) R. BR.

(syn. : *Asclepias carnosa* L.)

Hoya charnu

Le hoya est véritablement une des lianes les plus couramment cultivées en intérieur, soit sous sa forme typique verte, soit sous la forme du cultivar panaché 'Variegata'. Le genre *Hoya* comprend une centaine d'espèces distribuées depuis l'Asie du Sud et du Sud-Est jusqu'en Australie en passant par toute la région malaisienne et philippine.

Hoya carnosa est originaire de Chine et du Queensland australien. Il produit une merveilleuse inflorescence (surtout en vue détaillée) qui commence à s'épanouir vers le mois de mai et se flétrit à la fin de l'automne. Les sujets cultivés en appartements fleurissent beaucoup mieux en culture hydroponique.

Les espèces menues comme *Hoya bella* (Birmanie) sont très demandées. *H. bella* n'est toutefois pas une liane : il forme un arbrisseau dressé, richement ramifié, les extrémités des rameaux étant un peu retombantes. Les feuilles atteignent à peine 2,5 cm. Par rapport à la taille totale de la plante, les fleurs sont assez grandes : elles atteignent jusqu'à 1,5 cm de diamètre et sont groupées en inflorescences à l'extrémité des brindilles.

Certaines espèces sont tout à fait indiquées pour garnir un terrarium : les menus animaux sont sans danger pour leur feuillage solide et coriace. Citons à ce titre surtout *H. longifolia,* espèce aux longues feuilles étroites, originaire du piémont himalayen. C'est une liane menue aux jolies fleurs qui s'épanouissent plus facilement, comme chez l'espèce représentée, en culture hydroponique.

Une très belle espèce rarissime est le *H. imperialis* provenant de Malacca, dont les feuilles atteignent 20 cm de longueur et les inflorescences retombantes se composent de fleurs pourpre foncé à cœur blanc, atteignant 7 cm de diamètre. Une espèce au contraire assez commune dans les collections est *Hoya* (syn. : *Centradenia*) *multiflora* dont la magnifique inflorescence se compose de nombreuses fleurs « sagittées » jaunes.

Bien que les hoyas soient traditionnellement cultivés depuis fort longtemps, seuls les appartements modernes permettent de s'intéresser aux espèces fragiles. On les cultive dans un mélange de tourbe et de sable, additionné d'un peu de terreau de feuilles. On arrose copieusement en été. La multiplication est aisée : il suffit de piquer une bouture portant une paire de feuilles, voire une feuille unique dans un substrat standard en bac chaud. L'enracinement se produit au bout de quelques semaines.

Hoya obovata (syn. *H. kerrii*) vient d'Indochine et de Thaïlande ; c'est une des grandes espèces aux feuilles longues de 12 cm.
Hoya longifolia (à droite).

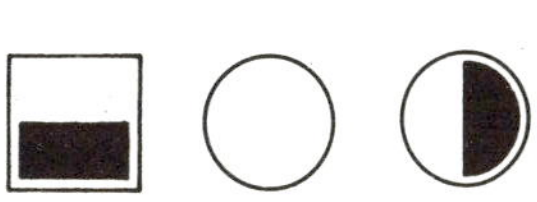

15–25 °C

Ipomoea tricolor CAV.

(syn. : *Pharbitis rubro-coerulea* [Hook.] Choisy)

Ipomée

Notre aperçu des lianes serait incomplet si on négligeait d'y mentionner les représentants de la famille des convolvulacées, groupe particulièrement riche en espèces grimpantes. Nombre de ces espèces sont des annuelles (celle de notre illustration est souvent semée en jardinières) mais on trouve bien des espèces vivaces même dans le cadre du genre *Ipomoea.* Il suffit d'ailleurs de se souvenir que ce genre comporte quelque 400 espèces, croissant surtout en Amérique tropicale, pour avoir une idée des immenses possibilités d'*Ipomoea.*

Parmi les autres belles espèces, citons *I. tricolor,* que l'on cultive le plus souvent en jardinière de plein air, au soleil, dans un substrat perméable et nutritif ; *I. hederacea,* aux fleurs bleu pâle ; *I. nil,* passant du bleu pâle au pourpre foncé ou encore *I. purpurea,* à dominante pourprée, mais dont la sélection a permis d'obtenir de nombreuses variantes colorées de grande beauté.

Les espèces persistantes se cultivent facilement dans les appartements chauds dans un sol assez lourd et nutritif, en plein soleil ou légèrement à l'ombre, à proximité d'une fenêtre. *I. horsfalliae* produit une abondante floraison rose (le cv. Lady Briggs est particulièrement beau) et présente des feuilles palmées. *I. learii* possède des inflorescences multiflores ; ses fleurs atteignent une dizaine de cm de diamètre, elles sont rose pourpré bordées de bleu pâle. *I. purga,* aux grandes fleurs rose soutenu à rouge est également très belle. Sur le bord sableux d'un paludarium, on pensera à planter *I. pes-caprae,* à croissance rapide, présentant des feuilles échancrées à l'extrémité et de grandes fleurs rose profond.

Les espèces xérophiles (de climat sec) forment un chapitre à part. Ce sont par exemple le mexicain *Ipomoea arborescens,* un arbre atteignant 4 m de hauteur dans les conditions naturelles, beaucoup plus bas en culture, aux grandes fleurs blanches, ou encore *I. stans,* de même origine, espèce à tronc bas, plutôt buissonnante, mais possédant une gigantesque souche souterraine ligneuse et portant des fleurs roses. Ces espèces se cultivent en plein soleil dans des sols secs et pierreux ; en hiver, elles passent par une période de repos au frais et sans arrosage.

Ipomoea horsfalliae

10–30 °C

Monstera acuminata

K. KOCH

Monstéra

Les monstéras sont de robustes lianes grimpantes. Certaines espèces menues conviennent pourtant très bien pour garnir des troncs ou des branches à épiphytes ou encore de petites vitrines.

L'espèce représentée provient du Guatemala. Sa tige est quelque peu aplatie, les entrenœuds sont courts (6–10 cm environ), les pétioles foliaires ne dépassent pas 15 cm de longueur et mesurent le plus souvent la moitié seulement de cette taille, la longueur du limbe varie entre 10 et 25 cm. Chez un sujet juvénile, le limbe est entier, irrégulièrement perforé. Chez les sujets adultes, le limbe est découpé comme celui de *M. deliciosa* (les sujets de culture n'atteignent pas ce stade même au bout d'un grand nombre d'années).

La culture est facile. A l'état spontané, ce type de monstéra croît toujours en épiphyte, ce qui laisse deviner la marche à suivre dans ce cas précis. Le substrat est un mélange de tourbe, de sphagnum haché, de sable et de charbon de bois ; en cas de besoin, on peut se contenter d'un coussinet de mousse ou de sphaigne, dans lequel on disposera les racines. Dans ce dernier cas, il faut s'attendre à ce que la croissance soit fortement ralentie, surtout dans ses débuts. Le coussinet est fixé directement sur le tronc ou la branche.

Monstera acuminata demande pour bien croître une température toujours relativement élevée (celle d'une chambre ordinaire, sans chute durable au-dessous de 18 °C convient tout à fait), de fréquents bassinages du feuillage et de légers apports de fumure occasionnelle.

La multiplication se fait facilement : il suffit de diviser la tige aux endroits où les entrenœuds produisent des racines aériennes. Les boutures s'enracinent facilement même dans l'eau.

Monstera spruceana

18–30 °C

Passiflora coerulea L.

Fleur de la passion

Les passiflores émeuvent et inspirent les horticulteurs depuis fort longtemps : leur forme et leur coloration sont en effet tout à fait extraordinaires. Leur nom bizarre (*passio* = martyre) est dû à un jésuite du XVIe siècle, J. Ferrari, qui crut reconnaître dans leur forme les instruments de la passion du Christ : le stigmate trilobé rappelait les clous de la crucifixion, l'ovaire pédonculé, la coupe d'amertume, la corolle intérieure, frangée, la couronne d'épines, les vrilles, les fouets, et les stipules lancéolés, le fer qui a percé le flanc du Christ.

De nos jours, on connaît plus de 400 espèces appartenant à ce genre et croissant dans les régions tropicales et subtropicales du monde entier. L'espèce jadis la plus populaire et la plus couramment cultivée, *Passiflora coerulea* provient du sud du Brésil, du Paraguay et d'Argentine. Elle demande à passer les hivers dans des conditions relativement fraîches et les appartements modernes ne lui conviennent donc pas. On continue toutefois à la cultiver, car elle fait partie de l'éventail horticole traditionnel. La sélection a permis d'obtenir plusieurs beaux types et l'hybridation, un grand nombre de beaux cultivars, groupés sous le nom de *P.* (Coerulea-hybrides). On cultive surtout de nos jours le cultivar 'Impératrice Eugénie' aux pétales rose soutenu, les franges de la corolle intérieure étant encore plus foncées.

Lorsqu'on peut la faire hiverner au frais (10 °C environ), cette espèce vaut vraiment la peine d'être cultivée. Toutefois, lorsqu'on ne dispose que d'espaces bien chauffés, on aura tout intérêt à se consacrer aux espèces qui ne passent pas par une période de repos marqué et ne demandent pas d'abaissement notable de la température.

On dit souvent que les espèces aux fleurs rouges et roses supportent mieux la chaleur, mais cette généralisation n'est pas entièrement justifiée. Le *P. mollissima,* par exemple, originaire du Pérou où il croît dans les Andes à des altitudes supérieures à 2 000 m, qui demande des températures fraîches à longueur d'année (il supporte même sans dommage de faibles gelées) a de grandes fleurs d'un rose magnifique. Il faudra donc, pour chaque espèce, vérifier ses origines et déterminer ses conditions de culture d'après celles de sa patrie d'origine.

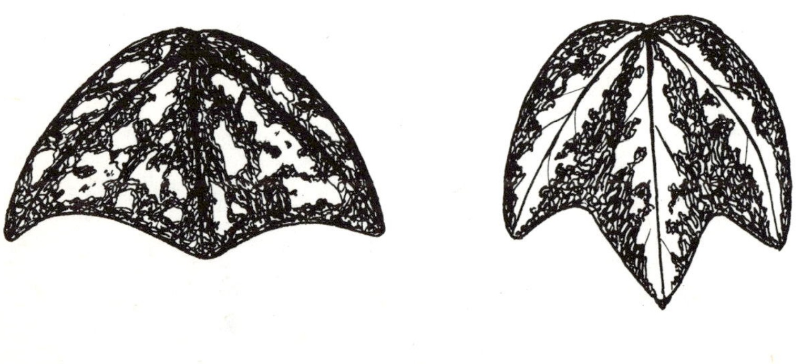

Passiflora maculifolia et *P. trifasciata*

É 15–25 °C

H 5–15 °C

Passiflora racemosa BROT.

(syn. : *P. princeps*)

Passiflore à grappes

L'espèce représentée croît au Brésil dans des sites également marqués par un certain abaissement thermique durant l'hiver, moins accentué toutefois que dans le cas précédent. C'est également une espèce moins exubérante, qualité qui en fait une bonne plante d'appartement moderne chaud. Ses fleurs merveilleusement colorées mesurent 10–12 cm de diamètre environ. La passiflore à grappes demande surtout un sol très perméable et parfaitement bien drainé, ainsi qu'une interruption quasi totale des arrosages durant l'hiver.

D'autres espèces se plaisent également en appartements. Lorsqu'on dispose d'un espace suffisant, on peut choisir *P. alata,* dont les sépales et les pétales sont rouges et les franges internes, de même longueur que la corolle, s'ornent de raies transversales sombres. La fleur mesure environ 10 cm de diamètre. Citons aussi *P. quadrangularis,* d'aspect voisin, mais aux sépales blancs et aux franges blanches et pourpres, sur cinq rangs. Les fleurs de *P. quadrangularis* atteignent environ 12 cm de diamètre. Les deux espèces sont souvent cultivées dans les tropiques pour leurs fruits : les graines sont entourées d'un pulpe gélatineuse dont le goût rappelle un peu la groseille à maquereau.

Pour les espaces plus réduits, on peut par contre recommander une espèce annuelle, menue, *P. gracilis.* Les feuilles sont ici trilobées, vert soutenu, les fleurs menues, larges de 2,5 cm, blanches et vertes. Les fruits, rouges à maturité, sont très décoratifs.

Le groupe des passiflores comprend aussi des espèces au feuillage ornemental, comme *P. maculifolia* ou *P. trifasciata,* aux feuilles en grande partie rose-rouge. Ces deux espèces conviennent plutôt pour les vitrines à épiphytes ou les serres, car elles supportent mal l'air sec.

Les passiflores doivent être placées dans un endroit ensoleillé. Les espèces à grandes fleurs demandent une bonne chaleur, mais toutes les espèces passent par un repos végétatif hivernal : on s'efforcera de baisser un peu les températures et de réduire les arrosages. On fume assez légèrement, seulement une fois par mois. La multiplication est relativement facile, soit par semis, les graines germant progressivement mais assez fidèlement même après une période assez longue ; soit par boutures comportant deux paires de feuilles, en bac chaud, dans un substrat plus sableux que tourbeux. La populaire passiflore à grappes est cependant longue à s'enraciner : il lui faut souvent plusieurs mois.

É 18–30 °C

H 15–20 °C

Passiflora foetida

Philodendron elegans

KRAUSE

Philodendron

Nous avons déjà énuméré certains représentants grimpants du genre *Philodendron* au chapitre des plantes à feuillage ornemental, et notamment *P. scandens,* bien adapté à la culture en appartement, et *P. surinamense* utilisé surtout en terrariums.

L'espèce *P. elegans* appartient au groupe (regroupement par analogie des caractères externes) de philodendrons à la fois grimpants et présentant un feuillage découpé ou échancré. L'espèce représentée provient d'Amérique du Sud, où elle est largement distribuée dans de nombreuses régions tropicales du continent. C'est une liane robuste, grimpant tout au sommet des arbres, présentant à maturité un limbe foliaire atteignant 70 cm de longueur sur 50 cm de largeur, profondément échancré presque jusqu'à la nervure principale. Elle atteint des dimensions moins importantes en appartement : les feuilles ne mesurent que le tiers ou la moitié de leur taille naturelle. A la différence de nombreuses espèces, les feuilles sont ici divisées dès la jeunesse, si bien qu'on peut tailler la plante pour la maintenir dans de justes proportions.

Une plante presque idéale pour la culture en appartement est *P. laciniatum* (également cultivé sous les synonymes *P. laciniosum, P. amazonicum, P. pedatum*). C'est une espèce brésilienne, aux entrenœuds courts, ne dépassant pas 5 cm, aux feuilles de forme très variable, divisées par de profondes échancrures régulières en trois parties principales et plusieurs parties secondaires. En appartement, le limbe ne dépasse pas 20 cm. C'est une espèce à croissance relativement rapide, facile à sculpter par la taille. De plus, elle se laisse facilement conduire sur un support et un seul pied peut former une véritable paroi vivante. Comme espèces d'aspect voisin, mais moins connues, citons *P. tripartitum, P. squamiferum* ou *P. lacerum.*

Toutes ces espèces doivent être cultivées dans un sol tourbeux additionné de sable, de terreau de couche ou de feuilles. Le substrat doit rester toujours humide, car ces plantes ne connaissent pas de période de repos marqué. Elles se multiplient facilement par boutures s'enracinant même dans de l'eau.

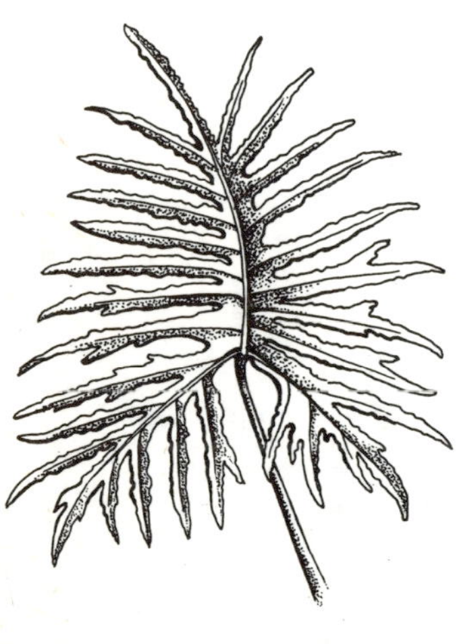

Philodendron crenulatum provient du Brésil.

15–30 °C

Pothos scandens L.

Bien qu'on rencontre très souvent dans les serres des jardins botaniques des noms commençant par *Pothos,* il s'agit rarement de *Pothos* véritables : leur représentant le plus fréquemment cultivé, *Pothos celatocaulis,* appartient en réalité au genre *Rhaphidophora* et ce n'est pas un cas unique, tant s'en faut. Le genre *Pothos* comprend uniquement des plantes grimpantes présentant une feuille clairement différenciée en limbe et pétiole. Le pétiole est ailé. L'inflorescence est relativement petite, le spadice est entouré d'une spathe, les fleurs sont hermaphrodites.

On connaît à peine une cinquantaine d'espèces de *Pothos,* croissant dans les régions tropicales asiatiques, et surtout dans la zone malaisienne. Ce sont le plus souvent des plantes qui croissent sur les troncs ou sur les rochers, couramment dans une ombre profonde due à la végétation environnante. Leur existence est conditionnée par une extrême humidité de leur milieu vital : on les trouve le plus souvent près des ruisseaux et des cascades où elles sont sans cesse aspergées de gouttelettes d'eau.

Il est intéressant de noter que la partie inférieure de la plante, enracinée dans le sol, pourrit très souvent, si bien qu'il ne reste qu'une tige épiphyte, fixée à son substrat par de courtes racines-suçoirs. Il semble que ce phénomène soit plus la règle que l'exception : les responsables des jardins botaniques le confirmeront bien volontiers.

Dans les collections des jardins botaniques on rencontre surtout l'espèce représentée, originaire d'Inde et de Malaisie. La feuille entière mesure environ 12 cm et sa division en pétiole à ailettes et en limbe plan apparaît clairement.

Les pothos se cultivent sur des troncs à épiphytes et surtout dans des vitrines, attachés sur une plaque d'écorce nue. Chaque fragment de la plante comportant au moins deux paires de feuilles donne facilement un nouvel individu.

Epipremnopsis media

15–30 °C

Rhaphidophora aurea

(LIND. et ANDRÉ) BIRDSEY

Raphidophora « Scindapsus doré »

Voici une des lianes les plus cultivées à l'heure actuelle, le plus souvent sous ses formes colorées, panachées de blanc ou de jaune.

Cette espèce a une histoire aventureuse, comme c'est souvent le cas chez les plantes. Elle est le plus souvent connue sous le nom *Scindapsus,* où elle fut classée, ou plus exactement reclassée par le botaniste Engler, alors qu'elle était déjà connue sous le nom de *Pothos aureus* Lind. et André. Il y a quelques années seulement, on a assisté en Floride à la floraison d'un exemplaire qui permit au botaniste Birdsey d'établir la parenté de ses fleurs avec celles d'autres espèces du genre *Rhaphidophora.* Il faut cependant suivre la littérature spécialisée, pour savoir que ce qu'on achète sous le nom de *Scindapsus* chez le fleuriste s'appelle en réalité *Rhaphidophora aurea.*

Les sujets cultivés sous les tropiques sont très différents de nos plantes d'appartement. Leurs feuilles atteignent souvent 40 cm de longueur et leur limbe s'échancre comme celui du genre *Monstera.* Les exemplaires qui montent à plusieurs dizaines de mètres dans la cime des arbres sont chose courante.

Les autres espèces de ce genre, et notamment *R. decursiva,* sont également très belles. *R. decursiva* est une espèce des forêts de montagne, distribuée depuis l'Inde jusqu'au nord du Viêt-nam en passant par le nord de la Birmanie. Elle échappe à l'obscurité du sous-bois dense en grimpant sur les troncs des arbres. Sur les sites d'origine, les exemplaires sont généralement plus petits que les beaux exemplaires de nos jardins botaniques : peut être est-ce dû à la fraîcheur qui règne le plus souvent à ces altitudes voisines de 1 200 m et qui, créant des conditions plus rigoureuses, s'oppose à un développement trop exubérant des sujets. Chez cette espèce, les feuilles sont régulièrement et profondément découpées presque jusqu'à la nervure principale ; le limbe atteint 70 cm de longueur et 40 cm de largeur environ.

Les deux espèces citées se cultivent aisément dans les appartements chauds, où on les placera un peu à l'abri du soleil, mais bien au clair. Elles se multiplient facilement par boutures de la tige, celles-ci s'enracinant même dans l'eau. La culture est la même que pour le genre *Monstera.*

Rhaphidophora decursiva est une bonne plante d'intérieur particulièrement utilisable dans la composition de grands montages à épiphytes.

15 – 30 °C

Scindapsus pictus HASSK.

Scindapsus

Ce genre comprend une vingtaine d'espèces croissant dans la région indo-malaisienne et en Nouvelle-Guinée. Une espèce, *S. occidentalis,* est spontanée en Amazonie. Pour le moment, seule l'espèce représentée est cultivée.

Originaire de la région malaisienne, elle y croît dans les forêts de plaine, où sa tige monte dans la ramure des arbres en s'accrochant par ses nombreuses racines aériennes qui s'insinuent dans les fissures de l'écorce. Les feuilles sont courtement pétiolées (2–4 cm), de forme grossièrement cordée, le limbe atteignant jusqu'à 15 cm de longueur. Elles sont d'un vert très soutenu à noirâtre, tachetées dans leur jeunesse de macules claires blanc bleuté qui se fondent avec l'âge.

En culture, on rencontre le plus souvent la variété *argyraeus,* qui s'en distingue par la forme des feuilles, plus découpées et cordées à la base et par leur endroit orné de taches argent clair, ne s'unissant pas par la suite. Il est évidemment possible, voire vraisemblable, qu'il ne s'agit pas ici d'une variété, mais de l'espèce même sous sa forme juvénile, comme il arrive couramment chez les aracées.

La culture est très facile et ne diffère en rien de celle des autres aracées. La multiplication se fait par boutures. Il suffit de placer celles-ci dans de l'eau, mais le plus efficace est de les enfermer dans un sachet plastique contenant du sphagnum vivant : elles s'enracinent sans histoires en moins d'une quinzaine. On les plante dans un mélange léger, perméable, de réaction acide, à forte proportion de tourbe, voire dans de la tourbe fibreuse pure. On ne fume que parcimonieusement en surveillant surtout l'azote dont l'excès fait pâlir les taches du limbe foliaire.

Scindapsus convient très bien, comme toutes les lianes du même type, pour diversifier les espèces sur un arbre à épiphytes ; on peut aussi l'isoler : dans ce cas, il fait un très bel effet dans une coupe de céramique grossière, de forme plane.

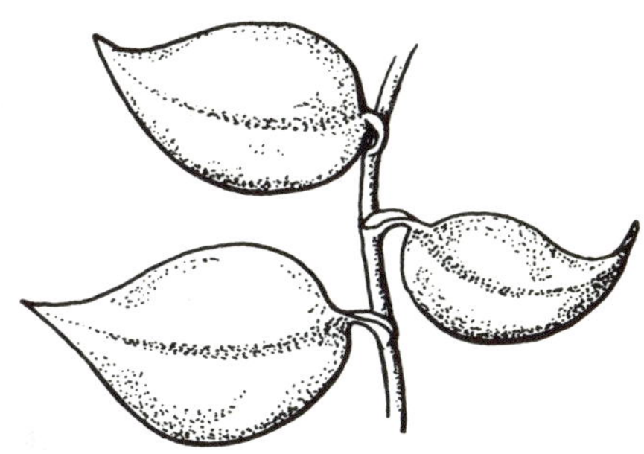

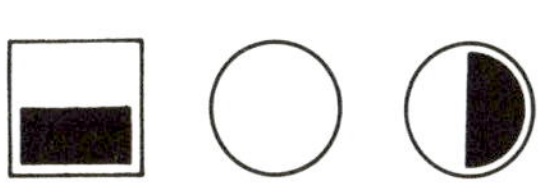 18–30 °C

Scindapsus treubii est une plante résistante d'Asie du Sud-Est, qui commence à peine à pénétrer dans l'horticulture.

Stephanotis floribunda

BRONGN.

Stéphanotis

Stephanotis floribunda est surtout cultivé pour ses belles fleurs au parfum particulièrement agréable. Originaire de Madagascar, il constitue une des quelque 16 espèces du genre. Il s'agit d'un arbuste volubile à feuillage persistant, atteignant une grande taille dans sa patrie : jusqu'à 5 m. Il se laisse bien modeler et peut être maintenu dans des proportions raisonnables soit par la taille, soit par le palissage sur un support. Ses feuilles vert sombre, coriaces, longues de 8–10 cm, sont en elles-mêmes décoratives, mais son plus bel ornement sont ses fleurs au parfum capiteux, souvent utilisées justement pour ajouter leur parfum aux couronnes des mariées.

Après une certaine désaffection, l'arbuste revient de nouveau en culture, car il supporte très bien les conditions des appartements. La température moyenne nocturne devrait varier entre 16 et 18 °C, mais elle peut monter beaucoup plus haut dans la journée. Dans la mesure du possible, la plante devrait passer l'hiver dans un endroit clair et relativement frais, l'arrosage, par ailleurs abondant en été, étant également réduit pendant cette période.

Tout mélange standard à base de tourbe convient comme substrat ; on peut aussi préparer soi-même un mélange de tourbe, de terreau de feuilles et de sable. Même en été, où les arrosages doivent être quotidiens, le sol ne doit jamais être saturé d'eau, les racines demandant une aération abondante : on veillera donc à arroser avec tact. La liane se montre très reconnaissante d'une nébulisation ou d'un bassinage du feuillage. Stephanotis doit être placé en plein soleil, ou au moins dans un emplacement très clair.

La multiplication se fait facilement par boutures en bac chaud, ou par semis des menues graines plates.

Asclepias curassavica

É

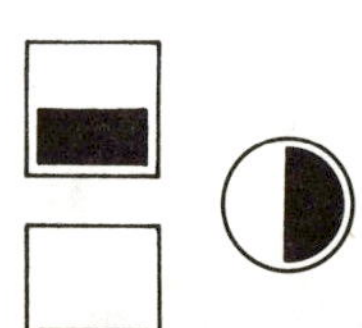

15–25 °C

H

5–10 °C

Syngonium podophyllum SCHOTT 'Albolineatum'

Syngonium

Imaginez cette plante dans son cadre naturel par exemple aux abords de la ville d'Atoyac, sur la côte pacifique du Mexique. Nous sommes à quelque 1 000 m d'altitude à peine. Tout ce que l'on voit d'abord, c'est une tige nue qui grimpe sur un tronc, puis, 3 m au-dessus du sol, voilà une abondante touffe de feuilles. *Syngonium podophyllum* a un port très différent en culture : dans la nature, il manque de lumière au niveau du sol et les feuilles ne peuvent remplir leur fonction assimilatrice qu'au-dessus de la strate herbacée. Dans leur patrie, les syngoniums s'accrochent pratiquement à tous les arbres, le plus souvent à des altitudes de 1 300–1 400 m. *Syngonium podophyllum* pousse également dans d'autres états d'Amérique Centrale, par exemple au Honduras, au Guatemala ou au San Salvador. Les feuilles ne sont sagittées que chez les plantules et les sujets juvéniles ; plus tard, de profondes échancrures les divisent en 5 à 11 parties.

L'espèce spontanée est parfois cultivée, mais ce sont surtout les cultivars qui présentent une importance horticole, tels que 'Green Gold' aux limbes ornés de surfaces jaune-argenté ou 'Imperial White' aux feuilles argentées bordées d'un étroit liséré vert.

D'autres espèces sont souvent cultivées, et notamment *Syngonium auritum* (syn. : *Philodendron trifoliatum*) originaire du Mexique, de Haïti et de la Jamaïque ou *S. hastifolium*, originaire du Brésil.

Le syngonium fait son plus bel effet utilisé comme liane couvrant un support (par exemple formant une cloison divisant une pièce) ou un tronc porteur d'épiphytes. On veillera à lui laisser un espace suffisamment vaste car les sujets s'accroissent relativement vite et atteignent des dimensions respectables lorsqu'elles se trouvent dans de bonnes conditions. La culture est identique au genre *Rhaphidophora* par exemple.

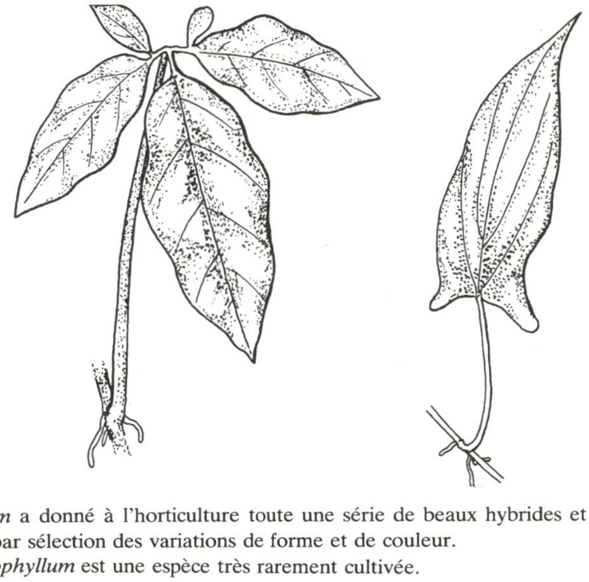

Syngonium auritum a donné à l'horticulture toute une série de beaux hybrides et cultivars obtenus par sélection des variations de forme et de couleur. *Syngonium erythrophyllum* est une espèce très rarement cultivée.

15–30 °C

Thunbergia alata

BOJ. ex SIMS.

Les thunbergias constituent un genre qui attend encore qu'on lui rende justice : l'espèce représentée est l'une des rares qui aient pour le moment pénétré sur le marché horticole, sans qu'on puisse affirmer que ce soit la plus belle des quelque 100 thunbergias déjà décrits. Il s'agit pourtant d'une jolie plante grimpante, intéressante aussi par sa petite taille qui en fait une bonne plante d'appartement.

Thunbergia alata se cultive le plus souvent en annuelle semée au mois de mars. Il fleurit joliment à l'abri, dans un endroit ensoleillé du jardin, de juin jusqu'en automne, mais se porte mieux en appartement, où il sera placé en plein soleil. Le substrat sera plutôt lourd, riche en compost; une adjonction d'argile désagrégée est tout à fait bénéfique. On fera attention à ne pas exagérer les arrosages même en été, en hiver, on les arrête presque complètement en plaçant les sujets dans une pièce non chauffée. Au printemps, après la taille, la liane bourgeonne rapidement dans un lieu chaud et fleurit au bout de 1 1/2 mois environ.

L'espèce spontanée a des fleurs larges de 2,5 cm environ, mais on connaît des cultivars chez qui les fleurs atteignent le double de cette taille.

Il est intéressant de noter que ce sont surtout des espèces africaines, comme *T. natalensis, T. erecta* ou *T. gibsonii,* qui ont pénétré en culture.

Pourtant, les tropiques asiatiques recèlent des espèces beaucoup plus belles, le plus souvent des lianes très vigoureuses. Dans ces cas, les fleurs viennent compenser la place perdue : les inflorescences sont ici des grappes retombantes multiflores et chaque fleur peut atteindre 10 cm de diamètre. *T. grandiflora,* espèce d'Inde septentrionale, produit des fleurs atteignant presque 8 cm de diamètre, d'un beau bleu pâle, groupées en longues grappes fournies. Le sud de l'Inde et la Malaisie sont la patrie de *T. laurifolia* aux fleurs lavande à gorge crème. L'Inde encore, et la Birmanie abritent également une des plus belles espèces du genre *T. coccinea* (syn. *Hexacentris coccinea)* aux grappes longues de 50 cm, formées de fleurs écarlates, mesurant 1,5 cm de diamètre seulement. Les amateurs de fleurs blanches pourront choisir *T. fragrans,* originaire des mêmes pays. La culture de ces espèces est la même que pour *T. alata,* mais le repos hivernal est nettement moins marqué.

Thunbergia grandiflora est une liane robuste aux grandes fleurs bleu clair.

É 15–25 °C

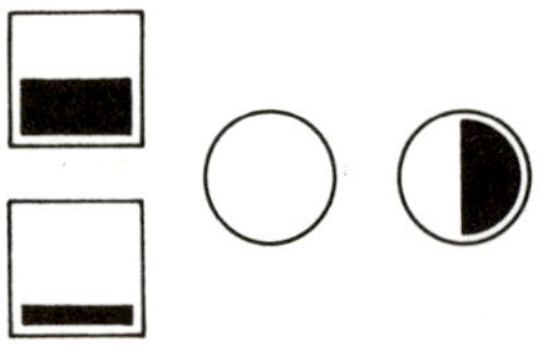

H 5–10 °C

ÉPIPHYTES

Aeschynanthus marmoratus T. MOORE

(syn. : *Trichosporum marmoratum* [T. Moore] O. Ktze.)

Dans les publications destinées au grand public, on peut classer les espèces décrites soit par ordre alphabétique ce qui permet de s'orienter rapidement lorsqu'on connaît le nom latin correct en usage (et qu'on s'en souvient au moment voulu), soit par groupes de caractères voisins, ce que nous avons tenté de faire. Ce dernier classement est malheureusement source de bien des imprécisions, comme l'illustre, plus que tout autre, ce chapitre sur les épiphytes où il faudrait classer presque toutes les broméliacées et les orchidées, sans compter d'autres genres, comme *Schefflera,* dont les jeunes exemplaires sont souvent épiphytes, mais qui est en même temps une plante ligneuse cultivée pour son feuillage décoratif (c'est dans ce dernier groupe qu'on le trouvera ici). En cas d'hésitation, le lecteur pourra se reporter à l'index alphabétique.

Le genre *Aeschynanthus* avec lequel s'ouvre ce chapitre sur les épiphytes, comprend au total presque 200 espèces distribuées dans une vaste région couvrant l'Asie méridionale et du Sud-Est. Une grande majorité d'espèces poussent sur les troncs ou à l'aisselle des branches, parfois aussi sur les minces couches d'humus qui recouvrent les rochers. Elles forment d'épaisses et longues tentures de rameaux retombants.

En culture, on rencontre soit des espèces cultivées pour leur magnifique feuillage, comme c'est le cas du *A. marmoratus,* originaire de Thaïlande et de Birmanie, soit des espèces à floraison décorative. Parmi celles-ci, c'est surtout *A. speciosus* Hook., originaire des montagnes de Java, de Bornéo et de Malaisie, qui connaît une grande popularité depuis quelques années. Les tiges sont ici retombantes, longues de 60–80 cm, les feuilles opposées (parfois en verticilles de trois), vertes, solides, atteignant 10 cm de longueur. Les fleurs sont groupées en inflorescences terminales, atteignent 10 cm de longueur et sont d'un rouge orangé éclatant. Deux espèces souvent confondues sont *A. lobbianus* et *A. pulcher,* toutes deux à feuilles plus ou moins vertes et à fleurs rouges ; chez la première, le calice et la corolle sont velus et de même teinte.

Les aeschynanthus supportent très bien les conditions des appartements modernes. En été, ils demandent de fréquents bassinages. Les autres soins sont les mêmes que pour le genre *Columnea.*

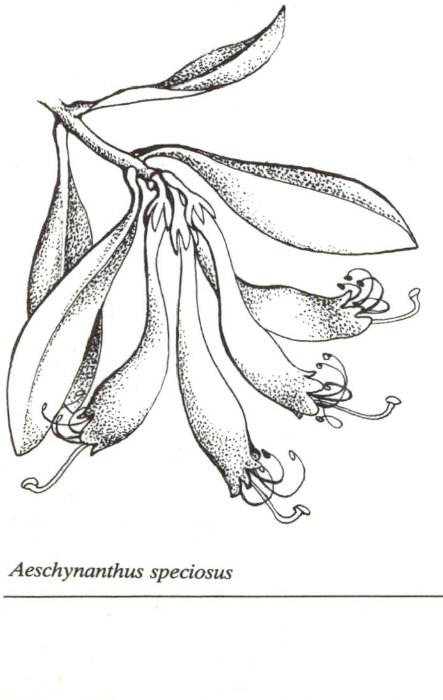

Aeschynanthus speciosus

15–25 °C

Columnea × schiedeana

Les columneas sont pour ainsi dire les aeschynanthus d'Amérique tropicale : ils ont les mêmes exigences écologiques et une allure vraiment très voisine. On les distingue cependant à première vue au moment de la fructification : chez le genre *Aeschynanthus,* les fruits sont des capsules allongées, chez le genre *Columnea,* ce sont des baies, le plus souvent blanches. Les fleurs des columneas ne sont pas terminales, mais s'épanouissent sur toute la longueur de la tige.

L'espèce représentée est originaire du Mexique. Chez les sujets exposés au soleil, les feuilles sont d'un rouge tellement intense qu'on les prend de loin pour des fleurs. A l'état spontané, les tiges atteignent presque un mètre de longueur, en culture environ 60 cm ; les feuilles mesurent une dizaine de centimètres, les fleurs, 7 cm environ.

Parmi toute une série d'espèces et d'hybrides d'un genre particulièrement riche (environ 120 espèces), citons au moins *C. microphylla* du Costa Rica, caractérisée par des feuilles menues, ne dépassant pas 1 cm de longueur, arrondies, à base cordée. Tout le feuillage est assez densément couvert de poils blancs, virant au rouge à l'extrémité. Les fleurs, d'un rouge-orange lumineux, mesurent environ 5 cm. *C. × kewensis* est un hybride de *C. magnifica* et *C. schiedeana :* les tiges sont couvertes d'un épais duvet appliqué, les feuilles, longues d'environ 3,5 cm, sont très étroitement ovales, les fleurs, atteignant jusqu'à 7 cm, sont écarlate intense. Ce dernier hybride est le plus résistant en appartement et peut être placé sans dommage à l'air libre de la pièce, où il fleurit et fructifie abondamment.

Le genre *Columnea* est un peu plus sensible que le genre *Aeschynanthus* à la sécheresse de l'air, et il vaut mieux le cultiver en vitrine, à l'exception de *C. × kewensis.* Le substrat sera très perméable, à moins de planter les sujets directement sur une écorce, les racines enveloppées d'un petit paquet de sphagnum, ce qui est également possible, mais ralentit la croissance de la plante. Le substrat éventuel est un mélange de terreau d'aiguilles, de sphagnum, de feuilles de hêtre hachées, voire de racines de fougères et de charbon de bois concassé. Une petite adjonction de bouse de vache séchée constitue une bonne réserve nutritive. La multiplication se fait très facilement par boutures, longues d'environ 5 cm. On les pique dans un mélange de tourbe et de sable où elles s'enracinent rapidement.

Columnea lepidocaula vient du Costa Rica. Les feuilles mesurent 8 cm environ, les fleurs sont orange.

15–25 °C

Dischidia rafflesiana

WALL.

Nous avons vu à maintes reprises des plantes s'adapter à leur milieu vital. Certaines adaptations sont cependant tellement fantastiques qu'elles vous frappent de stupeur tandis que vous essayez d'imaginer comment pareil phénomène a pu voir le jour. Un des facteurs les plus fréquents est un manque (ou au contraire une surabondance) d'eau ; l'espèce représentée montre justement une adaptation à la sécheresse.

Dischidia rafflesiana croît sur un vaste territoire de l'Inde jusqu'en Australie, où elle vit dans les forêts temporairement sèches sous l'effet de la mousson et les forêts semidécidues des stations plus élevées : elle passe très clairement une partie de l'année à manquer d'eau. Le dimorphisme foliaire de sa tige grimpante volubile est particulièrement accusé : les feuilles « normales » sont planes, largement ovoïdes, relativement petites ; à leurs côtés apparaissent des feuilles beaucoup plus grandes, en forme d'outres. Vues de près, ces feuilles se révèlent creuses et dotées d'une ouverture au voisinage de leur insertion sur la tige, ouverture par laquelle plusieurs racines aériennes, semblables à celles qui apparaissent couramment aux aisselles des feuilles chez le reste de ce genre, pénètrent à l'intérieur de la feuille. Lors d'une coupe de celle-ci, on constaterait qu'elle sert de réservoir d'eau à la plante, et que les racines plongent dans cette eau. On ne sait au juste s'il s'agit d'eau de pluie, ou d'une eau sécrétée par la plante, mais cette deuxième hypothèse paraît plus vraisemblable.

Pareil phénomène d'« enracinement en soimême » apparaît aussi chez l'espèce cultivée *D. merillii,* qui ne se distingue de la précédente que par la forme des feuilles creuses et par sa stature dans l'ensemble plus robuste. On cultive souvent d'autres espèces aux feuilles classiques, plantes qui se protègent uniquement contre la sécheresse par une couche plus épaisse de cutine (cuticule), comme *D. nummularia,* aux menues feuilles arrondies ou *D. benghalensis* aux feuilles lancéolées, longues seulement de 2,5 cm.

Toutes ces espèces sont à cultiver absolument sans substrat, ou sur des branches uniquement couvertes de mousse.

Elles prospèrent particulièrement dans les vitrines à épiphytes ou les serres d'intérieur où elles trouvent une bonne humidité atmosphérique et une abondance de lumière ; elles peuvent cependant être placées directement dans la pièce où elles poussent plus lentement, mais tout aussi fidèlement. La multiplication est simple, soit par graines, soit par séparation des différentes branches de la touffe, soit par boutures de tige.

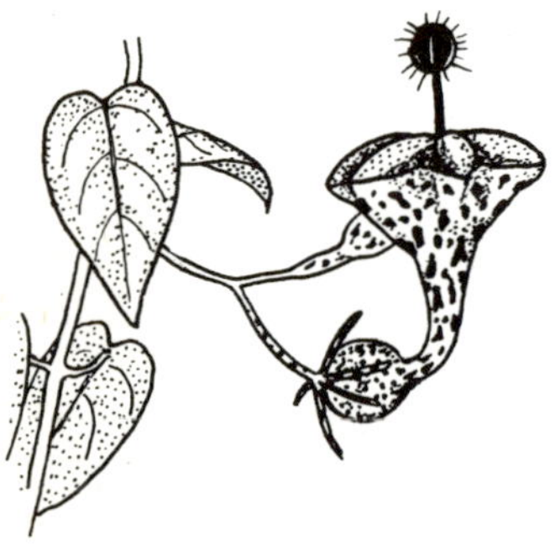

Ceropegia haygarthii est une plante d'intérieur qui se montre reconnaissante des soins qu'elle reçoit.

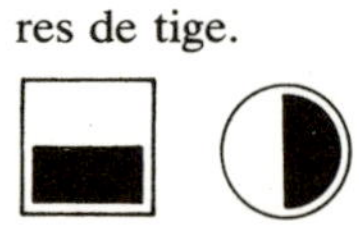

18–30 °C

Hypocyrta × *glabra*

Retournons un peu en Amérique Centrale et surtout en Amérique du Sud, d'où nous vient un genre en grande partie semblable à deux autres genres décrits plus haut, *Aeschynanthus* et *Columnea.* De nos jours, on connaît au total 9 espèces d'*Hypocyrta,* dont 8 croissent au Brésil et une unique, *H. nummularia,* dans le sud du Mexique et dans le reste de l'Amérique Centrale, voire aux Antilles. Toutes ces espèces se plaisent surtout dans les fourches des branches, souvent aussi sur les troncs tombés pourrissants.

Elles se caractérisent par leurs tiges rampantes ou retombantes et leurs petites feuilles épaisses, charnues ou coriaces. Feuilles et tiges sont souvent densément couvertes de poils (trichomes). C'est aux aisselles des feuilles qu'apparaissent les fleurs, relativement grandes, et surtout merveilleusement colorées, rouges ou orange. Leur forme est très particulière : la corolle est soudée en une sorte d'outre renflée irrégulièrement, s'ouvrant par une étroite ouverture terminale. Les extrémités des pétales sont courtes et arrondies. Ces plantes s'épanouissent en effet surtout en été, époque où leur patrie connaît des précipitations très abondantes. De plus, leur pollen fragile ne supporte pas le contact direct avec l'eau et se trouve donc parfaitement protégé par la corolle presque close.

A côté de l'espèce qui a permis l'obtention de l'hybride représenté on cultive aussi *H. nummularia* (cf. plus haut) qui présente une tige couverte de poils rouges et des feuilles presque arrondies ou obovales, ne dépassant pas 3 cm de longueur. La corolle est rouge vif, longue d'environ 2 cm, à gorge jaune. Une espèce voisine quoique plus velue et plus robuste est le *H. strigillosa* aux fleurs écarlate sombre, à gorge également jaune, longues d'environ 2,5 cm. Aux États-Unis il existe déjà plusieurs cultivars, relativement voisins des espèces originelles.

Les hypocyrtas peuvent se cultiver classiquement dans un substrat tourbeux, perméable et léger, où ils croissent rapidement et ne tardent pas à fleurir, ou plus naturellement, en épiphytes. On les plante sur une écorce de liège grossière, dans des fentes remplies d'une petite quantité de sphagnum pur : ils y croissent sans aucun problème et gardent leur port compact. A la différence du genre *Columnea,* ils supportent même le plein soleil, tout comme l'air sec de la pièce, sans s'en trouver incommodés. Ils se multiplient facilement par boutures.

Hypocyrta strigillosa

18–25 °C

Myrmecodia echinata

MIQ.

Plante à fourmis

La cohabitation d'une plante et d'un animal, profitant aux deux parties concernées, est appelée symbiose, terme d'ailleurs très général s'appliquant à toute forme de cohabitation des êtres vivants, à profit réciproque. Nous nous en tiendrons au cas unique de cohabitation des plantes avec des insectes, et concrètement avec les fourmis.

Ce phénomène apparaît très souvent dans la nature, et les plantes ont différentes manières d'attirer les fourmis. Certaines espèces du genre *Acacia* portent par exemple d'épaisses épines creuses, partiellement ouvertes, ce qui constitue une sorte d'entrée naturelle pour les fourmis qui s'installent dans ces épines. Chez certaines espèces de *Tillandsia,* la base des gaines foliaires est creuse et abrite également des fourmis. L'accès des insectes est ici facilité par la présence dans les feuilles d'amincissements que les fourmis perforent aisément de leurs mandibules pour se frayer un passage. Comment expliquer cet état de fait ? Les fourmis trouvent ainsi un abri solide qui les protège de leurs ennemis, sans avoir à construire laborieusement leur nid ; inversement, elles protègent les plantes concernées de leurs propres ennemis (dont elles se nourrissent le plus souvent) et leur fournissent leurs restes (en ce qui concerne les broméliacées épiphytes, ces restes constituent un engrais tout à fait bienvenu).

Chez certaines plantes, comme c'est le cas ici, on assiste à la formation de « fourmilières artificielles » directement dans les tissus végétaux. *Myrmecodia* possède un important tubercule, parcouru de plusieurs niveaux de couloirs habités par des fourmis. Le tubercule porte une courte tige dotée de grandes feuilles planes. L'ensemble dépasse rarement 25 cm de hauteur. On rencontre à peu près avec la même fréquence dans les collections une espèce voisine, *M. platytrea,* originaire d'Australie (l'espèce représentée provient de Malaisie). Les autres espèces, au nombre d'une vingtaine, ne sont à peu près jamais cultivées.

Un gentre très proche de *Myrmecodia, Hydnophytum,* est très rarement représenté dans les jardins botaniques par l'espèce *H. formicarum* (notre illustration) ; les tubercules sont ici lisses et produisent plusieurs tiges.

Myrmecodia n'est pas un genre exigeant. Il prospère même dans les appartements chauds. On le cultive soit sur une écorce pure, soit dans un mélange léger pour épiphytes, composé de sphagnum et de racines de fougère additionnés d'écorces broyésa et de charbon de bois. La multiplication par semis dès la maturité des baies dans le même substrat n'offre pas de difficultés.

Hydnophytum formicarum est une plante épiphyte myrmécophile.

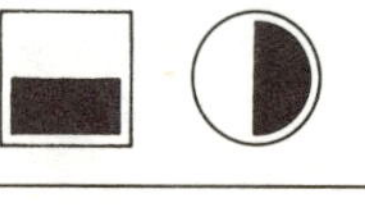

18–30 °C

CACTÉES

Astrophytum myriostigma LEM.

Les plateaux du Mexique central et septentrional sont la patrie d'une espèce que l'on trouve souvent dans les collections des débutants. Comme la plupart des cactées, *Astrophytum* est une plante à tige succulente, dont les feuilles ont disparu. C'est la surface de la tige épaissie qui assure leur fonction assimilatrice.

L'épais épiderme de couleur gris-vert à gris blanc porte une ornementation d'écailles blanches (d'où le nom spécifique *myriostigma,* à mille points). La tige entière est subdivisée par de profonds sillons, le plus souvent au nombre de 5 (rarement 3 ou 4), les sections ainsi délimitées dessinent des côtes relativement aiguës, portant des aréoles couvertes d'un court duvet laineux caduc. Les fleurs apparaissent au sommet de la plante : elles sont jaune pâle et mesurent environ 5 cm de diamètre ; elles s'épanouissent assez irrégulièrement pendant toute la période végétative.

La jeune tige d'*Astrophytum* a une forme presque sphérique, s'allongeant ensuite avec l'âge. La var. *columnaris* donne des formes particulièrement hautes. Par endroits, on rencontre en culture la var. *glabrum,* aux côtes encore plus aiguës et à l'épiderme vert clair sans ornementations.

Cette espèce est dépourvue d'épines. Celles-ci existent par contre chez *Astrophytum capricorne :* elles sont ici brunes, courbes, longues d'environ 7 cm, et apparaissent en différents nombres sur les aréoles. Élastiques dans leur jeunesse, elles ont cependant tendance à tomber par la suite.

Quel substrat donner aux cactées ? La question n'est pas nouvelle. A l'état spontané, les cactées croissent dans un sol tassé lourd, mais très perméable. On les plantera donc toujours dans un substrat bien drainé, par exemple par adjonction de fins gravillons mélangés à l'ensemble du sol. Le fond de la coupelle ou du pot doit être également recouvert d'une épaisse couche de cailloux. De nombreux éleveurs préfèrent de nos jours planter les cactées dans de la brique concassée pure et les arroser avec une solution hydroponique : les résultats sont excellents. Généralement, les cactées devraient recevoir un sol à peu près neutre, ou très légèrement acide (pH = 6 à 7). *Astrophytum* demande au contraire un substrat basique, calcique et constitue donc ici une exception.

Astrophytum asterias – une des cactées les plus appréciées.

É ■ ○ 15–25 °C

H 8–12 °C

Cephalocereus senilis

(HAW.) PFEIFF.

Avec la populaire « tête de vieillard », nous pénétrons dans le vaste royaume des cactus-cierges. Bien évidemment, le spécimen tel qu'on le rapporte de chez le fleuriste mériterait plutôt le nom de « chandelle », mais, cultivé dans de bonnes conditions pendant les quelques décennies qu'il lui faut pour parvenir à sa taille adulte, notre barbu atteindrait quelque 15 m de hauteur !

Les jeunes sujets, tels qu'on les achète le plus souvent, sont couverts de longs poils blancs et mous qui masquent presque entièrement le corps du cactus, qui porte quelque 20 à 30 cannelures longitudinales, densément couvertes d'aréoles.

Chez les sujets adultes, atteignant environ 6 m de hauteur, on voit se former au sommet du corps cylindrique un cephalium : les cannelures sont remplacées par des mamelons disposés en spirale, couverts d'aréoles serrées qui portent des épines. Un tel cactus fait vraiment penser à un membre de la garde royale, avec un bonnet de fourrure sur la tête. Le cephalium donne ensuite naissance à des fleurs blanches ou jaune pâle, longues de 10 cm et larges de 7,5 cm environ. Après la fécondation se développe un beau fruit rouge dont la pulpe sombre contient un grand nombre de graines.

Ce cactus doit recevoir à la fois un substrat suffisamment perméable et légèrement calcique : on ajoute donc à l'humus une part de calcaire broyé. Les cierges ne font pas un bel effet dans les pots classiques, où ils ont une allure figée et inesthétique. La meilleure solution consiste à les planter dans des coupes composites qui permettent de bien mettre en valeur la bizarrerie de leurs formes. Évidemment, on choisira ici des coupes très sobres, sans ornementation, de forme simple, de préférence en poterie non vernissée. Comme la plupart des cactées présentent les mêmes exigences culturales, le succès est ici pratiquement assuré. On peut également construire un montage en grosses pierres poreuses sur lesquelles on peut planter de menus cactus ou autres plantes succulentes.

Espostoa lanata, un cactus « vieillard » : les longs cheveux sont des épines transformées.

10–25 °C

Chamaecereus silvestrii

(SPEG.) BR. et R.

(syn. : *Lobivia silvestrii* Speg.)

La cactophilie, comme le reste de l'horticulture et d'ailleurs toute activité humaine, connaît des modes : un jour, on s'entiche des mutations colorées de *Gymnocalycium mihanovichii,* un autre, des miniatures, etc... et c'est bien dommage. En effet, certaines espèces de cactées ne devraient manquer dans aucune collection, voire dans aucun intérieur, car ce sont des espèces particulièrement modestes, fidèlement florifères, et suffisamment menues pour trouver leur place partout.

Chamaecereus silvestrii fait justement partie de ces plantes indestructibles. Il s'agit d'une cactée menue, fortement rejetante, ne dépassant pas 10 cm de hauteur, aux rameaux couchés, joliment cannelés (6–9 cannelures), dont les aréoles portent de courtes épines, le plus souvent blanches. Mais ce sont ici évidemment les fleurs qui constituent le principal attrait : atteignant 4 cm de longueur, elles sont grandes par rapport au reste de la plante. D'un rouge éclatant, elles apparaissent, de plus, toujours à plusieurs sur le même rameau, si bien que la plante a l'air cousue de fleurs.

Cette espèce provient des montagnes de la province de Tucuman, au sud-ouest de l'Argentine. Elle est pratiquement résistante au gel dans la mesure où, lorsque la température s'abaisse jusqu'à zéro ou moins, le substrat est absolument sec.

Bien des cactées sont ainsi résistantes : *Opuntia phaeacantha* var. *camanchica,* que l'on voit si souvent dans les rocailles, est loin d'être seule dans ce cas. Bien au contraire, lorsqu'on respecte la condition de la sécheresse absolue, on peut cultiver toute une série d'espèces à l'extérieur, dans une serre de fenêtre placée sur l'appui extérieur de la fenêtre. Il vaut évidemment mieux munir une telle installation d'une résistance thermique et chauffer la serre lorsque les températures s'abaissent en dessous de −5 °C. On reprend les aérations dès le tout début du printemps et les arrosages dès avril. Dans de telles conditions les plantes fleurissent généralement beaucoup.

Certaines cactées peuvent être même mises directement en plein air et supportent sans dommage le climat centre-européen où elles fleurissent dans les rocailles parfois même sous les dernières neiges. Citons dans ce cas : *Echinocereus viridiflorus, E. baileyi, E. melanocentrus, E. coccineus, E. purpureus, Coryphanta vivipara, Neobesseya missouriensis, Maihuenia poeppigii.*

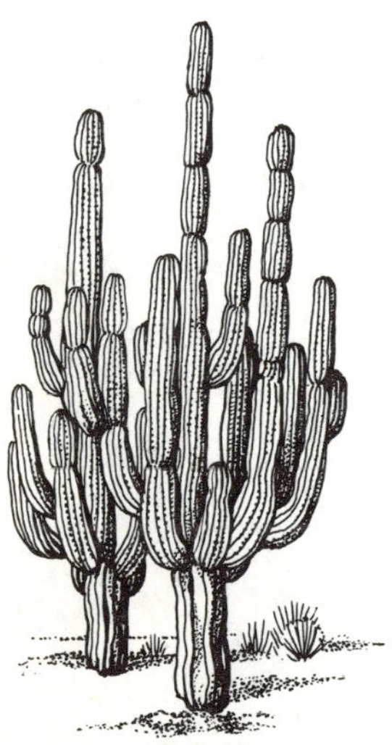

Pachycereus pringlei peut atteindre jusqu'à 11 m dans la nature.

É ▬ ○ 10–20 °C

H — 0– 5 °C

Dolichothele longimamma (DC.) BR. et R.

Ce cactus possède un corps globuleux couvert de gros mamelons de forme cylindrique, atteignant jusqu'à 7 cm de longueur et portant sur leur aréole terminale 9–10 épines secondaires de couleur blanche ou ocre pâle, et le plus souvent 1–3 épines principales, plus fortes, plus rigides et plus sombres. A l'aisselle des mamelons se trouvent des axiles qui donnent naissance aux fleurs. Celles-ci apparaissent le plus souvent par 2 ou 3 à la fois à la périphérie de la partie supérieure ; elles sont jaune pâle, ne dépassant pas 6 cm de diamètre. Le fruit est claviforme, vert-jaune, et contient un grand nombre de graines noires.

A l'état spontané, *Dolichothele longimamma* croît au Mexique, dans l'État de Hidalgo.

A côté de la multiplication végétative par rejets, voire par boutures (dans le cas présent, on peut bouturer les mamelons) la plupart des cactées peuvent se multiplier par semis, même dans des conditions non-professionelles.

Les graines demandent pour germer une abondance de lumière (on les sème donc sur le substrat), de l'humidité et une bonne température (optimum entre 25 et 30 °C). Lorsqu'on ne dispose même pas de la possibilité de chauffer le sol sous le bac de germination et d'éclairer artificiellement, on attendra pour semer les derniers mois du printemps.

Le semis s'effectue sur un substrat très perméable, de préférence sableux, additonné de compost ou de terreau de feuilles de hêtre. On peut aussi utiliser un mélange de tourbe et de sable (1/3 environ). Les coupelles avec les semis sont ensuite recouvertes d'une vitre. Le semis dans des bocaux à conserves, que l'on peut même préalablement, stériliser parfaitement à la chaleur donne d'excellents résultats. Une fois les graines semées, on ferme hermétiquement les bocaux pour éviter le développement des moisissures consécutif à l'humidité et on les place dans un endroit chaud et clair. Une fois les plantules à bonne dimension, on les repique en les sortant du bac ou du bocal à l'aide d'un bâtonnet de manière à léser le moins possible les racines et on les transporte dans un pot ou une coupelle. Après la plantation, on met les jeunes sujets à l'ombre pendant quelque temps et on supprime tout arrosage.

Machaerocereus eruca

É 15–25 °C

H — 8–10 °C

Epiphyllum hybr.

Épiphylle

Certaines cactées sont fort appréciées même par des personnes insensibles au reste de la famille, le plus souvent à cause de leurs immenses fleurs d'un grand effet décoratif. A côté du fréquent *Zygocactus truncatus,* on cultive aussi très souvent le groupe représenté, obtenu par une série d'hybridations complexes entre de nombreuses espèces, voire plusieurs genres. En Europe, on le trouve le plus souvent sous le nom de *Phyllocactus.* Les véritables épiphylles sont des cactées dont les fleurs s'épanouissent surtout pendant la nuit : on trouve pour cette raison surtout des hybridations avec les genres *Selenicereus* et *Nopalxochia,* les fleurs des hybrides obtenus s'épanouissant souvent deux jours de suite.

Epiphyllum est à l'origine, comme le suggère son nom, une plante épiphyte. Il s'enracine le plus souvent à la fourche des arbres et son corps cylindrique, long et mince, s'accroche sinueusement à l'écorce par ses radicelles, laissant retomber ou s'écarter du tronc ses rameaux semblables à des feuilles. Les jeunes sujets s'enracinent souvent dans l'humus accumulé dans une fourche par un autre végétal. On trouve souvent par exemple des orchidées (telle que *Laelia*) entremêlées avec ces cactées, ou encore des épiphylles partageant une poignée d'humus vital avec un anthurium.

On cultive de nos jours un grand nombre d'hybrides aux fleurs présentant toutes les nuances depuis le blanc pur jusqu'au pourpre violacé. Les fleurs sont vraiment immenses et atteignent souvent jusqu'à 30 cm de diamètre.

Bien que les cactées de ce type puissent se cultiver en épiphytes, il est toutefois difficile de leur donner (à cause des autres végétaux) la période de fraîcheur et de sécheresse sans laquelle elles ne fleurissent que difficilement. Il vaut donc mieux les cultiver classiquement dans un substrat perméable humifère, où elles croissent très rapidement.

Parmi les plus belles variétés, classiques de nos jours, citons le cultivar rouge vif 'Ackermannii' ou le florifère 'Deutsche Kaiserin' d'un rose délicat.

Cryptocereus anthonyanus est une magnifique espèce qui convient aux grands montages d'épiphytes. *Marniera chrysocardium* est une espèce d'aspect voisin, encore plus découpée.

10(H) – 25(É) °C

Gymnocalycium quehlianum (HGE. jr.) BERG.

C'est en Amérique du Sud que l'on rencontre les espèces, plus de 80 au total, qui composent le genre *Gymnocalycium.* Nombreuses d'entre elles sont fréquemment cultivées, et certaines, ou plus exactement leurs formes colorées, sont même des plantes à la mode. Nous avons parlé plus haut du *G. mihanovichii* qui présente des formes rouges, orange, jaunes et roses, ces couleurs étant dues à une déficience en chlorophylle. Dans des conditions normales, ces plantes seraient incapables de survivre faute d'assimilation chlorophyllienne et doivent donc, dès leur plus jeune âge, être greffées sur un support qui leur fournit leur alimentation. Ces aberrations colorées sont particulièrement appréciées au Japon où des entreprises entières se consacrent, même de nos jours, à leur multiplication.

L'espèce représentée est globuleuse, aplatie, avec un diamètre d'environ 7 cm. A maturité, elle prend une forme plutôt cylindrique et atteint jusqu'à 15 cm de hauteur. Elle présente d'ordinaire 11 cannelures présentant de profonds étranglements transversaux qui font ressortir les mamelons. Les aréoles portent 5 épines longues d'un demi-centimètre environ. En plein soleil, la couleur de ce cactus gris-vert prend un reflet rouge sombre. Les fleurs sont relativement grandes, longues d'environ 6 cm, blanc pur à cœur rouge sombre.

G. quehlianum est originaire de la sierra de Córdoba en Argentine. Habitué à un climat d'altitude, il supporte mal l'association des hautes températures et du plein soleil avec l'air sec qui convient à la plupart des cactées. En effet, il croît en pleine nature parmi les herbes, et il vaut donc mieux l'ombrer légèrement en plein été. Les racines sont relativement sensibles à la réaction basique du milieu, souvent entraînée par l'eau d'arrosage : il vaut donc mieux cultiver *Gymnocalycium* sur de la brique broyée pure et l'arroser avec des engrais hydroponiques. En respectant ces conditions, on n'aura aucun problème de culture et on pourra même se passer de rempoter cette plante pendant de nombreuses années.

É ■ 15–25 °C

H — 5–10 °C

Gymnocalycium kurtzianum supporte d'être placé à mi-ombre ; c'est l'une des cactées les plus modestes.

Hatiora salicornioides

(HAW.) BR. et R.

Le genre *Hatiora* comprend seulement 4 espèces connues à nos jours. Ce sont des cactées discrètes, originaires du Brésil, caractérisées par leur vie épiphyte ou pétrophyte (sur des pierres ou des rochers) et leur corps formé de nombreux articles, ramifié, densément buissonnant. Les articles portent des aréoles réparties plus ou moins au hasard ; à l'extrémité des rameaux, ces aréoles peuvent donner naissance à des fleurs jaunes, orange ou roses, de taille médiocre.

Bien qu'il s'agisse d'espèces absolument sans exigences et pourtant suffisamment belles pour devenir l'ornement de toute branche à épiphytes, même dans le cas d'un montage miniature, les représentants du genre *Hatiora* sont rarement cultivés en dehors des collections des jardins botaniques.

Point n'est besoin ici de se préoccuper du substrat : on coince un « rameau » directement dans une fissure de l'écorce, on le maintient éventuellement avec une brindille de sphagnum et cela suffit pour son enracinement. Si on vaporise souvent la plante et si on la place en plein soleil, on aura en moins d'une année un pied magnifiquement ramifié, qui fleurira aux alentours de Noël. Les fruits, globuleux, blancs ou rosés, partiellement transparents, sont également très esthétiques. On peut aussi semer directement sur une écorce les graines noires, comme on le fait chez le genre voisin *Rhipsalis*. Les hatioras se plaisent également dans un substrat plus nutritif : on peut également les planter dans une composition avec des orchidées, ou dans une souche creuse, pleine d'un mélange pour épiphytes. Bien entendu, les sujets placés dans de telles conditions grandissent encore plus vite que les épiphytes.

L'espèce représentée provient des états brésiliens de Rio de Janeiro et Minas Gerais. Le botaniste Frič les signale également beaucoup plus au Sud, dans l'État de Paraná. Les fleurs ne dépassent pas 1 cm de diamètre, elles sont campanulées, jaunes ; les fruits sont blancs, légèrement rosés à l'extrémité. La floraison a lieu aux environs de Noël, ce qui rend peut-être encore plus attachante cette modeste beauté.

Ariocarpus fissuratus se confond dans la nature avec le sol pierreux.

15–25 °C

Lobivia famatimensis

(SPEG.) BR. et R.

Cette cactée menue (hauteur env. 3,5 cm, diamètre 3 cm à peine) présente un corps courtement cylindrique ou longuement cylindrique lorsque les sujets sont fréquemment nébulisés en culture. La coloration de l'épiderme varie du vert vif au gris-vert. *Lobivia famatimensis* est parcourue de cannelures longitudinales peu profondes, au nombre de 24. Les côtes portent des aréoles relativement denses donnant naissance à de courtes épines blanches et molles. Les feurs atteignent une taille surprenante : elles sont aussi longues que le corps de la plante, jaune pâle.

Cette espèce fut l'objet d'une vive discussion entre les spécialistes, polémique entreprise en 1930 par deux connaisseurs de premier plan, Backeberg et Frič. Ce n'est pas ici le lieu de trancher leur querelle ; contentons-nous de remarquer que cette espèce reçoit tantôt le nom de *L. famatimensis,* tantôt celui de *L. pectinifera* ou de *Hymenorebutia.*

Quoi qu'il en soit, *L. famatimensis* ou les éventuelles espèces voisines, représentent des cactées montagnardes particulièrement rustiques, croissant dans la nature dans le massif de Famatina, qui appartient aux Andes argentines, et cela à des altitudes de 2 000 à 3 000 mètres. Et c'est effectivement dans les montagnes, à l'air pur et en plein soleil, que ce lobivia atteint sa pleine beauté. Il n'y a néanmoins aucun risque à le cultiver en plaine et en ville : c'est une espèce à croissance vraiment sans histoires.

Comme substrat, on peut prendre un mélange standard de terreau humifère et de sable, additionné de gravier. En été, on arrosera copieusement et on vaporisera souvent ; en hiver, cette espèce demande un air frais et sec et un substrat absolument dépourvu d'humidité.

Les quelque 105 espèces de ce genre croissent toutes avec autant de facilité.

Lobivia pentlandii vient de Bolivie et du Pérou. Elle est souvent appelée *L. corbula* dans les publications spécialisées.

É ■ ○ 10–20 °C

H — 0–5 °C

Lophophora williamsii

(LEM. ex SD.) COULT.

Ferocactus latispinus

Voici un cactus au corps gris-vert à reflet bleuté, mesurant environ 8 cm de diamètre, divisé le plus souvent par 8 (à 10) cannelures, les différentes côtes étant à peine ondulées. Chez le jeune sujet, les aréoles portent des touffes de filaments durs. L'espèce possède une racine-pivot massive, longue d'environ 15 cm. Les fleurs sont petites, ne dépassant pas 1–1,5 cm de diamètre, rose pâle. On trouve parfois des sujets à floraison mauve, souvent vendues sous le nom de *Lophophora jourdaniana.* Il s'agit cependant de la même espèce.

Ce cactus croît spontanément dans les sols lourds et compacts depuis le sud des États-Unis (au voisinage du fleuve frontière le Rio Grande) jusqu'au Mexique (région de San Luis Potosí).

En culture, ce cactus au corps mou compte parmi les plantes les plus indestructibles. Il demande pour fleurir régulièrement un repos hivernal aux environs de 10 °C.

Peu de plantes connaissent la célébrité de *Lophophora williamsii.* Il suffit de rappeler son nom indien – peyotl – pour évoquer tous les mystères d'une plante rituelle. L'espèce contient en effet une vingtaine d'alcaloïdes, dont le plus connu est la mescaline, responsables d'hallucinations colorées et auditives. Les Indiens, qui vénéraient ce cactus comme une divinité, connaissaient ses vertus hallucinogènes et narcotiques bien avant l'arrivée des Espagnols. Il est inutile de préciser que son absorption, toujours liée à un rituel religieux, était et demeure interdite par les autorités officielles. Certains groupes indiens continuent cependant même de nos jours à passer outre à cette interdiction : c'est par exemple le cas des Huichols qui résident dans la Sierra Madre occidentale, au nord de Guadalajara. Chaque année, ils effectuent un pèlerinage de 300 km jusqu'aux sites où croît le peyotl et rapportent dans leurs villages quelques dizaines de plantes séchées.

É ■ ○ 15–25 °C

H — 8–12 °C

Mammillaria bombycina QUEHL

Mamillaire

Peu de cactées sont aussi populaires que les mamillaires. C'est un genre à la fois spécifiquement riche et très fidèlement florifère. De plus, les fleurs sont groupées en une jolie couronne et des fruits claviformes, carmin ou rouge vif, se développent après la floraison, si bien que les sujets restent décoratifs pendant une longue période.

Le nom de ce cactus dérive du latin *mamma* – mamelon. Le diminutif correct de ce nom est mamilla et on rencontre dans la littérature actuelle les deux orthographes du genre : *Mammillaria* ou *Mamillaria.* Au point de vue botanique (sinon grammatical), c'est cependant la première orthographe qui reste correcte, car c'est ainsi que la plante fut décrite et cataloguée.

Il existe quelque 300 espèces de mamillaires à nos jours, distribuées depuis les États du sud des États-Unis jusqu'en Amérique Centrale, aux Antilles et en Colombie.

Mammillaria bombycina a un corps haut d'environ 20 cm, avec un diamètre de 6 cm environ, couvert de mamelons coniques portant deux types d'épines. Les épines secondaires sont nombreuses (30–40) ; elles sont blanches, longues de 2 à 10 mm, recourbées latéralement. Au centre apparaissent les épines principales, au nombre de 2 à 4, plus sombres, crochues, longues de 2 cm et plus. Les fleurs apparaissent en anneau caractéristique du genre ; elles mesurent environ 1,5 cm de diamètre, leur couleur est carmin clair, le cœur étant souvent plus foncé. Le charme de cette plante est encore renforcé par la présence d'axiles situés entre les mamelons et portant une dense toison laineuse et blanche. *Mammillaria bombycina* est originaire du Mexique (Coahuila, San Luis Potosí).

De nombreux mamillaires supportent en hiver même des températures très basses, pourvu qu'ils soient au sec et on peut très bien les cultiver dans une petite serre sur le bord de la fenêtre. Les meilleures espèces sont *M. centricirrha* et *M. hidalgensis.*

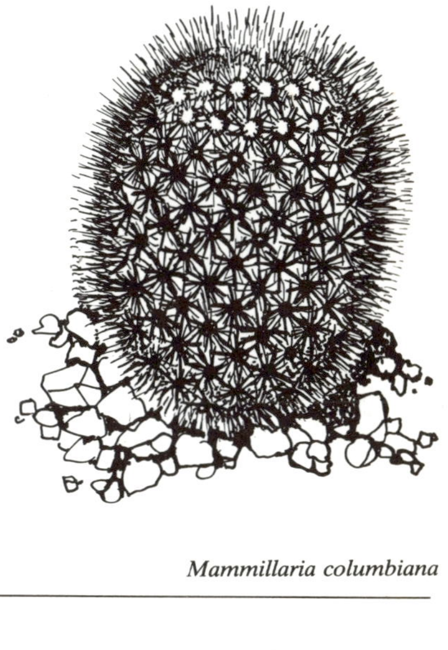

Mammillaria columbiana

É	■	○	15–25 °C
H	—		5–10 °C

Opuntia microdasys

(LEHM.) PFEIFF.

Raquette

L'espèce représentée nous vient du nord du Mexique. Elle est particulièrement caractéristique du genre *Opuntia,* comptant quelque 250 espèces au total.

Il s'agit d'un arbuste relativement haut, formé d'articles, atteignant 60–100 cm en culture. Les raquettes qui le composent mesurent une quinzaine de centimètres de longueur et une dizaine de largeur ; toute leur surface est plus ou moins régulièrement parsemée d'aréoles portant des bouquets de très courts glochides. Les fleurs sont nombreuses, longues de 4–5 cm, d'un magnifique jaune vif, rougissant en fin de floraison. Les fruits globuleux mesurent 4,5 cm de longueur environ ; ils sont rouge violacé et renferment des graines nombreuses.

La coloration des aréoles (ou plus exactement des glochides qui les recouvrent) permet de savoir si on a affaire à l'espèce, dont les glochides sont jaune doré, ou à sa variété *O. microdasys* var. *albispina,* aux glochides blancs, également très souvent cultivée. Il existe aussi une forme miniature (f. *minima*), aux raquettes vert clair, qui n'atteint guère plus de la moitié de la taille normale.

Les opuntias symbolisent vraiment les régions dont ils sont issus. Au Mexique, on peut traverser des zones entières où ils forment plus de la moitié de la végétation naturelle. En effet, leur reproduction est très facile, par graines comme par boutures d'articles, ce qui faillit occasionner une catastrophe en Australie où ils furent introduits. Faute d'un ennemi naturel local, leur foisonnement y devint une véritable plaie. Il fallut pour y remédier trouver et importer leurs parasites qui permirent d'endiguer leur prolifération.

Mais les opuntias ne sont pas uniquement nuisibles. Leurs fruits sont souvent comestibles et constituent un fruit fort apprécié en Amérique Centrale. Les articles entiers de certaines espèces sont également comestibles et ne constituent pas, comme le voudrait la littérature, l'alimentation des seuls Indiens misérables. On trouve des recettes pour les accommoder dans les meilleurs livres de cuisine.

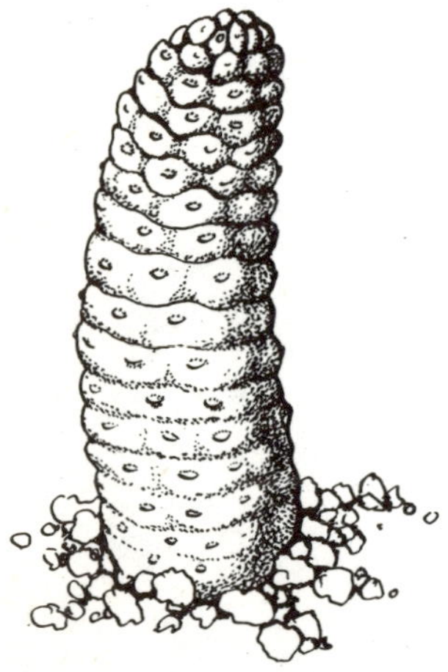

Opuntia strobiliformis est de nos jours classé dans le genre *Tephrocactus.* C'est une cactée qui forme de denses coussins.

É ▬ ○ 15–25 °C

H — 5–10 °C

Rebutia senilis BACKBG.

L'espèce représentée, *Rebutia senilis,* provient de la province argentine de Salta, tout comme d'ailleurs les quelque 20 espèces connues du genre *Rebutia,* distribuées en Argentine et en Bolivie septentrionales.

Il s'agit de cactées hautes d'à peine 8 cm, leur diamètre étant à peine inférieur à ce chiffre. Les épines sont très nombreuses, groupées par 25 environ sur chaque aréole, longues d'environ 3 cm, blanc pur. Les fleurs s'épanouissent toujours par plusieurs, elles sont carmin et mesurent environ 3,5 cm de diamètre. Il est intéressant de noter qu'elles n'ont pas besoin d'être fécondées de l'extérieur, elles s'autopollinisent.

En culture, on trouve le plus souvent les formes colorées de cette espèce. Il s'agit notamment de : *R. senilis* var. *lilacino-rosea* aux fleurs rose-violacé clair ; *R. s.* var. *kesselringiana* aux fleurs jaune pur ; *R. s.* var. *iseliniana* aux fleurs orange ; et *R. s.* var. *aurescens* aux fleurs rouge soutenu pur.

A l'état spontané, les rebutias croissent sur les pentes caillouteuses parmi les herbes et les arbustes de petite taille. On peut imiter ce milieu même en culture, en prenant une coupelle assez grande plantée de carex bas (les espèces néo-zélandaises, demandant des hivers frais et secs sont particulièrement recommandables) dont le système racinaire sera contrôlé dans le sol par exemple par une barrière de pierres plates. Comme arbuste, on utilisera par exemple une espèce basse du genre *Baccharis,* appartenant à la famille des composacées. Une composition naturelle comme celle-ci peut être complétée de quelques espèces ornementales pendant une courte période seulement, comme l'amaryllidacée *Zephyranthes,* qui croît souvent dans les semi-déserts en même temps que les cactées et fleurit au moment où les cactus commencent à peine à s'« éveiller ».

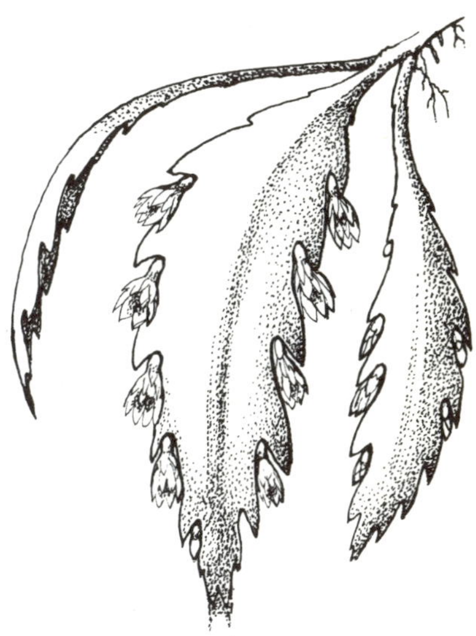

Rhipsalis houlletiana

É 15–25 °C

H — 5–10 °C

Zygocactus truncatus

(HAW.) K. SCH.

Cactus de Noël

Inutile de présenter le cactus de Noël : c'est l'une des plantes les plus cultivées qui soient, originaire des montagnes de l'État de Rio de Janeiro au Brésil. Elle y croît en épiphyte sur les arbres et les arbustes, ou en pétrophyte, toujours un peu à l'ombre de ligneux de grande taille. Pour cette raison, elle ne supporte pas le plein soleil même en culture, à la différence des autres membres de sa famille.

Un court axe ligneux porte les différents rameaux, richement ramifiés à leur tour, formés d'une suite d'articles. Ceux-ci présentent des formes très diverses : chez l'espèce spontanée les minces arêtes latérales portent chacune de 2 à 4 indentations ; de nos jours, on trouve souvent des cultivars où ces indentations sont grandes, nettes et très aiguës, mais aussi des formes aux bords absolument unis. Les fleurs sont zygomorphes, longues de 6 à 8 cm, à l'origine d'un rose pâle rougeâtre, chez les cultivars, depuis le blanc pur jusqu'au pourpre violacé en passant par le saumon.

Le cactus de Noël peut être cultivé en épiphyte, mais les cultivars prospèrent mieux dans un sol sableux léger mais nutritif.

Souvent, on entend les cultivateurs se lamenter que leur plante ne fleurit pas. C'est le plus souvent parce qu'ils oublient de respecter les deux périodes de repos demandées par le *Zygocactus :* l'une, de trois mois environ, d'août à octobre (ou novembre), l'autre après la floraison, c'est-à-dire en février-mars. Pendant ces périodes, on réduit la température (en automne par exemple en plaçant la plante sur un bord de fenêtre) et on limite l'arrosage au plus strict minimum. Les articles de l'année finissent ainsi de mûrir ; vers la fin novembre, après l'apparition des boutons, on transporte la plante dans une pièce chaude et on reprend les arrosages, voire les nébulisations. Après la floraison on réduit à nouveau la température et on cesse d'arroser.

Le cactus de Noël se multiplie par boutures des articles, facilement détachables, qui s'enracinent rapidement dans le substrat.

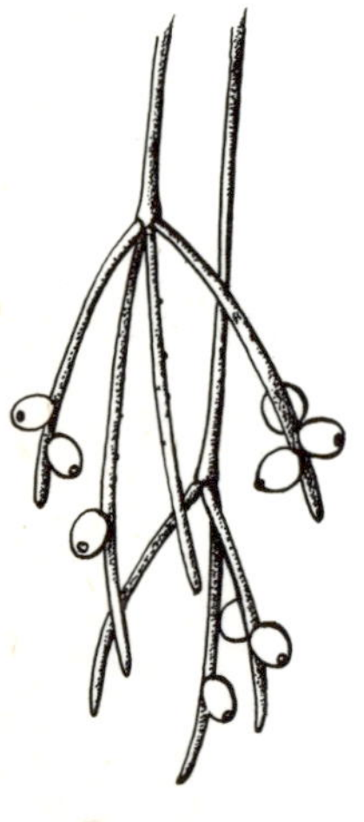

Rhipsalis cassutha est l'unique cactée croissant également en dehors du continent américain : de l'Afrique jusqu'à Ceylan.

Conditions de culture cf. texte ci-dessus

PLANTES SUCCULENTES

Adromischus cristatus

(HAW.) LEM.

Tandis que les pages précédentes étaient consacrées aux cactées, nous entrons maintenant dans le domaine des plantes appartenant à diverses familles, mais unies par un caractère commun, la succulence. Il s'agit, comme chez les cactus, d'un moyen par lequel la plante lutte contre le manque d'eau. Certaines plantes succulentes se protègent exactement comme les cactées : elles perdent leurs feuilles et leur corps prend la forme dans laquelle sa surface extérieure est minimale, celle d'un volume sphérique. Ces espèces rappellent donc les cactées à s'y tromper (citons par exemple *Euphorbia obesa, E. horrida*). Chez d'autres espèces, les feuilles sont épaissies et couvertes d'une épaisse cuticule, voire de couches de substances cireuses ou de pilosités denses : tous ces phénomènes sont des adaptations visant à limiter la dessication. Les cactées sont une famille caractéristique du continent américain. Les autres plantes succulentes existent dans le monde entier, les régions les plus riches étant la région du Cap, Madagascar et les îles Canaries.

Le genre *Adromischus* comprend en tout 52 espèces croissant essentiellement en Afrique du Sud et du Sud-Ouest. Il comprend un grand nombre d'espèces arbustives, mais il s'agit ici évidemment d'arbustes bas, dont certains ne dépassent pas quelques centimètres de hauteur.

Adromischus cristatus est l'une des espèces les plus « dures » du genre mentionné. C'est une petite plante ne dépassant pas 8 cm de diamètre, comportant un court axe ligneux et une rosette de feuilles rigides, succulentes, ondulées au sommet, de couleur gris-vert. L'axe porte de nombreuses racines aériennes. Une hampe florale d'une vingtaine de centimètres porte quelques fleurs de petite taille, verdâtres ou blanchâtres, parfois rosées ; celles-ci s'épanouissent de juillet à septembre.

Une bonne culture de cette plante nécessite un emplacement chaud et ensoleillé. Les ouvrages spécialisés mentionnent souvent la nécessité d'un repos au frais pendant l'hiver, mais les plantes se maintiennent même dans une pièce chaude. Le substrat sera très perméable, le plus recommandé étant un mélange de terreau de compost, de sable et de gravillons, régulièrement fumé en été.

Les espèces voisines sont également très belles : surtout *A. maculatus,* aux feuilles portant de longues taches brun-rouge, *A. marianae* aux feuilles ponctuées de la même couleur, *A. poellnitzianus, A. trigynus*. Ces espèces sont cependant plus sensibles que l'espèce représentée et il est préférable de leur assurer un repos hivernal au frais.

É	■	○	15–25 °C
H	—		5–15 °C

Adromischus cooperi croît en Afrique australe et ne dépasse pas 5 cm de hauteur.

Agave victoriae-reginae

T. MOORE

Agave

Lorsqu'on a eu la possibilité de parcourir le Mexique, il est difficile d'oublier ses semi-déserts pierreux, auxquels les genres *Yucca, Nolina, Beaucarnea*... et *Agave* donnent tout leur cachet. Jusqu'à 300 espèces d'*Agave* sont dénombrables au Mexique, depuis les naines de quelques décimètres, jusqu'aux géantes atteignant 2,5 m. Bien entendu, *Agave* est également un genre utilitaire : les feuilles fournissent une fibre solide, le sisal ; les incisions dans les feuilles laissent sourdre un suc qui donne par fermentation le pulque, puis par distillation, la célèbre tequila. Les agaves occupent tous les sites favorables, soit en plantations, soit en bandes séparant les unes des autres les propriétés : et pour passer par une telle clôture, on en voit de toutes les couleurs. Les plantes fleuries sont vraiment magnifiques, avec leurs immenses cierges de fleurs jaunes, vertes ou blanches, souvent à plusieurs mètres audessus du sol. Après la floraison le pied meurt, non sans avoir produit plusieurs rejetons.

L'espèce représentée est vraiment l'une des plus belles. Relativement menue, elle ne dépasse pas 50–70 cm de diamètre à l'âge adulte. Les feuilles sont groupées en dense rosette et s'ornent de stries longitudinales blanches. Les bords sont lisses, seule la pointe des feuilles porte deux épines courtes et une longue. *A. victoriae-reginae* provient de la région de Nuevo Leon, dans le nord du Mexique.

La culture est sans difficultés, il suffit de disposer d'un récipient de bonne dimension (ne pas oublier que les succulentes demandent un assez gros volume pour leurs parties souterraines), rempli d'un bon substrat nutritif composé de terreau de compost, de terreau de couche, de sable et de gravillons. La partie inférieure du récipient recevra une épaisse couche de gravier de drainage. Pendant la végétation on fume suffisamment, de préférence une fois par semaine lors de l'arrosage.

Agave victoriae-reginae ne doit généralement pas passer l'été en plein air comme la plupart des autres membres du genre ; il reste à l'intérieur durant toute l'année. Il passe en hiver par une période de repos indispensable, à basse température.

Malgré sa taille médiocre, elle produit, dans les conditions optimales de culture et au bout de nombreuses années, une hampe florale atteignant 4 m de hauteur.

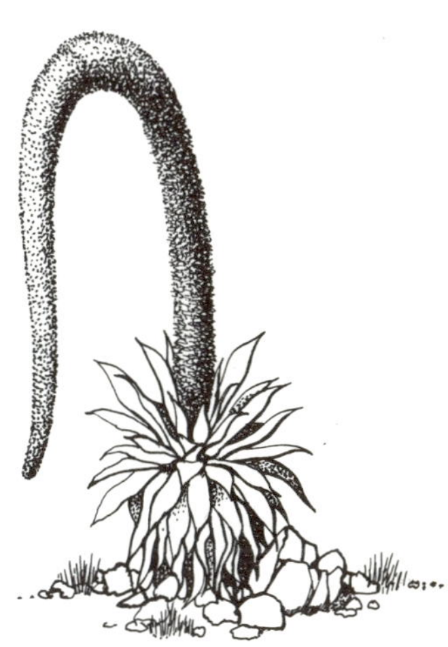

Agave attenuata est une mexicaine qui se caractérise par son inflorescence dense, atteignant 3 m de hauteur.

É 15–30 °C

H 10–15 °C

Aloe variegata L.

Aloès

Tout comme les agaves donnent le ton de certaines régions arides sud-américaines (ou plus exactement centre-américaines), les aloès caractérisent les déserts sud-africains. Les deux genres présentent un aspect très voisin et les profanes les confondent souvent. Comment les reconnaître ?

Les aloès appartiennent à la famille des liliacées, les agaves à celle des agavacées. Tandis que la rosette feuillée des agaves est appliquée contre le sol, les aloès ont souvent un petit axe aérien. Les feuilles des agaves sont rigides, entretissées de fibres, tandis que celles des aloès se cassent avec une relative facilité. Les aloès peuvent fleurir chaque année ; leurs fleurs sont jaunes, orange ou rouges, rarement blanches. L'inflorescence ne dépasse pas 1 m de hauteur et l'insertion des fleurs sur la hampe est spiralée, tandis que l'ouverture des fleurs est dirigée vers le bas après la floraison. Chez le genre précédent, la floraison est unique dans la vie de la plante, l'inflorescence est beaucoup plus haute et l'ouverture des fleurs, groupées sur la hampe à l'extrémité des rameaux, est dirigée vers le haut.

La ressemblance entre ces deux genres différents appartenant à des familles différentes n'est pas fortuite : ils proviennent de milieux analogues et se sont adaptés de la même manière. Leur culture sera donc identique.

L'espèce représentée est l'une des plus connues du genre. Au contraire de la plupart des autres espèces, les feuilles sont ici en rosettes terrestres, insérées en spirale sur un axe contracté. L'ensemble ne dépasse pas 30 cm de hauteur. Dans la mesure où on lui assure un repos hivernal au frais et à la lumière, cette espèce fleurit régulièrement en février-mars. Elle supporte aussi d'hiverner à la chaleur, mais la floraison est alors exceptionnelle. *A. variegata* est originaire de la province du Cap.

On rencontre souvent d'autres espèces : *Aloe aristata, A. eru, A. striata, A. arborescens.* Leurs besoins et leur culture sont absolument identiques.

On peut évidemment faire des compositions de plantes grasses et obtenir ainsi des effets remarquables, surtout en plantant ensemble des genres qui sont effectivement voisins en pleine nature, par exemple, dans le cas présent, *Aloe aristata – Stapelia ambiqua – Mesembryanthemum nobile.* Bien sûr, il existe une infinité d'autres combinaisons et le résultat ne dépend que du goût et de la fantaisie de chacun.

Aloe mitriformis originaire du Cap a des feuilles d'une quinzaine de centimètres seulement.
Aloe suprafoliata est une magnifique plante à l'état jeune. Elle croît au Swaziland.

É 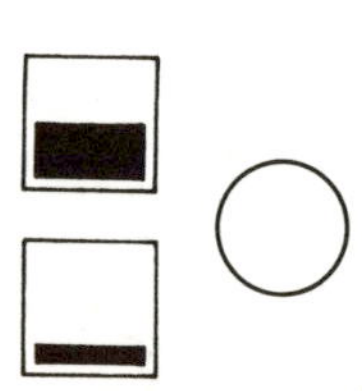 15–25 °C

H 10–15 °C

Caralluma europaea

N. E. BR.

L'espèce suivante nous ramène aux plantes à tige succulente. Le genre *Caralluma* comprend quelque 130 espèces distribuées dans les localités sèches depuis l'Afrique australe en passant par le nord du continent jusqu'à l'île de Socotra et en Inde. L'espèce représentée croît dans l'île méditerranéenne de Lampedusa, mais touche jusqu'aux côtes septentrionales africaines et sa variété *Caralluma europaea* var. *confusa* forme la frontière septentrionale de la distribution du genre sur le littoral méridional de l'Espagne.

Les tiges quadrangulaires, fortement succulentes, se ramifient en un arbrisseau haut de 10 à 15 cm. Les fleurs menues, ne dépassant pas 1 cm de diamètre, de couleur brune striée de brun-rouge jaunâtre, se développent en été. Elles présentent peu d'attrait et dégagent de plus une odeur assez déplaisante, mais cela ne suffit pas à les faire dédaigner. De plus, chaque amateur authentique en conviendra, la beauté d'une plante ne tient pas à la coloration et à la taille des fleurs, mais au charme de l'ensemble ; et, bien qu'il s'agisse d'un charme tout particulier, *Caralluma* n'en est pas dépourvue.

Les carallumas sont modestes entre toutes. Dans le sud de l'Inde, on les rencontre par exemple sur des éboulis brûlés par le soleil, où rien ne pousse hormis quelques acacias presque secs, quelques touffes d'herbes desséchées et des euphorbes arborescentes, *Euphorbia trigona.*

Une chaleur sèche, le plein soleil sur un appui de fenêtre, voilà donc les conditions absolument voulues, et non un simple milieu permettant sa survie. Dans la mesure du possible, *Caralluma* demande un repos à basse température en hiver, mais supporte très bien même des hivers chauds, à condition d'être placée en pleine lumière.

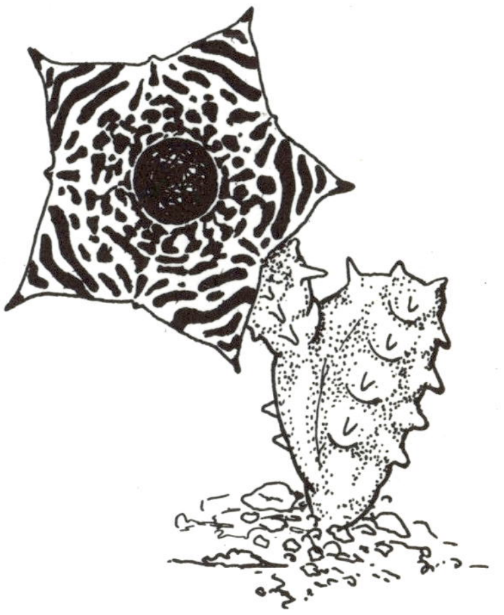

10–25 °C

Huernia zebrina présente les mêmes besoins que les *Stapelia.*

Cotyledon undulata HAW.

Le groupe des plantes succulentes renferme également des espèces destinées plutôt à des éleveurs expérimentés. Le genre *Cotyledon* n'est vraiment pas recommandé aux débutants : il comprend des espèces très particulières, très belles, mais aussi très sensibles à toute intervention.

Le genre comprend quelque 45 espèces distribuées surtout en Afrique australe. On peut les subdiviser en deux groupes : chez le premier, on assiste à un épaississement de la tige, les feuilles sont petites et caduques. C'est le cas notamment de *Cotyledon bucholziana* et *C. reticulata,* ou de deux espèces fortement vénéneuses, *C. pearsonii* et *C. ventricosa.* Le second groupe, auquel appartient l'espèce représentée, comprend les espèces dont les feuilles sont recouvertes d'une sorte de pruine crayeuse.

A l'état spontané, *C. undulata* forme des touffes ramifiées, en culture le plus souvent une pousse unique, haute d'une cinquantaine de cm. Les feuilles comme poudrées de blanc atteignent jusqu'à 12 cm de longueur et leur bord est fortement ondulé. La pruine est particulièrement visible sur le bord qui est d'un blanc de neige. Les fleurs, qui ne dépassent pas 2,5 cm de longueur, sont d'un jaune orangé ; elles sont portées par une hampe de 35 cm environ.

Cotyledon undulata a beau croître, dans sa patrie (la région du Cap) dans des sols latéritiques, compacts, il vaut mieux cultiver l'espèce dans un mélange plus léger, additionné de sable et de particules pierreuses, mais assez nutritif, contenant une bonne proportion de terreau composté. Il prospère de manière particulièrement satisfaisante dans de la brique broyée, avec alimentation hydroponique. Cette solution présente aussi l'avantage de limiter les rempotages, lors desquels la fine mais fragile pruine blanche du feuillage est souvent endommagée. De même, celle-ci est très sensible à l'eau : on arrose donc toujours la plante au pied et on évite de bassiner. En hiver, il est indispensable de respecter un repos à basse température, avec cependant un maximum d'éclairement.

Lorsqu'on maîtrise parfaitement la culture de cette espèce, on peut aussi se lancer dans la multiplication, soit par boutures, soit par simples feuilles enfoncées dans un substrat léger. Cette méthode est plus facile et plus rapide que le semis.

La variété *C. undulata* var. *mucronata,* aux feuilles plus petites ourlées de brun-rouge est également très belle.

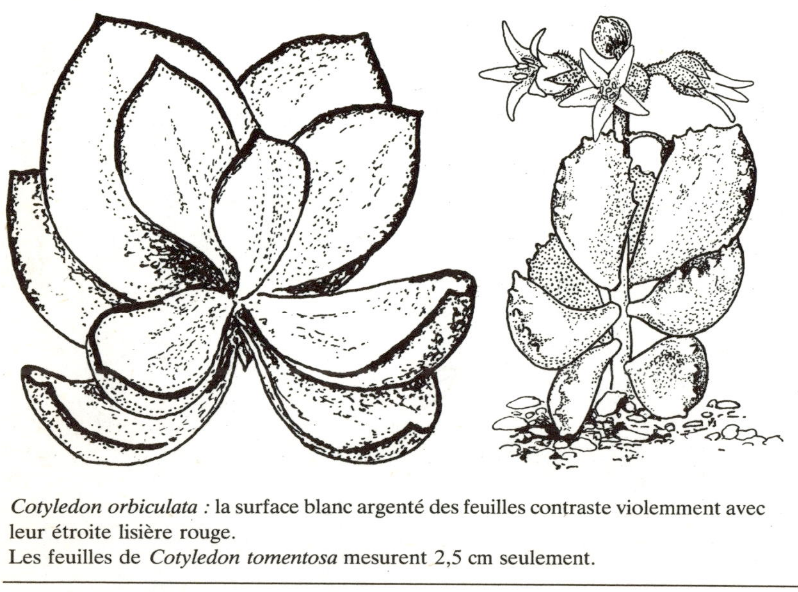

Cotyledon orbiculata : la surface blanc argenté des feuilles contraste violemment avec leur étroite lisière rouge.
Les feuilles de *Cotyledon tomentosa* mesurent 2,5 cm seulement.

É 15–25 °C

H 10–15 °C

Euphorbia horrida BOISS.

Euphorbe

Tout le monde connaît les euphorbes, soit horticoles, soit spontanées. Il en existe en effet plus de deux mille espèces, distribuées sur tous les continents. Il s'agit le plus souvent de plantes herbacées ou d'arbustes « normaux » ; il existe pourtant un certain nombre d'espèces, environ 440 pour être exact, qui sont devenues succulentes sous l'effet des conditions extérieures.

Certaines, comme l'épine du Christ *(Euphorbia milii),* sont des plantes d'intérieur courantes, appréciées pour la couleur rouge vif de leurs « fleurs » (les pétales rouges sont en fait de simples bractées entourant les fleurs en elles-mêmes insignifiantes). D'autres euphorbes succulentes attendent encore leur révélation : on ne les rencontre pour le moment que dans les collections des jardins botaniques, rarement dans les vitrines des fleuristes. C'est à ce dernier groupe qu'appartient l'espèce représentée, particulièrement modeste, originaire de la région du Cap. A la voir, on dirait plutôt un cactus : son corps est parcouru par des cannelures délimitant environ 12 côtes aux bords échancrés et couvertes de longues épines dures. La plante a une croissance plutôt lente et il n'y a donc pas à craindre qu'elle atteigne rapidement la taille des vieux exemplaires spontanés ou des sujets vieux de plusieurs dizaines d'années, tels qu'on peut les voir dans les jardins botaniques, où cette espèce atteint jusqu'à 1 m de hauteur. Dans sa patrie, on la trouve à des altitudes d'environ 1 100 m, dans les fentes des rochers, parmi les pierres et sur les pentes au milieu d'arbustes bas, le plus souvent en groupes.

En culture, *E. horrida* se montre une espèce particulièremant facile, supportant à merveille l'air chaud et sec des pièces. Elle passe par une période de repos à basse température en hiver, mais il est tout à fait possible de l'en « priver », dans la mesure où on lui laisse une lumière suffisante. La multiplication se fait par boutures, ou, mieux, par semis.

Lorsqu'on veut élargir sa collection d'euphorbes à « forme de cactus », on peut penser à deux espèces menues et inermes, *Euphorbia obesa* et *E. meloformis.* L'une et l'autre atteignent environ 10 ou 15 cm et proviennent de la même région que l'espèce représentée. Leurs besoins culturaux ne sont pas moins modestes.

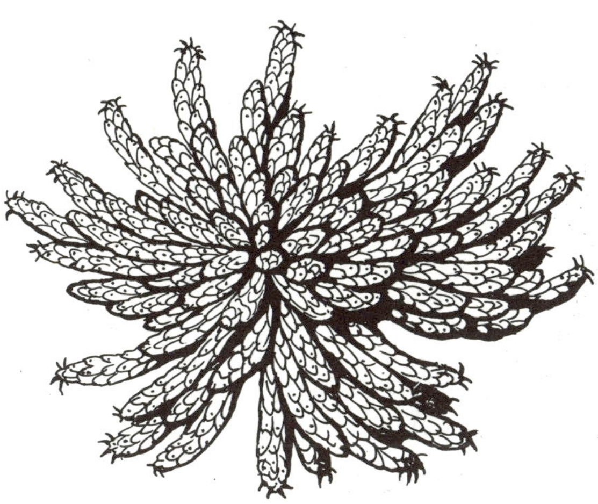

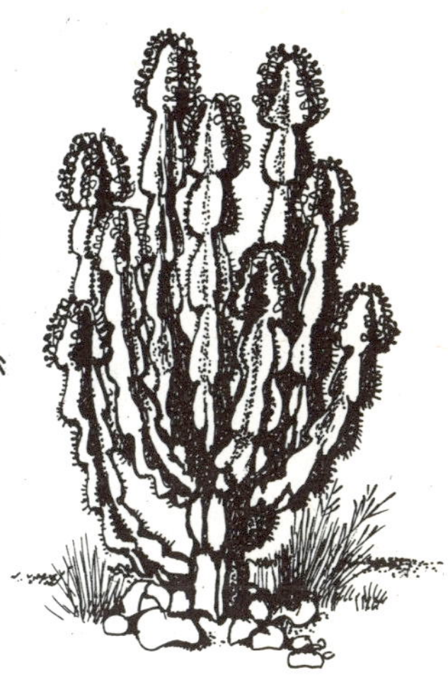

Euphorbia bergeri ne dépasse pas 15 cm de hauteur ; elle croît au Cap. En Afrique australe, *Euphorbia cooperi* atteint jusqu'à 5 m de hauteur.

10–25 °C

Faucaria lupina

(HAW.) SCHWANT.

Lorsqu'on possède un appartement ensoleillé, chaud et sec, et qu'on dispose d'un appui de fenêtre libre, la plante représentée constituera vraiment une compagne appréciable.

Le genre *Faucaria* comprend 33 espèces originaires des déserts et semi-déserts d'Afrique australe. Il s'agit de plantes relativement menues, aux feuilles succulentes bordées d'épines réfléchies. Leur aspect rappelle la gueule ouverte d'un carnassier, ressemblance reflétée dans certains noms vulgaires.

L'espèce représentée possède une courte tige rigide portant des feuilles vert soutenu. L'ensemble atteint quelque 15 cm de hauteur. Les rejets forment au bout d'un certain temps une jolie touffe qui remplit bien le récipient de culture. Les fleurs jaune doré apparaissent au centre de la rosette. Elles atteignent une taille surprenante : leur diamètre est voisin de 3,5 cm.

Tous les faucarias sont des plantes modestes. Il suffit de leur donner un bon substrat composté, additionné de sable, et un emplacement en plein soleil. La période végétative est relativement courte : on ne commence à arroser que vers la fin mai et on cesse les arrosages réguliers après la floraison, donc aux environs d'août-septembre. On veille ensuite à ne jamais laisser sécher entièrement le substrat. Une bonne aération des sujets est également indispensable.

La multiplication est facile. On se contente le plus souvent de diviser les touffes, mais on peut également semer les graines qui germent sans problème. Dans ce dernier cas, il faut évidemment s'armer d'une bonne dose de patience, car les premières fleurs n'apparaissent qu'au bout d'environ trois ans.

On peut réussir de très belles compositions en combinant *Faucaria* dans une coupe avec d'autres membres de la même famille, les genres *Pleiospilos, Lampranthus* et *Lithops* par exemple, dont les besoins culturaux sont analogues. Mais attention ! Il est absolument nécessaire de cesser pratiquement les arrosages pendant plusieurs mois, sinon, on risque, même avec de très bonnes intentions, de détruire complètement les sujets.

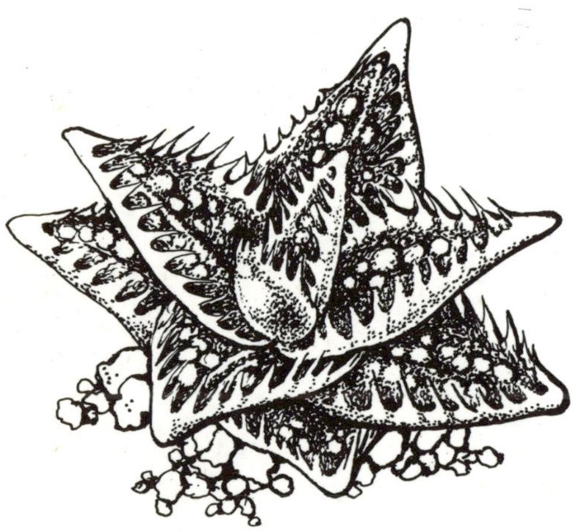

Faucaria tuberculata

É ■ ○ 15–25 °C

H — 8–12 °C

Fenestraria rhopalophylla N. E. BR.

Les adaptations végétales sont parfois absolument fantastiques. La manière la plus spectaculaire dont certaines plantes se protègent contre un éclairement excessif, consiste sans doute à ce qu'elles restent cachées dans le sol et s'arrangent pour laisser la lumière agir en elles, de l'extérieur. Comment est-ce possible ? Leurs feuilles présentent une extrémité obtuse, terminée par une sorte de « cicatrice » transparente. La lumière pénètre à l'intérieur de la feuille par cette fenêtre. Le tissu incolore qu'elle renferme brise le rayon lumineux, le diffuse et permet ainsi le fonctionnement de la chlorophylle contenue dans une couche de cellules qui tapisse les parois de ce « puits lumineux ».

Ce phénomène apparaît chez plusieurs espèces, le plus souvent d'Afrique australe, mais appartenant à diverses familles. Parmi les plantes succulentes à « fenêtres », on trouve même certains péperomias sud-américains (quelques espèces) dont les feuilles couvertes d'un épiderme épais présentent plusieurs ouvertures transparentes, oblongues ou ponctuelles. Le mécanisme d'action lumineuse est analogue à celui que nous venons de décrire.

Les plantes appartenant à ce groupe croissent dans les plaines pierreuses brûlées par le soleil. Nous avons déjà dit qu'elles poussent plutôt sous terre, et seules quelques fenêtres apparaissent à la surface du sol.

En culture, où l'intensité lumineuse qu'elles reçoivent représente à peine une infime fraction de ce qu'elles doivent supporter dans la nature, elles restent généralement au-dessus de la surface du sol.

Fenestraria rhopalophylla doit même son nom spécifique à son appartenance à ce groupe (*fenestra* = fenêtre). Tout comme l'autre espèce du même genre, elle croît en Afrique australe. La plante forme une rosette terrestre de feuilles longues de 5 cm environ ; les fleurs apparaissent en septembre-octobre et présentent une taille étonnante : leur diamètre atteint 5 cm environ. La seconde espèce, *F. aurantiaca,* a des fleurs encore plus grandes, mesurant environ 7 cm de diamètre, de couleur jaune orangé.

Les fenestrarias sont à cultiver dans un sol absolument perméable, mais assez riche en matières nutritives : un mélange de terreau de feuilles et de pierre ou de brique broyée par exemple. La multiplication se fait facilement par semis, les jeunes sujets devenant florifères au bout de deux à trois ans environ.

É 15–25 °C

H — 8–12 °C

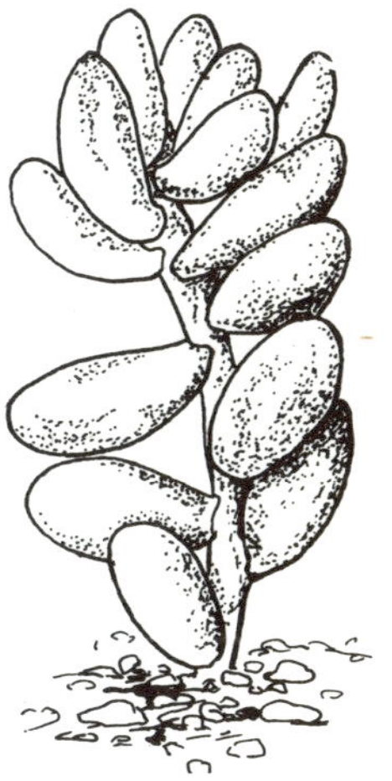

Sedum craigii est une succulente à fleurs blanches croissant dans le désert de Chihuahua.

Gasteria maculata

(THUNBG.) HAW.

Gastéria

Les gastérias sont des plantes tout à fait courantes, souvent cultivées dans un grand nombre d'intérieurs. Ce sont en effet des plantes modestes dont le feuillage ornemental constitue une décoration durable.

Le genre comprend quelque 70 espèces croissant en Afrique, de nouveau surtout dans la région du Cap. Toutes les espèces sont d'aspect voisin et s'hybrident très facilement, si bien qu'on rencontre en culture surtout des hybrides dont la détermination des ascendants dépasse les forces d'un bon botaniste, et a fortiori celles d'un amateur.

Gasteria maculata présente des feuilles longues d'une vingtaine de centimètres, groupées sur deux rangs ou légèrement spiralées. Leur surface est plane à convexe, lisse, vert sombre couvert de taches claires, rosissant au soleil. Seuls les vieux sujets robustes atteignent 40 cm de hauteur. Les fleurs apparaissent généralement au printemps, mais peuvent s'épanouir en toute saison de l'année ; elles sont portées par une hampe de 30 cm environ, relativement grande.

Nous avons déjà mentionné la grande modestie de ces plantes. On leur donnera un sol nutritif, relativement lourd, tel qu'un mélange de terreau de compost et de terreau de couche, additionné de terreau de feuilles, et de sable. Un terreau standard à base de compost, comme les mélanges pour plantes d'intérieur des fleuristes est tout à fait indiqué. Au contraire des autres plantes grasses décrites ici, les gastérias supportent mal le plein soleil. Disons qu'ils le supportent tout juste, mais qu'ils prospèrent mieux à mi-ombre. On peut toutefois trouver de magnifiques spécimens cultivés sur une fenêtre au sud-est, et d'autres, non moins beaux, dans une ombre complète. L'abaissement hivernal de la température est recommandé, mais non indispensable à une culture réussie.

La multiplication est aisée, soit par boutures de feuilles, soit par semis. Dans ce dernier cas, on n'obtient généralement pas une descendance homogène, car les sujets de culture sont, nous l'avons dit, le plus souvent des hybrides.

Gasteria obtusifolia

É 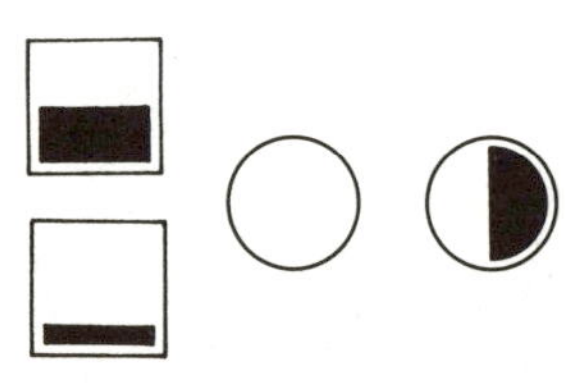 15–25 °C

H 10–12 °C

Haworthia fasciata

(WILLD.) HAW.

Avec l'espèce précédente, *Haworthia fasciata* constitue la base de toute collection de plantes succulentes : c'est en effet une plante dont on peut confier le soin même à un enfant que l'on veut initier à la culture florale et amener ainsi à aimer un passe-temps raffiné.

C'est à nouveau le réservoir de plantes succulentes qu'est l'Afrique australe, et surtout la région du Cap, qui a donné à l'horticulture ce vaste genre, comprenant quelque 155 merveilleuses espèces. Nombreuses d'entre elles croissent sur des versants secs et pierreux, dans l'ombre légère de bas arbustes xérophiles et d'herbes touffues (c'est le cas de l'espèce représentée) ; d'autres vivent parmi les pierres des sites désertiques ou semi-désertiques. Ce second groupe comprend plusieurs espèces présentant la même adaptation que celle que nous avons trouvée dans la famille des mésembryanthémacées : leurs feuilles tronquées se terminent par une « cicatrice » transparente, et nous nous trouvons de nouveau en présence de plantes succulentes à fenêtres. Un tel haworthia à fenêtres caractéristiques est le *H. truncata,* dont toutes les feuilles se trouvent en culture au-dessus de la surface du sol.

La culture de *H. fasciata* ne présente pas de difficultés, pas plus que celle d'autres plantes ornées de stries ou de « perles ». Il faut simplement se souvenir que la plante connaît deux périodes de repos dans l'année : en hiver, autant que possible à basse température (ce n'est pas absolument indispensable) et en été, de mai à août, où la plante doit être placée au chaud et à la lumière, mais où les arrosages doivent être très réduits. Bien évidemment, on trouvera, en alternance avec ces deux périodes de repos, deux périodes de végétation : de mars à mai et de la fin août à la mi-novembre ; pendant ces périodes, on arrose généreusement et régulièrement. Dans la mesure du possible, cette espèce est à cultiver en lumière diffuse : les rayons directs du soleil lui sont aussi nocifs qu'un air entièrement sec.

La multiplication est facile, par division des rosettes latérales apparaissant à la base de la plante adulte, haute de 8 à 10 cm environ.

Conditions de culture cf. texte ci-dessus

Haworthia retusa, spontanée au Cap ne dépasse pas 5 cm de hauteur.

Lithops volkii

SCHW. ex JACOBSEN

Plante-caillou

Les déserts pierreux d'Afrique australe abritent d'autres hôtes étranges : les « plantes-cailloux » des genres *Lithops, Conophytum* et *Pleiospilos,* appartenant tous aux plantes succulentes fenestrées. Les feuilles de ces genres sont très fortement succulentes, au point d'acquérir une forme sphérique ou cylindrique, le plus souvent comme « tronquée » à l'extrémité qui porte des fenêtres sous la forme d'une marbrure irrégulière ou de fins points transparents. La couleur de ces plantes n'est généralement pas verte : elles sont rougeâtres, brunes, grises ou bronzées, ces colorations servant de filtres solaires. Les cellules assimilatrices contenant la chlorophylle sont à l'intérieur du « corps », protégées par une bonne couche de tissu cellulaire qui transforme la lumière incidente vive en lumière diffuse.

Il s'agit ici de plantes menues, voire miniatures, si bien qu'on peut en cultiver un grand nombre sur une toute petite surface et en faire facilement des collections. Elles sont néanmoins relativement fragiles, car elles demandent non seulement un plein soleil et des hivers frais mais lumineux, mais aussi des arrosages parfaitement adaptés à leur biologie.

La plupart des 70 espèces du genre *Lithops* ont leur période végétative au tout début du printemps, de février à avril. C'est alors que la fissure de leur « corps » s'écarte et donne naissance à une nouvelle plante qui tire son eau et ses matières nutritives de la plante « ancienne ». Généralement, les débutants choisissent ce moment pour commencer les arrosages, ce qui signifie immanquablement la mort de la plante. On n'arrose, et encore à peine, juste pour humecter légèrement le sol et lui permettre de sécher rapidement, que depuis la fin de mai et jusqu'au début de septembre, en octobre à l'extrême rigueur, c'est-à-dire pendant la période de repos relatif. Après quoi on cesse à nouveau les arrosages et on laisse la plante à sec pendant les sept mois suivants. C'est à cette seule condition que les plantes-cailloux arriveront à prospérer puis à fleurir. Les grandes et belles fleurs des lithops s'épanouissent de juin à octobre selon les espèces.

Le substrat sera très perméable, sableux et pierreux, additionné de terreau de feuilles ou de compost.

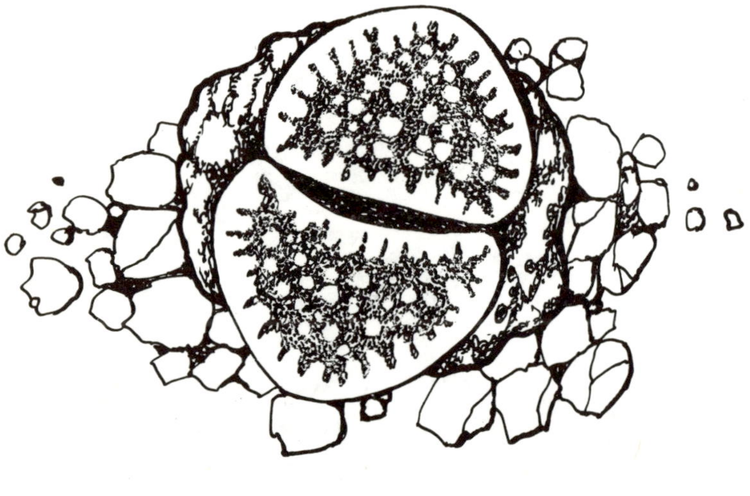

Lithops deborei

Conditions de culture cf. texte ci-dessus

Rochea coccinea DC.

Si les dernières espèces présentaient un intérêt biologique et écologique incontestable, on ne peut guère dire qu'elles apportent à notre intérieur une décoration florale durable. Voici donc une espèce destinée à pallier ce manque.

Rochea coccinea est l'une des trois espèces du genus dont la patrie est l'Afrique australe. Elle y croît dans les hautes montagnes, dans des sites sableux, bien drainés, dans l'ombre légère d'arbustes plus développés.

Il s'agit d'un arbrisseau de bonne taille, aux feuilles succulentes, dont la floraison se situe en avril-mai. Les fleurs rouge vif, tétramères, sont groupées en cymes fournies. Après la floraison, on peut soit transporter les plantes au jardin, ce qui est la meilleure solution, soit les placer sur un bord de fenêtre lumineux et très aéré. A la fin de juin on pince les rameaux pour stimuler la croissance et la ramification. On fume copieusement, sans exagérer les arrosages. L'hiver, on rentre les plantes dans une pièce fraîche ou dans un couloir non chauffé. Les maisons modernes ne permettent généralement pas d'obtenir la température d'hivernage idéale, qui est de 3 à 5 °C. Au début du printemps, vers mars, on peut multiplier les sujets en prélevant des boutures terminales de 5 à 7 cm environ, que l'on fait raciner dans une pièce chaude, dans un mélange de tourbe et de sable. L'enracinement est très rapide.

D'autres espèces populaires de la même famille, comme *Crassula portulacea* ou *Kalanchoe blossfeldiana,* se cultivent de la même manière, mais avec des températures hivernales un peu plus élevées.

Rochea, comme les autres genres cités, doit être plantée dans un mélange léger, par exemple de tourbe, de terreau de feuilles et de sable. On ne fume que l'été.

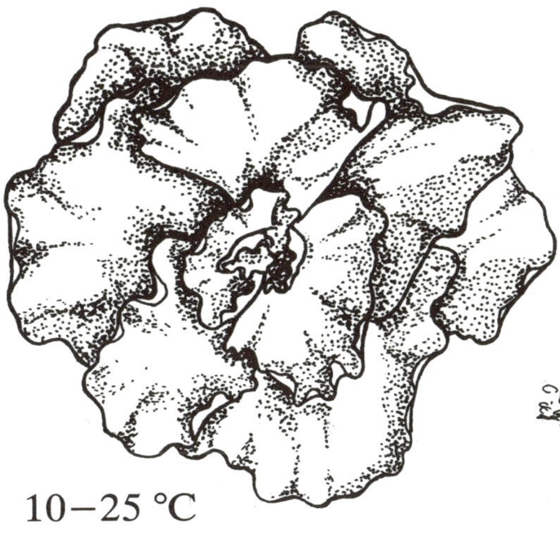

Echeveria crenulata

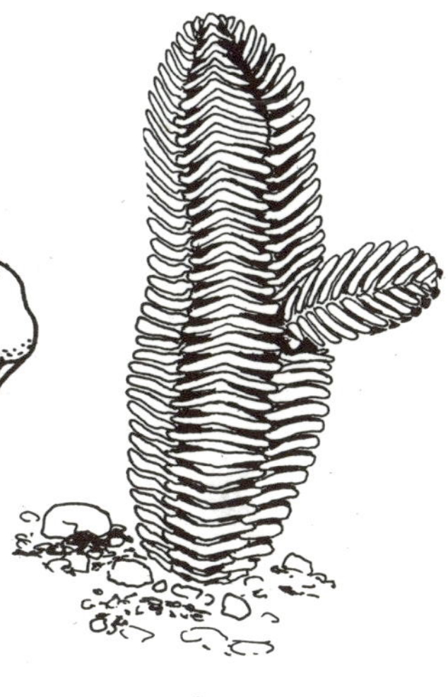

Crassula pyramidalis

Sedum morganianum

É 10–25 °C

H — 5–8 °C

Stapelia variegata L.

Voici pour conclure ce chapitre, un genre très populaire et très souvent cultivé : *Stapelia.* Ce genre comprend plus de 100 espèces dont l'aire d'extension se situe de nouveau surtout en Afrique australe. Il s'agit de plantes succulentes par leur tige, soit complètement aphylles, soit à feuilles atrophiées.

L'espèce représentée est l'une des plus courantes. Les tiges, groupées en touffes, ne dépassent pas 10 cm de hauteur. Elles sont vert clair ou gris-vert. A la base des tiges apparaissent, portés par de courts pédoncules, de grands boutons vert clair qui s'épanouissent en donnant des fleurs dont le diamètre peut atteindre 8 cm, de couleur jaune sale à taches brun-rouge.

Parmi les espèces plus intéressantes, citons *S. grandiflora* aux tiges atteignant 30 cm ; elles sont quadrangulaires et portent sur les arêtes des feuilles atrophiées. Les fleurs sont brun-rouge. Elles atteignent jusqu'à 20 cm de diamètre et leurs pétales sont longuement velus sur toute leur surface. *S. hirsuta* possède également des fleurs couvertes d'une longue toison, mais il est de taille plus petite et la couleur des fleurs est un mélange difficilement définissable de rouge, de brun et de violet.

A l'état spontané, les stapélias croissent souvent sur les terrains sableux bordant les alluvions fluviales, sur les éboulis, mais ils forment aussi des touffes épaisses sur les pentes pierreuses et les parois rocheuses.

La multiplication est très facile. Les amateurs procèdent le plus souvent par méthode végétative : on casse ou on coupe une tige. On laisse la plaie sécher plusieurs jours au soleil et on peut même la traiter contre la pourriture avec de la poudre d'aluminium ou de charbon de bois. La bouture est ensuite piquée dans un sol sec et sableux où elle ne tarde pas à s'enraciner. On ne reprend prudemment les arrosages qu'au bout d'un mois.

Les stapélias se multiplient aussi très facilement par graines qui se forment en grand nombre dans la vésicule. Elles sont planes et munies d'un long duvet. La germination a lieu quelques jours plus tard, mais il faut de la chaleur et une humidité relativement élevée.

Les stapélias se cultivent dans un sol sableux enrichi en humus et comportant une part de particules pierreuses.

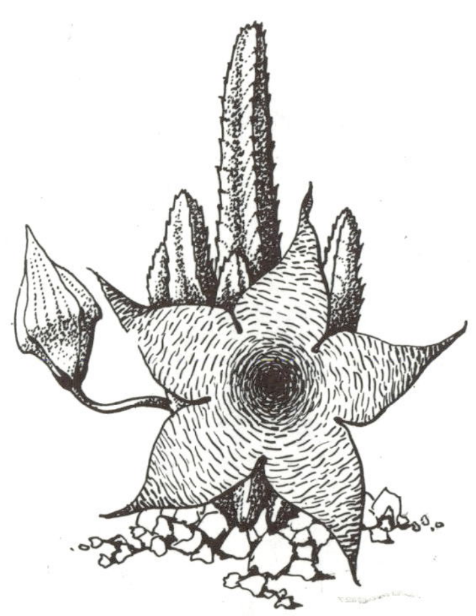

Kalanchoe tomentosa (= K. pilosa) croît à Madagascar. Sa toison blanche lui a valu le nom de « Panda plant ».
Stapelia gigantea

É 15–25 °C

H 10–15 °C

PLANTES DE PALUDARIUM

Acorus gramineus
SOLAND. 'Aureovariegatus'

Ce menu acore provient, du moins sous sa forme spontané, qui reçoit souvent dans la littérature horticole le nom de *Acorus pusillus* ou de *A. gramineus* var. *pusillus,* du Sud-Est asiatique. Il y croît par exemple en montagne, à des altitudes voisines de 1 000 m, sur les pierres d'un lit de ruisseau, mais aussi sur les rochers aspergés par les cascades, jamais, n'en déplaise aux publications spécialisées, dans la vase. Bien entendu, cela ne veut pas dire qu'il soit impossible de le cultiver dans un tel substrat.

Chez les horticulteurs, on trouve le plus souvent deux cultivars : celui représenté dont les feuilles s'ornent de stries longitudinales jaunes, et le cv. Argenteostriatus, aux stries blanches. Ce sont des plantes de 20 à 40 cm de hauteur, les feuilles, sans limbe ni pétiole distincts, sont portées par un court rhizome.

L'inflorescence est sans grand intérêt : un spadice vert-jaune s'écarte latéralement de la hampe, la spathe est verte, foliacée, également pointée à l'oblique vers le haut. Le fruit est une baie polysperme rouge. Le plus souvent, les plantes cultivées ne donnent ni fleurs ni fruits.

Le genre comprend seulement deux espèces : la nôtre et *Acorus calamus,* l'acore banal que l'on trouve sur les bords de nos étangs. Celui-ci provient également d'Asie tropicale, mais s'est naturalisé en Europe après avoir été d'abord installé par Clusius dans le jardin botanique de Vienne en 1574.

Les acores de petite taille conviennent pour les paludariums des jardins d'hiver, des vérandas et des terrasses vitrées, car ils demandent des températures basses en hiver. On peut aussi les planter près des bassins extérieurs, à condition de les protéger contre le gel (ou plus exactement contre des écarts brutaux de températures, car le substrat gèle de toute façon) par une épaisse couverture de feuilles et de branchages. Dans les paludariums placés dans des pièces chaudes et recevant un complément de lumière à l'aide d'éclairages artificiels, cet acore peut aussi passer l'hiver au chaud.

La multiplication est végétative, par division des touffes.

Acorus gramineus en fleurs

É ■ ○ 15–25 °C

H ▭ 5–15 °C

Cyperus alternifolius L.

Papyrus

Tout le monde connaît les cypéracées : point n'est besoin d'être amateur de plantes d'appartement pour rencontrer le banal carex. Le plus souvent, ces plantes sont confondues avec les graminées, avec lesquelles elles n'ont pourtant, à part l'aspect, pas grand chose en commun. La famille serait plutôt parente de celle des joncacées *(Juncaceae),* une branche dérivée des liliacées.

Le genre *Cyperus* est très riche : il comprend au total environ 400 espèces, surtout distribuées dans les régions tropicales et subtropicales. Il s'agit le plus souvent de plantes étroitement tributaires de la présence de l'eau, mais il existe aussi quelques espèces xérophiles.

L'espèce représentée, *C. alternifolius,* a pour patrie Madagascar, où elle forme des couverts pratiquement impénétrables sur les berges des lacs et des cours d'eau. En culture, elle ne dépasse généralement pas 50–100 cm et forme, si ses exigences sont respectées, des touffes denses.

C'est une plante qui convient très bien pour occuper une rive ou un coin peu profond de la partie aquatique d'un paludarium placé dans une pièce chauffée. Elle doit recevoir un substrat suffisamment nutritif, composé par exemple d'un terreau de couche bien rassis, d'un terreau de gazon, additionnés de sable et d'une part de tourbe. La surface sera couverte d'une épaisse couche de sable. La température peut rester assez élevée même en hiver.

Pour les petits bassins, on peut recommander plutôt *Cyperus haspan,* une espèce assez menue (haute de 50 cm au maximum) dont les tiges se terminent par un dense pompon de feuilles étroites, ou encore la petite espèce *C. natalensis.* Pour les grands réservoirs, on peut par contre faire appel même au classique *C. papyrus,* célèbre plante de l'Egypte ancienne, atteignant 2–5 m de hauteur.

Les papyrus sont faciles à multiplier. On procède soit par division des touffes lors de la transplantation (mais cette-ci doit se faire aussi peu souvent que possible pour permettre la formation d'une belle touffe) soit en coupant une rosette terminale de feuilles avec environ 1 cm de tige, et en posant l'ensemble sur l'eau ou dans de la vase en bac chaud ; l'enracinement ne se fait pas attendre.

Cyperus haspan

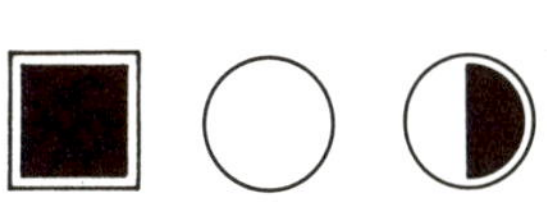

10–30 °C

Eichhornia crassipes

(MART.) SOLMS

Jacinthe d'eau

La jacinthe d'eau provient sans doute d'Amérique tropicale, mais peuple de nos jours toutes les rivières et les lacs tropicaux. Malgré sa grande beauté, c'est un véritable fléau. En effet, *Eichhornia* se multiplie très rapidement et rend les cours d'eau absolument impossibles à la navigation. Ce triste état de fait a conduit à l'invention d'un grand nombre de méthodes de lutte contre cette plante, surtout au moyen de produits chimiques. D'autres méthodes, plus spectaculaires, ont par exemple conduit à installer dans les eaux surpeuplées par la jacinthe d'eau des « vaches de mer », une espèce de siréniens. Malheureusement, la plupart de ces méthodes se sont avérées inefficaces.

Ailleurs, on traite la plante avec beaucoup plus d'égards : dans la région d'Hanoï, par exemple, la jacinthe d'eau est cultivée dans les étangs au sein de petits « enclos » de bambou, flottant à la surface et empêchant le vent de disperser les touffes. Pour les Vietnamiens, *Eichhornia* représente une importante plante fourragère et les jeunes porcelets comme les buffles d'eau la consomment à peu près exclusivement.

Pour nous, *Eichhornia crassipes* reste surtout une très belle plante ornementale, flottant à la surface de l'eau. Tandis que le riche système racinaire se déploie dans l'eau, les pétioles, transformés en des sortes de bouées flottantes (ils contiennent un tissu lâche, dit aérenchyme, dont les espaces intercellulaires sont remplis d'air), forment une sorte de rosette flottante. Les feuilles, ou plus exactement les limbes foliaires, sont arrondies. Les fleurs, qui mesurent quelque 8 cm, s'épanouissent à longueur d'année, mais surtout à la fin de l'été et à l'automne.

La jacinthe d'eau est une bonne plante de paludariums et d'aquariums, que l'on peut très bien laisser passer l'été dans un bassin au jardin. Dans la mesure du possible, c'est une plante qui apprécie de passer l'hiver au frais, à 5–7 °C environ. Elle peut rester posée sur la vase. Elle supporte également des hivers chauds, à condition de bénéficier d'un éclairement artificiel. La multiplication se fait très rapidement à l'aide de rosettes latérales.

Eichhornia azurea

10–25 °C (É)
5–7 °C (H)

Nymphaea × daubenyana

Nymphéa

Vous décidez d'installer un paludarium, ou vous êtes propriétaire d'un grand réservoir dans lequel vous voudriez installer des végétaux qui ne soient pas uniquement décoratifs par leur feuillage. Vous vous mettez donc en quête de plantes aquatiques à fleurs et vous aboutissez à celles dont la floraison présente le plus de charme : aux nymphéas tropicaux.

L'hybride représenté, résultant du croisement des espèces africaines *Nymphaea micrantha* (syn. : *N. vivipara*) × *N. coerulea,* est sans doute le mieux indiqué pour les bassins de petite dimension. Lors qu'il manque un peu de nourriture et qu'il ne dispose que d'une faible profondeur aquatique, il ne forme que de petites feuilles dont la taille ne dépasse pas 10 cm de diamètre. Dans ce cas, les fleurs restent également petites, atteignant à peine 3–5 cm, mais elles n'en sont pas moins belles pour autant.

Les nymphéas sont des végétaux très exigeants, qui demandent, pour se développer pleinement, une grande quantité de matières nutritives. Le substrat devra se composer d'un bon terreau de couche, de sable et de compost auxquels on aura directement ajouté une dose d'engrais organiques et inorganiques ; on peut même disposer dans le fond du récipient de culture une couche de fumier de bovin rassis. Après un hiver passé au frais (installé dans un sachet plastique rempli de vase ou de mousse humide) le rhizome est donc planté dans un récipient suffisamment grand pour que sa réserve nutritive suffise à alimenter toute la saison végétative.

Cela s'applique surtout aux espèces de grande taille dont la culture reste réservée aux propriétaires de grands bassins intérieurs chauffés, situés dans la maison ou dans une serre. On dispose alors de toute une palette colorée ; parmi les meilleures espèces, citons surtout *N. capensis* var. *zanzibarensis* 'Bagdad' aux nombreuses fleurs bleu-violet larges d'une quinzaine de centimètres et *N. colorata* de la région Dar es-Salaam en Tanzanie, une espèce très florifère bleu clair, voire ses hybrides et ses cultivars.

Toutes ces espèces et cultivars devraient être placés dans une eau à 25 °C environ ; dans les paludariums d'appartement, cette température peut être atteinte grâce à un simple élément chauffant pour aquarium.

La multiplication se fait soit par graines qui doivent être fraîches, soit (chez les cultivars, où le semis donnerait une population hétérogène) par la division de l'épais rhizome. L'hybride représenté est vivipare : de jeunes sujets se forment à partir de bourgeons adventifs situés sur des feuilles mûres.

Victoria regia

18–30 °C (É)
10–15 °C (H)

Pistia stratiotes L.

Laitue d'eau

Un paludarium décoratif doit comporter des espèces flottant à la surface de l'eau. Nous avons déjà mentionné *Eichhornia crassipes,* mais l'éventail des possibilités est évidemment bien plus vaste. Il suffit d'aller faire un tour dans un magasin pour aquariophiles, où on trouvera sûrement un choix suffisant.

Lorsqu'on installe un petit paludarium dans un endroit clair à ensoleillé et bien chaud, il serait dommage de ne pas penser à une espèce flottante, menue, dont les feuilles d'un merveilleux vert tendre constituent une décoration permanente du bassin. Il s'agit de *Pistia stratiotes,* une espèce qui constitue à elle seule le genre *Pistia.* Originaire des eaux tropicales américaines, on la trouve de nos jours dans les eaux tropicales du monde entier. Dans sa patrie, elle croît surtout en plaine, voire dans les eaux légèrement saumâtres des embouchures, formant des lagunes tranquilles ; plus au Sud, elle peut monter (exceptionnellement) jusqu'à 1 000 m d'altitude.

Pour donner une idée d'association naturelle, voire un « mode d'emploi » au lecteur qui voudrait peupler ainsi son paludarium, voici quelques plantes croissant dans la lagune « El Farallón », au voisinage de Nautla, dans l'État mexicain de Veracruz : *Cyperus articularis ; C. ligularis ; Ludwigia* sp. ; *Nymphaea ampla ; Typha dominguensis* et *Pistia stratiotes.* Bien évidemment, on peut remplacer certaines espèces par d'autres du même genre. Quoi qu'il en soit, les bassins où on aura ainsi installé une « copie » d'association naturelle font un très bel effet spontané et arrivent rapidement à trouver leur équilibre biologique.

Pistia forme des rosettes flottantes de feuilles vert clair, molles, larges de 10–15 cm environ. L'inflorescence est fortement réduite : une spathe blanchâtre, velue, enveloppe une fleur mâle et une fleur femelle uniques. L'ensemble est très petit, ne dépassant pas 1 cm au total.

Rhektophyllum mirabile

18–30 °C

Typhonium giganteum

ENGL.

Voici une autre aracée bien adaptée à la culture en paludarium. *Typhonium giganteum* n'est pas une plante courante, et il vous faudra sans doute la chercher pendant un certain temps. Originaire de Chine, elle croît dans les étangs marécageux de la région de Pékin. Ses feuilles atteignent 60 cm de longueur, le limbe seul 30 cm sur 15 cm. De la fin du printemps jusqu'au début de l'automne, on assiste à l'épanouissement de plusieurs fleurs de forme extraordinaire, dont la spathe atteint jusqu'à 20 cm de longueur environ.

On peut exceptionnellement rencontrer en culture une variété encore plus développée, *T. giganteum* var. *giraldii,* aux fleurs presque noires.

Le genre comprend une vingtaine d'espèces croissant de l'Inde jusqu'en Australie et aux îles du Pacifique en passant par l'Asie orientale : la plupart d'entre elles sont éminemment cultivables, quoique plus petites ; leurs fleurs sont jaune-vert ou vertes.

Le seul inconvénient de l'espèce représentée est qu'elle rentre sous terre à l'automne et seul le rhizome tuberculeux persiste dans le sol. Bien des plantes voisines présentent le même défaut *(Caladium, Alocasia)* sans qu'on les méprise pour autant. On peut laisser la souche dans la vase ou la placer tout à fait au sec dans un sachet contenant de la tourbe et du sable, comme on fait pour les tubercules de *Caladium.* De cette manière la plante peut se maintenir pendant de longues années.

Cette espèce demande absolument de la chaleur et beaucoup d'humidité. Placée en atmosphère sèche (par exemple en pot) elle ne tarde généralement pas à mourir.

Montrichardia arborescens

É 15–30 °C

H 10–15 °C

Xanthosoma violaceum

SCHOTT

Imaginez-vous dans une région tropicale sud-américaine : une petite rivière forestière traverse la plaine équatorienne près de la petite ville de San Domingo de los Colorados ; son cours est rapide et au-dessus de sa surface scintillante, les géants de la jungle et les lianes tressent un tunnel en forme d'arc de triomphe. Les berges sont couvertes d'une végétation incroyablement luxuriante comprenant de nombreux philodendrons, anthuriums et fougères arborescentes. De-ci de-là, de nobles bouquets de palmiers surmontent la mêlée. Mais c'est une plante d'une beauté exceptionnelle, croissant sur la rive, qui retient dès l'abord le regard. Elle mesure presque deux mètres et ses pétioles portent de magnifiques limbes couleur émeraude, longs de plus de 75 cm, d'une forme ovale cordée : *Xanthosoma mafaffa*.

Mais le genre *Xanthosoma,* qui comprend quelque 40 espèces, ne se limite pas à l'Amérique du Sud : on le trouve tout aussi bien en Amérique Centrale et dans les îles adjacentes. L'espèce représentée provient de la Guadeloupe, de la Jamaïque ou de Porto Rico. Elle atteint également une bonne taille : le limbe mesure souvent 50 cm. Elle est souvent cultivée sous les tropiques à cause de ses feuilles comestibles. Au Mexique (dans l'État de Veracruz), on rencontre souvent le gigantesque *X. robustum* qui atteint environ 1,50 m de hauteur : les immenses limbes foliaires atteignent 2 m de longueur et presque 1,50 m de largeur : pendant les pluies torrentielles, les Indiens les utilisent en guise de parfaits parapluies. Mais c'est l'espèce colombienne *X. lindenii* qui est probablement la plus belle. Elle atteint la taille, déjà honorable pour un appartement, de 75 cm environ, son limbe mesure 40 cm, il est pelté, vert soutenu, avec une nervuration principale contrastante blanche.

Les xanthosomas sont des plantes tubéreuses qu'on ne peut cultiver avec succès que dans une pièce chaude et ensoleillée. Ils sont surtout utilisés en paludariums ou en vitrines d'intérieur, où l'on peut leur donner la forte humidité atmosphérique qui leur est indispensable. Le substrat sera léger mais nutritif, composé de tourbe, de terreau de couche et de sable. *X. lindenii* demande les plus fortes températures : même en hiver, celles-ci ne devraient jamais descendre au-dessous de 20 °C. Les autres espèces préfèrent un léger abaissement thermique en hiver. On multiplie par graines et par division des touffes.

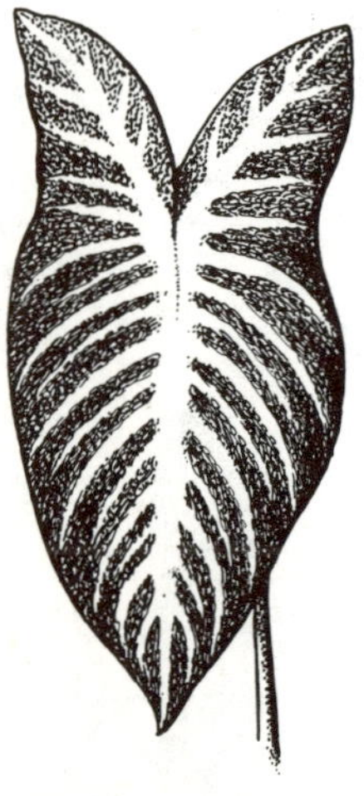

Xanthosoma lindenii

É 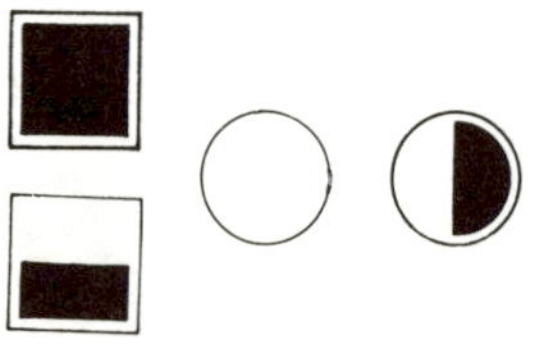 18–30 °C

H 12–15 °C

PLANTES CARNIVORES

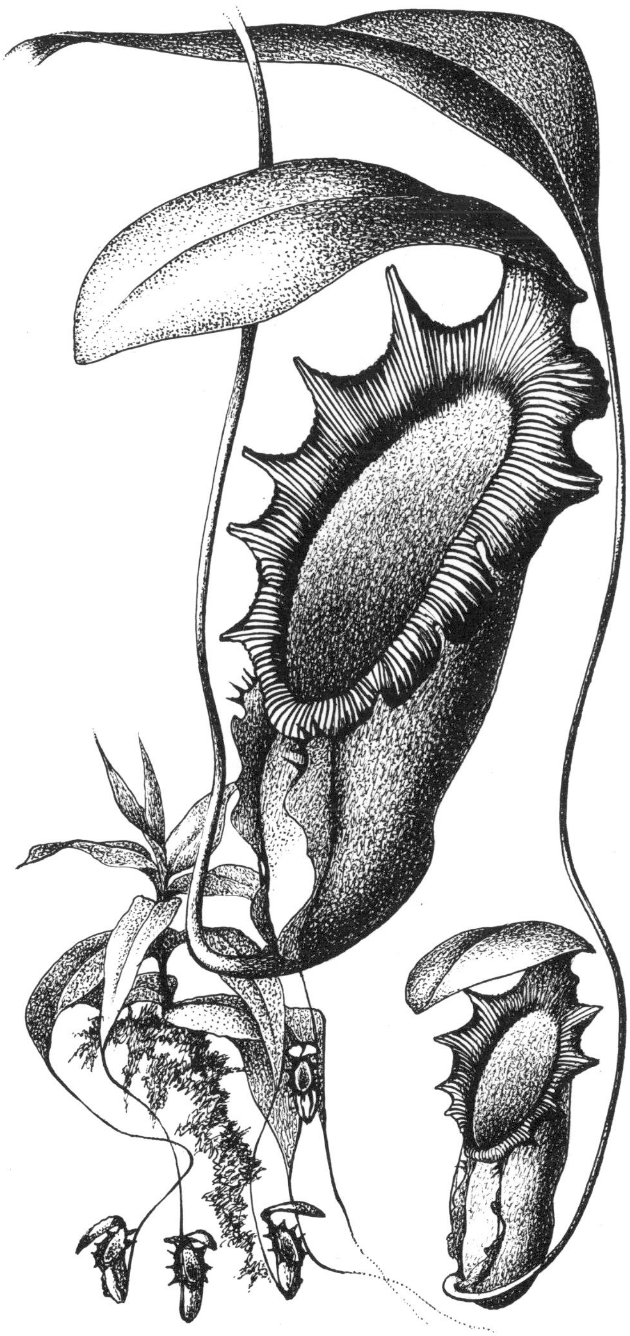

Dionaea muscipula ELLIS

Dionée attrape-mouches

Les amateurs de curiosités finiront certainement un jour par apporter chez eux cette petite plante carnivore. Et ils n'auront pas tort.

La littérature classique a beau décrire la dionée comme une plante particulièrement fragile, les faits montrent le contraire. Elle peut se maintenir de nombreuses années en appartement, à condition qu'on respecte ses besoins fondamentaux.

Dionaea muscipula provient d'Amérique du Nord, et plus exactement des tourbières et des marais de Floride et de Caroline. Son unique exigence est une humidité atmosphérique toujours élevée : c'est donc une bonne plante de bonbonnes, de vivariums, voire de rives de paludariums. Elle doit recevoir un substrat acide, point trop nutritif composé par exemple de sphagnum frais haché, d'un peu de terreau de feuilles de hêtre comprenant même des feuilles non encore décomposées, de charbon de bois et de sable. La surface du substrat sera couverte de sphagnum vif. En hiver, l'abaissement de la température est recommandé, mais lorsqu'on place la plante en pleine lumière (appui de fenêtre au sud) et dans un endroit humide et clos, elle peut passer l'hiver même au chaud.

C'est à la fin du printemps et au début de l'été que dionée est la plus belle : c'est le moment où elle fleurit et où ses feuilles commencent d'autre part à se teindre en rouge soutenu. Les fleurs sont élégantes, assez grandes même par rapport à l'ensemble de la plante, mais blanc verdâtre ; dans les catalogues des firmes horticoles, on voit souvent des fleurs roses, ce n'est malheureusement qu'un artifice publicitaire, d'ailleurs sans intérêt : la plante est bien assez belle sans cela.

Le limbe foliaire est agencé en piège. En effet, les plantes de tourbières souffrent souvent d'un manque d'azote qu'il leur faut compenser par un artifice particulier : la capture d'insectes. Lorsqu'une petite mouche se pose sur la surface rouge de la feuille, elle excite immanquablement l'un des quatre poils sensibles qui se trouvent sur chaque moitié du piège. La feuille réagit avec une violence exceptionnelle : en 2 ou 3 secondes, la cage se referme et emprisonne l'insecte. La feuille s'applique ensuite contre son prisonnier et commence à sécréter des enzymes digestives. Il n'est bien entendu absolument pas nécessaire d'attraper des mouches pour nourrir la plante : elle se « débrouille » toute seule, et pousse très bien même sans ce complément de nourriture.

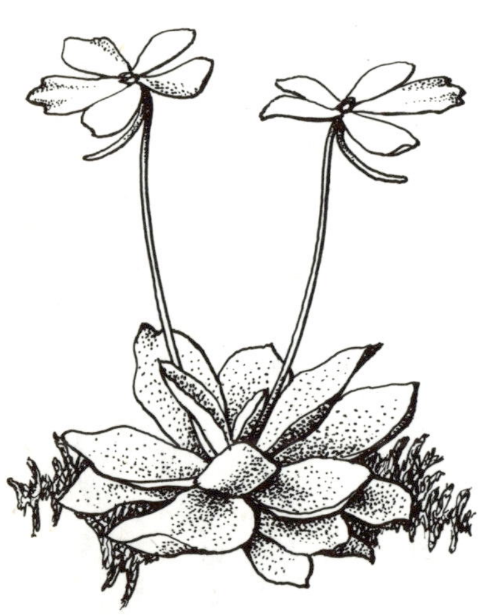

Pinguicula caudata est une mexicaine aux magnifiques fleurs bleues.

15–25 °C (É)

5–15 °C (H)

Drosera binata LABILL.

Rossolis

Il va de soi que la dionée, dont nous venons de parler, n'est pas la seule plante carnivore qui se prête à la culture en appartement. Le genre le plus courant, et tout aussi intéressant, est *Drosera.* On en connaît en tout 85 espèces, dont trois sont spontanées dans nos tourbières européennes. Mais les rossolis se trouvent surtout en Australie et en Nouvelle-Zélande, où il en croît plus de 50 espèces.

L'espèce représentée est spontanée au sud-ouest de l'Australie et en Nouvelle-Zélande, dans les tourbières et les prairies inondées, où on la trouve dans les associations de mousses, depuis le littoral maritime jusqu'à 600 m d'altitude. Les feuilles sont densément couvertes de trichomes glanduleux secrétant des gouttelettes d'un liquide visqueux. Celui-ci sert d'une part à attirer les proies, de menus insectes, d'autre part à les retenir. Il contient de plus des enzymes protéolytiques qui permettent de nouveau à la plante de se procurer l'azote indispensable, si rare dans le milieu de la tourbière. On sait encore mal si les gouttelettes gluantes servent uniquement d'appât optique et ne sont donc qu'une sorte de « rosée », ou si les plantes secrètent également une odeur insaisissable pour nous, mais attirant les proies.

Drosera binata, également très souvent répertoriée dans les collections sous le synonyme de *D. dichotoma,* est une plante relativement robuste : lorsque les conditions de culture sont parfaites, elle peut atteindre plus de 40 cm de hauteur. La racine principale disparaît rapidement pour se trouver remplacée par de nombreuses et puissantes racines adventives. En été s'épanouissent les fleurs de petite taille, blanc pur, au nombre d'une trentaine chez les exemplaires vigoureux. On ne s'affolera pas de voir les feuilles se faner à l'automne : la plante passe en effet l'hiver sous terre, au frais, avec des arrosages réduits, l'organe persistant étant justement les racines adventives. Lorsque celles-ci sont fortes et longues, comme c'est également le cas chez *D. capensis,* on multiplie au tout début du printemps par boutures racinaires : celles-ci sont coupées en fragments de 2 ou 3 cm de long et placées sur une tourbe détrempée par la base, puis recouvertes d'une très légère couche de sable.

Darlingtonia californica

É 15–20 °C

H 5–10 °C

Drosera spathulata

LABILL.

Drosera spathulata est une des espèces les plus couramment cultivées.

Voici un des rossolis les plus courants. Il provient des mêmes sites que l'espèce précédente, mais on le trouve sans doute également en Asie tropicale du Sud-Est. Une dense rosette de feuilles rougeâtres s'orne de trichomes rouge vif, les fleurs sont de nouveau blanches. Comme un grand nombre d'autres espèces du même genre, cette plante ne se maintient généralement en culture que le temps de deux saisons (même en la faisant hiverner comme il faut, c'est-à-dire au frais) et il vaut donc mieux renouveler toutes les espèces chaque année par le semis des menues graines.

Dans les collections, on rencontre encore plus souvent *D. capensis,* mentionné plus haut : la rosette est ici puissante, atteignant souvent plus de 20 cm de diamètre et la plante s'orne en été de fleurs pourprées. On cultive aussi assez souvent *D. pygmaea* dont le seul nom trahit la taille miniature. C'est une espèce assez voisine de l'européenne *D. rotundifolia,* mais n'atteignant pas la moitié de la taille de celle-ci. *D. cistiflora,* originaire du Cap, se distingue par sa belle floraison. Une longue hampe droite porte des feuilles étalées longues de 3 cm et larges de 5 mm à peine, et se termine par une inflorescence de fleurs atteignant 4 cm de largeur, allant du rose vif au pourpre lumineux.

Tous les rossolis se multiplient assez facilement par semis des graines fraîches. On utilise à cette fin des coupelles planes remplies de tourbe et couvertes d'une mince couche de sable ou de tourbe et de sable. Les graines sont simplement pressées sur le support, mais on évite de les recouvrir car elles ne germent qu'à la lumière. La coupelle est placée dans un récipient de bonne taille, plein d'eau et le tout est couvert d'une plaque de verre qui garantit le maintien d'une forte humidité. Les graines germent au bout de trois semaines environ ; on les repique deux mois plus tard dans les récipients définitifs : coupelles, bonbonnes, vivariums, paludariums. Le substrat est le même que pour le semis. En hiver, un abaissement de la température, fût-il léger, est absolument indispensable et les plantes doivent recevoir de plus une abondance de lumière. La fumure n'est pas ici un problème : tout au plus transplante-t-on les plantes dans un mélange frais au printemps.

Le genre *Drosophyllum,* représenté par l'espèce unique *D. lusitanicum,* est très proche des rossolis. On le trouve depuis le sud-ouest de l'Espagne jusqu'au nord du Maroc en passant par le Portugal. Au contraire des rossolis, cette espèce demande un milieu sec et un sol sableux additionné de compost ; elle a par contre les mêmes exigences d'éclairement.

■ ○ 15–25 °C

Nepenthes × *mixta*

(syn. *Nepenthes maxima* Reinw. × *N. northiana* Hook. f.)

Népenthès

Les cas précédents nous ont déjà permis de voir un peu comment les plantes arrivent par différents dispositifs à capturer les insectes. Bien entendu, il existe d'autres adaptations. Un magnifique exemple en est le népenthès dont la nervure principale du limbe, étirée en longueur, s'est transformé en une sorte d'urne, de calice doté d'un couvercle. Le rebord comme les parois en sont lisses et cireux, si bien que les insectes glissent facilement dans le fond où ils se noient et sont dissous par les liquides sécrétés par la plante.

Les népenthès proviennent des régions tropicales de l'Ancien Monde ; il en existe presque 80 espèces de Madagascar jusqu'en Océanie. C'est cependant à Bornéo qu'on en trouve le plus grand nombre : ils y croissent de la plaine jusqu'aux versants élevés du volcan Kinabalu. Ils sont la plupart du temps épiphytes, mais certains s'enracinent dans la litière de la forêt vierge puis grimpent en lianes jusqu'au sommet des arbres ; d'autres sont terrestres et disposent leurs urnes sur le sol où les insectes y pénètrent facilement.

En culture, on trouve le plus souvent des sujets hybrides : les horticulteurs ont cherché à obtenir des plantes présentant des urnes aussi grandes et aussi colorées que possible. L'hybride représenté est un croisement classique de deux espèces dont la première provient d'une vaste région allant de Bornéo à la Nouvelle-Guinée et l'autre se limite à Bornéo. L'hybride a bien reçu de ses parents leur beauté, mais il en a aussi gardé la fragilité : il demande une humidité voisine en permanence de 80 à 90 % ; dans d'autres conditions, il pousse, mais sans former d'urnes. Comme il est relativement robuste, il ne trouve sa place que dans les vitrines tropicales à épiphytes. Lorsqu'on dispose d'un tel volume, on peut également y installer la très belle espèce *N. rajah,* aux urnes rouge soutenu d'une cinquantaine de centimètres, ornées aux bords de « dents » noires. Dans un petit vivarium, on pourra placer *N. ampullaria,* de couleur vert-jaune et assez petite.

Les népenthès se cultivent dans un mélange pour épiphytes formé de tourbe, de terreau de feuilles de hêtre, de racines d'*Osmundia* ou d'autres fougères, d'écorce de pin broyée et de morceaux de charbon de bois, voire de sable. Au printemps, on rempote les sujets en les taillant sérieusement.

Nepenthes gracilis est une espèce menue tout à fait adaptée à la plantation en vitrine d'intérieur.

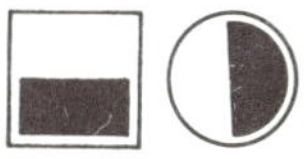

18–30 °C

Sarracenia purpurea L.

Sarracénie

Voici, pour finir notre excursion parmi les plantes carnivores, un genre dont les neuf espèces connues croissent en Amérique du Nord. On les y trouve le plus souvent dans les marais forestiers et sur les berges humides des lacs, dans les tourbières et les marécages. Ceci implique que toutes les espèces de sarracénies ont besoin d'un substrat et d'une atmosphère très humides, tout en demandant des températures relativement basses. Voilà une occasion rêvée pour les proprirétaires de jardins d'hiver et d'appartements anciens. Les sarracénies se plaisent avant tout dans les patios vitrés et certaines espèces rustiques peuvent même passer l'hiver en plein air, soit enfoncées dans une couche, soit même simplement légèrement couvertes de branchages. Ces espèces peuvent donc être placées sur les rives d'un paludarium extérieur.

Chez les sarracénies, les feuilles sont transformées en vésicules-pièges. On trouve de nouveau, à l'intérieur de ces urnes, des glandes sécrétant des enzymes facilitant la digestion d'insectes et de menus arthropodes. Ces plantes ont une très belle floraison, mais sont décoratives même en dehors de celle-ci : leur forme curieuse et leur nervuration le plus souvent rouge soutenu attirent immédiatement les regards.

De nos jours, on cultive surtout les hybrides, d'une part plus colorés (la nervuration est plus apparente) d'autre part souvent à grandes fleurs. Parmi les espèces naturelles, on cultive le plus souvent *S. purpurea* que l'on rencontre dans la nature de Terre-Neuve jusqu'au Manitoba et au Sud jusqu'en Alabama et en Floride, et *S. flava* croissant dans les États méridionaux nord-américains.

Le substrat choisi doit être léger, acide et humide en permanence. On peut prendre un mélange de tourbe, de sphagnum vif haché, de terreau d'aiguilles, de sable, éventuellement additionnés de charbon de bois. La fumure est tout à fait minime : il suffit ici aussi de transplanter les sujets dans un substrat frais, voire de remplacer une partie du vieux substrat chez les sujets d'un certain âge.

Les graines des sarracénies conservent leur pouvoir germinatif pendant une très courte période : on recommande donc de les semer dès leur maturité. Le semis se fait à la surface de sphaignes vives détrempées et la coupelle est encore recouverte d'une vitre. Dès que les jeunes sujets atteignent 2 cm de hauteur environ, on les transplante dans le mélange définitif.

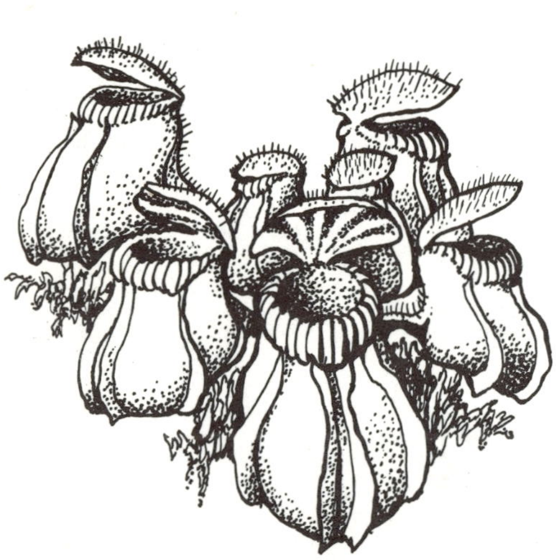

Cephalotus follicularis est une plante rare des marais d'Australie occidentale ; elle demande à la fois une abondance de lumière, une forte humidité, de la fraîcheur et une bonne aération.

É 10–20 °C

H 5–10 °C

PLANTES POUR BALCONS ET JARDINIÈRES

Anemone × *coronaria*

Anémone couronnée

Pour le moment, nous ne nous sommes consacrés qu'aux plantes d'appartement, c'est-à-dire celles qu'il est possible de cultiver en intérieur. Mais qu'est-ce qu'un intérieur ? Bien des lecteurs possèdent sans doute une maison en atrium, dont les pièces débouchent directement sur un patio qui peut n'en être séparé que par une porte ou une paroi vitrée. Mais même les habitants de maisons urbaines disposent souvent d'un balcon, d'une terrasse ou tout au moins d'un appui de fenêtre : il s'agit là d'un espace qui, tout en faisant partie intégrante de l'appartement, en est le plus « public », le plus exposé à la vue des passants. Voici donc, pour compléter cet ouvrage, quelques espèces d' « extérieur », annuelles ou vivaces, qui permettront d'embellir la maison même de l'extérieur. Ce bref chapitre ne se veut qu'un rappel des possibilités qui s'offrent à nous dans ce domaine, et il est loin d'être exhaustif : le lecteur ne manquera pas de trouver de plus amples renseignements dans des ouvrages spécialisés.

Anemone coronaria L. est une plante tubéreuse originaire de la zone méditerranéenne, d'Asie Mineure et Antérieure. Elle possède de grandes fleurs blanches, roses, violet pâle, bleu soutenu ou rouge vif, et cette variabilité a très tôt attiré l'attention des horticulteurs. C'est dès le XVIe siècle que furent réalisées les premières hybridations avec les espèces voisines, et surtout avec *Anemone pavonina* Lam. Grâce à ces travaux, nous disposons de nos jours d'un grand nombre de beaux cultivars, de couleurs variables, à fleurs doubles ou semi-doubles.

Les anémones couronnées sont des plantes qui s'épanouissent au printemps et durant la première moitié de l'été. On plante les griffes soit à l'automne (et la floraison débute en mai) soit seulement au printemps. Avant la plantation, on les fait tremper 24 h à l'eau tiède. Le sol doit être sableux, humifère, additionné de fumure tourbeuse. Ces jardinières conviennent surtout pour les fenêtres légèrement ombrées : en plein soleil, les fleurs se fanent rapidement. Placées à l'ombre, elles se maintiennent fraîches une dizaine de jours et les fleurs coupées se conservent une semaine en vase. En hiver, on sort les griffes et on les conserve au sec et à l'abri du gel, ou, dans les régions chaudes, on couvre la jardinière de branchages.

Bégonia du groupe 'Pendula'.

1 *Chrysanthemum × carinatum*

Chrysanthème tricolore

2 *Rudbeckia × hirta*

Rudbéckia

3 *Phlox × drummondii*

Phlox d'été

Lorsqu'on dispose d'un balcon exposé au plein soleil, ou d'un emplacement du même type dans un patio, on peut planter un ensemble composite de grande taille, par exemple dans une grande vasque en céramique. On imagine que le lecteur n'a ni beaucoup de temps à perdre en arrosages et en fumures, ni en soins poussés : voici donc les plus modestes des annuelles.

Toutes les plantes représentées se contentent d'un sol perméable mais relativement pauvre, voire pierreux. Elles demandent surtout une abondance de soleil et un bon drainage, car elles ont tendance à pourrir à l'humidité.

Chrysanthemum carinatum Scheusb. vient d'Afrique du Nord, les deux autres espèces (plus exactement leurs parents spontanés) viennent du continent américain. *Rudbeckia* croît en Amérique du Nord à la lisière de fourrés secs ou sur les versant desséchés, le phlox d'été croît plus au sud et constitue une espèce prairiale caractéristique du Nouveau-Mexique. Il y croît en compagnie des genres *Castilleja, Lupinus* et *Oenothera* avec lesquels on peut très bien l'associer en culture.

Le phlox d'été est la plus basse de nos trois espèces : il ne dépasse pas 5–25 cm. On peut choisir un cultivar bas et bien coloré (comme 'Cuspidata' aux pétales frangés) qui recouvre dès la mi-juin la surface de la vasque d'un tapis de fleurs joyeuses. Au centre de la composition on placera plusieurs pieds de chrysanthèmes tricolores, et on choisira plutôt les types unicolores ou des cultivars dont de cœur n'est pas très foncé (tel que 'Dunnettii Aureum' – jaune, ou le blanc 'Pole Star'). A l'arrière-plan par rapport à la perspective principale on plante les sujets les plus hauts, ici les rudbéckias. On peut de nouveau choisir ici dans une riche palette de produits : on donnera plutôt la préférence, pour cette composition particulière, aux tons brun-rouge ou bronze uni.

Toutes les plantes représentées se sèment au printemps, les rudbéckias et les phlox vers la mi-mars, les chrysanthèmes un mois plus tard environ, dans une caissette à l'intérieur. On repique en place dans la première moitié de mai et la composition peut fleurir jusqu'à la fin de l'automne.

Tagetes 'Rusty Red'

Zinnia 'Wind Witch'

Dianthus × caryophyllus

Œillet des fleuristes

Les œillets comptent parmi les fleurs les plus appréciées qui soient : il suffit de se rappeler qu'il s'agit de la plus courante des fleurs à couper, présente dans les catalogues de tous les horticulteurs d'importance.

Le genre *Dianthus* comprend quelque 300 espèces distribuées en Europe, en Asie et plus rarement en Afrique. Un grand nombre d'espèces spontanées peuvent servir à la plantation de conteneurs extérieurs agencés en rocailles miniatures : on les y associe à des plantes de rocaille calciphiles qui les accompagnent d'ailleurs dans les associations spontanées (*Acantholimon, Biscutella, Draba, Helianthemum, Silene,* ou *Festuca, Sesleria* parmi les graminées, etc.).

En ce qui nous concerne, ce sont les espèces méditerranéennes *Dianthus caryophyllus* et *D. barbatus,* et l'espèce est asiatique *D. chinensis* qui ont le plus apporté à l'horticulture. Leur hybridation (avec l'intervention de bien d'autres espèces) a permis d'obtenir des groupes entiers d'hybrides comportant des dizaines et des dizaines de cultivars, annuels ou pérennes. Il n'est pas intéressant ici d'analyser les différents groupes, car tous les catalogues présentent de belles sélections et des renseignements concernant leur culture. Pour la culture sur les balcons et en jardinières, on peut recommander le groupe des œillets du Tyrol et particulièrement le cultivar 'Feuerkönig' : un feuillage vert foncé quelque peu pendant, des tiges retombantes, longues, portant des fleurs rouge uni, relativement grandes. C'est vraiment une des plantes idéales pour jardinières, très florifère, si bien que la fenêtre s'en trouve vraiment mise en valeur. Il est cependant difficile d'associer ces œillets avec d'autres espèces, hormis peut-être l'asparagus.

Les œillets du Tyrol sont des plantes pérennes, mais il est préférable de les renouveler chaque année par bouturage à l'automne ou au printemps. Les boutures d'automne donnent cependant des sujets plus vigoureux et plus précoces.

Le sol doit être perméable, suffisamment nutritif, riche en calcaire. Les œillets supportent mal une humidité permanente. Ils se plaisent surtout en plein soleil ou légèrement à l'ombre. Ils supportent mal d'être exposés à la pluie.

Dianthus 'Merry Go Round'. Les œillets devraient sans conteste orner le maximum de balcons et de fenêtres ; les œillets retombants « du Tyrol » sont particulièrement indiqués ici.

1 ***Dorotheanthus bellidiformis*** N. E. BR.
(syn. : *Mesembryanthemum criniflorum* [L.f.] Schwant.)
Mésembryantème

2 ***Portulaca grandiflora*** HOOK.
Pourpier à grandes fleurs

3 ***Venidium × fastuosum*** STAPF.

4 ***Verbena rigida*** SPRENG.
(syn. : *Verbena venosa* Gill. et Hook.)
Verveine

A première vue, les espèces groupées ici, originaires de différentes familles, n'ont pas grand-chose en commun. Elles ont des origines différentes : le mésembryanthème et le venidium proviennent d'Afrique australe, les deux autres espèces des régions chaudes à tropicales d'Amérique. Pourtant, un lien les unit : leur mode de culture. Elles demandent toutes le plein soleil, la sécheresse et la chaleur, ce qui en fait de bonnes compagnes pour les citadins. Elles ne souffrirons aucunement si on omet de temps en temps de les arroser. Les deux premières ont au contraire tendance à pourrir lorsqu'elles reçoivent des arrosages réguliers.

Pourpier et mésembryanthème constituent d'excellentes plantes de bord de fenêtre. Ils sont bas, ne dépassent généralement pas 10 cm de hauteur, et produisent des fleurs éclatantes mesurant presque 5 cm de diamètre. Ils sont particulièrement peu exigeants quant à la nature du sol, n'importe quoi à forte proportion de sable et de particules pierreuses garantissant un drainage parfait leur convient. On évite généralement de les associer avec d'autres annuelles pour mieux mettre en valeur leur beauté particulière.

Les deux autres espèces, verveine et venidium, sont plus hautes : elles atteignent environ 30 cm et conviennent plutôt à la plantation en vasques de céramique. Comme les deux espèces précédentes, celles-ci doivent être placées en plein soleil et ne supportent pas une humidité permanente. Le sol doit être cependant un peu plus nutritif. Chez les verveines, on trouve un grand nombre de cultivars recevant le nom *Verbena hybrida* 'Grandiflora' suivi du nom de la variété, hybride 'Mammouth' (jusqu'à 40 cm de hauteur) ou *V. h.* 'Compacta Nana' (une vingtaine de cm de hauteur). Les deux groupes sont des hybrides multiples de six à sept espèces sud-américaines.

Toutes les espèces représentées se sèment en mars dans des caissettes, et se repiquent, pour être mises en place vers la mi-mai.

Celosia 'Tango'

Salvia patens

Erica × hybrida

Bruyère

Les annuelles et vivaces de jardinières ou de vasques en céramique fleurissent le plus souvent en juin, voire un mois plus tôt ou plus tard. On ne manque donc pas de fleurs pendant l'été. Par contre au printemps, qui est sans doute la saison où on a le plus envie de fleurs, la plupart des fenêtres s'« ornent » de jardinières vides. C'est la raison pour laquelle les espèces à floraison printanière, fût-elle courte, sont tellement appréciées.

L'hybride représenté, créé en France, résulte d'un croisement assez mystérieux. Il a probablement pour parents les hybrides d'origine inconnue *Erica × cylindrica* et *E. × wilmorei*. Il se présente sous la forme d'un arbrisseau relativement robuste, atteignant 50 cm de hauteur, dont les longues fleurs tubulaires, de couleur rose clair, blanc rosé, voire rouge chair, s'épanouissent au printemps. Chez de nombreux cultivars les fleurs sont écartées presque à l'horizontale, la tige étant verticale.

Les espèces spontanées qui ont donné naissance au groupe de cultivars nommés *E. × hybrida* sont originaires des montagnes sud-africaines : les cultivars craignent donc le gel. Ils supportent bien les températures fraîches et les demandent même, en même temps qu'une abondance d'air pur : leur hivernage se fait à 5–8 °C, aux mêmes températures donc que les azalées et les camélias. Ils sont relativement exigeants en ce qui concerne le sol : ils demandent un substrat de réaction acide (pH = 4 à 4,5). Ils se plaisent dans un mélange de tourbe, de terreau d'aiguilles de pin décomposées et de sable de rivière grossier. On fertilise peu et uniquement à l'aide d'engrais organiques contenant une bonne proportion d'azote. Les bruyères demandent des emplacements ensoleillés et des arrosages moyens mais réguliers.

Elles se multiplient par boutures, soit en hiver (de janvier à mars), soit en été (en juin-juillet). Les boutures s'enracinent en un mois environ au chaud et à l'humidité. Un mois plus tard, on les pince pour les faire ramifier. Elles fleurissent l'année suivante.

Lobelia 'Rosamund'

Aquilegia hybrida

Viola 'Picotee'

Eschscholtzia × californica

Pavot de Californie

Les amateurs de couleurs vives ne devraient pas dédaigner l'annuelle qu'est le pavot de Californie. Ses fleurs ont une beauté fugace, mais il s'en épanouit sans cesse de nouvelles qui parent la jardinière tout au cours de l'été.

Le genre *Eschscholtzia* comprend quelque 130 espèces, spontanées en Amérique du Nord et du Sud. La plus importante en est *E. californica* aux fleurs jaune éclatant, ornées d'une tache rouge-orangé. La sélection et les croisements avec d'autres espèces, plus petites, mais d'aspect voisin, ont permis d'obtenir les hybrides actuels, le plus souvent cultivés en mélange. Leurs fleurs sont blanches, jaune plus ou moins pâle, orange, rouge vif ou pourpre, souvent avec une tache plus soutenue. Elles sont relativement grandes avec leurs 5 à 8 cm de diamètre et leurs pétales ont un lustre soyeux inimitable, qui souligne encore la pureté de leurs coloris. Le feuillage est également décoratif : les feuilles découpées sont gris-bleu-vert argenté et font un bel effet même en l'absence des fleurs, surtout lorsque la plantation est bien dense. La plante mesure environ 30 ou 40 cm.

Le pavot de Californie demande pour se développer une abondance de soleil et ne supporte pas des sols humides. C'est donc une excellente plante de bord de fenêtre ensoleillé et de balcon d'appartement moderne. Le substrat sera perméable, composé de terreau de feuilles, de sable et de compost. C'est une espèce modeste quant à l'alimentation. Le semis se fait au tout début du printemps directement en place. Il est ici impossible de préparer les plantes à l'avance, car les *Eschscholtzia,* avec leur racine-pivot ne supportent pas le repiquage. On sème assez densément et on éclaircit ensuite les sujets à 15 cm environ.

Lorsqu'on aime les curiosités et qu'on ne dédaigne pas les fleurs de petite taille, on peut cultiver d'autres espèces du même genre, par exemple *E. tenuifolia,* haut d'une quinzaine de centimètres, aux fleurs jaune d'or clair, larges de 2 à 3 cm environ. Ces espèces de petite taille conviennent pour la plantation en coupes de céramique, où elles forment rapidement un tapis multicolore. *E. californica* s'emploie de préférence seul, tandis que les petites espèces se combinent joliment avec quelques pieds de *Lobelia fulgens* par exemple.

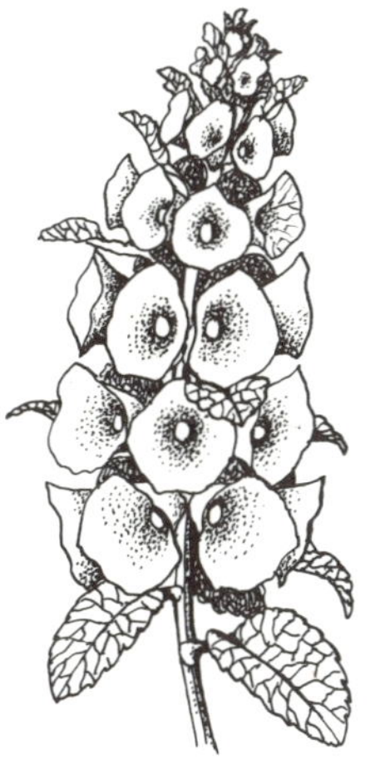

Moluccella laevis est une jolie annuelle qui fait un très bel effet surtout en bouquet sec.

Antirrhinum 'Bright Butterfly'

1 *Gaillardia* (Grandiflora-hybrides)

Gaillarde

2 *Coreopsis* × *grandiflora*

Coréopsis

3 *Helenium* × *autumnale*

Hélénium

4 *Rudbeckia* × *nitida*

Rudbéckia

Voici des plantes unies par leur appartenance à la même famille et par leurs origines : elles proviennent toutes (ou du moins leurs espèces parentales) de Floride aux États-Unis, où elles sont vivaces. En Europe elles gèlent souvent (à l'exception d'hélénium) et il vaut donc mieux récolter des graines et préparer de nouveaux plants chaque année.

La gaillarde résulte du croisement d'espèces naturelles *Gaillardia aristata* et *G. pulchella,* voire éventuellement d'autres espèces. On peut choisir, parmi un riche assortiment de cultivars, depuis des sujets bas, denses, ne dépassant pas 20 cm de hauteur ('Kobold' jaune-rouge), jusqu'aux plantes robustes, atteignant 80 cm ('Sonne', jaune d'or à reflet orangé). Le semis se fait en mars en caissettes et les plants sont repiqués en mai. On recommande de bien recouvrir de branchages en hiver.

Le coréopsis est encore plus fragile que la gaillarde : le plus souvent, il ne survivra pas plus de deux-trois saisons. Il atteint environ 50 cm de hauteur et certains types présentent des inflorescences de 9 cm de diamètre ('Bedengold'). Comme l'espèce précédente, le coréopsis exige en place le plein soleil, mais tandis que la gaillarde demandait un sol humifère riche, le coréopsis prospère mieux dans un substrat pauvre, léger, à base de sable.

Helenium est une espèce populaire, présente dans tous les jardins. Comme les autres espèces décrites ici, il peut évidemment être planté en pleine terre dans un patio ou en vasque de grès. L'hélénium affectionne les sols profonds, nutritifs et humides, situés en plein soleil. Il fleurit de fin juin aux gelées.

Le dernier genre, *Rudbeckia,* provient de sites voisins mais légèrement ombragés. Il atteint environ 1,20 m de hauteur, son beau cultivar 'Herbstsonne' même jusqu'à deux mètres. Une légère couverture hivernale est là aussi recommandée. Les sujets d'un certain âge, qui ont passé l'hiver sans mal, se multiplient facilement par division des touffes.

Gaillardia 'Goblin'

Gazania krebsiana ouvre ses fleurs rouges ou orange seulement en plein soleil.

Godetia × grandiflora

(syn. *Godetia whitneyi* hort.)

Godétia à grandes fleurs

Nul ne sait de nos jours de quelles espèces parentales proviennent les formes horticoles de ce genre. Sans doute sont-elles redevables à l'espèce californienne *Godetia amoena (Oenothera amoena)*, mais elles résultent certainement d'hybridations multiples. Et il y avait le choix : quelque 20 espèces de ce genre, généralement très belles, croissent en Amérique.

Les cultivars actuels se divisent en trois groupes principaux : les simples de taille moyenne, conservant le type originel tétramère, sans doute les plus beaux ; les doubles de taille moyenne qui atteignent, comme le groupe précédent, 40 cm de hauteur, mais qui présentent des fleurs doubles, très voisines de celles de l'azalée *(Rhododendron)* et enfin les espèces basses, ne dépassant pas 20 cm, jolies mais fragiles et utilisables seulement dans les régions les plus chaudes d'Europe.

Il est indéniable que les godétias sont des plantes d'une grande fragilité. Ils ne supportent pas les sols lourds et trop détrempés : il faut leur préparer un mélange léger, chaud et nutritif, à base de terreau de feuilles, de sable et de compost. Le succès dépend d'un emplacement chaud, ensoleillé, mais les sites trop exposés au soleil ne conviennent pas non plus. Les plantes doivent recevoir une aération suffisante, mais l'emplacement ne doit pas se trouver en plein vent, car les plantes sont relativement fragiles. Les arrosages doivent être suffisants, mais effectués tôt le matin, car les godétias supportent mal la conjonction de l'humidité et du soleil.

Le semis se fait directement en jardinière au début d'avril. Lorsqu'on respecte toutes les conditions culturales, on obtient à la fin juin de magnifiques fleurs à couper. Souvent, les plantes rabattues arrivent à refleurir.

Impatiens 'Huckabuc'

Lathyrus × odoratus L.

Pois de senteur

C'est à juste titre que le pois de senteur compte parmi les plantes grimpantes favorites, tant au jardin qu'au balcon ou sur un bord de fenêtre, en jardinière, en caissette ou en vasque.

Le genre comprend au total quelque 160 espèces. Parmi elles, son parfum, ses belles formes et ses coloris ont fait sélectionner à l'horticulture une espèce originaire de Sicile et d'Italie du Sud. Comme elle est cultivée depuis quelque 250 ans, elle a donné naissance à des dizaines d'hybrides qu'on peut répartir en groupes selon leur taille, la taille des fleurs et leur nombre par hampe florale.

Les cultivars de grande taille appartiennent soit au groupe « Spencer » (c'est le cas de 'Flagship', violet sombre) ou au groupe « Cuthberson », un groupe d'hybrides à fleurs à la fois grandes et nombreuses (tel que 'Jimmy', rouge sombre éclatant). Tout en faisant appel aux formes robustes par exemple pour la décoration de terrasses, nous nous intéresserons ici plutôt aux hybrides de petite taille qui conviennent à la culture en jardinières de fenêtres. Ces cultivars produisent des fleurs plus petites et ne se prêtant pas à la coupe, mais leur taille ne dépasse pas 20–30 cm. Il est sans intérêt d'énumérer ici les différents cultivars : il en existe plusieurs dizaines en Angleterre et aux États-Unis. Le plus souvent, on sème un mélange de coloris d'où seul le jaune est absent.

Les jardinières seront remplies d'un sol lourd, nutritif, mais bien perméable (par exemple terreau de couche, compost et sable). On peut semer les graines en caissettes et repiquer les plants, mais il est plus profitable de semer directement en jardinière à la fin mars. Il est très avantageux de faire les semis de quinze en quinze jours : la durée de floraison en est ainsi prolongée. Une fois les fleurs fanées (elles commencent à s'épanouir dès juin) on les élimine soigneusement, pour empêcher la formation de graines qui arrête rapidement la floraison. On fertilise pendant tout l'été

Cobaea scandens

Coloquinte hybride du groupe 'Piriformis'.

Clematis 'Nelly Moser' est une bonne plante de terrasse ou de balcon.

Petunia × *hybrida*

Pétunia hybride

C'est au début du XVIIIe siècle qu'apparurent dans les jardins européens deux des quatorze représentants sud-américains du genre *Petunia.* Les deux espèces provenaient d'Argentine, atteignaient presque un mètre de hauteur, portaient des feuilles glanduleuses et collantes et de grandes fleurs parfumées. La première espèce, *Petunia axillaris* (syn. *P. nyctaginiflora*) avait des fleurs blanches, la deuxième, *P. violacea,* rouge écarlate, carmin ou mauve. Leur croisement a donné un nombre infini d'hybrides de toutes les tailles et combinaisons colorées. Trois groupes nous intéressent surtout ici : les pétunias convenant à la plantation en massifs (qu'on peut aussi planter dans des vasques en céramique ou dans des patios), les variétés retombantes, idéales pour les balcons et les garnitures de fenêtres et les pétunias de jardinières du groupe 'Grandiflora Nana' formant de petites touffes sphériques ne dépassant pas 25 à 30 cm de hauteur.

Les pétunias de plate-bande sont hauts, richement ramifiés, et comprennent par exemple les cultivars 'Brillantrosa' – rose, haut de 45cm ; 'Schneeball' – blanc, haut d'une vingtaine de cm seulement ; 'Senator' – bleu sombre à gorge blanche, également assez bas ; 'Topaskönigin' – carmin rosé, ne dépassant pas 30 cm.

Les variétés retombantes sont les plus belles en jardinières et s'associent merveilleusement avec d'autres annuelles. On peut recommander 'Alba' – blanc ; 'Marktkönigin' – carmin clair ; 'Purpurea' – rouge soutenu ou 'Violacea' – violet.

Le groupe 'Grandiflora Nana' est à juste titre le plus apprécié. On recommande par exemple 'Weisse Wolke' – blanc ou 'Karmesinrot' – carmin. On pourrait évidemment énumérer des dizaines d'autres cultivars qui conviennent tout aussi bien. Ceux qui furent obtenus dans les dernières années aux États-Unis et au Japon sont particulièrement beaux. Il existe aussi des pétunias à fleurs doubles ou crépues.

On peut faire soi-même le semis en février, mais les maisons horticoles fournissent couramment des plants déjà fleuris, qui permettent de vérifier la couleur et la forme des fleurs. C'est en mai qu'on repique les plants en jardinières contenant un sol nutritif relativement lourd, en conservant quelque 25 cm d'écartement. La fumure est indispensable car ces plantes sont assez exigeantes pour la nourriture.

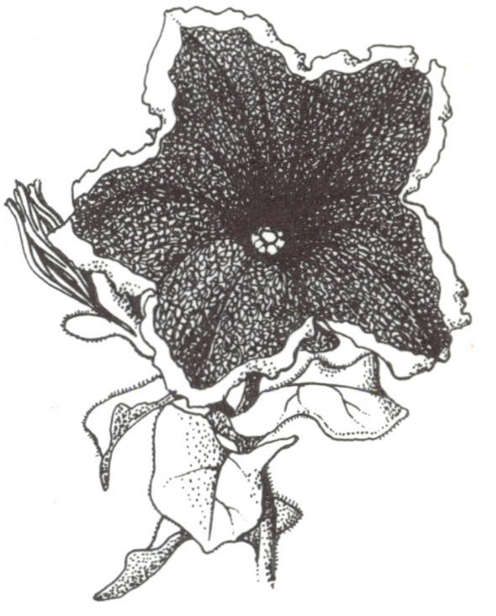

Petunia 'Picotee'

Reseda × *odorata*

Réséda odorant

Une autre plante recommandable est le réséda, relativement discret, mais très populaire – encore une plante qu'on a tendance à oublier...

Il faut dire que le réséda a connu sa plus grande gloire il y a une centaine d'années, lorsque les catalogues horticoles en proposaient plus de trente sortes. Depuis, il est un peu tombé dans l'oubli, et c'est dommage. C'est une plante cultivée surtout pour son parfum : une des choses qui nous manque pourtant le plus, dans nos maisons modernes. Par contre, la réduction de l'éventail disponible a quelque chose de très positif : elle tend à ne conserver que les plus beaux cultivars.

Reseda odorata L., l'espèce de départ, provient d'Afrique du Nord. C'est une plante haute de 15 à 50 cm, ramifiée, portant des feuilles allongées, au bord droit ou à peine découpé. Les fleurs sont menues, insignifiantes, vert-jaune, aux étamines saillantes jaunes ou rouges.

Parmi les quelques cultivars disponibles, on peut recommander 'Machet', variété haute d'environ 25 cm, au feuillage sombre et aux fleurs rouge clair ou 'Goliath', dépassant 30 cm, aux anthères rouge foncé.

On sème les graines menues tôt au printemps directement en jardinières, en coupes ou en pots ; elles germent quelque 10 à 14 jours plus tard. Il est particulièrement indiqué de semer en poquets distants de quelque 25 cm et de ne laisser ensuite que les sujets les plus robustes. Un mois plus tard, on pince fortement les sujets, pour stimuler la ramification. La floraison commence en juillet et se prolonge fort avant dans l'automne. Le sol doit être assez lourd et nutritif.

Le réséda ne se cultive le plus souvent pas isolément, mais en association avec d'autres annuelles auxquelles il apporte son parfum. Malgré son allure modeste, c'est une bonne plante à ajouter par exemple à de grandes vasques de céramique contenant des ligneux.

Dans sa patrie, l'Afrique australe, *Dimorphotheca ecklonis* est une vivace.

Tropaeolum × majus

Grande capucine

Tout le monde apprécie les plantes rampantes, grimpantes ou retombantes, mais, s'il est vrai qu'on en trouve quelques-unes parmi les annuelles, elles sont plutôt rares et surtout généralement assez fragiles. La capucine unit l'avantage de la forme intéressante et de la résistance, particulièrement importante à l'époque actuelle où il est difficile d'ajouter de multiples traitements à nos autres occupations.

Les quelque 80 espèces de *Tropaeolum* sont essentiellement originaires des Andes, qui rejoignent l'Amérique Centrale au sud de l'Amérique du Sud. Dans leur patrie, les capucines sont souvent vivaces et de nombreuses espèces y sont également cultivées tant pour leur beauté que pour leur intérêt utilitaire. *Tropaeolum tuberosum* produit des tubercules comestibles et ses jeunes feuilles peuvent être accommodées en salade, tout à fait acceptable, d'ailleurs.

Les espèces actuellement cultivées résultent d'hybridations et de sélections à partir de deux espèces principales, *T. majus* et *T. minus,* éventuellement de *T. peltophorum* qui se distingue des précédentes à la fois par ses fleurs écarlates et par le duvet mou qui recouvre toutes ses parties. On trouve par endroits en culture d'autres espèces comme *T. azureum, T. brachyceros, T. pentaphyllum* ou *T. tricolor,* dont la valeur décorative n'atteint cependant pas celle des hybrides à grandes fleurs. Lesquels recommander ? Peut-être 'Scarlet Gleam' ou 'Orange Gleam', 'Salmon Baby' ou 'Cherry Rose', pour ne nommer que les plus connus.

Pour les jardinières, on choisit plutôt les cultivars bas ou retombants, car les robustes cultivars grimpants demandent un gros tuteur ou un mur pour les soutenir et ne se contentent pas d'un fil de fer ou d'une ficelle comme les haricots.

Les graines de grande taille sont semées directement en place au début de mai (on peut aussi préparer les plants à l'abri) avec des écartements allant selon la variété de 30 à 60 cm. La floraison commence en mai et se prolonge sans arrêt jusqu'aux gelées.

Les plantes fleurissent abondamment en substrat perméable, de préférence argilo-sableux. Lorsqu'elles reçoivent un excès d'azote, elles se contentent de produire une grande quantité de feuilles et il faut les pousser à la floraison par des engrais phosphatés.

Tropaeolum polyphyllum

EXPLICATION
DES PRINCIPAUX TERMES MORPHOLOGIQUES

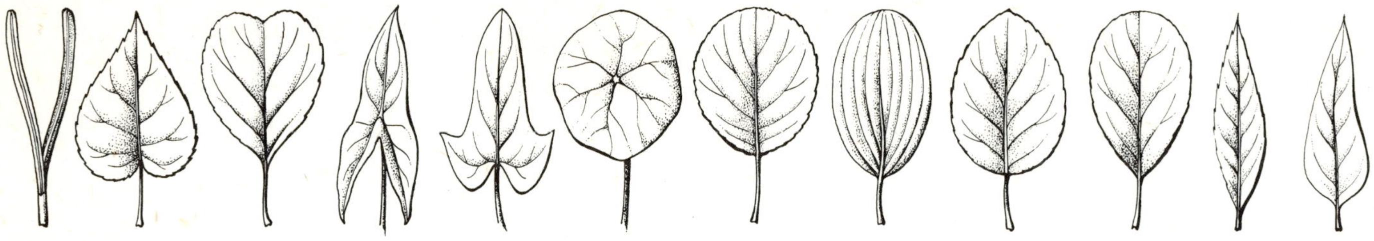

Classification des feuilles selon la forme du limbe (de gauche à droite,) : feuille aciculaire, cordée, sub-cordée, sagittée, hastée, peltée, arrondie, ovale (elliptique), ovoïde, sub-ovoïde, lancéolée, en fer de lance.

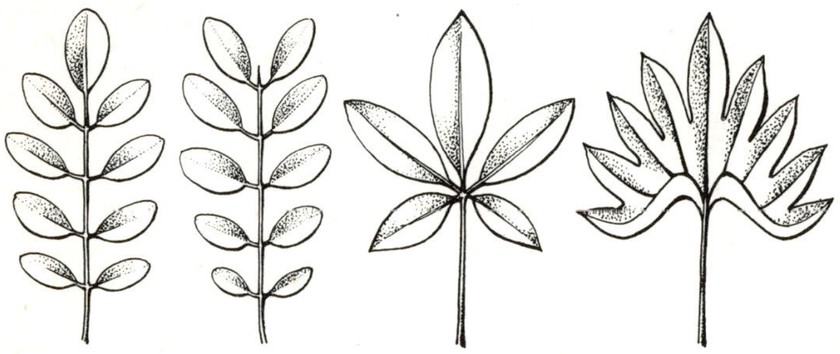

De gauche à droite : feuille imparipennée, paripennée, palmée, pédalée.

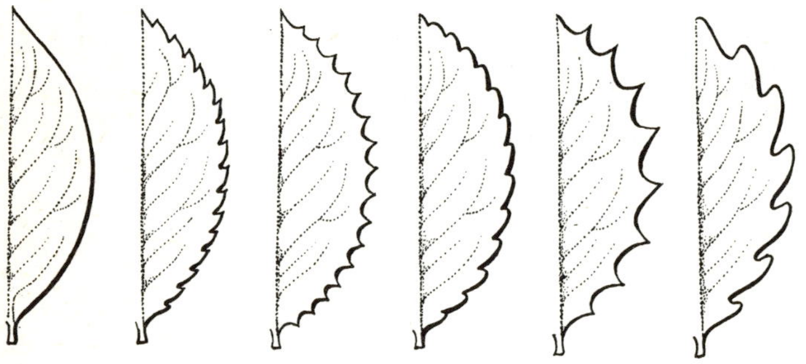

Bords du limbe (de gauche à droite) : limbe entier, denticulé, denté, crénelé, découpé, lobé.

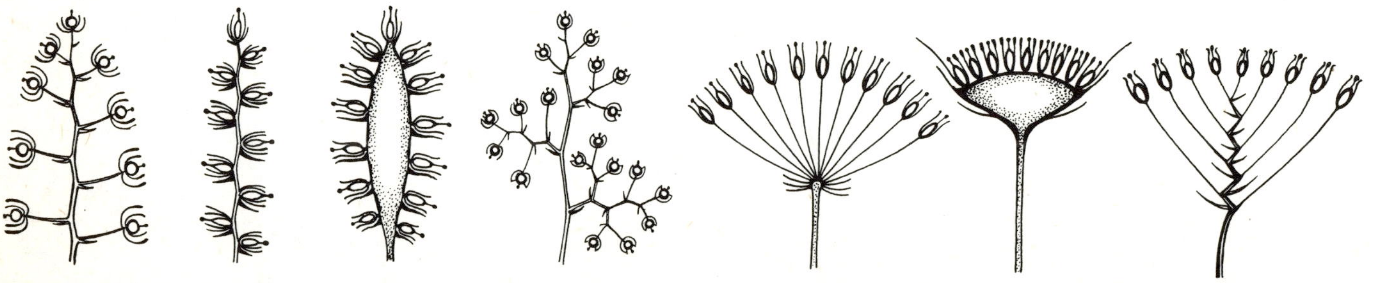

Inflorescences (de gauche à droite) : grappe, épi, spadice, panicule, ombelle, capitule (composacées), corymbe.

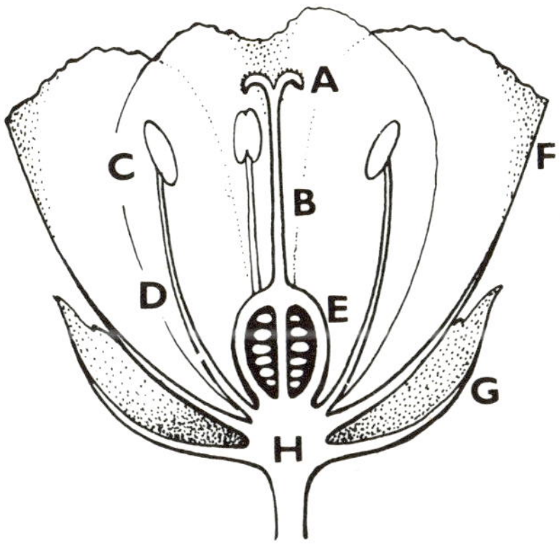

Schéma général d'une fleur : A – stigmate ; B – style ; C – anthère ; D – filet ; E – pétale ; F – ovaire contenant des ovules ; G – calice ; H – réceptacle floral.

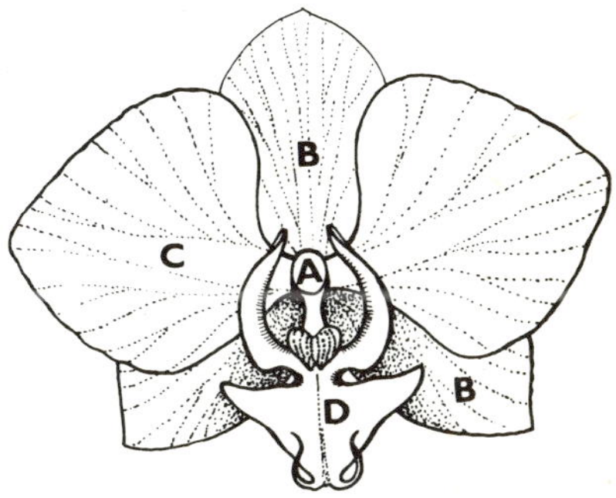

Fleur d'orchidée : A – gynostème ; B – pièces florales externes (sépales) ; C – pièces florales internes (pétales) ; D – labelle.

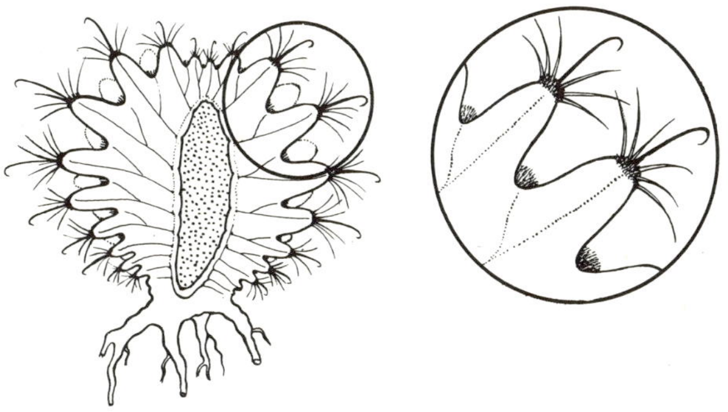

Cactée : les côtes sont divisées en mamelons *(mammilla)*, terminées par des aréoles qui portent les épines. A l'aisselle des mamelons se trouvent les axiles.

BIBLIOGRAPHIE SOMMAIRE

Backenberg, C. : *Die Cactaceae,* Iéna, 1958–1962
Backenberg, C. : *Das Kakteenlexikon,* Iéna, 1966
Becker, G. : *Encyclopédie des Jardins d'Intérieur,* Paris, Gründ, 1978
Bechtel, H. : *Bunte Welt der Zimmerblumen,* Stuttgart, 1969
Bechtel, H. : *Exotische Orchideen,* Stuttgart, 1971
Benjamin, L. : *La Passion des Plantes d'intérieur,* Paris, Gründ, 1975
Berrisford, J. : *Window Box and Container Gardening,* Londres, 1974
Birdsey, O. : *Cultivated Aroids,* Berkeley, 1951
Blakely, W. F. : *A Key to the Eucalyptus,* Canberra, 1959
Böhmig, F. : *Topfpflanzen,* Radebeul, 1958
Cabu, Ch. et Devroye, C. : *Cultivons les Plantes d'Intérieur,* Paris, Elsevier, 1976
Cabu, Ch. et Devroye, C. : *Cultivons les Plantes en Serre,* Paris, Elsevier, 1977
Currach, J. C. : *Palms of the World,* New York, 1960
Elsevier's Dictionary of Horticulture, Amsterdam, 1970
Encke, F. : *Parey's Baumgärtnerei,* Berlin, 1961, 3. vol.
Encke, F. : *Die schönsten Kalt- und Warmhauspflanzen,* Stuttgart, 1968
Encke, F. : *Dachgärten, Terrassen und Balkone,* Stuttgart, 1975
Fournier, P. : *Les cactées et plantes grasses,* Paris, Lechevalier, 1954
Fournier, P. : *Les quatre flores de la France,* Paris, Lechevalier, 1971
Gernert, P. : *Kletterpflanzen,* Stuttgart, 1969
Graf, A. B. : *Exotica 3. Pictorial Encyclopedia of Exotic Plants,* Rutherford, 1974
Gross, A. : *Blumen am Fenster,* Hanovre, 1974
Grunert, Ch. : *Zimmerblumen,* Leipzig, 1963
Hawkes, A. D. : *Encyclopedia of Cultivated Orchids,* Londres, 1970
Hay, R., Synge, P. : *The Dictionary of Garden Plants,* Londres, 1973
Hicke, K. : *Balcons et terrasses fleuris,* Paris, Gründ, 1976
Higgins, V. : *Succulents in Cultivation,* Londres, 1970
Hirmer, M. : *Die Wunderwelt der Orchideen,* Stuttgart, 1974
Husák, Š., Haager, J. : *Žijeme s květinou* (Nous vivons avec les plantes), Prague, 1977
Huth, K., Otto, A. : *Spezielle Topfpflanzen,* Berlin et Hambourg, 1965
Jackson, B. D. : *Guide to the Literature of Botany,* Londres, 1974
Jacobsen, H. : *Das Sukkulenten-Lexikon,* Iéna, 1970
Jeppe, B. : *South African Aloes,* Londres, 1970
Jovet, P. et S., Löwenmo, R. : *Fleurs de jardin,* Paris, Nathan
Kaye, R. : *Modern Water Gardening,* Londres, 1973
Kramer, J. : *Orchids for Your Home,* New York, 1974
Kühle, G. : *Zimmerpflanzen ohne Erde,* Leipzig, 1975
Lamontagne, M. : *Les jardins miniatures,* Paris, Solar, 1977
Lamontagne, M. : *Les plantes d'appartement,* Paris, Solar, 1977
Laurentie, A. : *Comment guérir nos plantes de jardin et d'intérieur,* Paris, Solar, 1977
Lloyd, E. F. : *The Carnivorous Plants,* Waltham, 1942
Lövenmo, R. : *Plantes d'appartement,* Paris, Nathan
Machovec, J. et collaborateurs : *Květiny v bytě* (Les plantes dans notre maison), Prague, 1975
Macmillan, W. : *Tropical Planting and Gardening,* Londres, 1956
Macself, A. : *Ferns for Garden and Greenhouse,* Londres, 1952
Melchior, H. : A. *Engler's Syllabus der Pflanzenfamilien,* Berlin, 1964
Moore, L. : *A Guide to the Cultivated Gesneriads,* New York, 1957
Novák, F. A. : *Encyclopédie illustrée du Monde végétal,* Paris, Gründ, 1965
Padilla, V. : *Bromeliads in Colour,* États-Unis, 1968
Penningsfeld, F., Kurzmann, P. : *Hydrokultur und Torfkultur,* Stuttgart, 1966
Petrova, E. : *Plantes bulbeuses et tubéreuses,* Paris, Gründ, 1974
Plantes d'appartement, Paris, Larousse, 1971
Rauh, W. : *Bromelien für Zimmer- und Gewächshaus,* Stuttgart, 1973
Rees, A. R. : *The Growth Bulbs,* Londres et New York, 1972
Reisigl, H. et collaborateurs : *Blumenparadiese der Welt,* Francfort-sur-le-Main et Innsbruck, 1964
Richter, W. : *Zimmerpflanzen für heute und morgen – Bromeliaceae,* Radebeul, 1975
Richter, W. : *Schöne und seltene Pflanzen,* Leipzig, 1963
Richter, W. : *...die schönsten aber sind Orchideen,* Radebeul, 1975
Sander, D. : *Orchids and their Cultivation,* Londres, 1969
Schacht, W. : *Blumenzwiebeln für Garten und Heim,* Stuttgart, 1955

Schlechter, R. : *Die Orchideen,* Berlin, 1927
Schubert, R., Wagner, G. : *Botanische Pflanzennamen und Fachwörter,* Radebeul, 1961
Schubert, M. : *Wohnen mit Blumen,* Munich, 1973
Seiffert, Ch. : *Wohnraum-Garten,* Munich, 1974
Smith, A. W. : *A Gardener's Dictionary of Plant Names,* Oxford, 1972
Stahn, B. : *Grün- und Buntblattpflanzen unter Glas in Übersichten und Tabellen,* Berlin, 1973
Vogel, R. : *Azaleen, Eriken, Kamelien,* Hambourg et Berlin, 1965
Vogelmann, J. : *Begonien,* Stuttgart, 1967
Wachter, K. : *Der Wassergarten,* Stuttgart, 1970
Walter, H. et Lieth, H. : *Klimadiagram-Weltatlas,* Iéna, 1960
Wit (de), H. et Boedyn, K. : *Les Plantes du Monde,* Paris, Hachette, 1963
Witt, H. C. D. : *Aquarienpflanzen,* Stuttgart, 1971
Wright, M. : *Plantes et Jardins d'intérieur,* Paris, Larousse, 1975
Yoshimura, Y. et Halford, G. M. : *Miniature Trees and Landscapes,* Tokyo, 1973
Zander, R. : *Handwörterbuch der Pflanzennamen,* Stuttgart, 1971

Périodiques importants

Alpha-fleurs	France
Amateur Gardening	États-Unis
American Fern Journal	États-Unis
American Orchid Society Bulletin	États-Unis
Aquarien Magazin	Allemagne fédérale
Baileya	États-Unis
Begonian	États-Unis
Bloembollencultur	Hollande
Bloemenvriend	Belgique
Botanische Jahrbücher	Allemagne fédérale
Boxwood Bulletin	États-Unis
Cactaceas y succulentas mexicanas	Mexique
California Garden	États-Unis
Carnivorous Plants Newsletter	États-Unis
Deutsche Gartenbörse	Allemagne fédérale
Die Orchidee	Allemagne fédérale
Erwerbsgärtner	Allemagne fédérale
Garden Journal	États-Unis
Garden Life	Japon
Gardeners Chronicle	Angleterre
Gartenbau	Allemagne fédérale
Gartenbauwissenschaft	Allemagne fédérale
Gartenwelt	Allemagne fédérale
Gesneriad-Saintpaulia News	États-Unis
Hawaii Orchid Journal	Hawaii
Holly Letter	États-Unis
Horticulture	États-Unis
Horticultural Science	États-Unis
Jardins de France	France
Journal of the Palm Society	États-Unis
Journal of the Royal Horticultural Society	Angleterre
Kew Bulletin	Angleterre
Lien Horticole	France
Mon Jardin et ma Maison	France
Ornamental Horticulture	Angleterre
Orquídea	Mexique
Palmengarten	Allemagne fédérale
Reinwardtia	Indonésie
Rustica	France
Selbyana	États-Unis
Succulenta	Hollande
Tropische und subtropische Pflanzenwelt	Allemagne fédérale

INDEX DES NOMS FRANÇAIS DES PLANTES ILLUSTRÉES

INDEX DES NOMS LATINS DES PLANTES ILLUSTRÉES